本书是天津市2023年度哲学社会科学规划委托重大项目
（项目编号TJWHSX2302）研究成果

对话世界

全球文明倡议践行中的
中国国际传播

Dialogue
with the World

WORLD

陆小华 等著

天津出版传媒集团
天津人民出版社

图书在版编目（CIP）数据

对话世界 ： 全球文明倡议践行中的中国国际传播 ／
陆小华等著． -- 天津 ： 天津人民出版社，2025．1．
ISBN 978-7-201-20891-6

Ⅰ．G219.26

中国国家版本馆CIP数据核字第20249EB476号

对话世界：全球文明倡议践行中的中国国际传播
DUIHUA SHIJIE：QUANQIU WENMING CHANGYI JIANXING ZHONG DE
ZHONGGUO GUOJI CHUANBO

出　　版	天津人民出版社
出 版 人	刘锦泉
地　　址	天津市和平区西康路35号康岳大厦
邮政编码	300051
邮购电话	(022)23332469
电子信箱	reader@tjrmcbs.com

策划编辑	王轶冰
责任编辑	孙　瑛
封面设计	汤　磊

印　　刷	天津新华印务有限公司
经　　销	新华书店
开　　本	710毫米×1000毫米　1/16
印　　张	23.75
插　　页	1
字　　数	300千字
版次印次	2025年1月第1版　　2025年1月第1次印刷
定　　价	98.00元

目录
Contents

绪论

中国国际传播的三重使命①

中国国际传播活动本身,既是在参与创造属于我们这个时代的新文化,也要向国际社会展现好我们这个时代的新文化、新认知、新风貌,以"精神上的独立自主"更有成效地完成好促进文明交流互鉴的使命。

① 本书系国家社会科学基金重大项目"数字新闻学理论、方法、实践研究"(项目编号:20&ZD317)、天津市2023年度哲学社会科学规划重大委托项目"全球文明倡议与中国国际传播策略研究"(项目编号:TJWHSX2302)、2023年天津市高等学校研究生教育改革研究计划项目一般课题"融入形势教育、紧扣中国实践、着重提升学生认知应用水平:新媒体时代马克思主义新闻观教学改革"(项目编号:TJYG064)研究成果。

加强中国国际传播能力建设的要求,是不断丰富发展的习近平文化思想的重要组成部分。中国国际传播不仅承担着习近平总书记多次强调的"讲好中国故事,传播好中国声音,展示真实、立体、全面的中国"①,"展现可信、可爱、可敬的中国形象"的重要任务,②还承担着习近平总书记所强调的"七个着力"之"着力加强中国国际传播能力建设,促进文明交流互鉴"③的历史使命。中国国际传播还要站在中国与世界的连接点上承担好建设中华民族现代文明这一新的文化使命,既要努力展现建设中华民族现代文明的过程与成果,它本身的发展与成效也是中华民族现代文明建设进程与成果的体现。融会认知、贯通领会,"展示真实、立体、全面的中国""促进文明交流互鉴"与"建设中华民族现代文明"是中国国际传播在新时代新阶段所肩负的三重使命。在认识上,需要从政治高度、战略层面深刻理解;在实践上,需要把握好三者间的有机联系一体践行;在理论上,需要一体贯通研究阐发,基于三重使命总结经验、指导实践、推进工作。

讲好中国故事、传播好中国声音,是"展示真实、立体、全面的中国""展现可信、可爱、可敬的中国形象"的基础和重要实现手段。发掘好的中国故事,是讲好中国故事的基础。好故事首先是中国人的故事,中国人如何努力、奋斗与生活的故事。普通中国人的故事一样可以承载大主题。国际传播中的好故事也应当是有利于跨文化传播,甚至是让国外受众没有多少背景知识也很容易理解认同的。但今天在国际传播中,还要善于讲好中国故事,讲好中国式现代化的大故事,让国际社会从中国故事、中国数据解读中看到中国如何历经各种困难挑战取得今天的成就和发展势头,看到中国经济过去没有因为"中国崩溃论"而崩溃,现在也不会因为"中国见顶论"而见顶。这不仅要求善于"用中国理论阐释中国实践,用中

---

① 《习近平在中共中央政治局第三十次集体学习时强调,加强和改进国际传播工作,展示真实立体全面的中国》,《人民日报》,2021年6月2日。

② 习近平:《高举中国特色社会主义旗帜 为全面建设社会主义现代化国家而团结奋斗——在中国共产党第二十次全国代表大会上的报告》,北京:人民出版社,2022年,第46页。

③ 习近平:《在文化传承发展座谈会上的讲话》,《求是》,2023年第17期。

国实践升华中国理论",还要善于"更加充分、更加鲜明地展现中国故事及其背后的思想力量和精神力量"。①价值观传播是最有穿透力的,最有传播性的,其影响也更为深层与持久。这就需要注重从体现度、承载度、感染力三个维度选择好的中国故事。一看体现度,看这个故事是否能够得当有力地"展示真实、立体、全面的中国",看其是否足可以帮助国外民众了解中国共产党为什么能、马克思主义为什么行、中国特色社会主义为什么好;二看承载度,看其是否足以帮助展现中国故事及其背后的思想力量和精神力量;三看感染力,看其是否足以体现具有中国特色、体现中国精神、蕴藏中国智慧的优秀文化。好的故事更要讲好,其衡量指标当然要看是否有利于"展示真实、立体、全面的中国""展现可信、可爱、可敬的中国形象",这是党的二十大报告"全面提升国际传播效能"要求的核心指向之一。

国际传播不仅是国家间的对话,更是文明层面的交流。传统上把国际传播定义为国家或其他国际行为主体之间,基于政治经济利益和文化影响,借助各种大众传媒、互联网和人员活动等媒介所进行的信息交流和沟通。但实际上世界各国在国际传播中如何看待、处理自身与他人的发展与安全问题,体现其所秉持的文明观和对人类未来的认知、态度、愿景与行动。

2023年习近平总书记提出的全球文明倡议,是继2021年、2022年提出"全球发展倡议"和"全球安全倡议"后,中国向世界提出的又一国际公共产品。全球文明倡议提出"共同倡导尊重世界文明多样性""共同倡导弘扬全人类共同价值""共同倡导重视文明传承和创新""共同倡导加强国际人文交流合作",这不仅体现了中国的文明观,顺应国际社会增进文明对话交流、促进文化繁荣发展的共同需求,而且与全球发展倡议、全球安全倡议一起,集中体现了新时代中国的全球治理观,展现中国的大国责任和担当,是体现中国智慧的中国方案,有助于提升中国的国际影响力。

①《习近平在中共中央政治局第三十次集体学习时强调,加强和改进国际传播工作,展示真实立体全面的中国》,《人民日报》,2021年6月2日。

4

全球文明倡议是习近平文化思想的重要组成部分和最新成果。全球文明倡议的提出与践行,必然要求进一步优化中国国际传播理念、范式、方法、策略,进一步提升中国国际传播的价值与效能。它要求着力加强中国国际传播能力建设的立脚点和本质追求,不仅是讲好中国故事、传播好中国声音,而且要"促进文明交流互鉴";它要求优化国际传播内容与传播策略的着力点,不仅在展现中华优秀传统文化精神和创造性转化、创新性发展的成果,还要及时有力展现中华民族现代文明的基本内涵、建设进程和标志成果;它要求提升国际传播效能的努力重点和实践重心,不仅要形成与中国综合国力和国际地位相匹配的话语权,而且要努力增强中华民族现代文明的影响力和中国在促进文明交流互鉴、促进人类文明进步层面的话语权,以有效落实党的二十大报告提出的"增强中华文明传播力影响力"的要求;它要求中国国际传播的价值表达和能力提升重点,不仅要善于"提炼展示中华文明的精神标识和文化精髓"①,而且要善于弘扬全人类共同价值,在促进各国人民相知相亲的同时,体现中国的文明观和价值观,体现中国对促进人类文明进步的坚定意志和不懈努力。全球文明倡议的提出,促进人类文明交流互鉴的使命,要求在文明对话、交流、互鉴层面把握中国国际传播的本质要求,进一步创新理论范式、优化传播方法、调整传播策略、提升传播效能。

正是因为国际传播是文明层面的交流,新时代新阶段的中国国际传播,在围绕"增强中华文明传播力影响力"以多种方式展开努力的同时,不仅要坚守中华文化立场,提炼展示中华文明的精神标识和文化精髓,展示中华优秀传统文化创造性转化、创新性发展的成果,还要以更大力气创新性地体现、展示中华民族现代文明建设进程、成效和成果。中国国际传播活动本身,既是在参与创造属于我们这个时代的新文化,也要向国际社会展现好我们这个时代的新文化、新认知、新风貌,以"精神上的独立自主"

---

① 习近平:《高举中国特色社会主义伟大旗帜　为全面建设社会主义现代化国家而团结奋斗——在中国共产党第二十次全国代表大会上的报告》,北京:人民出版社,2022年,第45页。

更有成效地完成好促进文明交流互鉴的使命。

从更高层面看,中国国际传播的三重使命实际上都是在文明层面赋予的,都是在促进文明交流互鉴层面肩负的。"讲好中国故事,传播好中国声音"的核心命题与基本指向是"增强中华文明传播力影响力",这就需要以讲好中国式现代化的故事作为基本依托,因为要帮助国际社会读懂中国,"关键要读懂中国式现代化"。①中国式现代化作为人类文明新形态,与全球其他文明相互借鉴,必将极大丰富世界文明百花园。讲好中国式现代化的故事,可以进一步促进对中华文明的了解和理解。这不仅包括中国优秀传统文化,也包括我们正在建设的中华民族现代文明。中国式现代化是赓续古老文明的现代化,是从中华大地长出来的现代化,是文明更新的结果,"中国式现代化赋予中华文明以现代力量,中华文明赋予中国式现代化以深厚底蕴"②。被赋予现代力量的中华文明,实际上就是中国式现代化的文化形态,就是我们正在建设的中华民族现代文明。善于发现、展示好中国式现代化建设成果,发现、展现好体现中华民族现代文明建设成果的精神标识和文化精髓,就是在促进文明交流互鉴,也是在履行所肩负的建设中华民族现代文明这一新的文化使命。与此同时,践行人类文明倡议的中国国际传播,不仅要讲好中华文明故事,还要讲好人类文明进步故事,讲好各国优秀传统文化在现代化进程中实现创造性转化、创新性发展的故事,讲好促进各国人民相知相亲的故事,以宽广胸怀理解不同文明对价值内涵的认识。这不仅因为文明因交流而多彩,因互鉴而丰富,更因为中国共产党致力于推动文明交流互鉴,促进人类文明进步,还因为中国共产党坚信文明交流互鉴是推动人类文明进步和世界和平发展的重要动力,当今世界需要以文明交流超越文明隔阂、文明互鉴超越文明冲突、文明包容超越文明优越。而中国国际传播是促进人类文明交流互鉴的特殊力量,是体现中国共产党文明观的重要载体。

---

① 《习近平向2023年"读懂中国"国际会议(广州)致贺信》,《人民日报》,2023年12月3日。
② 习近平:《在文化传承发展座谈会上的讲话》,《求是》,2023年第17期。

第一章

核心内涵：

全球文明倡议与中国国际传播新理念新要求

从向外界讲好自己故事、让世界更了解理解自己，到促进人类各种文明交流互鉴，是中国国际传播理念和境界的提升，是中国成为"推动人类文明进步和世界和平发展的重要动力"的鲜明体现。

积极促进人类文明交流互鉴,是习近平文化思想"七个着力"中"增强中国国际传播能力建设"的出发点与落脚点,是中国国际传播的新理念新要求。从向外界讲好自己故事、让世界更了解理解自己,到促进人类各种文明交流互鉴,是中国国际传播理念和境界的提升,是中国成为"推动人类文明进步和世界和平发展的重要动力"的鲜明体现。[①]

全球文明倡议体现了中国的文明观。中国积极倡导,我们应该坚持世界是丰富多彩的、文明是多样的理念,让人类创造的各种文明交相辉映,编织出斑斓绚丽的图画,共同消除现实生活中的文化壁垒,共同抵制妨碍人类心灵互动的观念纰缪,共同打破阻碍人类交往的精神隔阂,让各种文明和谐共存,让人人享有文化滋养。全球文明倡议为世界各国打破文明隔阂、化解地区争端提供了有益借鉴。在各国前途命运紧密相连的今天,不同文明包容共存、交流互鉴,在推动人类社会现代化进程、繁荣世界文明百花园中具有不可替代的作用。人类文明多样性是世界的基本特征,也是人类进步的源泉。世界上有200多个国家和地区,2500多个民族,多种宗教。不同历史和国情,不同民族和习俗,孕育了不同文明,使世界更加丰富多彩。文明的繁盛、人类的进步,离不开求同存异、开放包容,离不开文明交流、互学互鉴。

全球文明倡议体现的精神既是中国国际传播的基本底色,也是中国国际传播的应有特色和着力重点。通过加强中国国际传播能力建设、提升国际传播效能等多种努力,呼唤人类文明同放异彩,促进不同文明和谐共生、相得益彰,共同为人类发展提供精神力量;推动不同文明相互尊重、和谐共处,让文明交流互鉴成为增进各国人民友谊的桥梁、推动人类社会进步的动力、维护世界和平的纽带,在文明交流互鉴中推动人类文明进步。

---

① 习近平:《文明交流互鉴是推动人类文明进步和世界和平发展的重要动力》,《求是》,2019年第9期。

第一节　把握中国国际传播本质要求的四个维度

一、本质要求：加强国际传播能力建设，促进文明交流互鉴

文明是人类社会的基本标志，多样性是人类文明的基本特征，交流互鉴是人类文明发展的基本要求。文明因多样而交流，因交流而互鉴，因互鉴而发展。中国人民不仅要自己过上好日子，还追求天下大同。因而，中国国际传播应当充分有力地体现中国的文明观。

国际传播本质上是一种交流、沟通和对话。中国坚信并努力促进文明交流互鉴，推动人类文明进步。中国向国际社会提出："我们要通过推动跨国界、跨时空、跨文明的交流互鉴活动，促进各国人民相互了解、相互理解、相互支持、相互帮助，在世界各国人民心灵中坚定和平理念、坚定共同发展理念，形成防止和反对战争、推动共同发展的强大力量。"[①]

基于促进文明交流互鉴进行的国际传播，就会体现亲和力、感染力。文明交流互鉴是给国际社会提供一种选择，不是让别人照搬。人类创造的文明都是劳动和智慧的结晶，一切文明成果都值得尊重，一切文明成果都要珍惜。基于促进文明交流互鉴进行的国际传播，关键要促进对不同文明的理解与尊重，从而体现包容性、文明观。"国与国之间的确存在相互不理解的问题，但这就是生活。既然世界上存在着不同的民族、历史、文化、宗教、制度、发展水平、生活方式，那就肯定会存在一些相互不那么好理解的事情。但是，我认为，一切看上去不可理解的事情都是可以理解的，关键是要想去理解并努力去理解，而不要排斥。丰富多彩的人类文明都有自己存在的价值。本国本民族要珍惜和维护自己的思想文化，也要

---

① 习近平：《在中国国际友好大会暨中国人民对外友好协会成立60周年纪念活动上的讲话》，《人民日报》，2014年5月16日。

承认和尊重别国别民族的思想文化。强调承认和尊重本国本民族的文明成果,不是要搞自我封闭,更不是要搞唯我独尊。"①这正是通过多种渠道、多种形式进行的中国国际传播的基调。

基于促进文明交流互鉴进行的国际传播,既要积极传播中华文化,也要加强各国各地区各民族的文化交流,增进民心相通,共同构建人类命运共同体,共同创造更多更优秀的人类文明成果。因而,在国际传播中,要通过精心创意、有力表达、有效传播,讲清楚中国是什么样的文明和什么样的国家,讲清楚中国人的宇宙观、天下观、社会观、道德观,展现中华文明的悠久历史和人文底蕴。中国优秀传统文化的精华,中国共产党不懈奋斗的成就与经验,当代中国发展实践,中华民族现代文明建设进程与成果,等等,给中国国际传播提供了丰富的题材和内容,给通过加强中国国际传播能力建设促进人类文明交流互鉴提供了养料。

基于促进文明交流互鉴进行的国际传播,要更有力地体现中国的文明观和境界。在联合国教科文组织总部演讲时,习近平主席呼吁国际社会:"对待不同文明,我们需要比天空更宽阔的胸怀。文明如水,润物无声。我们应该推动不同文明相互尊重、和谐共处,让文明交流互鉴成为增进各国人民友谊的桥梁、推动人类社会进步的动力、维护世界和平的纽带。我们应该从不同文明中寻求智慧、汲取营养,为人们提供精神支撑和心灵慰藉,携手解决人类共同面临的各种挑战。"②这为中国国际传播如何报道国际社会事务提供了指引。

基于促进文明交流互鉴进行的国际传播,要更有力地体现为人类文明进步助力。在联合国教科文组织总部演讲时,习近平主席提出了"中国建议":"我们要积极发展教育事业,通过普及教育,启迪心智,传承知识,陶冶情操,使人们在持续的格物致知中更好认识各种文明的价值,让教育

①《习近平接受〈华尔街日报〉采访时强调,坚持构建中美新型大国关系正确方向,促进亚太地区和世界和平稳定发展》,《人民日报》,2015年9月23日。

②习近平:《文明交流互鉴是推动人类文明进步和世界和平发展的重要动力》,《求是》,2019年第9期。

为文明传承和创造服务。我们要大力发展科技事业,通过科技进步和创新,认识自我,认识世界,改造社会,使人们在持续的天工开物中更好掌握科技知识和技能,让科技为人类造福。我们要大力推动文化事业发展,通过文化交流,沟通心灵,开阔眼界,增进共识,让人们在持续的以文化人中提升素养,让文化为人类进步助力。"[1]这实际上也指引我们如何进一步优化国际传播内容结构与质量。国际传播不仅要讲好中国故事,也要传播知识、启迪心智,促进让科技为人类造福,让文化为人类进步助力。

二、使命所在:优化国际传播着力点,展现中华民族现代文明

展现好中华民族现代文明建设进程、标志性成果,既是中国国际传播的使命所在,也是建设中华民族现代文明的具体行动和重要组成部分。中华民族现代文明是中华文明的现代形态,是中国式现代化创造的人类文明新形态。"在新的起点上继续推动文化繁荣、建设文化强国、建设中华民族现代文明,是我们在新时代新的文化使命。"[2]作为所肩负的文化使命的重要组成部分,中国国际传播要以新理念、新认知、新努力展现好中华民族现代文明建设进程、标志性成果。向国际社会展现中华民族现代文明建设进程和成果,有利于促进国际社会认识当代中国的发展和中华民族现代文明,也是在文明交流互鉴层面参与建设中华民族现代文明。何况,中国国际传播的理念、实践本身,就在展现中华民族现代文明特质与成果。

文化关乎国本、国运。向人类社会展现中华民族现代文明不仅是塑造文明中国形象的核心内容之一,更是塑造发展态势、推进构建人类命运共同体的重要一步。国际传播本质上是某种基于战略目的的交流、沟通和对话。促进知悉、了解,进而理解、认可,甚至形成一种程度的认同,是以国家为政治主体实施国际传播的战略目的。塑造态势是一个国家战略

---

① 习近平:《文明交流互鉴是推动人类文明进步和世界和平发展的重要动力》,《求是》,2019年第9期。

② 习近平:《在文化传承发展座谈会上的讲话》,《求是》,2023年第17期。

的长期表现，是战略执行的一部分，也是国际传播活动的长期目标。态势可以塑造，也必须塑造，才能够更利于自己发展。对任何主体都是如此。可以说，国际传播的战略目标和根本任务，是服务于国家利益，塑造更有利战略态势。这也是战略传播的要义所在。国际传播的根本任务，从战略层面看，就是要基于国家利益努力塑造态势、引导趋势、放大优势、催成大势。中国的国际传播工作，就是要服从服务于实现中华民族伟大复兴，并为伟大民族复兴塑造更有利战略态势。①

展现好中华民族现代文明建设进程、标志性成果是国际传播需要特别努力的，并且要与一般的文旅传播区分开来。一些历史街区、近代建筑，可以作为旅游热点、旅游符号向国内外宣介，但其产生缘由、与近代历史事件的关联决定了它不能作为中华民族现代文明建设的标志性成果。

"中华文明是世界上唯一绵延不断且以国家形态发展至今的伟大文明。"要展现好中华民族现代文明建设进程、标志性成果，就要准确把握并从总体上在国际传播中注重体现中华文明所具有的"突出的连续性""突出的创新性""突出的统一性""突出的包容性""突出的和平性"五个突出特性。②

在国际传播中展现好中华文明所具有的"突出的连续性"，就要通过丰富的事实、故事、细节与阐释，表达好中华文明所具有的"自我发展、回应挑战、开创新局的文化主体性与旺盛生命力"；展示好作为"中华民族历经千难万险而不断复兴的精神支撑"的"深厚的家国情怀与深沉的历史意识"。我们要以各种方式告诉世界："深厚的家国情怀与深沉的历史意识""为中华民族打下了维护大一统的人心根基"；告诉世界："中华文明的连续性，从根本上决定了中华民族必然走自己的路。"正是因为"如果不从源远流长的历史连续性来认识中国，就不可能理解古代中国，也不可能理解

① 参见陆小华：《国际传播中的对抗性传播探究》，《国际传播》，2020年第4期。
② 习近平：《在文化传承发展座谈会上的讲话》，《求是》，2023年第17期。

现代中国,更不可能理解未来中国",中国国际传播才要特别注重以"中华文明具有突出的连续性"为主线展现好中华民族现代文明。①

在国际传播中展现好中华文明所具有的"突出的创新性",就要通过清晰的梳理和有力的表达,展示好中华民族"在很长的历史时期内作为最繁荣最强大的文明体屹立于世""以创新为支撑的历史进步过程",让当今世界体会到"中华文明是革故鼎新、辉光日新的文明,静水深流与波澜壮阔交织";让当今世人感到"中华民族始终以'苟日新,日日新,又日新'的精神不断创造自己的物质文明、精神文明和政治文明";让国际社会从我们通过各种渠道、各种方式所做的国际传播中,深刻认识到"中华文明的创新性,从根本上决定了中华民族守正不守旧、尊古不复古的进取精神,决定了中华民族不惧新挑战、勇于接受新事物的无畏品格"。②

在国际传播中展现好中华文明所具有的"突出的统一性",重要目标和关键所在是以历史和现实事实让当今世界充分认识到中华民族所具有的"国土不可分、国家不可乱、民族不可散、文明不可断的共同信念",充分认识到"国家统一永远是中国核心利益的核心","一个坚强统一的国家是各族人民的命运所系"。无论对于历史或悠久或年轻的国家,还是对于人数或众多或较少的民族,都需要通过不断提升效能的国际传播,帮助他们理解"中华文明长期的大一统传统,形成了多元一体、团结集中的统一性",帮助他们认识到,中华民族"'向内凝聚'的统一性追求,是文明连续的前提,也是文明连续的结果";特别是要帮助当今世界的人们认识并深刻理解,"团结统一是福,分裂动荡是祸,是中国人用血的代价换来的宝贵经验教训",认识到"中华文明的统一性,从根本上决定了中华民族各民族文化融为一体、即使遭遇重大挫折也牢固凝聚",从而让国际社会更深刻地认识中华民族维护国家统一的意志和决心。③

在国际传播中展现好中华文明所具有的"突出的包容性",就要通过

---

① 习近平:《在文化传承发展座谈会上的讲话》,《求是》,2023年第17期。
② 同上。
③ 同上。

生动有力的事实和故事，展示"中华文明从来不用单一文化代替多元文化，而是由多元文化汇聚成共同文化，化解冲突，凝聚共识"的中华文化传统，展示"超越地域乡土、血缘世系、宗教信仰等"的中华文化认同，展示"把内部差异极大的广土巨族整合成多元一体的中华民族"历史，展示中华民族在内心深处所认同的"越包容，就越是得到认同和维护，就越会绵延不断"的共同信念。在展现好中华文明所具有的"突出的包容性"时，特别要通过丰富多彩的内容和阐释，帮助世界生动又深刻地体会到正是"中华文明的包容性，从根本上决定了中华民族交往交流交融的历史取向，决定了中国各宗教信仰多元并存的和谐格局，决定了中华文化对世界文明兼收并蓄的开放胸怀"[①]。

在国际传播中展现好中华文明所具有的"突出的和平性"，就要通过有力的事实、解读和阐释，让国际社会更深刻地认识到"和平、和睦、和谐是中华文明五千多年来一直传承的理念"，更深刻地认识到中华民族"以道德秩序构造一个群己合一的世界，在人己关系中以他人为重"的品质；更深刻地认识到中华民族"倡导交通成和，反对隔绝闭塞；倡导共生并进，反对强人从己；倡导保合太和，反对丛林法则"的价值取向。在国际传播中展现好中华文明所具有的"突出的和平性"的重点，是要帮助国际社会认识到，正是"中华文明的和平性，从根本上决定了中国始终是世界和平的建设者、全球发展的贡献者、国际秩序的维护者，决定了中国不断追求文明交流互鉴而不搞文化霸权，决定了中国不会把自己的价值观念与政治体制强加于人，决定了中国坚持合作、不搞对抗，决不搞'党同伐异'的小圈子"[②]。

把握并展示好中华文明所具有的"五个突出特性"，才能更准确地把握展现好中华民族现代文明建设进程、标志性成果的主线和主调。

---

① 习近平：《在文化传承发展座谈会上的讲话》，《求是》，2023年第17期。
② 同上。

三、工作重心：构建更有效力的国际传播体系，建设全球文明倡议践行机制

党的二十届三中全会审议通过的《中共中央关于进一步全面深化改革、推进中国式现代化的决定》"共提出300多项重要改革举措，都是涉及体制、机制、制度层面的内容"，其中一项重要改革举措是"构建更有效力的国际传播体系"。①这是根据实践需要新提出的改革举措②，目的是更有力地落实党的二十大报告所要求的"加强国际传播能力建设，全面提升国际传播效能，形成同我国综合国力和国际地位相匹配的国际话语权"③；更高水平地落实习近平文化思想"七个着力"所要求的"着力加强国际传播能力建设、促进文明交流互鉴"。

"构建更有效力的国际传播体系"的要求，是以全面深化改革的举措，着力破解深层次体制机制障碍，把我国制度优势更好转化为国际传播效能，体现了党的二十大报告所强调的"坚持深化改革开放"的重大原则。国际传播对象众多、领域巨大，不仅涉及面广量大，而且需要在多种层面、多个层次借助多种渠道、多种方式、多种内容形态进行。因而，国际传播既需要专业力量专业地做，又需要各个方面积极努力、有效协同地做；既需要包括领导者在内的人们身体力行地做，又需要把千百万自觉或不自觉在做国际传播工作的人们整合到一个体系中。这就需要秉持"先立后破"的原则，以体制机制改革和创新，构建更有效力的国际传播体系，以更有力的管理体制、更顺畅的运行机制、更有效的协同机制，把各方面的力量聚合成一个按照总体目标协同运作的体系，更好发挥制度优势、组织优

---

① 《中共中央举行新闻发布会 介绍和解读党的二十届三中全会精神》，国务院新闻办公室网站，2024年7月19日，http://www.scio.gov.cn/live/2024/34321/index.html；《中共中央关于进一步全面深化改革、推进中国式现代化的决定》，《人民日报》，2024年7月22日。

② 习近平：《高举中国特色社会主义旗帜 为全面建设社会主义现代化国家而团结奋斗——在中国共产党第二十次全国代表大会上的报告》，北京：人民出版社，2022年，第46页。

③ 《习近平对宣传思想文化工作作出重要指示强调 坚定文化自信秉持开放包容坚持守正创新 为全面建设社会主义现代化国家 全面推进中华民族伟大复兴提供坚强思想保证强大精神力量有利文化条件》，《人民日报》，2023年10月9日。

势、人力优势，从而把我国的制度优势更好转化为国际传播效能。

构建更有效力的国际传播体系，可望通过更有效地运用体系力量来实现"更有效力的国际传播"。换个角度看，国际传播实践实质上是涉及一个国家外部环境与国际认知的影响力竞争，具体效果反映在国家形象特别是话语权上，即是否说得出、有人听、有效果上。体系性对抗和竞争，正在成为现代社会的一种主要竞争形态。影响力竞争，本来就是一个全体系的战略问题，只是比较直观地体现在了内容产品等层面上。"移动互联网领域的所谓生态系统竞争，实质上就是体系建构与运用成效的竞争，就是一种体系竞争。"所谓"体系，是一定范围内相关要素基于特定目的、按一定秩序和内部联系、遵循一定法则、规则和制度安排有效运行的集合体，是不同系统组成的协同系统。在这样的集合体中，相关要素产生新的连接方式与协同方式，从而形成体系聚合，并发挥出新的效能"。①因而，必须通过构建运作体系以增强体系竞争力。而国际传播运作体系的核心，是由参与全流程工作的"人"及所构成的人力资源为主干，在现代信息技术等支撑下，按照相应生产服务流程、制度安排，构成一个有机运作的体系性"组织"。这样的运作体系，能够更有效率地集聚各种资源和生产要素，更有效地激发这个体系的潜力和活力，形成可持续的综合竞争优势，取得更符合期望的国际传播效果。

通过创新体制机制，构建更有效力的国际传播体系，是一个具有历史意义的重要变革，是推进国际传播格局重构的有力举措。我们党利用各种渠道、媒介、形式开展国际传播的历史可以追溯很久，取得了丰硕的成果，获得了宝贵的经验。但当今世界已经发生剧烈变化，今天和今后的国际传播所面对的历史条件、技术条件、舆论条件都与以往有重要不同，正在推进中国式现代化、建设社会主义现代化强国的中国的国际传播重点也与以往有很大不同，在复杂的舆论斗争中要全面提升国际传播效能，也需要更顺畅有效的国际传播体系的支撑。这都需要在国际传播领域通过

---

① 参见陆小华：《媒体融合运作体系构建方法与实现路径》，《现代传播》，2019年第10期。

构建更有效力的国际传播体系来推进系统性变革,从而获得改革效应和所期望的效果。

通过创新体制机制,建设全球文明倡议践行机制,是一个具有战略意义的重要部署,同样也是推进国际传播格局重构的有力举措。全球文明倡议的提出,不仅体现了中国把自己的现代化放置于人类文明的维度进行考量,将"创造人类文明新形态"作为中国式现代化的本质要求之一,还是继习近平在亚洲文明对话大会、博鳌亚洲论坛、亚太经合组织工商领导人峰会等多次表达中国的文明观之后,对中国文明观的最新表达。[①]全球文明倡议的提出,强烈体现出中国共产党行天下大道的努力和行动。外交部新闻发言人2022年3月16日在例行记者会上应询表示,全球文明倡议是继全球发展倡议、全球安全倡议后,新时代中国为国际社会提供的又一重要公共产品。全球文明倡议一经提出,就引发国际社会积极反响。[②]截至2024年3月15日,据中国外文局当代中国与世界研究院国际传播大数据智能服务平台统计,全球文明倡议提出以来,海外媒体相关报道达两千多篇,涵盖英、中、法、意、德、日、韩等近二十个语种,其中英文报道量居首位,远高于中文、阿拉伯语、法语等其他语种。2024年6月7日,第七十八届联合国大会协商一致通过中国提出的设立文明对话国际日决议,确定每年6月10日为文明对话国际日。决议明确,所有文明成就都是人类社会的共同财富,倡导尊重文明多样性,突出强调文明对话对于维护世界和平、促进共同发展、增进人类福祉、实现共同进步的重要作用,倡导不同文明间的平等对话和相互尊重。可以说,这既是促进践行全球文明倡议的重要成果,是促进国际社会共同践行全球文明倡议的重要成果,也体现了践行全球文明倡议机制的重要作用。

全面落实构建更有效力的国际传播体系、建设全球文明倡议践行机

---

① 参见《习近平为何首提全球文明倡议》,中国新闻社,2023年3月17日,https://baijiahao. baidu.com/s?id=1760587075992940104&wfr=spider&for=pc。

②《外交部发言人:全球文明倡议是新时代中国为国际社会提供的又一重要公共产品》,《人民日报》,2023年3月17日。

制等举措，有利于全面提升国际传播效能，不仅为推进国际传播格局重构提供了更有效力的中国力量，也为推进国际传播格局重构提供了国际共识和文明力量。历史将证明，全球文明倡议的提出和全球文明倡议践行机制的不断发展，将为推进国际传播格局重构、促进人类文明进步，发挥难以想象的巨大力量，作出独特贡献。

四、价值表达：弘扬全人类共同价值，美人之美中促进美美与共

面对当今世界，要积极推动中外文明交流互鉴，促进中外民众相互了解和理解，既要讲述好中国故事、传播好中国声音，为实现中国梦营造良好环境；也要善于讲好人类故事，在美人之美中促进美美与共；还要善于弘扬全人类共同价值，在美美与共中体现中国的文明观、价值观。

中国国际传播要充分、有力体现出中国是全人类共同价值的倡导者、维护者、建设者。党的十八大以来，习近平总书记在多个重要国际场合强调要弘扬全人类共同价值。2021年9月，习近平主席出席第七十六届联合国大会一般性辩论并发表重要讲话指出："和平、发展、公平、正义、民主、自由，是全人类的共同价值，也是联合国的崇高目标。目标远未完成，我们仍须努力。"并强调："我们要继承和弘扬联合国宪章的宗旨和原则，构建以合作共赢为核心的新型国际关系，打造人类命运共同体。"[1]2021年7月，在中国共产党与世界政党领导人峰会上，习近平主席呼吁："我们要本着对人类前途命运高度负责的态度，做全人类共同价值的倡导者，以宽广胸怀理解不同文明对价值内涵的认识，尊重不同国家人民对价值实现路径的探索，把全人类共同价值具体地、现实地体现到实现本国人民利益的实践中去。"[2]2023年3月15日，习近平总书记在中国共产党与世界

---

[1] 习近平：《坚定信心 共克时艰 共建更加美好的世界——在第七十六届联合国大会一般性辩论上的讲话》，《人民日报》，2021年9月22日。

[2] 习近平：《加强政党合作 共谋人民幸福——在中国共产党与世界政党领导人峰会上的主旨讲话》，《人民日报》，2021年7月7日。

政党高层对话会上发表题为《携手同行现代化之路》的主旨讲话,强调:"我们要共同倡导弘扬全人类共同价值,和平、发展、公平、正义、民主、自由是各国人民的共同追求,要以宽广胸怀理解不同文明对价值内涵的认识,不将自己的价值观和模式强加于人,不搞意识形态对抗。"①这次讲话中首次提出全球文明倡议。在中国共产党第二十次全国代表大会上,习近平总书记代表中国再次真诚呼吁,世界各国弘扬和平、发展、公平、正义、民主、自由的全人类共同价值,促进各国人民相知相亲,尊重世界文明多样性,以文明交流超越文明隔阂、文明互鉴超越文明冲突、文明共存超越文明优越,共同应对各种全球性挑战。

在国际传播具体实践中丰富、自然地体现中国是全人类共同价值的倡导者、维护者、建设者,在传递、弘扬全人类共同价值中体现出中国国际传播的能力和水平,有利于促进各国人民相知相亲,促进文明交流互鉴。文明交流互鉴,是推动人类文明进步和世界和平发展的重要动力。世界是在人类各种文明交流交融中成为今天这个样子的。推进人类各种文明交流交融、互学互鉴,是让世界变得更加美丽、各国人民生活变得更加美好的必由之路。激发人们创新创造活力,最直接的方法莫过于走入不同文明,发现别人的优长,启发自己的思维。这是促进中外文明交流互鉴的重要力量。

要在国际传播中体现好美人之美、美美与共,就要善于表达时体现出对不同文明的尊重、理解和包容。不分大小、年轻还是古老、经济发展水平高低,在国际传播中对其他国家、民族、文明表现出足够的尊重、理解和包容,对方才能更愿意听我们讲述中国故事,才更可能理解中国声音、中国发展、中国愿景。这实际上既体现中国的文明观,也体现中国传统智慧。2019年5月15日,习近平主席在亚洲文明对话大会开幕式上发表的主旨演讲《深化文明交流互鉴 共建亚洲命运共同体》中,不仅阐述了"文

① 习近平:《携手同行现代化之路——在中国共产党与世界政党高层对话会上的主旨讲话》,《人民日报》,2023年3月16日。

明因多样而交流，因交流而互鉴，因互鉴而发展"的深刻哲理，还就加强世界上不同国家、不同民族、不同文化的交流互鉴，夯实共建亚洲命运共同体、人类命运共同体的人文基础，提出了加强文明交流互鉴的"中国方案"：即"坚持相互尊重、平等相待"。我们应该秉持平等和尊重，摒弃傲慢和偏见，加深对自身文明和其他文明差异性的认知，推动不同文明交流对话、和谐共生。"坚持美人之美、美美与共。"我们既要让本国文明充满勃勃生机，又要为他国文明发展创造条件，让世界文明百花园群芳竞艳。"坚持开放包容、互学互鉴。"我们应该以海纳百川的宽广胸怀打破文化交往的壁垒，以兼收并蓄的态度汲取其他文明的养分，促进亚洲文明在交流互鉴中共同前进。"坚持与时俱进、创新发展。"我们应该用创新增添文明发展动力、激活文明进步的源头活水，不断创造出跨越时空、富有永恒魅力的文明成果。这个中国方案，应当体现在中国的国际传播中。

在国际传播中体现好美人之美、美美与共，可以通过历史与现实的交融实现，可以通过各种方式感染人来实现。在《深化文明交流互鉴 共建亚洲命运共同体》演讲中，习近平主席充满诗意和哲理地描述了亚洲文明与世界文明如何交流互鉴而发展。璀璨的亚洲文明，为世界文明发展史书写了浓墨重彩的篇章，人类文明因亚洲而更加绚烂多姿。从宗教到哲学、从道德到法律、从文学到绘画、从戏剧到音乐、从城市到乡村，亚洲形成了覆盖广泛的世俗礼仪、写下了传承千年的不朽巨著、留下了精湛深邃的艺术瑰宝、形成了种类多样的制度成果，为世界提供了丰富的文明选择。在阐述了亚洲文明对人类的贡献后习近平提出："我们应该增强文明自信，在先辈们铸就的光辉成就的基础上，坚持同世界其他文明交流互鉴，努力续写亚洲文明新辉煌。"这个描述、评价和倡议本身就体现了"坚持美人之美、美美与共"的主张。既讲求参差多态、各美其美，又注重美美与共、天下大同，这是不同文明和谐发展、和平共处的秘诀和智慧所在。①同样也

---

① 习近平：《深化文明交流互鉴 共建亚洲命运共同体——在亚洲文明对话大会开幕式上的主旨演讲》，《人民日报》，2019年05月16日。

是提升国际传播效能的秘诀和智慧所在。

作为促进文明交流互鉴的体现,中国国际传播不仅要善于讲好自己的故事,还要善于讲好其他国家、其他地区、其他文明的故事,还要善于讲好人类的故事,在美人之美中促进美美与共,促进文明互鉴。与世界对话,不仅要努力说清楚自己想说的,还要努力展现好其他文明、其他国家的发展成果和努力,展现好其他文明之美。展现其他文明之美,实质上在体现中国的文明观,在展现中国人民的文明素质,在展现中华民族现代文明。因此,美人之美,就是在体现中华文明之美;美美与共,就是在体现人类在文明交流互鉴中如何进步、如何携手走向未来。在亚洲文明对话大会上,中国向国际社会展现了具体行动:"中国愿同各国开展亚洲文化遗产保护行动,为更好传承文明提供必要支撑。""中国愿同有关国家一道,实施亚洲经典著作互译计划和亚洲影视交流合作计划,帮助人们加深对彼此文化的理解和欣赏,为展示和传播文明之美打造交流互鉴平台。""中国愿同各国加强青少年、民间团体、地方、媒体等各界交流,打造智库交流合作网络,创新合作模式,推动各种形式的合作走深走实,为推动文明交流互鉴创造条件。"这些具体行动,同样也在身体力行地展示对全人类共同价值的弘扬,对文明交流互鉴的推动,同样也是具体有力的国际传播行动。①

在国际传播中体现好美人之美、美美与共,就要更好地体现平等、互鉴、对话、包容的文明观,通过美人之美而和合共生。人类创造的各种文明都是劳动和智慧的结晶。每一种文明都是独特的。人类文明没有高低优劣之分,因为平等交流而变得丰富多彩,正所谓"五色交辉,相得益彰;八音合奏,终和且平"。每一个国家和民族的文明都扎根于本国本民族的土壤之中,都有自己的本色、长处、优点。我们应该维护各国各民族文明多样性,加强相互交流、相互学习、相互借鉴,而不应该相互隔膜、相互排

---

① 习近平:《深化文明交流互鉴 共建亚洲命运共同体——在亚洲文明对话大会开幕式上的主旨演讲》,《人民日报》,2019年05月16日。

斥、相互取代，这样世界文明之园才能万紫千红、生机盎然。文明没有高下、优劣之分，只有特色、地域之别。文明差异不应该成为世界冲突的根源，而应该成为人类文明进步的动力。每种文明都有其独特魅力和深厚底蕴，都是人类的精神瑰宝。树立并体现平等、互鉴、对话、包容的文明观，才能促进以文明交流超越文明隔阂，以文明互鉴超越文明冲突，以文明共存超越文明优越。

在国际传播中体现好美人之美、美美与共，就要努力通过各种方式促进交流交融，通过美美与共促进天下大同。文明的活力在于交往、交流、交融。一切生命有机体都需要新陈代谢，否则生命就会停止。文明也是一样，如果长期自我封闭，必将走向衰落。交流互鉴是文明发展的本质要求。只有同其他文明交流互鉴、取长补短，才能保持旺盛生命活力。不同文明、制度、道路的多样性及交流互鉴可以为人类社会进步提供强大动力。人类是一个整体，地球是一个家园。任何人、任何国家都无法独善其身。人类应该和衷共济、和合共生，朝着构建人类命运共同体方向不断迈进，共同创造更加美好未来。正是秉持这样的理念，中国通过各种方式积极促进人类文明交流互鉴。我们要反对西方传播中的傲慢和偏见，在我们的国际传播中体现好尊重和包容，拥抱世界的丰富多样，努力做到求同存异、取长补短，谋求和谐共处、合作共赢。中国推动构建人类命运共同体，不是以一种制度代替另一种制度，不是以一种文明代替另一种文明，而是不同社会制度、不同意识形态、不同历史文化、不同发展水平的国家在国际事务中利益共生、权利共享、责任共担，形成共建美好世界的最大公约数。这应当在我们的国际传播中有力地体现出来。

第二节　百年变局中提升中国国际传播价值的四个依托

一、智慧引领：三大全球倡议与中国国际传播价值重塑

习近平主席向世界提出的"全球发展倡议""全球安全倡议""全球文明倡议"，既是中国履行大国责任的重要体现，也是体现了中国智慧的中国方案。中国提出三大全球倡议，倡导平等有序的世界多极化和普惠包容的经济全球化，共同维护国际公平正义和发展中国家共同利益，为重塑中国国际传播价值提供了基本指向与依托。

中国履行大国责任的重要体现，首先在于身体力行和积极促进世界和平发展的行动上。面对充满危机的世界，中国主张，国家不论大小、强弱、贫富，在国际关系中都是平等的；大国要有大国的样子，要以人类前途命运为要，对世界和平与发展担负更大责任，而不是依仗实力搞唯我独尊、霸凌霸道；世界的命运必须由各国人民共同掌握，各国和各国人民应该共同享受尊严、共同享受发展成果、共同享受安全保障。中国为维护世界和平贡献智慧和力量：从和平共处五项原则，独立自主的、不结盟的和平外交政策，到建设持久和平、共同繁荣的和谐世界，再到构建人类命运共同体、构建新型国际关系、共建"一带一路"等重要理念、重要倡议，中国为维护世界和平积极贡献中国智慧、中国方案。

面对严重的全球和平赤字、发展赤字、安全赤字、治理赤字，2021年和2022年，习近平主席从人类如何维护和平、促进发展出发，先后提出了全球发展倡议和全球安全倡议。中国提出的全球发展倡议和全球安全倡议，是一个有机整体，为全球应对发展和安全挑战提供了公共产品，也体现中国致力于推动各国践行真正的多边主义，坚持共同、综合、合作、可持续的安全观，把发展置于国际议程中心位置、促进发展权并消除发展障碍

的愿景、努力和行动。

发展是实现人民幸福的关键。在第七十六届联合国大会一般性辩论上，习近平主席指出，世界进入新的动荡变革期。每一个负责任的政治家都必须以信心、勇气、担当，回答时代课题，作出历史抉择。我们要共同推动全球发展迈向平衡协调包容新阶段。为此，习近平主席郑重向国际社会提出全球发展倡议，即坚持发展优先、坚持以人民为中心、坚持普惠包容、坚持创新驱动、坚持人与自然和谐共生、坚持行动导向。[①] 习近平主席在亚太经合组织第二十八次领导人非正式会议上阐述了基于人类共同利益提出全球发展倡议的深层考虑："我在联合国大会上提出全球发展倡议，旨在推动全球发展迈向平衡协调包容新阶段。"[②] 在 2021 年 10 月 14 日第二届联合国全球可持续交通大会开幕式上，习近平主席再次强调："不久前，我提出了全球发展倡议，旨在加快落实联合国 2030 年可持续发展议程，推动实现更加强劲、绿色、健康的全球发展，构建全球发展命运共同体，希望各方积极参与。"[③]2022 年 11 月 15 日在二十国集团领导人第十七次峰会第一阶段会议上，习近平主席再次强调："提出全球发展倡议，就是着眼全球共同发展的长远目标和现实需要，凝聚促进发展的国际共识，培育全球发展新动能，推动世界各国共同发展进步。"[④]

2021 年中国外交部发布的《中国联合国合作立场文件》阐述了五十年来中国大力促进全球发展的历程，进一步阐述了全球发展倡议的意义："习近平主席在第 76 届联大一般性辩论期间提出全球发展倡议，推动国际社会加快落实 2030 年可持续发展议程，实现更加强劲、绿色、健康的全

---

① 习近平：《坚定信心 共克时艰 共建更加美好的世界——在第七十六届联合国大会一般性辩论上的讲话》，《人民日报》，2021 年 9 月 22 日。

② 习近平：《共同开创亚太经济合作新篇章——在亚太经合组织第二十八次领导人非正式会议上的讲话》，《人民日报》，2021 年 11 月 13 日。

③ 习近平：《与世界相交 与时代相通 在可持续发展道路上阔步前行——在第二届联合国全球可持续交通大会开幕式上的主旨讲话》，《人民日报》，2021 年 10 月 15 日。

④ 习近平：《共迎时代挑战，共建美好未来——在二十国集团领导人第十七次峰会第一阶段会议上的讲话》，《人民日报》，2022 年 11 月 16 日。

球发展。倡议秉持以人民为中心的核心理念,将增进人民福祉、实现人的全面发展作为出发点和落脚点,把各国人民对美好生活的向往作为努力目标,紧紧抓住发展这个解决一切问题的总钥匙,全力破解发展难题、创造更多发展机遇,努力实现不让任何一国、任何一人掉队的目标。倡议遵循务实合作的行动指南,把握全球发展脉搏和迫切需求,把减贫、粮食安全、抗疫和疫苗、发展筹资、气候变化和绿色发展、工业化、数字经济、互联互通等作为重点合作领域,提出合作设想和方案,将发展共识转化为务实行动。全球发展倡议是中国为国际社会提供的重要公共产品和合作平台。"并强调:"中国将继续做全球发展的贡献者。中国将与各国一道,推动落实全球发展倡议,坚持发展优先,坚持以人民为中心,坚持普惠包容,坚持创新驱动,坚持人与自然和谐共生,坚持行动导向,推动多边发展合作协同增效,构建全球发展命运共同体。"①

　　全球发展倡议是体现着中国经验、中国智慧的中国方案,是蕴含着中国全面建成小康社会宝贵经验的全球化表达。在阐述全球发展倡议的同时,中国展现了为全球发展作出新贡献的行动计划。在第七十六届联合国大会一般性辩论上的讲话中,习近平主席宣布:"中国将力争2030年前实现碳达峰、2060年前实现碳中和,这需要付出艰苦努力,但我们会全力以赴。中国将大力支持发展中国家能源绿色低碳发展,不再新建境外煤电项目。""中国已宣布未来三年内再提供三十亿美元国际援助,用于支持发展中国家抗疫和恢复经济社会发展。"②全球发展倡议提出仅仅一年,"全球发展倡议之友小组"成员已逾六十国。中国创设全球发展和南南合作基金,并将加大对中国—联合国和平与发展基金投入,制定务实合作清单,设立开放式项目库,明确倡议推进路线图,同一百多个国家和国际组织推进全球发展倡议,为落实联合国2030年可持续

---

① 中华人民共和国外交部:《中国联合国合作立场文件》,《人民日报》,2021年10月23日。

② 习近平:《坚定信心 共克时艰 共建更加美好的世界——在第七十六届联合国大会一般性辩论》,《人民日报》,2021年9月22日。

发展议程提供新助力。

面对大国博弈、集团对抗不断升级，霸权主义、强权政治威胁上升，安全问题的联动性、跨国性、多样性更加突出，国际安全风险系数增大的复杂世界安全形势；面对"世界需要什么样的安全理念、各国怎样实现共同安全"的时代课题，2022年4月，在博鳌亚洲论坛2022年年会开幕式发表主旨演讲时，习近平主席提出了全球安全倡议。中国提出的全球安全倡议，是破解全球和平赤字、发展赤字、安全赤字、治理赤字的重要公共产品，是人类命运共同体理念在安全领域的体现。中国"提出全球安全倡议，目的是同大家一道，弘扬联合国宪章精神，本着安全不可分割原则，坚持共同、综合、合作、可持续的安全观，倡导通过谈判消弭冲突，通过协商化解争端，支持一切有利于和平解决危机的努力"①。习近平主席阐述了全球安全倡议的主要内容："要坚持共同、综合、合作、可持续的安全观，共同维护世界和平和安全；坚持尊重各国主权、领土完整，不干涉别国内政，尊重各国人民自主选择的发展道路和社会制度；坚持遵守联合国宪章宗旨和原则，摒弃冷战思维，反对单边主义，不搞集团政治和阵营对抗；坚持重视各国合理安全关切，秉持安全不可分割原则，构建均衡、有效、可持续的安全架构，反对把本国安全建立在他国不安全的基础之上；坚持通过对话协商以和平方式解决国家间的分歧和争端，支持一切有利于和平解决危机的努力，不能搞双重标准，反对滥用单边制裁和'长臂管辖'；坚持统筹维护传统领域和非传统领域安全，共同应对地区争端和恐怖主义、气候变化、网络安全、生物安全等全球性问题。"②

全球发展离不开和平稳定的国际环境。安全是发展的前提，人类是不可分割的安全共同体。和平与发展是人类的共同事业。习近平主席就全球安全问题多次向国际社会阐述中国主张，2014年在上海亚信峰会上

---

① 习近平：《共迎时代挑战，共建美好未来——在二十国集团领导人第十七次峰会第一阶段会议上的讲话》，《人民日报》，2022年11月16日。

② 新华社：《习近平提出全球安全倡议》，2022年4月21日，见 http://www.gov.cn/xinwen/2022-04/21/content_5686416.htm。

提出积极倡导共同、综合、合作、可持续的亚洲安全观;2017年在日内瓦联合国总部的主旨演讲中强调坚持共建共享,建设一个普遍安全的世界;2017年在国际刑警组织第八十六届全体大会开幕式上提出共同、综合、合作、可持续的全球安全观;2020年在上海合作组织成员国元首理事会第二十次会议上指出要构建安全共同体。2022年11月4日在会见德国总理朔尔茨时,习近平提出了"四个共同"的重要原则:"当前形势下,国际社会应该共同支持一切致力于和平解决乌克兰危机的努力,呼吁有关各方保持理性和克制,尽快开展直接接触,为重启谈判创造条件;共同反对使用或威胁使用核武器,倡导核武器用不得、核战争打不得,防止亚欧大陆出现核危机;共同努力确保全球产业链供应链稳定,防止国际能源、粮食、金融等合作受到干扰,损害全球经济复苏特别是发展中国家经济财政稳定;共同为危机地区的平民过冬纾困,改善人道主义状况,防止出现更大规模人道主义危机。"①

全球安全倡议从人类共同福祉出发,用对话合作取代零和博弈,用开放包容取代封闭排他,用交流互鉴取代唯我独尊,用共同利益、共同挑战、共同责任把各国前途命运联系起来,致力于实现共享尊严、共享发展成果、共享安全保障,推动构建安全共同体。中国提出的全球安全倡议致力于为消除国际冲突根源提供新途径,以推动建立平衡、有效、可持续的安全架构,实现持久稳定和安全。

党的二十大报告再次向国际社会宣示:"中国提出了全球发展倡议、全球安全倡议,愿同国际社会一道努力落实。"并强调:"中国坚持对话协商,推动建设一个持久和平的世界;坚持共建共享,推动建设一个普遍安全的世界;坚持合作共赢,推动建设一个共同繁荣的世界;坚持交流互鉴,推动建设一个开放包容的世界;坚持绿色低碳,推动建设一个清洁美丽的世界。"

2023年3月15日,在全国两会闭幕后的第二天,中共中央总书记、国

---

① 《习近平会见德国总理朔尔茨》,《人民日报》,2022年11月5日。

家主席习近平出席中国共产党与世界政党高层对话会。这是习近平总书记近年来第三次出席由中国共产党主办的全球性政党盛会，也是中共二十大之后在国内出席的首场重大多边外交活动。随着中共二十大胜利召开，"中国式现代化"更成为世界关注重点。这次来自一百五十多个国家的五百多个政党和政治组织的领导人出席的高层对话会以"现代化道路：政党的责任"为主题，与2017年高层对话会主题"构建人类命运共同体、共同建设美好世界：政党的责任"，和2021年峰会的主题"为人民谋幸福：政党的责任"一样，都把"政党的责任"列为主题。习近平总书记在《携手同行现代化之路》的主旨讲话中指出：人类社会现代化进程又一次来到历史的十字路口。面对"两极分化还是共同富裕？物质至上还是物质精神协调发展？竭泽而渔还是人与自然和谐共生？零和博弈还是合作共赢？照抄照搬别国模式还是立足自身国情自主发展？我们究竟需要什么样的现代化？怎样才能实现现代化？"这一系列现代化之间，"政党作为引领和推动现代化进程的重要力量，有责任作出回答"。在这个主旨讲话中，习近平总书记提出五点主张：一是要坚守人民至上理念，突出现代化方向的人民性；二是要秉持独立自主原则，探索现代化道路的多样性；三是要树立守正创新意识，保持现代化进程的持续性；四是要弘扬立己达人精神，增强现代化成果的普惠性；五是要保持奋发有为姿态，确保现代化领导的坚定性。并特别强调："作为现代化事业的引领和推动力量，政党的价值理念、领导水平、治理能力、精神风貌、意志品质直接关系国家现代化的前途命运。"习近平总书记指出："中国共产党一百多年团结带领中国人民追求民族复兴的历史，也是一部不断探索现代化道路的历史。经过数代人不懈努力，我们走出了中国式现代化道路。"强调中国式现代化既基于自身国情、又借鉴各国经验，既传承历史文化、又融合现代文明，既造福中国人民、又促进世界共同发展，是我们强国建设、民族复兴的康庄大道，也是中国谋求人类进步、世界大同的必由之路。还特别强调：我们将始终把自身命运同各国人民的命运紧紧联系在一起，努力以中国式现代化新成就为世界发展提供新机遇，为人类对现代化道路的探索提供新助力，为人类社会现代化理论和实践创新作出新贡献。①

在这个主旨讲话中,习近平主席进一步阐述了文明与现代化之间的内在逻辑。"当今世界不同国家、不同地区各具特色的现代化道路,植根于丰富多样、源远流长的文明传承。人类社会创造的各种文明,都闪烁着璀璨光芒,为各国现代化积蓄了厚重底蕴、赋予了鲜明特质,并跨越时空、超越国界,共同为人类社会现代化进程作出了重要贡献。"并指出:"中国式现代化作为人类文明新形态,与全球其他文明相互借鉴,必将极大丰富世界文明百花园。"习近平主席强调,中国共产党将致力于推动文明交流互鉴,促进人类文明进步,并提出了以四个"共同倡导"为核心的"全球文明倡议":强调我们要共同倡导尊重世界文明多样性,坚持文明平等、互鉴、对话、包容,以文明交流超越文明隔阂、文明互鉴超越文明冲突、文明包容超越文明优越;我们要共同倡导弘扬全人类共同价值,和平、发展、公平、正义、民主、自由是各国人民的共同追求,要以宽广胸怀理解不同文明对价值内涵的认识,不将自己的价值观和模式强加于人,不搞意识形态对抗;我们要共同倡导重视文明传承和创新,充分挖掘各国历史文化的时代价值,推动各国优秀传统文化在现代化进程中实现创造性转化、创新性发展;我们要共同倡导加强国际人文交流合作,探讨构建全球文明对话合作网络,丰富交流内容,拓展合作渠道,促进各国人民相知相亲,共同推动人类文明发展进步。②

三大全球倡议分别从不同维度阐述了中国对全球事务的立场,体现了中国智慧。中国的国际传播,不仅必须用各种形式、手段、渠道全面宣介这三大全球倡议,而且必须践行和体现这三大全球倡议所强调的价值观和原则,以中国智慧引领推进新时代的中国国际传播。

---

① 习近平:《携手同行现代化之路——在中国共产党与世界政党高层对话会上的主旨讲话》,《人民日报》,2023年3月16日。

② 同上。

二、实践推动：构建人类命运共同体与国际传播目标取向

百年未有之大变局加速演进，世界之变、时代之变、历史之变正以前所未有的方式展开。历史关口，如何抉择？中国提出构建人类命运共同体，开辟出合作共赢、共建共享的发展新道路。"万物并育而不相害，道并行而不相悖"体现了中国智慧。推动构建人类命运共同体实践得到当今世界越来越普遍的认同，深刻体现"万物得其本者生，百事得其道者成"。

构建人类命运共同体的实践，既是着眼解决当今世界面临的现实问题、实现人类社会和平永续发展的努力，本身也是最有影响力、感染力的中国国际传播行动。可以说，人类命运共同体理念的提出和构建实践，既有效塑造中国形象、中国魅力，也为中国国际传播如何推进提供了指引和依托。

人类命运共同体理念是在与外国专家座谈时提出，并在多个重要国际场合阐述、强调。这一行动本身，就是最好的中国国际传播实践。

2012年12月5日，党的十八大胜利闭幕后仅21天，习近平同在华工作的外国专家代表座谈时提出"命运共同体"理念和"共同建设一个更加美好的地球家园"的倡议，并强调，中国不仅是合作共赢的积极倡导者，更是合作共赢的切实践行者。在这次座谈会上，习近平指出："国际社会日益成为一个你中有我、我中有你的命运共同体。面对世界经济的复杂形势和全球性问题，任何国家都不可能独善其身、一枝独秀。这就要求各国同舟共济、和衷共济，在追求本国利益时兼顾他国合理关切，在谋求本国发展中促进各国共同发展，建立更加平等均衡的新型全球发展伙伴关系，增进人类共同利益，共同建设一个更加美好的地球家园。"①"命运共同体"理念，既体现对当今世界国际社会如何共处共生、共同发展的愿景、倡议和推动，又体现"同舟共济、和衷共济""美人之美、美美与共"的中国智慧。基于"命运共同体"的理念和智慧，还提出建立更加平等均衡的新型全球发展

①《习近平同外国专家代表座谈》，《人民日报》，2012年12月6日。

伙伴关系,共同建设一个更加美好的地球家园。在这次座谈会上,习近平向外国专家代表强调:我们的事业是向世界开放学习的事业,我们的事业是同世界各国合作共赢的事业,我们要坚持对外开放的基本国策不动摇。中国既不妄自菲薄,也不妄自尊大,更加注重学习吸收世界各国人民创造的优秀文明成果,同世界各国相互借鉴、取长补短。中国走的是和平发展道路,中国越发展,对世界和平与发展就越有利。中国仍是一个发展中国家,仍然面临一系列严峻挑战,还有许多需要面对和解决的问题。但中国扎实推进同各国的务实合作,坚持向发展中国家提供力所能及的帮助。①

四个月后,2013年3月23日,习近平主席在莫斯科国际关系学院发表演讲《顺应时代前进潮流,促进世界和平发展》,再次向国际社会发出"成为你中有我、我中有你的命运共同体"的理论和倡议。这是基于对当时世界发展趋势的深刻判断和把握。在这次演讲中,习近平主席从四个方面阐述对世界大势的把握。这个世界,和平、发展、合作、共赢成为时代潮流,旧的殖民体系土崩瓦解,冷战时期的集团对抗不复存在,任何国家或国家集团都再也无法单独主宰世界事务。这个世界,一大批新兴市场国家和发展中国家走上发展的快车道,十几亿、几十亿人口正在加速走向现代化,多个发展中心在世界各地区逐渐形成,国际力量对比继续朝着有利于世界和平与发展的方向发展。这个世界,各国相互联系、相互依存的程度空前加深,人类生活在同一个地球村里,生活在历史和现实交汇的同一个时空里,越来越成为你中有我、我中有你的命运共同体。这个世界,人类依然面临诸多难题和挑战,国际金融危机深层次影响继续显现,形形色色的保护主义明显升温,地区热点此起彼伏,霸权主义、强权政治和新干涉主义有所上升,军备竞赛、恐怖主义、网络安全等传统安全威胁和非传统安全威胁相互交织,维护世界和平、促进共同发展依然任重道远。习近平主席在这次重要演讲中指出:"人类社会发展的历史证明,无论会遇到什么样的曲折,历史都总是按照自己的规律向前发展,没有任何力量能

---

① 《习近平致力倡建"人类命运共同体"》,《人民日报》,2018年10月7日。

够阻挡历史前进的车轮。"①而"命运共同体"就是以中国智慧对人类社会发展提出的中国方案。

2015年9月，习近平主席在纽约联合国总部出席第七十届联合国大会一般性辩论时发表演讲《携手构建合作共赢新伙伴，同心打造人类命运共同体》，向国际社会郑重提出："当今世界，各国相互依存、休戚与共。我们要继承和弘扬联合国宪章的宗旨和原则，构建以合作共赢为核心的新型国际关系，打造人类命运共同体。"习近平主席引用了"大道之行也，天下为公"的古语，体现了"打造人类命运共同体"倡议背后的中国智慧和总体思考，即我们要建立平等相待、互商互谅的伙伴关系，我们要营造公道正义、共建共享的安全格局，我们要谋求开放创新、包容互惠的发展前景，我们要促进和而不同、兼收并蓄的文明交流，我们要构筑尊崇自然、绿色发展的生态体系。并提出，中国人民的梦想同各国人民的梦想息息相通。中国将始终做世界和平的建设者，坚定走和平发展道路；中国将始终做全球发展的贡献者，坚持走共同发展道路；中国将始终做国际秩序的维护者，坚持走合作发展的道路。在这次演讲中，习近平主席强调，中国是第一个在联合国宪章上签字的国家，将继续维护以联合国宪章宗旨和原则为核心的国际秩序和国际体系。中国在联合国的一票永远属于发展中国家。②

公平正义是人类社会的永恒追求，是构建人类命运共同体的崇高目标。当今世界，公平正义还远远没有实现。世界的命运必须由各国人民共同掌握，世界上的事情必须由各国共同商量着办。2017年1月在日内瓦联合国总部，习近平主席在《共同构建人类命运共同体》的演讲中明确提出："中国方案是：构建人类命运共同体，实现共赢共享。"当今世界充满不确定性，人们对未来既寄予期待又感到困惑。世界怎么了、我们怎么办？这是整个世界都在思考的问题。回答这个问题，首先要弄清楚一个

① 习近平：《顺应时代前进潮流，促进世界和平发展——在莫斯科国际关系学院的演讲》，《人民日报》，2013年3月24日。

② 习近平：《携手构建合作共赢新伙伴 同心打造人类命运共同体——在第七十届联合国大会一般性辩论时的讲话》，《人民日报》，2015年9月29日。

最基本的问题,就是我们从哪里来、现在在哪里、将到哪里去?让和平的薪火代代相传,让发展的动力源源不断,让文明的光芒熠熠生辉,是各国人民的期待,也是我们这一代政治家应有的担当。中国方案是:构建人类命运共同体,实现共赢共享。国际社会要从伙伴关系、安全格局、经济发展、文明交流、生态建设等方面作出努力。提出坚持对话协商,建设一个持久和平的世界;坚持共建共享,建设一个普遍安全的世界;坚持合作共赢,建设一个共同繁荣的世界;坚持交流互鉴,建设一个开放包容的世界;坚持绿色低碳,建设一个清洁美丽的世界。

推动构建人类命运共同体理念,汲取中华优秀传统文化精髓,继承人类社会发展优秀成果,揭示了世界各国相互依存和人类命运紧密相连的客观规律,反映了中外优秀文化和全人类共同价值追求,找到了人类共建美好世界的最大公约数。习近平主席特别指出:"中国在国际上磊落坦荡。中国人民不仅要自己过上好日子,还追求天下大同。我提出共建'一带一路'倡议,体现的就是'和合共生'、互利共赢的思想,也和联合国可持续发展理念相契合。"[①]推动构建人类命运共同体,不是倡导每个国家必须遵循统一的价值标准,不是推进一种或少数文明的单方主张,也不是谋求在全球范围内建设统一的行为体,更不是一种制度替代另一种制度、一种文明替代另一种文明,而是主张不同社会制度、不同意识形态、不同历史文明、不同发展水平的国家,在国际活动中目标一致、利益共生、权利共享、责任共担,从而促进人类社会整体发展。

三、愿景传递:平等有序的世界多极化和普惠包容的经济全球化

针对世界面临的一系列重大问题重大挑战,中国希望人类社会共同塑造什么样的世界? 2023 年 12 月召开的中央外事工作会议提出,"倡导平等有序的世界多极化和普惠包容的经济全球化"。这是中国针对当今

---

① 《习近平会见联合国秘书长古特雷斯》,《人民日报》,2019 年 4 月 27 日。

世界面临的一系列重大问题重大挑战而提出的愿景和方案。所谓平等有序的世界多极化，就是坚持大小国家一律平等，反对霸权主义和强权政治，切实推进国际关系民主化。要确保多极化进程总体稳定和具有建设性，就必须共同恪守联合国宪章宗旨和原则，共同坚持普遍认同的国际关系基本准则，践行真正的多边主义。所谓普惠包容的经济全球化，就是顺应各国尤其是发展中国家的普遍要求，解决好资源全球配置造成的国家间和各国内部发展失衡问题。要坚决反对逆全球化、泛安全化，反对各种形式的单边主义、保护主义，坚定促进贸易和投资自由化便利化，破解阻碍世界经济健康发展的结构性难题，推动经济全球化朝着更加开放、包容、普惠、均衡的方向发展。习近平主席多次在国际国内重大场合，呼吁各国践行真正的多边主义，倡导平等有序的世界多极化和普惠包容的经济全球化，实现共同发展。"多边主义践行得好一点，人类面临的共同问题就会解决得好一点。"①中国倡导的平等有序的世界多极化和普惠包容的经济全球化，是针对世界面临的一系列重大问题重大挑战的中国愿景、中国方案，应当成为中国国际传播重要依托和传播重点，尽可能以各种方式阐述原则立场，报道实践进展，展现不懈努力。

促进世界向平等有序的世界多极化和普惠包容的经济全球化的方向发展，反映了全球南方国家的诉求和利益。在国际传播中如何更好地体现中国作为全球南方天然成员维护发展中国家的利益，是国际传播应当关注并努力实践的重要方面。

2023年8月22日，习近平主席在约翰内斯堡金砖国家工商论坛闭幕式发表题为《深化团结合作应对风险挑战共建更加美好的世界》的致辞时强调："作为发展中国家、'全球南方'的一员，我们始终同其他发展中国家同呼吸、共命运，坚定维护发展中国家共同利益，推动增加新兴市场国家和发展中国家在全球事务中的代表性和发言权。"实际上，在此次出访同

---

① 习近平：《加强政党合作，共谋人民幸福——在中国共产党与世界政党领导人峰会上的主旨讲话》，《人民日报》，2021年7月7日。

南非总统拉马福萨共同会见记者等场合,习近平主席均提及"全球南方":"作为发展中国家、'全球南方'的一员,中国始终同其他发展中国家同呼吸、共命运";"中国作为'全球南方'天然成员,更要团结一致,共同呼吁扩大发展中国家在国际事务中的话语权和影响力";"提升'全球南方'国家在全球治理中的代表性和发言权"。

当今时代,以金砖国家为代表的新兴市场国家和发展中国家群体性崛起,正在从根本上改变世界版图。新兴市场国家和发展中国家过去20年对世界经济增长的贡献率高达80%,过去40年国内生产总值的全球占比从24%增至40%以上。"全球南方"这个概念在欧盟最初提出之时,是以经济社会发展水平、政治制度和价值观为标准,把不符合其标准的国家排斥在外。换一种眼光观察,"全球南方"概念的提出,恰恰凸显了发展中国家作为一个整体已经成为国际社会不可忽视的政治力量。

近年来,世界百年未有之大变局加速演进,"全球南方"声势壮大。全球南方国家不断提升在国际事务中的话语权和影响力,成为推动世界多极化沿着正确方向前进的强劲力量。习近平主席在重要的国际场合强调中国是"全球南方"的天然成员,体现中国永远是发展中国家的自我定位,体现出"中国没有称王称霸的基因,没有大国博弈的冲动",也体现中国"坚定站在历史正确一边,坚定奉行'大道之行,天下为公'"的信念。

作为"全球南方"的天然成员,中国在国际传播中就要鲜明体现出对"全球南方"事务、利益、追求的强烈关注和反映,就要鲜明体现出作为"全球南方"天然成员的立场。这将有力提升中国国际传播的效能。

四、价值提炼:增强中华文明传播力影响力与推动人类文明进步

中国国际传播的重要任务,是党的二十大报告所要求的"增强中华文明传播力影响力。坚守中华文化立场,提炼展示中华文明的精神标识和文化精髓,加快构建中国话语和中国叙事体系,讲好中国故事、传播好

中国声音,展现可信、可爱、可敬的中国形象"①。从更高层面理解,增强中华文明传播力影响力的根本意义所在,是推动人类文明进步。促进文明交流互鉴,推动人类文明进步,就是中国不断为人类作出更大贡献的重要体现。

一个民族的复兴需要强大的物质力量,也需要强大的精神力量。没有先进文化的积极引领,没有人民精神世界的极大丰富,没有民族精神力量的不断增强,一个国家、一个民族不可能屹立于世界民族之林。近代以来,中华民族从磨难中奋起、从民族危亡走向民族复兴的历程,也正是中华文化焕发活力、走向复兴的历程。中华民族创造了源远流长的中华文化,正在完成建设中华民族现代文明这一新的文化使命。这为增强中华文明传播力影响力提供了坚实的基础。

完成好增强中华文明传播力影响力的重要任务,就要在国际传播中坚守中华文化立场,提炼展示中华文明的精神标识和文化精髓,这是讲好中国故事、传播好中国声音,展现可信、可爱、可敬的中国形象的重要前提;就要加快构建中国话语和中国叙事体系,这是讲好中国故事、增强中华文化传播力影响力的基础;就要进一步加强国际传播能力建设,这是增强中华文明传播力影响力的物质基础和能力基础;就要全面提升国际传播效能,以形成同我国综合国力和国际地位相匹配的国际话语权。在中国式现代化推进和拓展进程中,物质文明与精神文明正在协调发展,中华文化和中国精神焕发出新的光彩。要通过讲好中国故事、讲好中国共产党故事,讲好我们正在经历的新时代故事,展现可信、可爱、可敬的中国形象,推动中华文化更好走向世界,增强中华文明传播力影响力。

增强中华文明传播力影响力的重要组成部分,是引导人们更加全面客观地认识当代中国、认识中华文明。中华民族独特的文化传统、独特的历史命运、独特的基本国情,注定了我们必然要走适合自己特点的发展道

---

① 习近平:《高举中国特色社会主义伟大旗帜　为全面建设社会主义现代化国家而团结奋斗——在中国共产党第二十次全国代表大会上的报告》,北京:人民出版社,2022年,第45—46页。

路。在宣传阐释中国特色时,要把五个"讲清楚"的要求贯彻得更到位、落实得更有成效、体现出更高水平:即宣传阐释中国特色,要讲清楚每个国家和民族的历史传统、文化积淀、基本国情不同,其发展道路必然有着自己的特色;讲清楚中华文化积淀着中华民族最深沉的精神追求,是中华民族生生不息、发展壮大的丰厚滋养;讲清楚中华优秀传统文化是中华民族的突出优势,是我们最深厚的文化软实力;讲清楚中国特色社会主义植根于中华文化沃土、反映中国人民意愿、适应中国和时代发展进步要求,有着深厚历史渊源和广泛现实基础。

面对百年未有之大变局加速演进的世界,国际传播要有力体现中国积极推动全球治理理念创新发展,积极参与全球治理体系改革和建设,维护以联合国为核心的国际体系、以国际法为基础的国际秩序、以联合国宪章宗旨和原则为基础的国际关系基本准则,维护和践行真正的多边主义,坚决反对单边主义、保护主义、霸权主义、强权政治,积极推动经济全球化朝着更加开放、包容、普惠、平衡、共赢的方向发展。还特别要发掘中华文化中积极的处世之道、治理理念同当今时代的共鸣点,努力为完善全球治理贡献中国智慧、中国方案、中国力量。在国际文化激荡中,推动中华文化更好走向世界,深化文明交流互鉴,向世界展现中华优秀传统文化精华和中华民族现代文明的内在力量。

第三节　促进读懂中国、提升国际传播影响力的四个关键

一、把握重心:以促进读懂中国共产党为重点优化国际传播内容结构

"读懂今天的中国,必须读懂中国共产党。"2021年6月和12月,习近平总书记在给北京大学的留学生回信中和向2021年"读懂中国"国际会

议（广州）开幕式的视频致辞中，两次这样强调。①

　　新华社一篇报道里曾经记录了一个细节：2022年2月6日，国家主席习近平在人民大会堂东大厅会见到访的阿根廷总统费尔南德斯。会见结束，陪同的阿根廷驻华大使牛望道上前一步，用中文一字一顿对习近平主席说："没有共产党，就没有新中国！"②

　　为什么要帮助世界读懂中国共产党。在肯尼亚国际关系学者卡文斯·阿德希尔看来，"中国共产党是塑造世人所知的今日中国的领导力量，读懂中国共产党，才能读懂中国的发展、中国的价值观和愿景"③。

　　中国共产党的历史是最生动、最有说服力的教科书，也是今日中国最有信服力的说明书。中国共产党的百年奋斗锻造了走在时代前列的中国共产党。以党的自我革命引领社会革命，使中国共产党在革命性锻造中更加坚强有力，是新时代十年的伟大变革具有里程碑意义的五个标志之一。今天的中国取得举世瞩目的成就，关键在于中国共产党把马克思主义基本原理同中国实际、同中国传统文化精华相结合，勇于创新，科学回答中国之问、世界之问、人民之问、时代之问。

　　帮助国际社会和海外受众读懂中国共产党，就要帮助他们了解并尽可能深地体会到中国共产党是如何把马克思主义基本原理同中国实际相结合，如何深深地根植于中国大地，如何汲取中华优秀传统文化之精华从而让马克思主义在中国牢牢扎根。党的二十大报告深刻阐述了其中的关键。报告指出，中华优秀传统文化源远流长、博大精深，是中华文明的智慧结晶，其中蕴含的天下为公、民为邦本、为政以德、革故鼎新、任人唯贤、天人合一、自强不息、厚德载物、讲信修睦、亲仁善邻等，是中国人民在长期生产生活中积累的宇宙观、天下观、社会观、道德观的重要体现，同科学

---

　　①《习近平给北京大学的留学生们回信》，《人民日报》，2021年6月23日第1版。《习近平向2021年"读懂中国"国际会议（广州）开幕式发表视频致辞》，《人民日报》，2021年12月3日。

　　②《为中国人民谋幸福，为中华民族谋复兴——党的十八大以来以习近平同志为核心的党中央治国理政纪实》，《人民日报》，2022年10月15日。

　　③《读懂今天的中国，必须读懂中国共产党——国际社会眼中的新时代中国非凡十年》，《人民日报》，2022年7月26日。

社会主义价值观主张具有高度契合性。我们必须坚定历史自信、文化自信，坚持古为今用、推陈出新，把马克思主义思想精髓同中华优秀传统文化精华贯通起来、同人民群众日用而不觉的共同价值观念融通起来，不断赋予科学理论鲜明的中国特色，不断夯实马克思主义中国化时代化的历史基础和群众基础，让马克思主义在中国牢牢扎根。

帮助国际社会和海外受众读懂中国共产党，就要帮助他们了解并尽可能深地体会到，中国共产党是为中国人民谋幸福、为中华民族谋复兴的党，也是为人类谋进步、为世界谋大同的党。作为已拥有9918.5万名党员、517.6万个基层组织、领导着14亿多人口大国、具有重大全球影响力的世界第一大执政党，①中国共产党领导是历史的选择、人民的选择，是党和国家的根本所在、命脉所在，是全国各族人民的利益所系、命运所系。中国共产党坚持胸怀天下，拓展世界眼光，深刻洞察人类发展进步潮流，积极回应各国人民普遍关切，为解决人类面临的共同问题作出贡献，以海纳百川的宽阔胸襟借鉴吸收人类一切优秀文明成果，推动建设更加美好的世界。中国共产党不仅希望中国人民过上好日子，也希望其他国家人民过上好日子。在发展问题上，中国共产党始终坚持发展自己、兼济天下、造福世界，在致力于实现自身发展的同时，为促进共同发展贡献力量。历史告诉我们，拥抱世界，才能拥抱明天；携手共进，才能行稳致远。中国始终不渝做世界和平的建设者、全球发展的贡献者、国际秩序的维护者。中国共产党同各国政党一起努力，让梦想照进现实，让行动成就未来，回答好"为人民谋幸福与政党的责任"这个重大命题的同时，积极参与引领全球治理体系改革和建设，履行大国大党责任。正是因为中国共产党作为推动人类进步的重要力量，锚定正确的前进方向，担起为人民谋幸福、为人类谋进步的历史责任，从而具有重大全球影响力。

帮助国际社会和海外受众读懂中国共产党，就要帮助他们了解并尽可能深地体会到中国共产党坚定不移高举改革开放旗帜，将改革进行到

---

① 《中国共产党党内统计公报》，《人民日报》，2024年7月1日。

底的坚强决心和强烈使命担当。中国共产党之所以能够始终走在时代前列,是因为在这个充满挑战、充满希望的时代,中国共产党坚持解放思想、实事求是、与时俱进、求真务实,一切从实际出发,着眼解决新时代改革开放和社会主义现代化建设的实际问题,不断回答中国之问、世界之问、人民之问、时代之问,作出符合中国实际和时代要求的正确回答,得出符合客观规律的科学认识,形成与时俱进的理论成果,更好指导中国实践,更好地同世界人民携手开创人类更加美好的未来。2024年7月中国共产党二十届三中全会通过了《中共中央关于进一步全面深化改革、推进中国式现代化的决定》,共提出三百多项重要改革举措,紧紧围绕推进中国式现代化进一步全面深化改革。党的二十届三中全会主题,为何确定为进一步全面深化改革、推进中国式现代化? 习近平总书记一语道破要旨:"就是要向国内国际释放我们坚定不移高举改革开放旗帜的强烈信号。"①新华社在《又踏层峰辟新天——〈中共中央关于进一步全面深化改革、推进中国式现代化的决定〉诞生记》的报道中充满激情地评价道:"放眼全世界,没有哪个国家和政党,能有这样的政治气魄和历史担当,敢于大刀阔斧、刀刃向内、自我革命,没有哪个国家和政党,能在这么短时间内推动这么大范围、这么大规模、这么大力度的改革,也没有哪个国家和政党,能在改革进程中取得这样的历史性变革、系统性重塑、整体性重构。"②中国共产党坚信,改革开放只有进行时,没有完成时。历史已经充分证明,正是因为我们党坚定不移、一以贯之地推进改革开放,才能准确识变、科学应变、主动求变,在风云变幻中赢得主动,始终把发展进步的命运牢牢掌握在自己手中。

帮助国际社会和海外受众读懂中国共产党,就要帮助他们了解并尽可能深入地体会到中国共产党如何时刻保持解决大党独有难题的清醒和坚定,并不断加强党的建设。党的二十大报告指出,我们党作为世界上最

---

①《又踏层峰辟新天——〈中共中央关于进一步全面深化改革、推进中国式现代化的决定〉诞生记》,《人民日报》,2024年7月23日。

②同上。

大的马克思主义执政党,要始终赢得人民拥护、巩固长期执政地位,必须时刻保持解决大党独有难题的清醒和坚定。党的二十大报告首次提出的"解决大党独有难题",是对马克思主义建党学说的原创性发展,是对中国共产党如何始终走在时代前列的深刻洞察。

二、抓住关键:以助力读懂中国式现代化为重点优化国际传播资源投入

"读懂中国,关键要读懂中国式现代化。"2023年12月,习近平主席在致2023年"读懂中国"国际会议(广州)的贺信中这样强调。①

为什么要在国际传播中集中资源助力国际社会、海外受众读懂中国式现代化? 中国式现代化是中国共产党和中国人民长期实践探索的成果,是一项伟大而艰巨的事业。以中国式现代化全面推进强国建设、民族复兴伟业是新时代新征程中国共产党的中心任务。习近平总书记在党的二十大报告中深刻阐释:"中国式现代化,是中国共产党领导的社会主义现代化,既有各国现代化的共同特征,更有基于自己国情的中国特色。"党的二十大胜利闭幕开启以中国式现代化全面推进中华民族伟大复兴新征程。党的二十届三中全会通过的《中共中央关于进一步全面深化改革、推进中国式现代化的决定》强调:"中国式现代化是在改革开放中不断推进的,也必将在改革开放中开辟广阔前景。"②因而,"新征程上,靠什么来进一步凝心聚力、汇聚起推进中华民族伟大复兴的强大力量? 答案就是靠中国式现代化"③。读懂了中国式现代化,从某种角度就读懂了中国人民的需求和要求。

帮助国际社会和海外受众更加深刻地理解中国式现代化,是十分重

---

① 《习近平向2023年"读懂中国"国际会议(广州)致贺信》,《人民日报》,2023年12月3日。
② 《中共中央关于进一步全面深化改革、推进中国式现代化的决定》,《人民日报》,2024年7月22日。
③ 《又踏层峰辟新天——〈中共中央关于进一步全面深化改革、推进中国式现代化的决定〉诞生记》,《人民日报》,2024年7月23日。

要的。在重要国际场合，习近平总书记多次生动、深刻地阐释什么是中国式现代化。国际社会对中国、对中国共产党、对中国式现代化是非常关注的。中国共产党第二十次全国大会开幕前的24小时，至少有64个国家和地区的500家媒体用40多种语言对党的二十大做了报道。其中最关注"中国式现代化"的国家和地区是美国。分析这些国家和地区媒体报道中排位前十的高频词，可以看到这些媒体如何关注报告中的"中国式现代化"。美国媒体报道中的高频词是"基础设施"，关心中国与世界的连接方式。有两个高频词只在英国媒体报道中一起出现，即"社会主义"和"理论"，与之同时出现的形容词是"独特的、文化的、自信的、富强的"，让人们看到英国媒体眼里的"中国式现代化"。"科技、工业化、数字化"是英国、土耳其媒体报道的高频词。印度、越南媒体的报道关注农业、乡村的发展机会。韩国媒体热议词是"共同富裕、市场经济、改善民生"。"中国式、文化、形态"出现在新加坡、澳大利亚媒体报道中。

党的二十届三中全会通过的《中共中央关于进一步全面深化改革、推进中国式现代化的决定》指出，当前和今后一个时期是以中国式现代化全面推进强国建设、民族复兴伟业的关键时期。正因如此，在当前和今后要以助力国际社会和海外受众读懂中国式现代化为重点优化国际传播资源投入，尽可能让中国式现代化国际传播资源投入与中国式现代化的重要地位相吻合，尽可能让中国式现代化国际传播效能提升与中国式现代化的发展同步。

三、提供引导：以帮助了解中国历史为先导促进国际社会了解今日中国

2023年4月7日下午，国家主席习近平在广东省广州市松园同法国总统马克龙举行非正式会晤时指出："了解今天的中国，要从了解中国的历史开始。"①

①《习近平同法国总统马克龙在广州非正式会晤》，《人民日报》，2023年4月8日。

帮助国际社会和海外受众从了解、认识中国历史来了解今日中国,首先要帮助他们了解中国历史主脉和中国特色之间的关系。"没有中华五千年文明,哪有我们今天的成功道路。""如果没有中华五千年文明,哪里有什么中国特色? 如果不是中国特色,哪有我们今天这么成功的中国特色社会主义道路?"①这段话,清晰有力地阐明了中国历史与今日中国的关系。"只有立足波澜壮阔的中华五千多年文明史,才能真正理解中国道路的历史必然、文化内涵与独特优势。"②今日之中国,是建立在五千多年文明传承基础上的中国。了解、认识今日中国,离不开对中华民族历史的认知和运用。中华优秀传统文化是中华民族最深厚的文化软实力,也是中国特色社会主义植根的文化沃土。中华文明有其独特的价值体系。中华民族的先人们早就向往人们的物质生活充实无忧、道德境界充分升华的大同世界。中华文明历来把人的精神生活纳入人生和社会理想之中。随着中国经济社会不断发展,中华文明也必将顺应时代发展焕发出更加蓬勃的生命力。中华优秀传统文化已经成为中华民族的基因,植根在中国人内心,潜移默化影响着中国人的思想方式和行为方式。

第二,要帮助他们了解、认识始终一脉相承的中华文明与中华民族最深层的精神追求之间的关系。中华文明源远流长、博大精深,始终一脉相承,积淀中华民族最深层的精神追求,代表着中华民族独特的精神标识,为中华民族生生不息、发展壮大提供了丰厚滋养,是当代中国文化的根基,是维系全世界华人的精神纽带,也是中国文化创新的宝藏。中华民族形成和发展过程中产生的各种思想文化,记载了中华民族在长期奋斗中开展的精神活动、进行的理性思维、创造的文化成果,反映了中华民族的精神追求,其中最核心的内容已经成为中华民族最基本的文化基因。在五千多年文明发展中孕育的中华优秀传统文化,在党和人民伟大斗争中孕育的革命文化和社会主义先进文化,积淀着中华民族最深层的精神追

---

① 新华社:《习近平考察朱熹园谈文化自信:没有中华五千年文明,哪有我们今天的成功道路》,2021年3月22日,见 https://baijiahao.baidu.com/s?id=1694992058102825906&wfr=spider&for=pc。

② 习近平:《在文化传承发展座谈会上的讲话》,《求是》,2023年第17期。

求，代表着中华民族独特的精神标识。实现中国梦，是物质文明和精神文明比翼双飞的发展过程。在这个过程中，当代中国人努力从中华民族世世代代形成和积累的优秀传统文化中汲取营养和智慧，延续文化基因，萃取思想精华，展现精神魅力。

第三，要帮助他们了解、认识中华文明长期演进过程中所形成的中国人看待世界、看待社会、看待人生的独特价值体系、文化内涵和精神品质。中华优秀传统文化是中华民族的精神命脉，是涵养社会主义核心价值观的重要源泉，也是我们在世界文化激荡中站稳脚跟的坚实根基。增强文化自觉和文化自信，是坚定道路自信、理论自信、制度自信的题中应有之义。在文明长期演进过程中，中国人形成了看待世界、看待社会、看待人生的独特价值体系、文化内涵和精神品质，这是我们区别于其他国家和民族的根本特征，也铸就了中华民族博采众长的文化自信。"这是我们文化自信的源泉。了解我们五千多年延续不绝的历史，就能自然形成强烈的民族自尊心和民族自豪感。"①

第四，要帮助他们了解、认识爱国主义是中华民族精神的核心，是中华民族团结奋斗、自强不息的精神纽带。近代以来，中国人民为争取民族独立和解放进行的一系列抗争，就是中华民族觉醒的历史进程，就是中华民族精神升华的历史进程。爱国主义精神是中华民族的精神基因，维系着华夏大地上各个民族的团结统一，激励着一代又一代中华儿女为祖国发展繁荣而不懈奋斗。在中华民族几千年绵延发展的历史长河中，爱国主义始终是激昂的主旋律，始终是激励我国各族人民自强不息的强大力量。中华民族之所以能够经受住无数难以想象的风险和考验，始终保持旺盛生命力，生生不息，薪火相传，同中华民族有深厚持久的爱国主义传统是密不可分的。拥有家国情怀的作品，最能感召中华儿女团结奋斗。

第五，要帮助他们了解、认识为什么说解决中国的问题只能在中国大地上探寻适合自己的道路和办法。每个国家和民族的历史传统、文化积

---

① 《习近平视察澳门政府综合服务中心和英才学校》，《人民日报》，2019年12月20日。

淀、基本国情不同,其发展道路必然有着自己的特色。一个国家的治理体系和治理能力是与这个国家的历史传承和文化传统密切相关的。解决中国的问题只能在中国大地上探寻适合自己的道路和办法。怎样对待本国历史?怎样对待本国传统文化?这是任何国家在实现现代化过程中都必须解决好的问题。我们党在领导革命、建设、改革的进程中,一贯重视学习和总结历史,一贯重视借鉴和运用历史经验。历史是最好的老师。在漫长的历史进程中,中华民族创造了独树一帜的灿烂文化,积累了丰富的治国理政经验,其中既包括升平之世社会发展进步的成功经验,也有衰乱之世社会动荡的深刻教训。"中国的今天是从中国的昨天和前天发展而来的。要治理好今天的中国,需要对我国历史和传统文化有深入了解,也需要对我国古代治国理政的探索和智慧进行积极总结。"①

四、善于阐释:以党的创新理论为根本促进当代中国价值观念走向世界

中国国际传播的重要任务,以党的创新理论为根本促进当代中国价值观念走向世界,是帮助世界在思想层面读懂中国,促进人类在文明深处对话交流。

价值观对动机有导向的作用,同时反映人们的认知和需求状况。价值观同样是认识一个人、一个民族、一个国家的理想、信念、生活目标和追求方向的最好媒介。当代中国的价值观念是真实、立体、全面的中国的重要组成部分,因此,在国际传播中应当加强价值观传播。价值观传播是最有难度的,也是最有影响力的。"我国要提高国家文化软实力,就必须使当代中国价值观念走向世界。"②让国际社会更多、更深入了解当代价值观念,可以帮助他们更好地读懂中国。

---

①《习近平在中共中央政治局第十八次集体学习时强调 牢记历史经验历史教训历史警示 为国家治理能力现代化提供有益借鉴》,《人民日报》,2014年10月14日。

②《习近平在中共中央政治局第十二次集体学习时强调 建设社会主义文化强国 着力提高国家文化软实力》,《人民日报》,2014年1月1日。

　　人类社会发展的历史表明,对一个民族、一个国家来说,最持久、最深层的力量是全社会共同认可的核心价值观。核心价值观,承载着一个民族、一个国家的精神追求,体现着一个社会评判是非曲直的价值标准。核心价值观是文化软实力的灵魂、文化软实力建设的重点。这是决定文化性质和方向的最深层次要素。一个国家的文化软实力,从根本上说,取决于其核心价值观的生命力、凝聚力、感召力。牢固的核心价值观,都有其固有的根本。抛弃传统、丢掉根本,就等于割断了自己的精神命脉。博大精深的中华优秀传统文化是我们在世界文化激荡中站稳脚跟的根基。中华文化源远流长,积淀着中华民族最深层的精神追求,代表着中华民族独特的精神标识,为中华民族生生不息、发展壮大提供了丰厚滋养。因而,对中华优秀传统文化的传播,有利于让国际社会感受到中华民族最深层的精神追求,体悟到中华民族独特的精神标识。也因为如此,在国际传播中,也要使核心价值观的影响像空气一样无所不在、无时不有,才能更有效地促进当代中国价值观念走向世界。①

　　在国际传播中更好地传播中华优秀传统文化精华和中华民族现代文明建设成果,传播中国人民的生活、思考和价值追求,也有利于促进当代中国价值观念更好地走向世界。"一种价值观要真正发挥作用,必须融入社会生活,让人们在实践中感知它、领悟它。"②让国际社会和海外受众更好地感受、体悟到中国人的价值观念、理想追求、不懈努力,同样需要在报道、展示、描绘、刻画中国人民的社会生活时,把价值观传播放在更重要的地位,把价值观传播与人们日常生活紧密联系起来,小中见大,细中见强,软中有硬,故事中有价值观念体现和价值追求。因此,"要加强提炼和阐释,拓展对外传播平台和载体,把当代中国价值观念贯穿于国际交流和传

---

①《习近平在中共中央政治局第十三次集体学习时强调 把培育和弘扬社会主义核心价值观作为凝魂聚气强基固本的基础工程》,《人民日报》,2014年2月25日。
　　②同上。

播方方面面"①。

在国际传播中讲好有温度又有硬度、有细节又有格局的故事,有其重要的历史依据、现实基础与理论逻辑。中国特色社会主义制度与我国传承了几千年的优秀历史文化和广大人民日用而不觉的价值观念融通,不仅得到了人们的支持,而且优势得到了充分发挥。中国共产党之所以能够始终走在时代前列,是因为中国共产党人深刻认识到,只有把马克思主义基本原理同中国具体实际相结合、同中华优秀传统文化相结合,坚持运用辩证唯物主义和历史唯物主义,才能正确回答时代和实践提出的重大问题,才能始终保持马克思主义的蓬勃生机和旺盛活力。是因为中国共产党坚定历史自信、文化自信,坚持古为今用、推陈出新,把马克思主义思想精髓同中华优秀传统文化精华贯通起来、同人民群众日用而不觉的共同价值观念融通起来,不断赋予科学理论鲜明的中国特色,不断夯实马克思主义中国化时代化的历史基础和群众基础,让马克思主义在中国牢牢扎根。

促进当代中国价值观念走向世界,必须以党的创新理论为根本。党的二十大报告指出:"我们党勇于进行理论探索和创新,以全新的视野深化对共产党执政规律、社会主义建设规律、人类社会发展规律的认识,取得重大理论创新成果,集中体现为新时代中国特色社会主义思想。"②通过各种方式、渠道、手段促进习近平中国特色社会主义思想在国内外的广泛传播,是促进当代中国价值观念走向世界的最重要部分。《习近平治国理政》等著作多语种版本在海外的成功传播,就是一个典型范例,为进一步做好习近平中国特色社会主义思想的国际传播提供了宝贵的经验。

---

① 《习近平在中共中央政治局第十三次集体学习时强调 把培育和弘扬社会主义核心价值观作为凝魂聚气强基固本的基础工程》,《人民日报》,2014年2月25日。

② 习近平:《高举中国特色社会主义旗帜 为全面建设社会主义现代化国家而团结奋斗——在中国共产党第二十次全国代表大会上的报告》(2022年10月16日),北京:人民出版社,2022年,第17页。

第四节　更有作为新阶段全面提升国际传播效能的四个策略

2023年12月27—28日举行的中央外事工作会议指出:"展望未来,我国发展面临新的战略机遇。新征程上,中国特色大国外交将进入一个可以更有作为的新阶段。"会议要求,要"把我国国际影响力、感召力、塑造力提升到新高度"。①这同样是对国际传播工作的要求。中国特色大国外交将进入一个可以更有作为的新阶段,中国国际传播要"为以中国式现代化全面推进强国建设、民族复兴伟业营造更有利国际环境、提供更坚实战略支撑",不仅必须增强传播力、影响力,还需要优化国际传播策略,以进一步提升国际传播效能。

一、内容提质:展现好高质量发展、发展新质生产力进程与成果

展现好中华民族现代文明建设进程和标志性成果的重点之一,是展现好高质量发展与发展新质生产力。

高质量发展是全面建设社会主义现代化国家的首要任务,是新时代的硬道理。在进一步全面深化改革、推进中国式现代化的进程中,中国以新发展理念引领改革,立足新发展阶段,深化供给侧结构性改革,完善推动高质量发展激励约束机制,塑造发展新动能新优势;同时健全因地制宜发展新质生产力体制机制,健全促进实体经济和数字经济深度融合制度,完善发展服务业体制机制,健全现代化基础设施建设体制机制,健全提升产业链供应链韧性和安全水平制度,来进一步推进高质量发展和中国式现代化进程。在这进程中,无论是物质文明、精神文明、政治文明建设,都

---

① 《中央外事工作会议在北京举行》,《人民日报》,2023年12月29日。

必将产生丰硕成果,催生深刻变革,推进高质量发展,也必将产生无数引人入胜的故事,催生富有感染力、说服力的国际传播成果。

发展新质生产力是推动高质量发展的内在要求和重要着力点。习近平总书记指出:"生产力是人类社会发展的根本动力,也是一切社会变迁和政治变革的终极原因。高质量发展需要新的生产力理论来指导,而新质生产力已经在实践中形成并展示出对高质量发展的强劲推动力、支撑力,需要我们从理论上进行总结、概括,用以指导新的发展实践。"①中华民族现代文明是中国式现代化的文化形态,也是中国式现代化建设的成果体现。展现好中华民族现代文明建设进程和标志性成果,就要以展现好高质量发展、发展新质生产力为重心、为支撑、为关键点,由此让国际社会更深刻地认识发展着的中国、建设中的中华民族现代文明。

新质生产力在实践中已经形成并展示出对高质量发展的强劲推动力、支撑力,体现着我们党对生产力理论的新认识、新发展,更需要在国际传播中准确把握、有效传播。

从总体上看,深刻认识和有效传播发展新质生产力,有几个重要视角。

一是要从高质量发展认识发展新质生产力的重要地位。高质量发展是新时代的硬道理,新质生产力是其硬核支撑。高质量发展需要新的生产力理论来指导,新质生产力正推动、支撑高质量发展。因而,发展新质生产力是推动高质量发展的内在要求和重要着力点。还应当认识到并有力传播的是绿色发展理念,绿色发展是高质量发展的底色,新质生产力本身就是绿色生产力;推动高质量发展成为全党全社会的共识和自觉行动,成为经济社会发展的主旋律。

二是从全面深化改革认识发展新质生产力的现实要求。习近平总书记在纪念毛泽东同志诞辰一百三十周年座谈会上的重要讲话中指出:"改

---

① 习近平:《发展新质生产力是推动高质量发展的内在要求和重要着力点》,《求是》,2024年第11期。

革开放是当代中国大踏步赶上时代的重要法宝，是决定中国式现代化成败的关键一招。"①这一论断深刻揭示了改革开放与中国式现代化不可分割的内在联系。发展新质生产力是深化供给侧改革的核心命题，而深化供给侧结构性改革，核心是"以科技创新推动产业创新，特别是以颠覆性技术和前沿技术催生新产业、新模式、新动能，发展新质生产力"②。依靠改革开放是发展新质生产力的必要前提。"推进中国式现代化是一个探索性事业，还有许多未知领域，需要我们在实践中去大胆探索，通过改革创新来推动事业发展，决不能刻舟求剑、守株待兔。"③更应当深刻认识到，"必须坚持依靠改革开放增强发展内生动力"，是我们党对新时代做好经济工作的规律性认识的"五个必须"之一，全面深化改革是推进中国式现代化的根本动力，既是稳大局、应变局、开新局的重要抓手，也是发展新质生产力、促进高质量发展的重要抓手。发展新质生产力中的难题需要通过推进全面深化改革破解，作为新质生产力形成重要体现的新产业、新模式、新动能，不可能简单跟随技术发展而出现，都需要通过以改革手段在先立后破中推进而实现。"生产关系必须与生产力发展要求相适应。发展新质生产力，必须进一步全面深化改革，形成与之相适应的新型生产关系。"要以全面深化改革形成与发展新质生产力相适应的体制机制，"让各类先进优质生产要素向发展新质生产力顺畅流动"④；"持续建设市场化、法治化、国际化一流营商环境，塑造更高水平开放型经济新优势"⑤。因此，在用好改革开放关键一招时，必将产生更多有说服力的故事和认知。

三是从持续开拓创新认识发展新质生产力的实现途径。应当深刻认

① 习近平：《在纪念毛泽东同志诞辰130周年座谈会上的讲话》，《人民日报》，2023年12月27日。

②《中央经济工作会议在北京举行》，《人民日报》，2023年12月13日。

③《习近平在学习贯彻党的二十大精神研讨班开班式上发表重要讲话强调 正确理解和大力推进中国式现代化》，《人民日报》，2023年2月8日。

④《习近平在中共中央政治局第十一次集体学习时强调 加快发展新质生产力 扎实推进高质量发展》，《人民日报》，2024年2月2日。

⑤《习近平在参加江苏代表团审议时强调 因地制宜发展新质生产力》，《人民日报》，2024年3月6日。

识到开拓创新是新质生产力之"新质"的重要来源。正如习近平总书记所指出的:"新质生产力是创新起主导作用,摆脱传统经济增长方式、生产力发展路径,具有高科技、高效能、高质量特征,符合新发展理念的先进生产力质态。它由技术革命性突破、生产要素创新性配置、产业深度转型升级而催生,以劳动者、劳动资料、劳动对象及其优化组合的跃升为基本内涵,以全要素生产率大幅提升为核心标志,特点是创新,关键在质优,本质是先进生产力。"[1]科技创新能够催生新产业、新模式、新动能,是发展新质生产力的核心要素。原创性颠覆性科技创新是发展新质生产力关键动能。因此,要以科技创新推动产业创新,特别是以颠覆性技术和前沿技术催生新产业、新模式、新动能,发展新质生产力。"必须加强科技创新特别是原创性、颠覆性科技创新,加快实现高水平科技自立自强,打好关键核心技术攻坚战,使原创性、颠覆性科技创新成果竞相涌现,培育发展新质生产力的新动能。"[2]还应当认识到,产业创新、模式创新是发展新质生产力的激发因素。因此,"要及时将科技创新成果应用到具体产业和产业链上,改造提升传统产业,培育壮大新兴产业,布局建设未来产业,完善现代化产业体系"[3]。

四是从更高水平开放认识发展新质生产力的条件与影响。高水平对外开放可以为发展新质生产力营造良好国际环境。中国发展新质生产力也给世界经济增长带来新动力,推动经济全球化朝着更加开放、包容、普惠、平衡、共赢方向发展。概括而言,开放与合作有利于促进发展新质生产力,发展新质生产力也有利于进一步促进开放与合作。而这个互动、互利关系,特别需要通过国际传播实践向国际社会讲清楚,并努力让国际社会听得进、听得清。

美国库恩基金会主席罗伯特·劳伦斯·库恩在接受《大公报》记者采访

---

①《习近平在中共中央政治局第十一次集体学习时强调 加快发展新质生产力 扎实推进高质量发展》,《人民日报》,2024年2月2日。
②同上。
③同上。

时曾经阐述他理解的中国式现代化、高质量发展与新质生产力的关系。库恩认为，要理解中国下一阶段全面而深入的经济改革，必须从习近平主席对"新质生产力"的思考开始。中国的宏伟目标是"中华民族的伟大复兴"，这是通过"中国式现代化"实现的，而"中国式现代化"是由"高质量发展"推动的，"高质量发展"是由"新质生产力"驱动的，而"新质生产力"是由"自主创新"（特别是在科学技术方面）推动的。在他看来，中国转向了"重质不重量"的发展模式，强调透过科技创新推动经济转型，振兴传统产业，并加快发展未来产业，使中国有更大空间应对全球经济和国际紧张局势波动。"也许中国经济未来所依赖的最关键的政策，就是加强科技创新，这将推动新的经济增长、更高的收入和更强大的国家实力。"①

科技创新不仅是国际战略博弈的主要战场，也是展现中华民族现代文明建设成果与魅力的重要领域。党的十九届五中全会通过的《中共中央关于制定国民经济和社会发展第十四个五年规划和二〇三五年远景目标的建议》十二个方面重大任务部分，"坚持创新驱动发展"居于首位，别具深意，表明我们党对创新发展的极端重视。党的二十大报告强调："教育、科技、人才是全面建设社会主义现代化国家的基础性、战略性支撑。必须坚持科技是第一生产力、人才是第一资源、创新是第一动力，深入实施科教兴国战略、人才强国战略、创新驱动发展战略，开辟发展新领域新赛道，不断塑造发展新动能新优势。"强调要加快建设世界重要人才中心和创新高地，聚天下英才而用之。面向未来，中国作为一个大国，将为科学发展和人类文明进步作出更大贡献。这都会成为中国国际传播富有传播力、感染力、说服力的重要部分。

二、变革提势：把制度、组织、人力优势转化为传播优势

构建更有效力国际传播体系的进程，就是系统集成、整体谋划、创新

---

① 朱烨：《三中全会·新征程｜布局未来25年经济 中国决策影响全球》，2024年7月18日，见
https://www.takungpao.com/news/232108/2024/0718/992156.html。

体制机制的进程,就是一步步把我们的制度优势、组织优势、人力优势更加有效地转化为传播优势的进程,就是不断提升国际传播效能的进程。党的二十届三中全会的鲜明特点之一,是更加注重系统集成,以推进中国式现代化的目标任务和面临的重大问题为提领,加强对改革的整体谋划、系统布局,推出一系列重大改革举措,确保改革更加凝神聚力、协同高效。制度优势、组织优势、人力优势原已存在,需要从新的层面认识,以新的机制聚合,才能发挥出更高效力,更有力地支撑全面提升国际传播效能。最重要的制度优势之一,就是可以集中力量办大事。通过系统集成、整体谋划、创新体制机制,把各方面的国际传播力量和可以做国际传播的资源集聚起来,集中力量做国际传播,提升国际传播效能。

要使构建起的国际传播体系更有效力,不仅需要创新体制机制,而且需要协调推进。因此,构建更有效力的国际传播体系的进程,就是协调推进国际传播实践、提升国际传播效能的进程,也是进一步发挥组织优势的进程。党的二十届三中全会的鲜明特点之二,就是更加注重协调推动,确保各方面改革举措配套衔接。习近平总书记在全会重要讲话中对此作了部署。在党中央领导下,健全业已形成的自上而下改革工作推进机制,细化分类,协同推进,推动顶层设计和基层探索有机结合。构建更有效力的国际传播体系,就需要自上而下有序推进,协调配合分步落实,各地区各部门要发挥各自特色和优势开展工作,展示丰富多彩、生动立体的中国形象。要使构建起的国际传播体系更有效力,需要以钉钉子精神抓落实。所谓"一分部署、九分落实",是对事业发展和领导活动的重要规律性认识。建立强有力的协调推进机制,同样需要以钉钉子精神抓好改革落实。

要使构建起的国际传播体系更有效力,既要发挥专门人才优势,建强适应新时代国际传播需要的专门人才队伍,有效运用国际传播规律,推进中国故事和中国声音的全球化表达、区域化表达、分众化表达,增强国际传播的亲和力和实效性;也要创造性发挥好我们的人力优势,以创新体制机制把更多人集聚到国际传播体系中,让更多人参与到国际传播实践中,让更多的人在生活和工作中发挥出参加国际传播作用、帮助提升国际传播效果。2024年3月22日中国互联网络信息中心（CNNIC）发布的第53次《中国互联网络发展状况统计报告》显示，截至2023年12月，我国网民规模达10.92亿人，较2022年12月新增网民2480万人，互联网普及率达77.5%。作为对新网民最具吸引力的互联网应用，我国网络视频（含短视频）发展环境持续优化，内容供给不断丰富，推动行业发展迈上新台阶。截至2023年12月，我国网络视频用户规模达10.67亿人，占网民整体的97.7%。新入网的2480万网民中，37.8%的人第一次上网时使用的是网络视频应用，较排名第二的即时通信（16.1%）高出21.7个百分点。如此用户规模参与使用网络视频应用，其中又有很多用户参与音频视频制作和网络传播，为发挥人力优势、助力国际传播提供了基础条件和优势资源。通过构建更有效力的国际传播体系，可以更有效发挥中国特有的人力优势，形成具有鲜明中国特色的更有效力的国际传播体系。

　　构建更有效力的国际传播体系，不仅涉及体制、机制、制度层面的内容，还需要"把握人工智能等新科技革命浪潮"[①]，"加快适应信息技术迅猛发展新形势"[②]，充分有效运用人工智能等现代科技。对主流媒体而言，"支撑体系竞争力的是两大基础：一个是建设基于IT网络、大数据处理与分析、视频处理与传输、云计算等技术的媒体融合平台，一个是构建能够有效发挥这个平台功能与扩展性的、以制度安排、养成培训、系统管理为实现手段的运作体系。显然，二者不可或缺"[③]。同样，构建更有效力的国际传播体系也需要科技手段运用与运作体系构建。就从事国际传播的个体而言，有效运用迅猛发展的现代信息技术成果的重要性已为人们熟知、认同，而构建包括媒体在内各种国际传播主体、力量在内的国际传播体系，要想使其更有效力，就必须充分有效地运用现代科技手段。特别是生成式人工智能迅速发展，对国际传播格局、手段、成效可能产生重大影响

---

①《习近平主持召开二十届中央财经委员会第一次会议强调 加快建设以实体经济为支撑的现代化产业体系 以人口高质量发展支撑中国式现代化》，《人民日报》，2023年5月6日。
②《中国共产党第二十届中央委员会第三次全体会议公报》，《人民日报》，2024年7月19日。
③ 陆小华：《增强体系竞争力：媒体融合平台构建的核心目标》，《新闻记者》，2019年第3期。

的多种其他科技手段同样发展迅速,已可见端倪,就更需要系统有效运用现代科学技术,以获得有效支撑。

国际传播体系"更有效力",要求所构建的国际传播体系具有更强的传播力、影响力、感染力、塑造力、说服力,具有更高的运作和传播效率,获得更好的国际传播效果,获得更符合所期望的传播效益。把"更有效力"作为这项改革举措的衡量标准,就是要通过改革举措,获得质的增长,从而实现全面提升国际传播效能。

三、故事增力:既讲好中国故事,也多讲他国故事、人类故事、文明故事

客观上,故事是实现国际传播战略目标的最好载体之一。在现实生活中,人们通常通过讲故事来叙述事实、表达观点。而在国际传播中,故事就更加成为牵动关注、表达观点、设置话题、改变态势的可用又好用的抓手;讲故事成为战略传播的隐秘而有力的体现方式。因此,把中国故事讲好,在作为顶层设计所要构建的"具有鲜明中国特色的战略传播体系"中处在非常重要的地位。

故事是体现思想力量和精神力量的最好载体之一。在重要的政治场合讲故事,是以故事为载体来表达深刻的思想。1945年6月11日,毛泽东在中共七大闭幕会上致闭幕词,其主体包括三个故事。第一个是"愚公移山",以278个字的篇幅讲这个寓言来告诉与会代表如何"宣传大会的路线",如何"使全党和全国人民建立起一个信心,即革命一定要胜利"。第二个是"昨天有两个美国人要回美国去",以257个字篇幅讲了让他们向"美国政府中决定政策的人们"传递的信息,和把美国政府和人民相区别、把美国政府中决定政策和普通工作人员相区别的原则。第三个故事是"现在中国正在开着两个大会",即国民党六大和中共七大,在对两个大会的目的作简洁对比后,作出中国人民将要在中国共产党领导之下"得到完全的胜利"的结论。

故事是促进文明交流互鉴的最好载体之一。讲好一个故事,既可借

物喻事、润物无声，也可以事说理，发人深省。在现实生活中，人们常常通过讲故事，在叙述事实之中沟通感情、表达观点、促进交流。促进文明交流互鉴，不仅要讲好中国故事，也要选好、讲好国际社会不同文明背景下听众乐于接受和易于理解的故事，让更多国外受众听得懂、听得进、听得明白。让他们能够心领神会，从而促进中外交流合作、深化文明交流互鉴。2022年9月开启中亚之行前，中国国家主席习近平在乌兹别克斯坦媒体发表的署名文章中，讲述了唐代高僧玄奘描绘撒马尔罕的美景——"土地沃壤，稼穑备植，林树翁郁，花果滋茂，多出善马。"两国上千年友好交往的历史，从故事中扑面走来。在海上交通枢纽新加坡，习近平主席谈起当地博物馆里的郑和宝船模型；在佛教起源之地印度，习近平主席提及白马驮经的典故；在丝绸之路上的伊朗，习近平主席说到中国使者张骞的副使曾在此受到隆重接待；在英国伦敦金融城市长晚宴上，习近平主席讲起同一时代的东西方两位戏剧大师莎士比亚与汤显祖。[1]2015年9月，在美国西雅图，习近平主席讲起了海明威："海明威《老人与海》对狂风和暴雨、巨浪和小船、老人和鲨鱼的描写给我留下了深刻印象。我第一次去古巴，专程去了海明威当年写《老人与海》的栈桥边。第二次去古巴，我去了海明威经常去的酒吧，点了海明威爱喝的朗姆酒配薄荷叶加冰块。我想体验一下当年海明威写下那些故事时的精神世界和实地氛围。我认为，对不同的文化和文明，我们需要去深入了解。"[2]

选择好的故事，是讲好中国故事、做好国际传播、促进文明交流互鉴的重要前提。发掘好的中国故事，是讲好中国故事的基础。什么是好的中国故事？人是最好的传播载体。好故事首先是中国人的故事，普通中国人的故事一样可以承载大主题；其次是有利于跨文化传播，甚至是让国外受众没有多少背景知识也很容易理解认同的。2021年，云南15头野象

[1] 中国新闻网：《面向世界，习近平如何讲故事？》，2022年9月27日，见 https://m.chinanews.com/wap/detail/chs/zw/9861744.shtml。
[2] 新华社：《习近平的读书故事》，2022年4月22日，见 http://www.news.cn/politics/leaders/2022-04/22/c_1128587045.htm。

迁徙的故事曾成为国际关注焦点。野象寻食、嬉戏、侧卧而眠等画面打动了很多人,中国人如何对待野象迁徙、中国是什么国家等,也借着野象迁徙这个故事传播开来。

判断是否是可用于国际传播的好故事,在传统的好故事标准之外,一是还要看体现力,是否足可以帮助国外民众认识到中国共产党真正为中国人民谋幸福而奋斗,了解中国共产党为什么能、马克思主义为什么行、中国特色社会主义为什么好;二是还要看承载力,是否足以帮助展现中国故事及其背后的思想力量和精神力量;三是还要看感染力,是否足以体现具有中国特色、体现中国精神、蕴藏中国智慧的优秀文化。

把好的故事讲好,是实现国际传播效果的底线标准。把中国故事讲好,在作为顶层设计所要构建的具有鲜明中国特色的战略传播体系中处在非常重要的地位。如何把好的中国故事讲好,习近平总书记就加强和改进国际传播工作提出了一系列要求和标准。一是从总体上要展示真实、立体、全面的中国;二是从能力上要加快构建中国话语和中国叙事体系,用中国理论阐释中国实践,用中国实践升华中国理论,打造融通中外的新概念、新范畴、新表述;三是在实践层面要注重把握好基调,既开放自信也谦逊谦和,努力塑造可信、可爱、可敬的中国形象;四是在传播策略层面要善于运用各种生动感人的事例,说明中国发展本身就是对世界的最大贡献、为解决人类问题贡献了智慧;五是要深入开展各种形式的人文交流活动,通过多种途径推动我国同各国的人文交流和民心相通。[1]

善于让国内外合适的人讲合适的故事,是国际传播的大智慧、大策略。不仅要采用贴近不同区域、不同国家、不同群体受众的精准传播方式,推进中国故事和中国声音的全球化表达、区域化表达、分众化表达,增强国际传播的亲和力和实效性,还要广交朋友、团结和争取大多数,不断扩大知华友华的国际舆论朋友圈,更要善于让国内外合适的人讲好中国

---

①《习近平在中共中央政治局第三十次集体学习时强调,加强和改进国际传播工作,展示真实立体全面的中国》,《人民日报》,2021年6月2日。

故事，传递中国声音。这也是促进人类文明交流互鉴的重要体现。

促进文明交流互鉴，不仅要善于讲好中国故事，还要积极多讲、讲好他国故事、人类故事、文明故事。

2013年3月29日，习近平主席在刚果共和国议会发表《共同谱写中非人民友谊新篇章》演讲时，特别讲到2010年4月中国青海玉树发生强烈地震后，刚果政府向灾区捐建了一所小学，萨苏总统亲自将其命名为"中刚友谊小学"。"该校全体学生在写给萨苏总统的感谢信中动情地说：'鸟儿因为有了天空的广阔而更加自由，骏马因为有了草原的宽广而更加健壮，鲜花因为有了阳光雨露而更加艳丽，我们的生活因为有了刚果政府和人民的帮助而更加美好。'"①这样的故事，不仅体现了中国与刚果共和国的友谊，也是一个很好的文明故事。

讲好其他国家、民族与自己有关的故事，既是促进理解了解、民心相通的有效举措，也是促进国家间合作的重要途径；讲好人类故事、文明故事，既彰显中国的文明观，也有力促进文明交流互鉴。

四、格局增效：既坚定文化自信，又很好体现文明包容

做好国际传播的思想基础是坚定文化自信。文化是一个国家、一个民族的灵魂。向上向善的文化是一个国家、一个民族休戚与共、血脉相连的重要纽带。文化自信是更基础、更广泛、更深厚的自信，是一个国家、一个民族发展中最基本、最深沉、最持久的力量，没有高度文化自信、没有文化繁荣兴盛就没有中华民族伟大复兴。全面建设社会主义现代化国家，必须坚持中国特色社会主义文化发展道路，增强文化自信，增强实现中华民族伟大复兴的精神力量。文化自信是一个民族赖以长久生存的精神支柱。每一种文明都延续着一个国家和民族的精神血脉。中华优秀传统文化是中华民族的突出优势，是我们在世界文化激荡中站稳脚跟的根基。

---

① 新华社：《听！习近平讲非洲故事》，2018年9月1日，见 https://baijiahao.baidu.com/s?id=1610370247867576562&wfr=spider&for=pc。

中华文明源远流长,孕育中华民族的宝贵精神品格,培育了中国人民的崇高价值追求。自强不息、厚德载物的思想,支撑着中华民族生生不息、薪火相传,今天依然是我们推进改革开放和社会主义现代化建设的强大精神力量。中国人民的特质、禀赋不仅铸就了绵延几千年发展至今的中华文明,而且深刻影响着当代中国发展进步,深刻影响着当代中国人的精神世界。中国人民在长期奋斗中培育、继承、发展起来的伟大民族精神,为中国发展和人类文明进步提供了强大精神动力。没有坚定的文化自信,也做不出成功的国际传播。

党的二十大报告指出,中华优秀传统文化源远流长、博大精深,是中华文明的智慧结晶,其中蕴含的天下为公、民为邦本、为政以德、革故鼎新、任人唯贤、天人合一、自强不息、厚德载物、讲信修睦、亲仁善邻等,是中国人民在长期生产生活中积累的宇宙观、天下观、社会观、道德观的重要体现,同科学社会主义价值观主张具有高度契合性。我们必须坚定历史自信、文化自信,坚持古为今用、推陈出新,把马克思主义思想精髓同中华优秀传统文化精华贯通起来、同人民群众日用而不觉的共同价值观念融通起来,不断赋予科学理论鲜明的中国特色,不断夯实马克思主义中国化时代化的历史基础和群众基础,让马克思主义在中国牢牢扎根。

坚定文化自信,是事关国运兴衰、事关文化安全、事关民族精神独立性的大问题。中国有坚定的道路自信、理论自信、制度自信,其本质是建立在五千多年文明传承基础上的文化自信。坚定文化自信,离不开对中华民族历史的认知和运用。历史是一面镜子,从历史中,我们能够更好看清世界、参透生活、认识自己;历史也是一位智者,同历史对话,我们能够更好认识过去、把握当下、面向未来。"没有中华五千年文明,哪有我们今天的成功道路。""如果没有中华五千年文明,哪里有什么中国特色?如果不是中国特色,哪有我们今天这么成功的中国特色社会主义道路?我们要特别重视挖掘中华五千年文明中的精华,弘扬优秀传统文化,把其中的精华同马克思主义立场观点方法结合起来,坚定不移走中国特色社会主义道路。"①当今世界，要说哪个政党、哪个国家、哪个民族能够自信的话，那中国共产党、中华人民共和国、中华民族是最有理由自信的。有了"自信人生二百年，会当水击三千里"的勇气，我们就能毫无畏惧面对一切困难和挑战，就能坚定不移开辟新天地、创造新奇迹。在国际传播中，就要有力体现中华民族这种精神力量。

在国际传播中有效体现坚定文化自信的同时，还要有力体现开放包容。2019年，习近平总书记在敦煌研究院座谈时指出，回顾历史，只有中华民族这样的具有开放包容胸怀的民族，才会容纳世界不同文明在此交融交汇。只有充满自信的文明，才会在保持自己民族特色的同时包容、借鉴、吸收各种不同文明。中华文明自古就以开放包容闻名于世，在同其他文明的交流互鉴中不断焕发新的生命力。中华文明五千多年发展史充分说明，无论是物种、技术，还是资源、人群，甚至于思想、文化，都是在不断传播、交流、互动中得以发展、得以进步的。我们要在国际传播中用文明交流交融破解"文明冲突论"。要坚持弘扬平等、互鉴、对话、包容的文明观，以宽广胸怀理解不同文明对价值内涵的认识，尊重不同国家人民对自身发展道路的探索，以文明交流超越文明隔阂，以文明互鉴超越文明冲突，以文明共存超越文明优越，弘扬中华文明蕴含的全人类共同价值，推动构建人类命运共同体。

中华文明是在中国大地上产生的文明，也是同其他文明不断交流互鉴而形成的文明。自古以来，中华民族就以"天下大同""协和万邦"的宽广胸怀，自信而又大度地开展同域外民族交往和文化交流，曾谱写了万里驼铃万里波的浩浩丝路长歌，也曾创造了万国衣冠会长安的盛唐气象。正是这种"天行健，君子以自强不息""地势坤，君子以厚德载物"的变革和开放精神，使中华文明成为人类历史上唯一一个绵延五千多年至今未曾中断的灿烂文明。在长期演化过程中，中华文明从与其他文明的交流中

---

① 新华社：《习近平考察朱熹园谈文化自信：没有中华五千年文明，哪有我们今天的成功道路》，2021年3月22日，见https://baijiahao.baidu.com/s?id=1694992058102825906&wfr=spider&for=pc。

获得了丰富营养,也为人类文明进步作出了重要贡献。中华文明是在同其他文明不断交流互鉴中形成的开放体系。从历史上的佛教东传、"伊儒会通",到近代以来的"西学东渐"、新文化运动、马克思主义和社会主义思想传入中国,再到改革开放以来全方位对外开放,中华文明始终在兼收并蓄中历久弥新。亲仁善邻、协和万邦是中华文明一贯的处世之道,惠民利民、安民富民是中华文明鲜明的价值导向,革故鼎新、与时俱进是中华文明永恒的精神气质,道法自然、天人合一是中华文明内在的生存理念。丝绸之路的开辟,遣隋使、遣唐使大批来华,法显、玄奘西行取经,郑和七下远洋,等等,都是中外文明交流互鉴的生动事例,这也应是我们在国际传播中所要充分运用的资源。

第二章

历史脉络：

从对外宣传到国际传播的实践努力与创新发展

步入新时代，中国共产党在国际传播领域实现了前所未有的创新发展。在当今全球化浪潮汹涌澎湃的时代背景下，信息的自由流通与文化的深度融合成为不可阻挡的趋势，我国的国际传播正经历着一场深刻的变革。

在党的辉煌征程中,宣传工作始终扮演着汇聚力量、指引航向的关键角色,其演进历程见证了从初期的对外宣传到如今国际传播的深刻蜕变与持续创新。

回望革命烽火岁月,中国共产党身处内忧外患的严峻环境,对外宣传成为向世界传递革命火种、彰显正义信念的重要桥梁。通过与国际进步力量的深入交流、在海外创办报刊等举措,中国共产党有力地传播了中国革命的理想与奋斗,赢得了国际社会的广泛同情与宝贵支持;新中国成立后,面对国际复杂形势,党将对外宣传工作提升至新的高度,致力于向世界展示社会主义建设的辉煌成就与宝贵经验。改革开放的春风,不仅吹遍了中华大地,也加速了中国与世界融合的步伐。此时,党的宣传工作实现了从对外宣传到国际传播的战略转型,更加注重策略的智慧与技巧的运用。在坚守国家原则与立场的同时,积极拥抱国际媒体平台,以开放自信的姿态讲述中国改革开放的壮丽史诗,让中国声音更加响亮地回响在世界每一个角落。步入新时代,中国共产党在国际传播领域实现了前所未有的创新发展。在当今全球化浪潮汹涌澎湃的时代背景下,信息的自由流通与文化的深度融合成为不可阻挡的趋势,我国的国际传播正经历着一场深刻的变革。从以往侧重对外宣传,到如今积极投身于国际传播的广阔舞台,这一转变不仅映射出我国在国际社会中角色与地位的华丽蜕变,更彰显了我们对于塑造全球话语生态的积极姿态与卓越贡献。

第一节 实践轨迹:从努力对外宣传到推动国际传播

党历来重视对外宣传工作,通过官方渠道与多元平台,向世界娓娓道来我国的政策导向、辉煌成就与独特文化韵味。这一努力旨在打破隔阂,减少误解,促进国际社会对中国的深度认知与理解。我们精心策划宣传活动,制作高质量宣传素材,向世界展示了一个蓬勃发展、历史悠久且文化璀璨的中国形象。然而,彼时的传播方式往往倾向于单向输出,侧重于"讲述"而非"对话"。随着时代的车轮滚滚向前,国际格局风云变幻,国际传播成为了我们新的战略高地。这一转变,不仅是语汇上的微妙替换,更是思维理念与行动实践的深刻革新。它倡导建立一种更加平等、包容、互动的交流模式,鼓励我们成为全球议题讨论的积极参与者,倾听各方声音,携手各国伙伴共享经验。

从对外宣传到国际传播的跨越,是我国顺应时代潮流、主动拥抱世界的生动写照。展望未来,我们将继续秉持开放包容、创新进取的精神,不断优化国际传播策略,提升传播能力,为构建人类命运共同体贡献更多的中国智慧与中国力量。

一、放眼国际形势,走在世界舆论前沿

党的对外宣传工作在历史实践中展现了前瞻性和主动性,特别是在面对国际复杂形势时,能够及时调整策略,走在世界舆论的前沿。在中共中央文件中,可以看到各个时期均不乏"目前政治形势与党的任务"的专门分析。

《向导》周报是中国共产党于1922年9月13日在上海创办的第一份中央级政治机关报。《向导》的定位是"国内外时事的批评宣传机关"。在进行反对帝国主义的宣传中,还十分注意与帝国主义在华的报纸和通讯社进行坚决的斗争,对他们的反华宣传予以有力的回击。还有一份值得一提的团刊是旅欧中国共产主义青年团于1922年8月在巴黎创办的机关刊物《少年》月刊,赵世炎、周恩来先后任主编。创刊号发表宣言:"我们不但要评论中国时事,且更愿为大家指出他的乱源所在和他的解脱之方,我们现愿诚恳而忠实的给大家指示出救国的唯一道路和其他转弯抹角迂拘而不可能的途径。"

对外宣传问题正式被提到议事日程上来是在1938年3月初召开的中国共产党中央政治局会议上。会议认为"我国抗战已经进行了八个月,但

是，我们的国际宣传工作，我国各界民众团体对国际上各种民众团体的联系，都太薄弱了"。年底召开的六届六中全会通过决议，认为全中华民族当前紧急具体任务之一就是"集中一切力量，反对日本法西斯军阀侵略者，加紧对外宣传，力争国外援助，实现对日制裁"[①]。毛泽东的《论持久战》，科学地预见了抗日战争的发展进程，不仅在国内起到了鼓舞人心、指导抗战的作用，也在国际上引起了广泛关注，让世界更好地了解中国人民抗击日本侵略的决心和战略。

1941年5月25日，中共中央在《关于统一各根据地内对外宣传的指示》中写道："中共在全国以至全世界所占的重要地位，中共每一负责同志和领导机关之一言一动在全国以至全世界所发生的巨大影响，政治形势之紧张，敌人谋我之尖锐，党派斗争之激烈，都要求我党统一对外宣传及采取慎重处事的态度。"

新中国成立后，面对西方国家的封锁和孤立，中国共产党通过多种渠道向世界展示新中国的建设成就和和平友好的外交政策。周恩来总理在万隆会议上提出的"求同存异"方针，彰显了中国共产党倡导和平共处、合作共赢的理念，在国际舆论中产生了积极影响。

改革开放以来，中国共产党更加积极主动地开展对外宣传工作。邓小平同志多次强调对外开放的重要性，中国经济的快速发展吸引了世界的目光。中国积极参与国际经济合作，举办各类国际会议和活动，如博鳌亚洲论坛等，向世界传递中国改革开放的经验和成果。

二、创造条件、多方推进，多手段提升国际影响

在长期的革命和建设过程中，党积累了丰富的外交经验，通过多渠道和平台，积极与世界各国开展交流与合作，提升了中国的国际影响力。

1934年10月，中央红军主力为摆脱国民党军队的包围追击，进行战略转移，开始了艰苦卓绝的长征。陈云作为长征的参与者、亲历者和见证

[①] 中央档案馆编：《中共中央文件选集》(11)，北京：中共中央党校出版社，1991年，第752页。

者,为了恢复与共产国际的联系,并报告红军长征和遵义会议的情况,1935年7月奉命前往上海,后转赴苏联莫斯科。在莫斯科期间,他根据自己在长征中的亲身经历,撰写了《随军西行见闻录》。《随军西行见闻录》全文三万多字,以被红军俘虏的国民党军医"廉臣"的口吻,详细记述了中央红军从江西苏区突围西征后,直至四川理番、松潘与红四方面军会师前的这一段历时八个月、行程一万二千里的长征历史。书中不仅描述了红军长征的艰苦历程和英勇事迹,还生动地刻画了毛泽东、朱德等红军领袖的形象,展现了红军官兵平等、与人民群众鱼水情深等优良传统。1936年3月,《随军西行见闻录》在巴黎中共主办的《全民月刊》创刊号上开始连载。同年7月,该书在苏联莫斯科出版了单行本,并很快传回国内。《随军西行见闻录》是最早向外界介绍长征的一本书,比斯诺的《西行漫记》早面世一年多。它成功地向国际社会宣传了中国共产党领导下的中国工农红军及红军的长征情况,是一部具有重要历史价值的纪实文学作品。

抗战前,中国共产党在海外只有《先锋报》和《救国时报》。1938年2月10日《救国时报》停刊,同年8月,报社工作人员饶漱石、陆璀携部分设备到美国纽约,该报与中共领导的《先锋报》合并出版,由饶漱石负责。1939年10月因工作人员回国参加抗战而停刊。

1938年4月至5月,中共中央长江局成立国际宣传委员会及国际宣传组,翻译出版中共领导人著作,为国际刊物撰稿,并同外国友人进行联络。1938年10月,在中共中央南方局的指导下,国际新闻社在长沙开始向香港和海外华文报刊提供宣传抗战的稿件。1939年4月,中共中央南方局成立对外宣传小组(后改名外事组),开展对外宣传。①

在国统区,周恩来与中共代表团成员经常举行记者招待会,并与一些著名记者交往频繁。1938年春,第十八集团军香港办事处成立,后来该处增加的一个主要任务就是组建中国共产党的海外宣传基地,负责华侨、殖民地域的报刊工作。中国共产党还热情欢迎外国记者访问解放区,对

---

① 中国共产党简史编写组:《中国共产党简史》,北京:人民出版社,2021年。

他们的采访给予全力支持和帮助。从抗战爆发到1939年秋,史沫特莱、斯诺夫人、卡尔逊等先后访问过延安。

1939年秋,陕甘宁边区开始被国民党军事封锁,中共此时在海外的宣传阵地只有国际新闻社的香港分社和刚创办不久的"保盟"机关报《新闻通讯》。

1940年8月9日,周恩来在延安高级干部会上做报告时指出:党要设法接近各种报纸,"海外报纸影响特别大,特别需要接近",并希望通讯社向海外发展,"稿件要多样,不要老是几个宣传口号……态度不要完全党内化,有时要用人民的口吻,也不必标明新中华社字样,以便大家采用"。①

当时新华社英文广播开播,聘请英国人林迈可担任顾问,负责英文改稿。以"团结自己,争取朋友,打击敌人"为依据,还听取林迈可关于改进对外新闻报道的意见,被新华总社传达给各分社,作为学习业务和改进工作的重要参考。

1941年3月,《中国通讯》第一期在延安出版,分别用英、法、俄3种文字撰写。这是中国共产党在抗日根据地出版的第一个外文宣传刊物。1942年7月,《晋察冀画报》创刊。1943年5月,晋察冀日报社创办英文刊物《晋察冀杂志》,向海外报道晋察冀边区的抗战情况。这些外宣刊物,对于引起国际社会和爱国侨胞对中国抗日战争的普遍同情和支持,发挥了积极作用。

李维汉曾指出,1944年5月至10月,陕甘宁边区接待了一个中外记者参观团,这是我国土地革命时期至抗日战争时期在同国际友好人士交往中,继斯诺、史沫特莱等来访之后的第一个规模最大的中外记者参观团。

1944年,随着国际反法西斯战争形势的变化,英、美等国为了最后战

---

① 赵春生主编、中共中央文献研究室编:《周恩来文化文选》,北京:中央文献出版社,1998年,第21—22页。

胜德、日侵略者,特别是为了打败日本帝国主义,开始重视中共及其领导下的人民武装力量。为了了解八路军力量和敌后抗日斗争情况,以及陕甘宁边区及敌后根据地实施的各种政策,以美国为首的同盟国通过中共驻重庆代表向中国共产党提出派遣记者团到延安及黄河以东各解放区的要求。为了打破国民党对边区的新闻封锁,让世界更好地了解中国共产党和抗日根据地的真实情况,中共中央邀请中外记者西北参观团访问延安。

1944年5月17日,记者团从重庆起程,共21人,其中6名外国记者,9名中国记者。5月31日进入陕甘宁边区。6月6日,记者团抵南泥湾,参观了三五九旅开展大生产运动的成果及缴获的日军武器,还参观了干部休养所和伤兵医院。6月9日抵达延安,受到中共中央、八路军、边区政府的热烈欢迎。

朱德总司令在王家坪礼堂举行欢迎会。11日,记者团参观新华社、解放日报社和中央印刷厂,并进行新闻业务座谈。12日,毛泽东主席在中央大礼堂接见中外记者团全体成员,就国内外形势、国共谈判和民主问题进行了详尽回答。随后,记者团还访问了边区政府、自然科学院、日本工农学校、兵工厂、被服厂、难民工厂、皮革工厂、振华纸厂、光华农场、中央医院、和平医院、洛杉矶托儿所等。

这次访问是继斯诺的《西行漫记》之后,外国记者对红色中国规模最大的一次采访报道,打破了国民党对延安的新闻封锁。中外记者的采访报道从各自的视角客观地报道了共产党、抗日武装及根据地的真实情况,向全世界介绍了中国共产党及其领导的解放区。这些报道有利于西方社会全面了解中国社会和政局,增强了国际社会对中共及其领导下的抗日根据地的了解和支持。许多原本对共产党有偏见和怀疑的西方记者,在亲眼见到延安和解放区的实际情况后,态度发生了转变,成为中共的国际友人。此次访问也是中共国际统一战线的一次成功实践,通过记者的报道,为中共赢得了更多的国际同情和支持。

抗美援朝是中国在20世纪50年代初为了保卫国家利益、援助朝鲜抗击美国及其盟国的侵略战争。在这场战争中,新华社等官方媒体发布大量关于抗美援朝战争的新闻和报道,及时揭露敌人的侵略罪行,展示中国军队的英勇形象。此外,深入分析国际形势,准确把握各国对朝鲜战争的态度和立场。针对部分国家对战争持中立或观望态度,通过宣传工作努力争取他们的理解和支持,如党有计划地揭露美军在朝鲜进行细菌战、扣留战俘、强迫志愿军被俘人员当特务、在巨济岛屠杀战俘等罪行。通过详细调查并邀请相关专家进行论证确保材料内容的真实性和科学性后向国际社会公布这些材料对扩大反对美国侵略朝鲜的世界舆论发挥了积极作用;针对敌人的虚假宣传,党则采取有力措施进行驳斥和反击。比如在美军制造"汉莱事件"污蔑志愿军虐杀战俘后,志愿军组织俘虏撰写家信并在电台录音广播以支持中朝司令部发言人驳斥美方诽谤的声明。

同时,还邀请国际记者和国际知名和平人士到前线采访,让他们亲眼见证战争的真相。如国际民主法律工作者协会、国际科学委员会调查团、法国和平理事会主席法奇和英国妇女领袖费尔顿夫人等到战俘营参观访问并回国后进行宣传。他们的亲身经历和言论对引导国际舆论发挥了重要作用。

三、适应开放环境,全面推进新闻发布与国际传播

抗战初期,抗日民族统一战线建立,中国共产党获得了合法地位。抗战开始后不久,在中共中央临时办事处(后改为八路军办事处)领导之下,一部分中共地下党员和救国会会员用上海文化界救亡协会的名义,成立了国际宣传委员会,其任务是向中外记者提供抗日战争的新闻资料。1937年9月18日,国际宣传委员会胡愈之等同志另以国际新闻供应社的名义,每日编发国际新闻稿,译成外文,在招待会上分发给外国记者。[①]通讯社简称"国新社",英文名为"China Information Service"。中文名称之所以要冠以"国际新闻"字样,"是为了少受国民党反动派的干扰,他们最怕

---

① 郑保卫主编:《中国共产党新闻思想史》,福州:福建人民出版社,2005年,第206页。

谈国内,说是国际的,就管得比较松了"。①

新中国成立之初,为了打破冷战格局下西方阵营对新中国的孤立和封锁,党领导创办了《人民中国》《人民画报》等一系列对外宣传刊物。这些刊物以新中国的建设成就和人民生活为主要内容,向世界展示了新中国的新气象与新风貌。

中国新闻发布制度的建立可以追溯到新中国成立初期。1949年12月10日,中国政府制定并颁布了《关于统一发布中央人民政府及其所属各机关重要新闻的暂行办法》,这是新中国成立以来第一部专门针对新闻发布而制定的条例,标志着中国新闻发布制度的建设迈出了历史的第一步。

1980年,党中央成立了对外宣传小组,以加强对外宣传工作的领导。1983年2月,经中央书记处批示同意,中宣部、中央对外宣传部领导小组联合下发《关于实施〈设立新闻发言人制度〉和加强对外国记者工作的意见》,要求外交部和对外交往较多的国务院各部门建立制度,定期或不定期地发布新闻。1983年3月1日,外交部新闻司司长齐怀远走马上任,成为外交部第一任发言人。4月23日,中国记协首次向中外记者介绍国务院各部委和人民团体的新闻发言人,正式宣布我国建立新闻发言人制度。1991年,又将其作为国务院新闻办公室负责对外宣传工作。1990年底,中共中央发布《关于加强和改进对外宣传工作的通知》提出对外宣传要坚持"以我为主,以正面宣传为主,以事实为主"方针。1997年底,中央有关部门发出通知,不再把"宣传"译为"propaganda","宣传部"改译为"publicity department",对外宣传办公室则译为"international communication office",这一改变体现了中国对外传播事业从"宣传"向"传播"的理念转型。

改革开放时期,中国还积极参与国际交流活动,如举办北京亚运会、联合国第四次世界妇女大会等。这些活动不仅展示了中国的综合国力和人民的精神风貌,还通过邀请外国政要、记者和民众参与,增进了他们对

---

① 广西日报新闻研究室编:《国际新闻社回忆》,长沙:湖南人民出版社,1987年,第116页。

中国的了解和认识。通过官方外宣机构的精心策划与主流媒体的广泛传播,中国在经济、社会、文化等领域的巨大变革被生动呈现,有效打破了外部世界的偏见与封锁,树立了新中国崭新的国际形象。

2008年,《中华人民共和国政府信息公开条例》正式实施,明确规定了政府信息公开的范围、方式和程序,为新闻发布制度的发展提供了法律保障。2009年,国务院新闻办召开"全国第一届对外传播理论研讨会",标志着中国在国际传播领域开始形成系统的理论研究和战略规划。

四、有效运用新媒体手段构建大外宣格局

在党的各个时期,中国共产党都积极有效地运用最新科技工具与传播方式,指导工作、统一行动。中国共产党成立后非常重视宣传工作,曾把出版杂志、日报、周报等内容写入党的"一大"决议之中。"决议"的第二部分是"宣传",明确指出:"每个地方组织均有权出版地方的通报、日报、周刊、传单和通告。不论中央或地方出版的一切出版物,其出版工作均应受党员的领导。"

此外,还注重创办各类通讯社。如1920年杨明斋所具体负责的在上海渔阳里6号设立的中俄通讯社,1921年春陈潭秋在武汉创建的湖北人民通讯社,1922年9月广东共产党组织创办的爱群通讯社,1923年中国共产党北京党组织创办的劳动通讯社,1923年9月16日中国共产党人在黑龙江创办的哈尔滨通讯社,1925年6月1日创办的、与中国共产党历史上第一张日报《热血日报》密切相关的国民通讯社等。

井冈山革命根据地的建立,为中国革命走上农村包围城市、武装夺取政权道路,提供了物质基础和新的空间。1930年12月30日,以全歼进入龙冈伏击圈之敌,并活捉张辉瓒为标志,粉碎了第一次"围剿",并缴获了一部通信电台、俘虏了敌方十余名无线电通信技术人员。虽然其发报部分被战士砸坏,但仍然可以用来收报,被称为"半部电台"。加上后来红军在东韶战斗中又缴获了一部完整的电台。这一部半电台成为"中央苏区和我军无线电通信事业"的基础。1931年1月6日用修复的半部电台收

到国民党中央社电讯,开始有了技术侦听能力和收听电讯能力,从而具有了给党中央提供参考消息的能力。1931年11月7日中华苏维埃共和国临时中央政府在中央苏区成立这天,使用这一部电台以红色中华通讯社的名义向世界发出了第一批电讯,标志着中国共产党开始运用无线电文字广播这种最新科技手段,运用通讯社这种当时的新媒体形态,向世界传播自己的声音。红色中华通讯社就是今天新华通讯社的前身。

1937年1月根据中共中央决定,红色中华通讯社在延安更名为新华通讯社。之后,新华通讯社陆续开办起了汉语、日语口语广播和英文文字广播,成为兼有报纸、电台功能的通讯社。

在新华社内负责延安新华广播电台的是新华社口播部。利用1940年3月周恩来从莫斯科治病返回延安时带回的一台广播发射机,用烧木炭产生的煤气作燃料,用汽车引擎带动发电机供电,在山顶架设了天线,在离延安清凉山新华社所在地20千米外的王皮湾村半山腰开凿出两孔石窑洞作为发射机房和动力间,在村里一孔土窑洞里设了播音室,于1940年12月30日办起了口语广播,即延安新华广播电台。这也成为中国人民广播事业的开始。延安新华广播电台的发射功率大约300瓦,最初每天一次2小时,后来增至两次3小时和三次4小时。播音内容包括中共中央重要文件、《新中华报》、《解放》周刊、《解放日报》的重要社论和文章,国际国内时事新闻、故事,等等。

延安新华广播电台开办初期,还开办了日语广播。根据中央军委第一处《1941年工作总结》,延安新华广播电台的日语广播从1941年12月3日开播,每天半小时,持续一年多。日语广播由八路军总政治部主任王稼祥领导筹办工作。日语广播的对象主要是侵华日军,因此,具体实施由总政敌工部负责。

延安新华广播电台于1944年9月1日开办了对国外的英文广播,用无线电广播方式向海外播发新华社英文文字电讯,报道中国共产党的动态、政策和主张,报道八路军、新四军及抗日根据地的消息。新华社的英文广播可以有效传播到海外。1948年8月8日,延安新华广播电台的英文广播开始试播。在试播中特别说明："广播内容没有任何版权，可随意刊载。"

即使是在党中央 1947 年 3 月 18 日晚主动撤离延安、转战陕北一年的艰险岁月里，毛泽东同志身边始终有两支队伍，一支是作战人员等组成的"枪杆子"队伍，另一支是由军委三局派出的无线电分队和新华社工作队联合组成的新闻通讯队伍，负责人是时任新华社副总编辑范长江。这支队伍称为四大队，是当时中央纵队因保密需要对外称"三支队"，下辖四个大队，范长江所率领的队伍就是其中的"四大队"。为保证新闻电讯接收不中断，四大队又分前、后两个梯队交替行动。其中后梯队收讯台要保障接收国民党中央社、苏联塔斯社、美国美联社及合众社、英国路透社的新闻。后梯队在廖承志率领下，跟随毛泽东同志行动。

中国共产党深刻认识到互联网对新闻舆论工作带来的挑战和拓展传播力、影响力的机会，积极有效利用互联网及其催生的诸多新传播工具、新传播手段、新传播形态。1997 年 1 月 1 日，人民网的前身正式上线。1997 年 11 月 7 日新华社网站上线，后来改称为新华网。之后，很快形成中央主要新闻网站和地方重点新闻网站的矩阵，这些都早于一些互联网平台的出现。从事传统媒体的人们从开始担心在官网首先发布新闻会影响纸版的发行、影响通讯社用户，迅速转换为努力运用官方网站和其他平台拓展影响。2000 年 7 月中国开始提供短信服务。之后，一家机关报开始利用手机短信发送新闻，称为短信头条。

主流媒体努力运用手机短信发送新闻，从而诞生出"手机报"等多种形式，并开始探索手机在新闻传播中的其他功能。QQ 等即时通信工具逐步成为人们的社会关系主要承载平台，也成为新闻信息的传播平台。主流媒体开始在社交平台上开设账号，人们在社交平台上的转发、点赞等形成的再传播现象，成为主流媒体影响力的放大器。即时通信工具、对等互联也成为互联网之外中央文件和领导人讲话中最早提到的新媒体形态。

2009 年前后，基于移动互联网的微博类产品陆续上线，特别是新浪微博于 2009 年 8 月 2 日内测后用户量迅速提升，使移动互联网传播进入新阶段。这也深刻改变了传统媒体的内容生产流程和传播优先秩序。传统上通讯社签发顺序最优先的内容产品是快讯，即是可能只有一句话的电讯。在基于移动互联网的微博等出现后，通讯社签发顺序最优先的产品增加了微博，甚至在报道策划、组织中开始讨论如何让自己的微博官方账号能与快讯同时发出，以领先其他媒体。2010年全国"两会"已经有很多报道通过互联网、手机电视、博客等传播。2011年的政府工作报告已经提出"加强对互联网的利用和管理"。

第二节　理论积淀：坚持党的领导，把握国际传播规律

中国共产党在开展对外宣传实践的历史过程中积累了丰富的对外宣传经验，这是中国共产党构建国际传播体系、指导对外宣传工作的宝贵理论财富，其中，坚持党的领导和精准把握国际传播规律是这一理论的核心支柱。坚持党的领导作为我国国际传播事业的根本，确保了传播工作始终沿着正确的航向破浪前行。中国共产党以其卓越的战略视野和整合能力，为国际传播铺设了清晰且坚定的道路。党的先进思想体系和核心价值观，如同灵魂般融入国际传播的每一个细节，赋予其深刻的内涵与强大的生命力。与此同时，精准把握国际传播规律，是提升传播效能、增强国际影响力的关键所在。国际传播领域错综复杂，交织着政治、经济、文化、技术等多元因素的相互作用。深入洞察并精准把握这些规律，在全球舆论的浪潮中占据主动，才能发出更加响亮且有力的中国声音。坚持党的领导与精准把握国际传播规律相辅相成，共同构成了我国国际传播事业发展的双轮驱动，为我们赢得更加有利的国际舆论环境打下了坚实的基础。

一、将国际传播置于国家战略发展重要地位

国际传播在当今全球化的时代背景下，已成为国家战略发展的关键

环节。它不仅是展示国家形象、提升国家影响力的重要途径，更是在全球范围内争取资源、拓展合作空间、维护国家利益的有力手段。将国际传播置于重要地位，意味着从国家层面进行顶层设计和统筹规划，整合各方资源，形成强大的传播合力。通过积极主动的国际传播，我们能够向世界讲述中国故事，传递中国声音，展现中国的发展成就和价值理念，为国家的发展创造有利的国际舆论环境。

毛泽东曾指出："凡是要推翻一个政权，总要先造成舆论，总要先做意识形态方面的工作。"中国共产党走上政治舞台，并最终成为领导中国革命的核心力量，就是从宣传鼓动工作开始的。

2003年12月，胡锦涛在全国宣传思想工作会议上提出"坚持把加强和改进对外宣传作为宣传思想战线的一项战略性任务"，要求对中国全面客观介绍、及时准确宣传、着力维护国家利益形象、增进了解，"逐步形成同我国国际地位相适应的对外宣传舆论力量，为全面建设小康社会营造良好的国际舆论环境"。

二、胸怀天下，致力于促进人类文明进步

中国共产党始终胸怀天下，以促进人类文明进步为己任，在国际传播中，不仅关注自身的发展，更着眼于全球的共同进步，积极分享中国在经济发展、社会治理、科技创新等方面的经验和成果，为其他国家提供有益的借鉴。同时，尊重不同文明的多样性，倡导文明交流互鉴，推动构建人类命运共同体。通过国际传播，促进各国人民之间的相互理解、相互尊重和相互信任，共同应对全球性挑战，为人类的和平与发展贡献中国智慧和中国力量。

马克思和恩格斯论证问题的思想特征，总是以现代"世界"的概念为前提。马克思和恩格斯第一次全面阐述他们唯物主义历史观的著作《德意志意识形态》，就把15世纪末的事件作为观察问题的起点。他们于1847年底完成的《共产党宣言》，同样从美洲的发现和绕过非洲的航行谈起。马克思和恩格斯认为，交往一旦展开，就会冲破阻力，最终发展为"世

界交往"。而"世界交往"的理念对马克思和恩格斯关于共产主义的设想具有决定性意义。①

马克思在现代媒介发展初露端倪的时候,就敏锐地预见到未来社会的特点,包括生产结构发生变化,信息产业居主导地位;劳动力结构发生变化,劳动中的智力的支出将超过体力的支出;资源结构发生变化,知识生产力成为社会财富增长的极其重要的资源;科学的组织和决策机构处于社会的中心地位。

新中国成立后,面对新的形势和任务,1955年12月,毛泽东提出,新华社"驻外记者派得太少,没有自己的消息,有,也太少""应该大发展,尽快做到在世界各地都能派有自己的记者,发出自己的消息。把地球管起来,让全世界都能听到我们的声音"。为做好对外宣传工作,毛泽东同志还特别强调"对外宣传不要夸大","无论什么时候,都要谦虚谨慎";强调"世界上所有国家的有益的东西,我们都要学"。

1956年5月,刘少奇指出:"新华社要成为世界性通讯社,新华社的新闻就必须是客观的、真实的、公正的、全面的,同时必须是有立场的。"

2008年胡锦涛在考察《人民日报》社时再次强调:"办报纸必须统筹国内国际两个方面","立足国内、面向世界"。

三、注重运用新传播技术手段扩大舆论阵地

在信息时代,新传播技术的发展日新月异,为国际传播带来了前所未有的机遇。我们注重运用大数据、人工智能、虚拟现实、社交媒体等新兴技术手段,拓展传播渠道,创新传播形式。利用大数据精准分析受众需求,实现精准传播;借助人工智能优化内容生产和推荐,提高传播效率;通过虚拟现实技术打造沉浸式体验,增强传播效果;运用社交媒体平台快速传播信息,扩大舆论影响力。通过这些新手段,我们能够在国际舆论场中占据更广阔的阵地,提升中国声音的传播力和影响力。

---

① 陈力丹:《精神交往论》,北京:中国人民大学出版社,2008年。

1844年才试验成功的电报,在马克思、恩格斯1847年底写作《共产党宣言》时,便把它与机器的采用、化学的应用、轮船和铁路等并列为当时巨大的生产力的代表。在美国发表的第一次将电报用于商业信息传播的新闻,就是马克思写的。

20世纪初,世界各主要国家都在研制用于通信和广播的无线电技术。列宁对于这一技术的研制非常关注,从1918年到1922年,他关于这个问题的各种信件、电报、电话和签署的决定有二三十件。列宁认为创办广播电台(当时使用的是"无线电话"的概念)极为重要、具有特殊的重要性。1920年2月5日,列宁致信苏俄的无线电专家米哈伊尔·亚历山大罗维奇·邦契-布鲁耶维奇(1888—1940),信中说:"您正在创造的不要纸张、'不受距离限制'的报纸,将是一件大事。"1921年1月26日,列宁给负责无线电话台的总务处长尼古拉·彼得罗维奇·哥尔布诺夫(1892—1938)写信,信中他阐述了发展无线电广播与宣传党的政策的关系,他写道:"这件事十分重要(这是不要纸张不要电线的报纸,因为利用扩音器和收音机,整个俄罗斯都可以听到莫斯科所看到的报纸,这种收音机经过邦契-布鲁耶维奇的改进,将很容易地成百成百生产)。"

列宁认为无线电广播是宣传鼓动的有力武器,也可以用于军事目的。1922年他在给当时主持党务的总书记斯大林的信件中就进一步论证了无线电广播的任务,他写道:"我想,无论是就进行宣传和鼓动,特别是对没有文化的居民群众进行宣传和鼓动来说,还是就转播讲座来说,实行这个计划都是我们绝对必要的。"新经济政策时期,列宁对于电影这种传媒的作用也很重视。他认为应把电影划分为娱乐和宣传两类。

中国共产党成立之初就高度重视新闻宣传工作,充分运用各种现有和最新的传播手段宣传主张、动员群众、赢得越来越多的支持。

1937年2月4日,毛泽东同志署名向"各电台和各团首长"发出《接收新华社广播党的政治方针的通知》,指出"新华社广播我们的政治方针,各首长均应指导电台按时接收",而且要求"有未收广播的应报告"。

1942年3月11日,中共中央政治局讨论改造《解放日报》草案。会上,毛泽东明确指出:"党报是集体的宣传者与组织者,对党内党外影响极大,是最尖锐的武器,要达到改造党的目的,必须首先改造党报的工作。"

毛泽东曾形象地提道:"现在我们边区,开会是最重要的工作方式,报纸发出去就可以省得开许多会。我们可以把许多问题拿到报纸上讨论,就等于开会、开训练班了,许多指示信可以用新闻来代替,所以报纸可以当做重要的工作方式和教育方式。"

1984年2月,邓小平就注意到世界新技术革命的兴起,他对一位日本朋友的建议表示赞同,这一建议即"先把交通、通讯搞起来,这是经济发展的起点"。9月,他为《经济参考报》题词:"开发信息资源,服务四化建设。"1989年3月,邓小平再次谈到信息的重要性,他说:"我们最大的经验就是不要脱离世界,否则就会信息不灵,睡大觉,而世界技术革命却在蓬勃发展。"

四、着眼整体布局,实现立体多面协同发展

中国共产党成立之初就高度重视宣传工作,创办了大量刊物,并且均有明确的定位,使之成为一个有机合作的整体。1920年9月,《新青年》从第8卷1号开始,被改组为上海共产党早期组织的机关刊物,1920年11月7日又创办了秘密刊物《共产党》月刊,各地共产党组织还创办了一批通俗的专门供工人阅读的刊物,包括上海的《劳动界》、广东的《劳动者》和北京的《劳动音》等,成为后来创办的《工人周报》(1921年7月24日)的前身。1921年8月20日,中国共产党公开领导工人运动的总机关——中国劳动组合书记部机关报《劳动周刊》创办;1922年1月15日,中国社会主义青年团临时团中央机关报《先驱》半月刊创刊,半年多后,中国共产党第一个政治机关报《向导》(1922年9月13日)出版。这些刊物各有侧重,相互配合,使得党的宣传成为了一个有机整体。

1923年11月,中国共产党第三届第一次中央执行委员会在《教育宣传问题议决案》中指出,"共产党员人人都应是一个宣传者,平常口语之中

须时时留意宣传。"①10月，中共中央决定成立教育宣传委员会，制定颁布了《教育宣传委员会组织法》，规定了编辑部下所属刊物之性质：《新青年》季刊为学理的马克思主义的研究宣传机关，《前锋》月刊为中国及世界的政治经济的研究宣传机关，《向导》为国内外时事的批评宣传机关，《党报》为党内问题讨略及发表正式的议决案报告之机关，上述四者均为中国共产党机关刊物，另外还有《青年工人》月刊、《中国青年》周刊、《团镌》等中国社会主义青年团所负责的刊物。②

1926年7月，中国共产党中央扩大委员会通过《关于宣传部工作议决案》，对党主办的各类刊物宣传方向及方式进行具体的指导：包括《向导》——中央政治机关报、《新青年》——中央理论机关报、《劳农》——中央通俗的机关报及内部刊物《党报》。由此可见，一个定位清晰、分工明确的新闻事业体系已经成形。

虽然宣传工作在建党之初就得到了重视，但一直没有一个专门的机构进行统筹管理，陈独秀在"三大"的报告中对此作了检讨："实际上中央委员会里并没有组织"，这"不仅指没有常务领导机构，应该也指没有部门工作机构"。③从"三大"开始，中共对于宣传体系的整体建构，明晰了宣传工作的内涵、职任、架构与机制，为此后宣传体系的演进提供了框架与方向。纵横交错的工作网络初具雏形。④先后成立了教育宣传委员会、中央出版部、中央机关报编辑委员会、中央宣传部等专门的宣传管理机构，同时明确了各区委及地委在宣传工作上的职责。

土地革命战争时期，中国共产党在国民党统治区的一切活动，不得不转入地下，但仍然坚持出版报刊《布尔塞维克》《红旗》《上海报》等。与此同时，在红色革命根据地，中央苏区的新闻宣传工作也开启了中国共产党

---

① 中央档案馆编：《中共中央文件选集》(1)，北京：中共中央党校出版社，1991年，第206—207页。

②《中国共产党宣传工作文献选编》(1915—1937)，北京：学习出版社，1996年，第555—559页。

③ 中共中央文献研究室中央档案馆编：《建党以来重要文献选编(1921—1949)》(11)，北京：中央文献出版社，2011年，第246页。

④ 陈龙：《大革命时期中共宣传体系的建构与强固》，《新闻大学》，2019年第4期。

体制内、系统性、全域化新闻舆论传播的先河,在"唤起工农千百万"的宏大事业中,发挥了不可或缺的重要作用。①从1931年底至1934年红军长征之前,中央革命根据地出版的报刊约160多种(包括油印的、传单式的小报),②影响较大的有《红色中华》、中国工农红军军事委员会的机关报《红星》报、共产主义青年团苏区中央局机关刊物《青年实话》等,新华社的前身——红色中华通讯社也是这一时期建立的。

胡乔木曾指出:"在抗战时期,决定创办《解放日报》的直接原因,是1941年1月皖南事变以后,《新中华报》四开四版、三日刊的篇幅和刊期,很难适应形势发展的需要,完成党的宣传任务。"1941年3月19日,中共中央政治局会议讨论的议题之一就是出版发行工作。王稼祥发言指出:刊物可以合并。我主张办日报,因新中华报不能完全代表党的立场。办日报能增加广播材料,重要消息也可广播。提议秦邦宪(博古)考察办日报的条件。③

1941年5月15日,《解放日报》创刊,中共中央在出版《解放日报》的通知中明确规定:"五月十六日起,将延安《新中华报》《今日新闻》合并,出版《解放日报》。新华通讯社事业,亦加改进,统归一个委员会管理。一切党的政策,将经过《解放日报》与新华社向全国宣达。《解放日报》的社论,将由中央同志及重要干部执笔。各地应注意接收延安的广播,重要文章除报纸刊物上转载外,应作为党内学校内机关部队内的讨论与教育材料,并推广收报机,使各地都能接收,以广宣传,是为至要。"④与此同时,《新中华报》第230号第1版刊出《新中华报今日新闻停刊及解放日报发刊启事》:"为着更多的反映国内外之一切消息及传达我党中央一切政治主张,满足全国同胞及读者诸君之要求起见,中共中央决定将新中华报及今日

① 陈信凌、邱世玲:《中国共产党新闻宣传实践框架的最早建构》,《新闻与传播研究》,2021年第7期。
② 郑保卫主编:《中国共产党新闻思想史》,福州:福建人民出版社,2004年,第83页。
③ 徐则浩编著:《王稼祥年谱(1906—1974)》,北京:中央文献出版社,2001年,第292—293页。
④《中国共产党宣传工作文献选编》(1915—1937),北京:学习出版社,1996年,第227页。

新闻合并，改出中共中央机关日报。"《今日新闻》则是1939年2月7日创办，由张闻天负责主编以专供中共中央了解国内外动态的刊物。5月25日，中央发布《关于统一各根据地内对外宣传的指示》，6月20日，中宣部发出《关于党的宣传鼓动工作提纲》，指出"报纸、刊物、书籍是党的宣传鼓动工作最锐利的武器，党应当充分的善于利用这些武器"。[①]1944年，毛泽东到清凉山看望《解放日报》、新华社、出版局和中央印刷厂的同志时又重申了"党报和通讯社是组织一切工作的武器"的要求。

1944年3月22日，毛泽东在中共中央宣传委员会召开的宣传工作会议上发表讲话，首次提到了"全党办报"一词。他指出，"《解放日报》在边区已成为一个组织者。没有《解放日报》，在这样一个人口稀少、地域辽阔、在全中国算是经济文化很落后的地区工作，是很困难的。有一个《解放日报》，就可以组织起整个边区的政治、文化生活"。他要求领导干部掌握报纸这种"工作方式"，并提倡试办地方党报、强调办好革命墙报，"这样来办报，全边区可以有千把种报纸，这叫做全党办报"。[②]

与此同时，他还进一步指出，像延安可以不用办，因为有《解放日报》和《边区群众报》，而离延安远的县，报纸要办，但不一定要办成《解放日报》那样，油印小报也可以，墙报也行，再或者，"不需要就不办"，"不要以为这是杨家岭开了会的"，就发命令都办。总其意，就是当地报纸要反映当地实际，而不是一味抄大报、学大报，也不是乱铺摊子，搞重复建设。

毛泽东认为地方报纸必须面向当地群众。他曾指示《抗战日报》"不是给新华社办报，而是给晋绥边区人民办报"，他还提出建议："对于外地与国际消息，应加以改造。"[③]

---

① 中国社会科学院新闻研究所编：《中国共产党新闻工作文件汇编1921—1949》（上），北京：新华出版社，1980年，第110页。

② 中共中央文献研究室编：《毛泽东文集》第三卷，北京：人民出版社，1996年，第111、112页。

③《毛泽东新闻工作文选》，北京：新华出版社，1983年，第120页。

五、因势利导占据主动，及时回应国际社会关切

在国际传播中，党历来善于因势利导，敏锐捕捉国际形势的变化和热点问题，主动设置议题，引导国际舆论。同时，对于国际社会的关切，要及时、准确、全面地予以回应。以坦诚开放的态度，提供真实、客观、权威的信息，消除误解和偏见。通过积极有效的沟通和互动，占据舆论主动，塑造负责任大国的形象，增强国际社会对中国的信任和认同。

1940年12月25日，中共中央发出了《关于对待英美籍新闻记者态度的指示》，指出必须认识到外国记者对"提高我们的外交地位有极大的影响"，"应当把他们当做外交代表看待"，"应采取欢迎与招待之态度"，要求驻重庆的八路军办事处外事组向美国记者"自动地有计划地供给各种适当的情况材料"。但同时强调，对待外国记者必须坚持"民族、人民和党的立场"，要在"主动、真实、诚朴、虚心、认真的原则"上开展工作。在实践中，就要在事前"周知博访、深思熟虑"，在事中"应坚定不移""力求贯彻主张"，如此"方易取得外交胜利"。要积极将他们"争取过来"，借助他们的"笔和口"将我们的理念"宣传出去"，在整个活动中保持我们的主动性和独立性，绝不为外人所利用，以维护和实现中国人民的利益。[1]

1940年8月9日，周恩来在延安高级干部会上做报告时指出：党要设法接近各种报纸，"海外报纸影响特别大，特别需要接近"[2]。皖南事变后，中国共产党通过多种方式向海外揭露真相、宣传自身的抗战主张。中共的海外宣传机构国际新闻社香港分社与跨国记者群体成为沟通内外的新闻中转站。美国记者安娜·路易斯·斯特朗在收到中共方面对皖南事件的说明后，整理相关资料要求北美报业联盟发表，但因当时美国传媒领域的限制未能成功。不过，她找到一位在《纽约先驱论坛报》工作的朋友，署上其名字后顺利报道了皖南事件，让美国乃至世界了解到了皖南事变的真

---

[1] 南方局党史资料征集小组：《南方局党史资料》，重庆：重庆出版社，1986年，第47页。
[2] 赵春生主编、中共中央文献研究室编：《周恩来文化文选》，北京：中央文献出版社，1998年，第21页。

相。美国记者埃德加·斯诺在得知皖南事变真相后,通过香港向海外发出几则电讯,公开报道皖南事变及国民党封锁新闻的真相。美国的《纽约先驱论坛报》和《星期六晚邮报》等发表了他从香港发回的报道。回国后,斯诺继续在《亚细亚》杂志等媒体上揭露国民党发动皖南事变、破坏抗日民族统一战线的行径和险恶用心。

1943年,国民党借第三国际解散之机,大造反共舆论,准备以重兵突击延安。党中央在做好军事部署的同时,先发制人,发起舆论宣传,通过集会、报纸、电台、电文,揭露国民党的企图,国内外舆论纷纷予以谴责。苏联报刊和美国的《纽约时报》《纽约论坛报》等发文抨击,苏、美、英等国大使召开会议,警告蒋介石不得发动内战,否则停止援助。在国内外舆论强大压力下,蒋介石不得不下令停止进攻边区。先发制人的对外传播,达到了不战而屈人之兵的效果。①

1944年8月18日,中央在《关于外交工作的指示》中指出:这次外国记者、美军人员来我边区及敌后根据地,便是对我新民主中国有初步认识后的实际接触的开始。因此,我们不应把他们的访问和观察当成普通行动。而应把这看作是我们在国际间统一战线的开展,是我们外交工作的开始。

六、坚持以我为主,内外有别,明确目标指向

在外宣工作中,"坚持以我为主,内外有别"是一个重要的指导原则。这一原则体现了中国在外交和宣传领域的自主性和灵活性,旨在根据不同受众的特点和需求,制定有针对性的宣传策略和内容。从而提升国家形象、增强文化影响力、促进国际合作,为实现中华民族伟大复兴的中国梦创造良好的外部环境。

"以我为主"强调的是在外宣工作中要始终坚持中国的立场、观点和主张,以中国的国家利益为出发点和落脚点,积极传播中国声音,展示中

① 王文:《延安时期对外传播的成功实践与启示》,《学习时报》,2021年6月25日。

国形象。"内外有别"则是指在内宣和外宣中要有所区别,不能简单地将内宣的内容和方法照搬到外宣中,而要根据不同受众的文化背景、价值观念、语言习惯等因素,制定差异化的宣传策略和内容。

"内外有别"的原则在我国对外宣传领域有着悠久的历史渊源。早在抗日战争时期,中国共产党就开始重视内外宣传的差异,并提出了相应的宣传策略。随着时代的发展和国际形势的变化,"内外有别"的原则不断得到丰富和发展,成为我国对外宣传工作的重要指导原则。

1940年8月周恩来总理在延安高级干部会议上做报告时指出,"通讯社要向海外发展,稿件要多样,不要老是几个宣传口号……态度不要完全党内化,有时要用人民的口吻"。这是党内高层领导较早提出要区别对待内外宣传,重视内外差异是"内外有别"原则的逻辑起点和历史起点。

1951年和1953年宋庆龄主持创办了《中国建设》和《人民中国》两份外文刊物,周恩来总理指示"总的方针是共同的,但每本刊物要针对各自的主要受众"。"内外有别"原则以"提高针对性"的具体要求被提出,即要针对不同的受众进行对外宣传。

1968年3月7日,毛泽东同志在关于援外飞机上喷刷毛主席语录的请示报告上批示:"不要那样做,做了效果不好。国家不同,做法也不能一样。"这一批示体现了毛泽东同志对"内外有别"原则的深刻理解和高度重视。

1977年8月3日,邓小平同志针对英国朋友费里克斯·格林的相关建议批示:"我认为格林的意见都重要,无论宣传或文风等等方面,都值得注意。"格林主要对当时对外传播工作方式提出改正意见,不能忽视"外国人不是中国人"的区别,不能照搬国内"咄咄逼人的八股调"。这一批示肯定了对外宣传要有别于内宣,不能照搬内宣的一套做法。

1990年12月29日,《中共中央关于加强和改进对外宣传工作的通知》指出:"世界上许多国家、地区和民族在语言文字、风俗习惯、生活方式、价值观念、宗教信仰和政治态度等方面与我国不同,因此不能把对内宣传的一套内容和方法照搬到对外宣传中。"这一文件明确提出了"内外有别"的原则，并强调了其重要性。

2004年中央对外宣传工作会议强调，要增强对外宣传的针对性、实效性和亲和力、说服力。胡锦涛在《中共中央关于加强和改进新形势下对外宣传工作的意见》中指出，对外宣传要"内外有别，注重实效"。

在新的传播环境和传播理念下，"内外有别"四个字的内涵已经发生了显著变化。对外宣传范式正在向跨文化传播范式转移，应从传统的外宣思维方式转为跨文化传播范式，以高度的文化自觉和自信，运用跨文化的思维和传播方式，重视内外的文化差异，根据差异受众的需要提供不同的文化信息，并诉诸接近性，将自己努力融入新的文化环境中。

需注意的是，"内外有别"的核心在于因地制宜、有的放矢，根据境外的传播环境、受众习惯、渠道特点、技术条件、监管政策等实际情况，在传播理念、运行方式、操作模式上提高针对性和实效性，而不是对媒体报道权利和传播范围进行管控限制。同时，在对外传播中要避免"内宣化"，根据对外传播的实际环境和现实语境来设计、谋划和开展传播业务。

第三节　时代新声：数智赋能彰显现代化新风貌

随着数字技术与智能科技的飞速发展，国际传播工作正经历着前所未有的变革，数智赋能正成为推动其现代化转型的关键力量，不仅极大地拓宽了传播渠道，丰富了传播内容，更深刻地改变了国际传播的格局与风貌。

进入新时代以来，中国积极倡导构建人类命运共同体理念，并将其作为对外宣传的重要内容。这一理念体现了中国对世界和平与发展的深刻思考和对人类共同未来的美好愿景。在对外宣传中，中国注重结合不同国家和地区的实际情况和受众特点，有针对性地传播这一理念，增强了国际社会对中国外交政策的认同感和支持度。

面对百年未有之大变局加速演进的外部环境，习近平总书记在多次强调、部署加强中国国际传播能力建设之后,2021年5月31日再一次亲自部署加强和改进国际传播工作、展示真实立体全面的中国。这是在"两个一百年"交汇点上中国共产党在国际传播领域的新战略、新部署。

一、理念革新:从对外宣传到国际传播到文明对话

中国国际传播理念经历了从对外宣传到国际传播,再到文明对话的深刻转变,这一过程不仅反映了中国对外交往思想的成熟与进步,也体现了中国在全球舞台上的文化自信与国际担当。

在对外宣传占据主导地位的时期,我国主要基于国家利益和意识形态的考量侧重于单向的信息输出,主要通过官方渠道向国际社会传递中国的政策、成就等,以塑造良好的国家形象。

随着全球化进程的加速和国际交流的增多,中国逐渐认识到单向的对外宣传已难以满足国际社会的多元需求。因此,国际传播理念应运而生,强调以更加开放、包容和平等的方式与国际社会进行信息交流与文化传播。在国际传播中,我国开始注重双向互动和多维度展示,意识到要了解国际受众的需求和接受习惯,采用更具针对性和吸引力的传播方式,既要传递中国声音,也要倾听国际社会的声音。传播内容也更加丰富多样,涵盖政治、经济、文化、社会等多个领域,旨在展现一个全面、真实的中国。

习近平总书记对宣传思想文化工作作出重要指示,强调要"着力加强国际传播能力建设、促进文明交流互鉴"。这一重要指示为新形势下加强和改进国际传播工作指明了前进方向、提供了根本遵循。

文明对话强调尊重不同文明的多样性,以平等、开放、包容的态度进行交流与互鉴。旨在促进不同文明之间的相互理解、相互尊重,共同构建人类命运共同体。

2019年5月15日,习近平总书记在亚洲文明对话大会开幕式上指出:"文明因多样而交流,因交流而互鉴,因互鉴而发展。我们要加强世界上不同国家、不同民族、不同文化的交流互鉴,夯实共建亚洲命运共同体、人类命运共同体的人文基础。"

二、目标升华：从增强对外宣传力量到争夺国际话语权

中国国际传播早期目标定位主要是增强对外宣传力量，重点在于向国际社会传递中国的正面形象和信息，让世界更多地了解中国。通过设立专门的对外宣传机构及制作一系列介绍中国的专题纪录片和宣传片等集中、有组织的宣传活动，展示中国的政治、经济和文化成就。

在传播能力上，习近平总书记抓住话语体系建设这个关键部分，提出"要增强国际话语权，加强对外传播话语体系建设，打造融通中外的新概念新范畴新表述"。他还指出，坚守中华文化立场，提炼展示中华文明的精神标识和文化精髓，加快构建中国话语和中国叙事体系，讲好中国故事、传播好中国声音，展现可信、可爱、可敬的中国形象。这一重要论述，指明了构建中国话语和中国叙事体系的文化立场和实践路径。

国际话语权对于维护国家利益、塑造国家形象至关重要，这意味着国际传播不仅要传播自身的观点和信息，更要在国际舆论场中占据主动地位，影响国际舆论的走向。

习近平总书记指出，近年来，随着我国综合国力的不断提升，国际社会迫切希望深层次了解和研究中国的道路、制度、体制和价值观，探究成功秘诀，同时对我国快速发展和发展走向也存有一些疑虑。这既是国际社会关注的聚焦点，也是对外宣传的重要议题。要抓住宝贵机遇，因势利导，对外介绍中国道路、理论、制度的科学内涵和鲜明特色，引导国际社会更加客观全面地认识和理解当代中国，牢牢掌握中国发展进步的阐释权、话语权。同时，以更加积极的姿态主动参与国际重大议题的讨论和研究，争取国际事务的议程设置权和话语主导权。

三、逻辑重构：从增进了解到共同参与

习近平总书记既强调中国"走出去"，又强调世界"走进来"，指出"要讲好中国故事、发出中国声音、阐释中国特色，让世界认识一个立体多彩的中国"；同时也指出，"在全面对外开放的条件下做宣传思想工作，一项

重要任务是引导人民更加全面客观地认识当代中国、看待外部世界"。

前者意味着我们要打破单一叙事的局限,通过多元化的渠道和方式,向世界展示中国的历史深度、文化多样性、社会进步的复杂性及人民生活的丰富性。因此,我们不仅要讲述中国的发展成就,也要坦诚面对挑战和问题,让世界看到一个既充满活力又不断自我完善的中国。

后者则包括深入普及国家的发展历程、政策背后的逻辑、社会变迁的多元面貌,以及在国际事务中的角色与立场。通过教育体系的完善、媒体内容的丰富和社会对话的促进,帮助民众建立起基于事实和理性的国家观与世界观。在看待外部世界时,鼓励开放包容的心态,培养国际视野和跨文化交流能力,使人民能够以更加平和、理性的态度理解不同国家和地区的文化差异、历史背景和社会发展,从而增进相互之间的理解和尊重。

数智赋能下的国际传播,不仅仅是技术层面的革新,更是理念与模式的深刻变革。它强调以用户为中心,注重传播内容的深度与广度,追求传播效果的最大化。同时,国际传播更加注重跨文化对话与理解,倡导多元共融的传播理念,通过讲述真实、立体、全面的中国故事和世界各国故事,展现人类命运共同体的美好愿景。

四、价值重塑:从联通世界到人类文明交流互鉴

习近平总书记指出:"历史告诉我们,只有交流互鉴,一种文明才能充满生命力。"在漫长的历史长河中,中华文明正是在与世界其他文明持续不断的交流互鉴中发展繁荣的。从西汉张骞出使西域开辟"丝绸之路",到唐代长安成为国际大都市,再到明代郑和七下西洋,中华文明始终秉持开放包容的态度,与世界各国文明相互学习、相互借鉴。

进入新时代,中国更加重视国际传播能力的建设。新时代的内涵之一就是"我国日益走进世界舞台中央、不断为人类作出更大贡献的时代"。习近平总书记指出:"当今世界是开放的世界,当今中国是开放的中国。"他指出:"对世界形势发展变化,对世界上出现的新事物新情况,对各国出现的新思想新观点新知识,我们要加强宣传报道,以利于积极借鉴人类文

明创造的有益成果。"

新时代的国际传播旨在通过增强中华文明的传播力影响力，推动构建人类命运共同体。党的二十大报告明确提出"增强中华文明传播力影响力"，强调要"着力加强国际传播能力建设、促进文明交流互鉴"。这不仅是中华文明传承发展的内在要求，也是对人类文明进步的重要贡献。

在具体实践中，中国通过一系列文化交流活动，如"一带一路"倡议下的文化交流项目、国际文化节、海外中国文化中心等，向世界展示了中华文明的独特魅力。这些活动不仅增强了中华文明的传播力影响力，也促进了不同文明之间的理解和尊重。比如2023年2月20日，中希文明互鉴中心在希腊雅典大学成立。习近平总书记在复信中强调："我们要促进人类社会发展、共同构建人类命运共同体，就必须深入了解和把握各种文明的悠久起源和丰富内容。"中希文明互鉴中心的成立，为两国学者提供了深入交流的平台，推动了中华文明与古希腊文明的比较研究，为完善全球治理体系、构建人类命运共同体作出了贡献。

正如习近平总书记所说："文明因交流而多彩，文明因互鉴而丰富。"未来，中国将继续秉持开放包容的态度，加强与世界各国的文化交流与合作，共同推动人类文明进步和发展。

五、技术迭代：从相"加"到相"融"

2013年，习近平总书记在全国宣传思想工作会议上明确指出："做好宣传思想工作，比以往任何时候都更加需要创新。"在视察解放军报社时要求新闻舆论工作必须坚持"创新为要"。在党的新闻舆论工作座谈会上，他更是从理念、内容、体裁、形式、方法、手段、业态、体制、机制等方面对创新新闻舆论工作提出了全面的要求。

习近平总书记对于创新的重视集中体现在他对互联网带来的媒介变革所作出的一系列高瞻远瞩、切中肯綮的论述中。他专门强调了网上舆论工作的重要性，指出做好网上舆论工作是一项长期任务，"把网上舆论工作作为宣传思想工作的重中之重来抓"。他还提出了媒体融合的构想。

他提出要"强化互联网思维和一体化发展理念,推动各种媒介资源、生产要素有效整合,推动信息内容、技术应用、平台终端、人才队伍共享融通";要求主流媒体进行全方位创新,"在内容、渠道、平台、经营、管理等方面的深度融合","适应分众化、差异化传播趋势,加快构建舆论引导新格局;要推动融合发展,主动借助新媒体传播优势","着力打造一批形态多样、手段先进、具有竞争力的新型主流媒体,建成几家拥有强大实力和传播力、公信力、影响力的新型媒体集团,形成立体多样、融合发展的现代传播体系"。

他还把掌握各种新媒体运用规律作为对全党特别是高级领导干部的基本要求,多次强调"各级领导干部特别是高级干部要主动适应信息化要求、强化互联网思维,善于学习和运用互联网",使掌握新媒体运用规律、掌握媒体领导权成为中国共产党领导革命和建设事业的领导能力和领导实践的具体体现和组成部分;更体现在中国共产党深刻认识到"过不了互联网这一关,就过不了长期执政这一关","必须科学认识网络传播规律,提高用网治网水平,使互联网这个最大变量变成事业发展的最大增量",从而把适应、运用、掌控互联网提升到战略高度;更重要的是,把"最大变量"变成"最大增量"的思维和要求,深刻体现新媒体战略在"既要政治过硬,也要本领高强"的中国共产党在"不断提高党的执政能力和领导水平"进程中的特殊地位。

随着数字技术的广泛应用,如互联网、社交媒体、大数据、云计算等,为国际传播提供了前所未有的广阔舞台。传统媒体与新媒体深度融合,形成了多元化、立体化的传播体系。通过社交媒体平台,信息可以跨越地理界限,即时、精准地触达全球受众,极大地提升了国际传播的效率和覆盖面。同时,大数据技术的应用使得传播者能够深入分析受众需求与偏好,实现个性化推送,增强了传播内容的针对性和吸引力。

六、效能提升:从"传出去"到"叫得响"

在路径方法上,习近平总书记提出"要下大气力加强国际传播能力建设，优化战略布局，集中优势资源，着力打造具有较强国际影响力的外宣旗舰媒体，让全世界都听到并听清中国声音"，"听到"并且"听清"，意味着中国声音不仅要"说出来"，还要"传出去"，更要"叫得响"。[①]

在推进国际传播的征途中，党的宣传部门和主流媒体愈发注重内容的精准定位与贴近性，力求避免信息的生硬灌输，根据受众的地域特色、文化背景，量身定制富有吸引力和共鸣力的传播内容。通过讲述普通中国人的故事，展现真实生动的社会图景，让国际社会能够深切感受到中国的发展脉动与人文情怀。与此同时，传播渠道也迎来了前所未有的多元化发展。除了传统官方媒体的坚守，社交媒体、短视频平台等新兴媒介异军突起，成为国际传播的新阵地。民间力量的活跃参与更是为这一进程增添了无限活力，众多自媒体创作者、网红博主等以独特的视角和创新的表达方式，向世界呈现了一个立体、多彩、充满活力的中国形象。

技术的飞速发展更为国际传播插上了翅膀。大数据、人工智能等前沿技术的应用，使得传播活动能够更加精准地触达目标受众，提升传播效率与效果。而新技术的融入，包括人工智能、虚拟现实（VR）、增强现实（AR）等，为国际传播带来了全新的表现形式和互动体验。AI技术可以辅助内容创作，提高生产效率与质量；通过自然语言处理和机器学习，实现多语种自动翻译，消除语言障碍，促进跨文化交流。VR和AR技术则让受众能够身临其境地体验中国文化与社会风貌，极大地增强了传播的沉浸感与互动性。

第四节　创新发展：勇立潮头，势必更有作为

在全球化的大潮中，中国国际传播正以创新为帆，勇立潮头，以争先

---

① 本书编写组：《习近平新闻思想讲义（2018年版）》，北京：人民出版社、学习出版社，2018年，第30页。

之势不懈探索,不仅展现着中华文化的深邃魅力与当代中国的蓬勃活力,也预示着一个更加开放、自信的中国,将在国际舞台上发挥更加显著的作用,书写属于新时代的辉煌篇章。

一、以中国特色大国外交为交往基石,推动发展全球安全倡议

党的十九届六中全会通过的"历史决议"指出:"经过持续努力,中国特色大国外交全面推进,构建人类命运共同体成为引领时代潮流和人类前进方向的鲜明旗帜,我国外交在世界大变局中开创新局、在世界乱局中化危为机,我国国际影响力、感召力、塑造力显著提升。"党的十八大以来,习近平总书记高度重视中国特色大国外交。

2014年11月,习近平总书记出席中央外事工作会议时指出,中国必须有自己特色的大国外交。我们要在总结实践经验的基础上,丰富和发展对外工作理念,使我国对外工作有鲜明的中国特色、中国风格、中国气派。2015年9月28日,习近平总书记在参加美国纽约联合国总部举行的第70届联合国大会一般性辩论时的讲话中指出,当今世界,各国相互依存、休戚与共。我们要继承和弘扬联合国宪章的宗旨和原则,构建以合作共赢为核心的新型国际关系,打造人类命运共同体。

2016年7月1日,习近平总书记在庆祝中国共产党成立95周年大会上的讲话指出,中国外交政策的宗旨是维护世界和平、促进共同发展。中国始终是世界和平的建设者、全球发展的贡献者、国际秩序的维护者,愿扩大同各国的利益交汇点,推动构建以合作共赢为核心的新型国际关系,推动形成人类命运共同体和利益共同体。

在博鳌亚洲论坛2022年年会开幕式上,习近平总书记首次提出全球安全倡议,强调以团结精神适应深刻调整的国际格局,以共赢思维应对复杂交织的安全挑战。这一倡议为解决全球安全难题、消除国际安全赤字、促进人类共同安全提供了中国方案。

中国领导人通过与国际社会众多国家领导人的会面与交流,积极宣

传和推广全球安全倡议。例如,在与巴基斯坦、俄罗斯等国家的领导人会晤中,中国都强调了维护世界和平与稳定的重要性,并表达了愿意在平等互利的基础上加强双边或多边合作的意愿;中国积极参与各种国际会议和论坛,如联合国大会、安全理事会等,在这些平台上阐述中国的安全观和发展理念,推动国际社会更加关注和支持全球安全倡议的实施;为了将全球安全倡议落到实处,中国与多个国家签署了双多边文件,明确双方在安全领域的合作内容和目标。这些文件的签署不仅加强了国与国之间的互信与合作,也为全球安全倡议的推广和实施提供了有力支持。

二、以新质生产力为核心引擎,推动实现全球发展倡议

新质生产力是由技术革命性突破、生产要素创新性配置、产业深度转型升级而催生的当代先进生产力。2023年9月,习近平总书记在黑龙江考察期间首次提出"新质生产力"一词,此后又在多个重要场合作了深入论述。

2023年9月7日,习近平总书记在新时代推动东北全面振兴座谈会上强调,要积极培育新能源、新材料、先进制造、电子信息等战略性新兴产业,积极培育未来产业,加快形成新质生产力,增强发展新动能。2023年9月8日,习近平总书记在听取黑龙江省委和省政府工作汇报时强调,整合科技创新资源,引领发展战略性新兴产业和未来产业,加快形成新质生产力。

中国国际传播可以以新质生产力为核心引擎,通过加强国际合作、创新传播方式、培养国际化人才等方法,推动实现全球发展倡议。这不仅有助于提升中国的国际影响力和话语权,还能为世界各国带来更多的发展机遇和合作空间。

新质生产力的发展将为国际传播提供更先进的技术手段和平台。通过应用新技术、新媒体等创新手段,提高国际传播的覆盖面和影响力。例如,利用互联网、大数据、人工智能等技术,精准推送相关信息,增强传播的针对性和实效性。新质生产力还将推动产业创新,由此创造出具有国

际影响力的文化产品和内容,同时对国际传播的人才提出新的要求。

再者,新质生产力带来的经济增长和社会进步,能提升国家的综合实力和国际形象,从而增强国际传播的影响力和可信度。比如通过宣传中国在智能网联新能源汽车、前沿新兴氢能等领域的成功案例,展示新质生产力如何推动经济增长和传统产业升级,有助于增强国际社会对中国经济发展模式的认同和理解。

三、以全球气候治理为典范榜样,推动践行全球文明倡议

全球文明倡议是中国继全球安全倡议、全球发展倡议之后提出的又一国际公共产品,是站在历史前进的十字路口深刻回应"不同文明如何相处、人类文明何去何从"等重大问题的中国答案。

全球气候治理的核心在于各国携手合作,共同应对。中国作为世界上最大的发展中国家,始终将应对气候变化作为国家战略的重要组成部分。从提出"双碳"目标到加速能源结构转型,从参与国际气候谈判到推动全球气候治理体系建设,中国以实际行动践行着负责任大国的使命与担当。

近年来,中国在可再生能源领域取得了显著成就。可再生能源装机和发电量连续多年稳居全球第一,为全球能源清洁转型提供了有力支持。同时,中国还积极参与全球气候治理合作,通过设立气候变化南南合作基金、推进绿色"一带一路"建设等举措,帮助其他发展中国家提升应对气候变化的能力。在国际舞台上,中国积极倡导多边主义,推动构建公平合理、合作共赢的全球气候治理体系。从推动达成《巴黎协定》到全面履行《联合国气候变化框架公约》,中国始终与国际社会一道,为应对气候变化贡献中国智慧和中国方案。

全球文明倡议与全球气候治理之间存在着紧密的内在联系。全球文明倡议强调尊重世界文明多样性,倡导不同文明间的平等对话和相互尊重,这与全球气候治理中强调的多边主义、合作共赢原则不谋而合。中国在全球气候治理中的杰出表现,为全球文明倡议的践行提供了典范榜样。

通过加强与国际社会的合作与交流，中国不仅推动了全球气候治理体系的完善和发展，还促进了不同文明间的相互理解和尊重。包括加强国际合作与交流、树立共同目标、强调责任分担、利用科技手段、开展教育与培训、建立示范项目和案例，等等。

未来，中国将继续以全球气候治理为典范榜样，推动践行全球文明倡议。一方面，中国将继续加强国内绿色低碳转型和生态文明建设，为应对气候变化作出更大贡献；另一方面，中国将积极参与国际气候治理合作与交流活动，推动构建更加公平合理、合作共赢的全球气候治理体系。

四、以共建"一带一路"为实践平台，推动构建人类命运共同体

2013年9月和10月，习近平总书记先后在哈萨克斯坦纳扎尔巴耶夫大学和印度尼西亚国会提出共建丝绸之路经济带和21世纪海上丝绸之路，即共建"一带一路"倡议，唤起沿线国家和地区的共同记忆，开启国际合作的崭新篇章。作为构建人类命运共同体的重要实践平台，共建"一带一路"倡议是中国积极参与全球治理、承担大国责任的体现。

共建"一带一路"倡议自提出以来，已成为促进全球经济增长、推动国际合作的重要平台。这一倡议不仅继承了古丝绸之路的精神，更以创新合作模式、加强互联互通为目标，为全球经济发展注入了新的动力。十年来，这一倡议已吸引世界上超过3/4的国家和三十多个国际组织参与其中，拉动近万亿美元投资规模，形成3000多个合作项目，为共建国家创造42万个工作岗位，帮助近4000万人摆脱贫困。

通过"一带一路"建设，各国可以共享资源、技术和市场，实现互利共赢，共同推动全球经济的繁荣与发展。在共建"一带一路"的过程中，各国需要坚持和平合作、开放包容、互学互鉴、互利共赢的原则。这不仅是丝路精神的体现，也是构建人类命运共同体的基础。通过加强政策沟通、设施联通、贸易畅通、资金融通和民心相通，各国可以深化彼此的合作与交流，共同应对全球性挑战，实现共同发展繁荣。

同时,"一带一路"建设也为全球治理体系的完善提供了有力支持。在全球性问题不断增多的背景下,各国需要共同努力,完善全球治理体制机制,推动建立更加公正合理的国际秩序。而"一带一路"建设正是基于这样的目标,通过国际合作与协调,共同推动全球治理体系的变革与完善。

此外,"一带一路"建设还促进了文化交流与互鉴。在共建"一带一路"的过程中,各国之间的文化交流日益频繁,不同文化之间的碰撞与融合也促进了文化的多样性与创新。这种文化交流不仅有助于增进各国人民之间的了解和友谊,更为构建人类命运共同体奠定了坚实的文化基础。比如《人民日报》发布的"一带一路"国家形象宣传片,通过设问"世界上有很多条路,你会选择哪一条路?"引出"一带一路"概念。宣传片以生动的画面和感人的故事,展现了"一带一路"倡议给沿线国家带来的繁荣和发展机遇。

总之,以共建"一带一路"为实践平台推动构建人类命运共同体是一项长期而艰巨的任务。我们需要坚持和平合作、开放包容的理念,深化国际合作与交流,共同应对全球性挑战,实现世界和平安宁和共同发展繁荣。在这个过程中,"一带一路"建设将继续发挥重要作用,为推动构建人类命运共同体作出更大的贡献。

中国共产党从对外宣传到国际传播的演进历程,是一部勇于探索、不懈创新的壮丽史诗。面向未来,党将继续引领国际传播事业迈向新的高度,为构建人类命运共同体营造更加和谐有利的国际舆论氛围。

第三章

理论创新:

促进文明交流互鉴与中国战略传播体系构建

展望未来,随着全球化进程的加速和信息技术的发展,中国战略传播体系将迎来更加广阔的发展前景。它有望成为推动世界文明交流互鉴的重要力量,为构建人类命运共同体贡献中国智慧与中国力量。

本章深入剖析中国国际传播理论的深层内涵,揭示其作为文化传播桥梁的独特价值,并以此为基石,提出构建具有中国特色的战略传播体系的宏伟蓝图。中国作为拥有悠久历史和灿烂文化的文明古国,其战略传播体系的构建不仅关乎国家形象的塑造与传播,更是对人类文明多样性的重要贡献。在这一进程中,中国致力于打破传统传播模式的束缚,以更加开放、包容、平等的姿态,促进与世界各国的文化交流与对话。为了实现这一目标,中国将传统文化智慧与现代传播技术巧妙融合,打造出既蕴含深厚文化底蕴又符合时代潮流的传播内容与形式。同时,积极吸收国际先进经验,不断优化传播策略与手段,力求让中国声音更加精准、有效地传遍全球。展望未来,随着全球化进程的加速和信息技术的发展,中国战略传播体系将迎来更加广阔的发展前景。它有望成为推动世界文明交流互鉴的重要力量,为构建人类命运共同体贡献中国智慧与中国力量。

第一节 哲学思辨:中国国际传播理论范式的深层解析

中国传统文化在国际传播中发挥了独特作用,作出了卓越贡献,构建与时俱进的中国国际传播理论体系及其范式具有重要的时代价值。在全球化的背景下,中国国际传播在推动世界文化交流、增进国际理解方面作出了重要贡献。

一、中国国际传播理论范式的哲学根基与思想精髓

自先秦时期开始,中华文明即以礼仪文明为核心,形成了独特的价值共识与族类认同标识。这种独特的中国智慧,使中华文明在与其他文明的对话中,开创了一种独具气象与格局的文明建构传统,为中国共产党人提出的全人类共同价值奠定了坚实的文明基石。中华文明的历史画卷,犹如一部多元价值交织、融贯与演进的史诗巨著。历经先秦的萌发、中古

的深化及明清以来的再创新,三次显著的文明融合浪潮,为中华文明注入了源源不断的创新活力与发展动力,极大地拓宽了其在全球范围内的影响力与辐射面。在新时代的征程中,中国共产党人尤为珍视对中华五千年文明精髓的深入发掘,他们致力于将弘扬优秀传统文化与坚守马克思主义立场、观点、方法相结合,坚定不移地沿着中国特色社会主义道路砥砺前行。这一战略举措不仅引领了人类文明的新纪元,更为凝聚全人类共同价值共识提供了深厚的思想基础。中华文明所蕴含的丰富哲学底蕴,为弘扬全人类共同价值提供了不竭的文化源泉,成为向世界传播全人类共同价值的重要文化宝库。

(一)"和平与发展"共同事业蕴含中华价值有机体

尽管"和平"是一个现代汉语词汇,但其概念在古代中国文献中早有体现,并在古代典籍中有所记载。据历史文献考证,"和平"一词首次在《国语·周语·单穆公谏景王铸大钟》中出现:"夫有和平之声,则有蕃殖之财。"这句话不仅体现了古代中国对和平状态的向往,更揭示了和平与发展之间的深刻内在联系。在中华文明中,"和"与"平"作为哲学概念,代表着中国哲学的核心价值和最高境界。中国古代社会,为了调整社会关系和人际关系,形成了一套被称为"礼"的价值体系。在先秦时期,"礼"与"乐"共同构成了华夏文明的核心价值系统,这一系统历经千年,对后世产生了深远的影响。因此,中华文明常被称为"礼乐"文明,其中"礼之用,和为贵"成为其核心价值理念的体现。和平作为中华文明价值体系中的核心追求,不仅是处理社会关系和国家关系的最高准则,更是中华文明所追求的理想状态。自古以来,中华文明就秉持着和平的文化传统,将"万邦协和"作为外交关系的基本价值观。这一价值观不仅体现了中华文明对于和谐世界的向往,也反映了中华文明在处理国际关系时的基本态度和原则。和平的外交准则对中华文明的广泛传播起到了至关重要的推动作用。这一准则深深植根于"和而不同"的文化传统之中,它有效地维系并发展了中华文化圈,同时拓展了其辐射范围,使得中华文明得以不断壮大和繁荣。

在古代的礼乐体系内,"凡音者,生人心者也"。和平之声,象征着社会多元价值观的和谐共融,它反映出社会成员之间及不同城邦间和睦共处、安宁稳定的理想状态。正如《礼记·乐记》所言,"声音之道,与政通矣",古人认为,音乐与政治紧密相连,当社会充满和平的声乐时,它不仅仅是一种艺术表达,更是政治和谐、社会稳定的象征。和平不仅意味着社会制度、道德规范和法律体系的完善,还代表着人民价值取向的积极向上和社会风尚的良善。在这样的背景下,人们能够充分发挥各自的才能,竭尽所能地投身于生产活动,从而极大地丰富社会的物质积累,提高生产力水平,推动生产关系的健康发展。

和平一直是全人类所共同追求的核心价值。无论是四大古国文明的璀璨,还是轴心时代文明的智慧,和平始终被奉为重要的价值标准。2022年2月,第24届冬奥会在北京圆满举行,正是奥林匹克精神——这一源于古希腊"休战"传统的理念,在现代社会的传承与体现,凸显了世界人民千百年来对和平的共同追求与不懈努力。和平不仅是社会生产力持续发展的前提条件,更是构建稳定、和谐的社会生产关系的基础要素。然而,当代西方资本主义价值观中,将掠夺与发展相挂钩的思维方式,显然与全人类的长远共同利益相悖。中国所倡导的全人类共同价值,正是基于中华文明深厚的文化土壤,特别是"贫富之道,莫之夺予,而巧者有余,拙者不足"的古代智慧。这一价值体系不仅承袭了中华文明的优良传统,更在全球化发展的实践中,广泛吸收各国、各地区、各民族的发展经验和教训。它代表了"仓廪实则知礼节,衣食足则知荣辱"这一中华传统和平与发展思想在全球化背景下的时代化演进与精髓提炼,展现了中华文化在全球化时代背景下的时代价值与发展活力。

(二)"公平与正义"共同理想凝聚全人类价值共识

正如《礼记·礼运》所述:"大道之行也,天下为公",这一理念彰显着公平与正义在中华文明中的重要地位。在古典汉语的语境中,公平与正义往往交织共生，指向相同的道德核心，诚如万俊人所言："在汉语语境中，正义、公平、公正和公道这些概念几乎可以通用。①"然而，在现代学术的语境下，我们有必要对这两个词汇进行更为明确的区分。"公平"被定义为正直、无偏私，侧重于在分配行为中追求公正与平等，这一概念在社会学和法学领域得到了广泛的应用。而"正义"则更偏向于伦理学范畴，它代表着一种指向"善"的价值取向，指的是公正的、有利于人民的道理。在英文语境中，公平的概念相对更为宽泛，涵盖了just、fairness、impartial、equitable、square等多种表述，而正义则较为明确地对应于justice一词。回溯《尚书·洪范》中的"无偏无陂，遵王之义"，我们不难发现，公平与正义共同构成了从行为到价值上整体的公正性。这一理念跨越了文化、历史和地域的界限，成为全人类共同追求的理想。

在中国古代的政治哲学中，"以义为利"构成了其核心理念之一，强调国家不应追求狭隘的利益，而应秉持道义作为真正的利益所在，正如《礼记·大学》所述："国不以利为利，以义为利也。"这种"义利之辩"深入到了中华文化的核心，成为了其最根本的命题之一。在孔子的思想体系中，虽然他并非完全排斥利益，但认为在道义与利益之间，应首先追求道义。他明确指出，"不义且富贵，于我如浮云"，表达了对于不义之财的轻蔑态度。而墨子则提出了"义利统一"的观点，认为正当的利益分配本身就是正义的体现，即"义者，正也"。同时，《礼记·中庸》中的"义者，宜也"进一步强调了"义"作为适宜、合理的价值判断标准。中国哲学不仅从实践层面通过"礼"来追求公平与正义，更在哲学"体"的层面，将公平与正义视为其根本的价值追求。这种追求是实现"万物与我并生，天地与我为一"这一哲学最高境界的必然要求。庄子在《庄子·秋水》中提出，"以道观之，物无贵贱"，这一思想反映了道家对于公平与正义的理解，即它们是宇宙本体、宇宙法则"道"的基本价值品性。儒家经典《春秋》作为六经之一，详细记载了春秋时期各国之间的外交、战争等事宜，被誉为世界上最早的国际法和外交纲

---

① 万俊人：《所谓政治哲学》，《中国社会科学评价》，2022年第4期。

领。它集中体现了中华文明在处理外交事务中对于"正义"的深刻理解与坚持。薛季宣更是将《春秋》定义为"反正之经"，认为其通过记录并纠正不正之事，体现了对正义的追求，从而使"五经"的教诲得以永恒传承。[①]

在谈论政治治理时，孔子曾经指出："不患寡而患不均，不患贫而患不安"，这揭示了公平与正义不仅是人们内心共同的善之追求，更是实现社会良性分配和秩序稳定不可或缺的基石。随着社会生产力的不断进步，社会成员对于公平与正义的渴求愈发强烈。进入新时代，习近平总书记在党的十九大报告中明确指出："中国特色社会主义进入新时代，我国社会主要矛盾已经转化为人民日益增长的美好生活需要和不平衡不充分的发展之间的矛盾。"当前，发展的平衡性与充分性已成为国际社会共同面临的挑战。在全球范围内，不同的国家和地区，乃至不同的发展模式之间，都不同程度地存在价值判断和经济权益分配上的不平等与偏差，这些问题为国际间的和平发展与团结协作带来了潜在的不稳定因素。国际社会对于公平与正义的渴望愈发迫切，因为良好的国际秩序能够促进不同文化背景和经济状况下的人们进行稳定而持久的合作。而实现这一目标的关键，便在于公平与正义。它们能够为全人类的发展提供平等的权利和机会，保障每个社会成员的生存与发展，确保发展成果惠及全人类，实现真正的共享与共赢。

（三）"自由与民主"共同追求塑造人类文明新格局

在现代汉语中，"民主"一词源自英文"democracy"，其根源可追溯至古希腊语的"demos"（人民）与"kratos"（统治），其直译即为"人民的统治"。从这一词源出发，"民主"被理解为一种政治统治的形式，亦即我们通常所称的"政体"。其中，"人民"体现了政治统治的合法基础与根本目标，而"统治"则揭示了基于人民共同意志的管理与组织模式。西方现代民主思

---

① 闫云：《立国本旨的追溯与纪纲法度的再造——南宋浙东学派〈春秋〉学与政治思想之间的互动》，《浙江社会科学》，2023年第12期。

想及其制度架构,深受中世纪欧洲历史与制度的影响。中世纪时期,欧洲各国君主召集不同等级和利益集团的代表共同议事,这一传统成为现代议会和立法机构的雏形。通过征询不同利益集团的意见以争取其支持,君主的行为孕育了现代民主实践的初步形态。随着启蒙运动的兴起,天赋权利与政治平等的理念推动了现代议会及立法机构的形成,民主亦被视为实现自由的核心途径。19至20世纪,通过广泛的自由普选产生的代议制议会,成为了民主政体的主要支柱。当代西方国家的民主程序,普遍涵盖了公职竞选、言论自由、出版自由及法治等要素。然而,在深入探究西方民主思想及其实践的发展脉络后,我们不难发现,尽管在理念上,西方民主思想与中国传统的"民本"思想存在许多共通之处,均强调政治权力源于人民、服务于人民,但在实际操作中,西方民主制度却与其理念相偏离。事实上,自西方民主制度诞生之初,它便更多地成为了利益集团的代言人。尽管19世纪后,普选制、舆论监督、三权分立等制度设计看似在保障民众的共同意志,但在实践中,这些制度往往沦为了形式化的工具。要探究这一现象背后的深层次原因,我们或许需要回溯至中华文明,从中寻找答案。

中华文明的传统中,民主与自由的思想源远流长,其中最为著名的即为"民本"思想。这一思想在中国古代的政治典籍《尚书》中已有明确表述:"皇祖有训,民可近不可下,民惟邦本,本固邦宁。"①战国时期,孟子进一步提出"民为贵,社稷次之,君为轻",这一思想成为了中国主流政治思想的基本观念。与西方民主思想有所不同,中华文化中的"民本"思想并非仅仅停留在理论层面,它更强调实际的应用与实践。唐太宗李世民曾言:"凡事皆须务本。国以人为本,人以衣食为本,凡营衣食以不失时为本。"由此可见,中华传统的"民本思想"并非抽象空洞的概念,而是与物质发展、生存保障紧密相连。从制度层面分析,中国古代的政教系统实现了政治制度与教育制度的融合,将教化视为政治的核心目的,并据此发展出

---

① 李科:《曹元弼〈尚书〉学民本思想论析》,《中国典籍与文化》,2022年第4期。

科举制度,这一制度后来被英国借鉴,成为现代公务员考试制度的雏形。从个体心性的角度看,中华文明通过社会政教系统培育了个体的道德人格,为个体与社会之间创造了自由互动的空间。孟子曾言:"穷则独善其身,达则兼善天下",这一思想体现了个人在追求自由的同时,也关注社会的和谐与发展。而孔颜乐处、从心所欲不逾矩的中国哲学境界,则为人的自由提供了最终的归宿。

马克思深刻阐述道:"自由实为人的本质。"人的自由全面发展,其基石在于人的生存保障。自由人格的发展与价值理念的构建,都无法脱离人的生存与生命这一根本前提。中华传统的民主、自由理念,从根源上便蕴含了深厚的可行性与实践性。中华传统文化为人的自由境界提供了从经济基础到社会结构,再到个体之间完整的逻辑链条和实践闭环。这三个层面紧密相连,互为支撑,共同构成了实现人的自由全面发展的坚实基础。鉴于此,新时代党中央在继承中华文明优秀传统的基础上,提出了全过程人民民主的理念,为世界贡献了一份民主、自由价值的中国方案。这一方案不仅彰显了中华文明在人类文明形态方面的独特性和优越性,更实现了物质基础与上层建筑、个体与共同体、价值理念与政治制度的统一。它全面超越了西方民主、自由价值观的局限性,为世界提供了全新的民主、自由价值体系,为全人类共同价值的实现提供了中国智慧和中国方案。

二、剖析中国传统文化在国际传播中的独特作用与贡献

在当代中国的新时代语境下,中国面临着来自内部自由主义和多元主义的深刻挑战,以及在国际层面遭遇的"中国威胁论"和"人权问题"等舆论的恶意诋毁,这些挑战对提升中国的国际传播能力提出了更为迫切的要求。中华文明,蕴含着丰富的传统理论资源和具有时代意义的当代功能价值转化资源。因此,推动中华文明根基在全球共同价值体系中的创造性转化和创新性发展,不仅对于增进新时代全人类共同价值的认同路径具有重要的理论价值和实践意义,更是新时代中国增强对外传播动力、构建解释与澄清并行的话语体系、提升国际传播能力的最持久、最深

厚的文化底蕴与文明力量。

（一）中华"礼乐"文明推动全人类共同价值的接受与认同

在全球化的时代背景下，全人类共同价值的接受理论及其认同增进途径，无疑是国际传播的核心议题。中华文明，以其独特的"礼乐"文明著称于世，"礼之用，和为贵"的文明理念在构建价值共识、维持人类秩序方面，积累了深厚的实践经验并形成了卓越的理论体系。儒家经典如《尚书》《礼记》《春秋》等，均深刻揭示了中华礼乐文明在常道与权变、仁义与礼法、道德与宪纲之间的复杂关系。在历史的演进中，礼乐文明面临的首要挑战在于如何平衡继承三代文明道统与适应当代政教传统的双重需求。尽管不同时代的礼乐思想在立国宗旨、治体规模、纪常法度等核心议题上展现出一定的稳定性和连续性，但它们同样需要针对特定时代和国情进行灵活的调整与适应，以适应政体大意、风俗民情、教化风尚的时代变迁。这种调整并非简单地对传统进行否定或摒弃，而是通过对礼乐文明根基和源头的守护，结合对政教风俗的时代化调适，实现礼乐文明秩序在具体时代和历史语境中的传承与创新。

在人类发展的历史长河中，中华文明曾长期占据主导地位，构建了一套全面且精细的礼法系统和国家治理体系，该体系涵盖了治理制度、土地制度、税赋制度、科举制度、监察制度以及军事制度等多个维度，为周边国家与民族提供了学习与效仿的范本。具体而言，传统礼乐文明由礼、乐及教化系统三大核心要素组成，它们在塑造社会秩序、维系文化传承方面发挥了至关重要的作用。在制礼方面，礼乐文明体现了"通百代之变"的宪制意识，即认识到礼仪制度需随着时代变迁而不断调整和完善，以适应社会的发展需求。孔子，作为"祖述尧舜、宪章文武"的伟大立法者，其思想体系深刻体现了中华文明对国际道义、普遍法制和宪制理念的坚守与追求。他倡导的礼乐制度，不仅规范了人与人之间的社会关系，也彰显了中华文明对和谐社会的追求与向往。礼乐文明作为中华文明的重要标志，其独特性在于它超越了血缘、民族、种族、语言和地理等客观界限，这一文明成果不仅丰富了人类文化的多样性,也为当代弘扬全人类共同价值提供了重要的思想启示。

古希腊哲学家亚里士多德认为,政治性导向共同善的价值追求,即全人类共同价值,其本质是人类普遍的价值追求在当代世界的集中体现,它代表了人类文明在持续性、普遍性、统一性和正当性方面的价值追求。全人类共同价值源于当代世界文明的深厚土壤,既承载了丰富的历史底蕴,又具备广泛的现实基础,是中华礼乐文明与全球优秀文明成果在碰撞、交流、互鉴中价值融通的最新成果。"情深而文明,气盛而化神,和顺积中而英华发外",这一描述贴切地体现了全人类共同价值的变化与发展。全人类共同价值根植于国家、社会和个人三个层面,既涉及政治制度的设计与实施,也涵盖文化价值的认同与归属。它将当代最先进的文明成果融入人类文明的历史长河,凝聚了人类社会的最大价值共识。在人类认识的科学规律与历史规范的统一指导下,全人类共同价值引领着人类形成全新的价值认知体系,这将为人类社会的进步与发展带来深远影响。同时,随着全人类共同价值的推广与普及,也将引发传播技术手段与传播文化形式的革命,推动全球文化交流与融合,共同构建人类命运共同体。

(二)中华"天下观"滋养下的中国特色大国外交策略

中国特色大国外交,根植于深厚的中华"天下观"之中,体现了中国作为国际主体在国际舞台上积极承担大国责任,发挥引领作用的坚定立场。这一外交策略旨在构建人类命运共同体,弘扬全人类共同价值,并通过塑造中国国家形象,展示中国在全球治理中的独特贡献。党的十九大明确提出,中国特色大国外交需致力于推动新型国际关系的构建,进而促进人类命运共同体的形成。全人类共同价值,作为这一战略的文化内核,强调了合作共赢、共同发展的原则,为迈向命运共同体提供了坚实的文化支撑。通过国际间的深度合作与交流,中国特色大国外交致力于增进不同国家、民族和文化之间的交流与互鉴,从而夯实全人类共同价值作为人类命运共同体的人文基石。文明的多样性促进了交流,交流又推动了互鉴,而互鉴则进一步推动了发展。党的十九届六中全会公报明确指出,中国特色大国外交已全面推进,构建人类命运共同体已成为引领时代潮流和人类前进方向的鲜明旗帜。在全球大变局中,中国外交展现出卓越的应变能力和开创性,成功将危机转化为机遇,显著提升了我国的国际影响力、感召力和塑造力。党的二十大报告进一步强调,我们要全面推进中国特色大国外交,继续推动构建人类命运共同体和新型国际关系,展现作为负责任大国的担当,并积极参与全球治理体系的改革与建设。这一战略旨在进一步提升我国的国际影响力、感召力和塑造力,为全球和平与发展贡献中国智慧和中国力量。

新时代中国特色大国外交在顶层设计的指导下,为全人类共同价值的传播提供了高效的外交渠道与坚实的主体支撑。中国共产党深入挖掘并创新了中华文明传统"天下观"中的修齐治平、怀德柔远等核心理念,积极展现新时代的历史主动性,对传统文明中的"大一统"等思想进行了创造性转化与创新性发展。通过深入探索中华文化中国际交往与国际治理的智慧,与当代国际社会的实际需求相结合,向世界展示了新时代中国愿与各国携手共进的文明底蕴与前进方向。夏商周三代的文献考证揭示,"中国"这一概念在"中心"与"四方"的政治关系框架中逐步确立。其中,"中"虽指政权中心,但在区分"四方"诸国时,更蕴含了文明的含义,象征着高级文明对四海的统摄力。自诞生之日起,"中国"一词即蕴含着天下外交的意蕴与国际交流的特质。随后,"中国"一词逐渐成为中央政权的专有称谓,政治与文明的统一塑造了中华文明"天下观"向中心聚拢的政治文明发展模式。这一模式不仅构成了历史"中华文化圈"的文化塑造模型,也为新时代中国特色大国外交的外交形态与文明传播提供了深厚的文化滋养。

西方政治理论通常将国际政治的本质归结为利益间合作与冲突的动态平衡。然而,中华文明所秉持的"天下观"则主张世界是一个不可分割的整体,人类共享同一命运,强调人与人、国与国、不同文化圈之间彼此紧密相连、休戚与共。在这种文明涵养的背景下,中国在新时代、多元与自由主义交织的时代浪潮中，提出了凝聚最大公约数人类价值共识的愿景，这不仅是新时代大国外交的价值基石，更引领着新型国际治理理念的构建。中国致力于推动建设基于相互尊重、公平正义、合作共赢原则的新型国际关系，促进国际治理体系向更加公正合理的方向演进。这一举措将中华民族伟大复兴的宏伟目标与促进世界繁荣发展的共同愿景相结合，既顺应了全球化深入发展的时代潮流，也符合中国发展与世界各国命运紧密相连的客观现实。这体现了中国共产党对中华文明"兼善天下"观念的创新性发展与创造性转化，彰显了中国作为负责任大国在国际舞台上主动承担国际责任、履行国际义务的天下大道与国际担当。

（三）中华价值助力"讲好中国故事"

在新时代，全人类共同价值的国际传播策略聚焦于向世界传递中国声音、精准讲述中国故事。讲好中国故事作为这一传播策略的关键环节，其横向层面涵盖了人类文明的历史根源与现代文化表现、中华文明传统与世界文明交流的传统模式与当代实践，以及中国与世界两大主体间的深度对话与交流。在纵向层面，这一策略跨越了价值、政治和叙事等多个维度，形成了一个多维度、立体化的文化传播系统。在现代传媒领域中，故事讲述占据着核心地位，而讲好故事的关键则在于通过叙事方式精准地展现其内在价值。因此，在构建中国话语和中国叙事体系的过程中，关键在于明确并准确地表达中国故事中所蕴含的中华价值。这一过程旨在推动中华文化的国际传播，通过文化载体传递道德理念，以文化之声传播中国声音，以文化教育影响世界人民，进而向世界弘扬具有鲜明中国特色、体现中国精神及蕴藏中国智慧的优秀文化。

全人类共同价值作为文化领域的核心议题，体现了不同文明传统在各自源头的相通之处，进而构成了一个珍贵且丰富的文明宝库，汇聚了全球范围内的价值共识。2019年11月10日访问希腊时，习近平主席发表了署名文章《让古老文明照鉴未来》，深刻指出："伟大的古老文明间具有显著的相似性、深刻的相知性以及紧密的相亲性。"这一观点凸显了文明间的内在联系和共同追求。德国学者雅斯贝斯亦提出,在公元前500年左右,不同地域几乎同时出现了一批文明的奠基者,他们广泛宣扬具有相通性的普世价值与文明形态,为全球文化的交流与发展奠定了重要基础。中国故事的叙事表达,正是借助中国独特的理论体系和话语体系,深入介绍和阐释中国的历史文化与当代实践,并通过实践的不断探索,进一步升华中国的理论体系与价值观念。在中外文化融合的过程中,中国故事凝练出全人类共同价值的文化底蕴与文化元素,以更加全面、鲜明的姿态展现了中国故事背后所蕴含的中华文明底蕴,彰显了独特的中国精神、中国价值与中国力量。中华价值作为一种独特的文化资源,其在政治、经济、文化、社会、生态文明等多个维度,为中国故事的叙事结构与话语体系提供了丰富的资源转化与文化供给。此外,这一价值体系也为中国故事的国际传播提供了坚实的学理支撑,增强了其在全球文化交流中的影响力和说服力。

马克思认为:"人的本质在于其作为真正的社会共同体的存在。"在当前全球复杂多变的动荡变革期,尽管世界面临着诸多不确定性与安全挑战,但各国人民对和平、发展、公平、正义、民主、自由等价值的追求依然坚定不移。习近平总书记明确指出:"务必加强国际传播能力建设,精心构建对外话语体系,有效运用新兴媒体,提升对外话语的创造性、吸引力与权威性,讲好中国故事,传递中国声音,阐释中国特色。"[①]全人类共同价值的叙事传播,需遵循科学、严谨的原则,构建基于可感性直观、可验证事实、可逻辑推理的严格且完整的叙事框架。同时,这种叙事又需深深扎根于文化的土壤之中,以纪实、文学、公文材料等多样化的故事载体为媒介,这些文本与影视材料蕴含着丰富的隐喻、道德教育和价值指向,这些叙事方式关乎中国故事最终呈现的效果与传播的效能,更深刻影响着全人类共同价值所追求的人文关怀,维护着人类文明的统一性与延续性。

---

① 习近平:《习近平致信祝贺中国人民对外广播事业创建80周年 强调加强国际传播能力建设 打造具有强大引领力传播力影响力的国际一流新型主流媒体贺信》,《中国广播电视学刊》,2022年第4期。

党的二十大报告明确指出,构建人类命运共同体不仅是全球各国人民共同向往的未来方向,更是实现全球和谐与繁荣的必由之路。在中华文明的深厚底蕴中,厚德载物、亲仁善邻的价值观作为其中的瑰宝,体现了中国文化的卓越传统和独特魅力。进入新时代,中国积极承担起引领者的角色,团结带领全国各族人民,通过中国式现代化的全面推进,全面实现中华民族伟大复兴。在这一进程中,我们致力于铸牢中华民族共同体意识,积极弘扬全人类共同价值,倡导世界各国遵循天下为公的原则,秉持讲信修睦、合作共赢的精神,共同构建凝聚最大公约数的人类命运共同体,以应对各种全球性挑战,推动人类文明迈向更加和谐、繁荣的新形态。

三、构建与时俱进的中国国际传播理论体系及其范式

要坚持以全球传播生态为基础。在全球传播生态的语境下,传播活动被视为一个复杂而多维的系统,该系统由多个相互依存、相互影响的要素构成。这些要素既包括媒介渠道、传播对象等传播生态内部的关键组成部分,也涵盖了与外部环境如政治、经济、文化等之间的动态关联。鉴于当前全球传播领域内媒介技术、传播渠道、传播者、传播用户和传播产品的迅猛变革,以及世界格局的变动,构建新时代中国国际传播体系时,我们必须全面考虑并纳入全球传播生态中的各个相关方,确保每一方都发挥其不可或缺的作用,共同推动中国国际传播体系的健康发展。

在构建国际传播体系的过程中,我们不仅要立足全球传播生态系统的多元参与者视角,更应坚定运用系统性思维进行全局谋划。系统性思维在此处的应用具备双重维度:首先,国际传播作为社会运作的关键组成部分,其体系的建构需紧密嵌入国家系统之中。这意味着国际传播体系的建设必须高度关联于国家的战略价值、战略位置、战略目标、战略资源、战略安排及战略现实等核心要素,确保与国际战略系统形成紧密的匹配关系,从而确保资源调配与行为执行上的高度协同性。其次,国际传播本身即为一项系统工程,涵盖了理念创新、主体多元、客体广泛、内容丰富、

运行方式多样、渠道畅通及人才队伍建设等多个方面。在这一系统工程中,系统性思维的应用要求我们从整体出发,全面考虑并协调各个组成部分,以实现系统性创新。唯有如此,方能在新时代背景下,全面推动中国国际传播体系的整体构建与发展。

要秉持全球视野以探寻传播共通意义。在新时代的背景下,中国正逐渐走向世界舞台的中心,并提出了"人类命运共同体"的理念。这一理念反映出我们已深刻认识到中国不再仅局限于自身,而是成为了"世界的中国",其历史文化、价值观等均为世界文明与价值观体系不可或缺的一部分。在国际传播的实践中,中国应当展现出更加开阔的胸襟,秉持全球视野,深入挖掘并提炼传播内容所蕴含的共通当代价值和普遍世界意义。这种转变要求我们摒弃过去单纯讲述"我的故事"的局限,而是转向共同讲述"我们的故事"。以2022年北京冬奥会开幕式为例,这一文化盛事以独特而简洁的方式呈现了中华优秀传统文化的精髓。特别是以"二十四节气"为主题的倒计时短片,不仅彰显了中国对自然环境、气候变化及文明遗产的重视,也传达了人类共同关注的话题与愿景,取得了显著的传播成效。①若我们能以这种传播理念为指导,构建新时代的中国国际传播体系,将有助于在全球范围内获得更广泛的理解与认同,进一步推动中国与世界各国的文化交流与互鉴,共同促进人类文明的进步与发展。

同时,应实施精准传播策略提升国际传播效能。在国际传播领域,用户认知与行为改变是最终追求的目标,也是衡量传播效果的关键指标。因此,在构建国际传播体系时,传播策略的制定必须紧密围绕用户需求,以实现精准传播为核心。首先,应实施分层传播策略。鉴于不同国家和社会的复杂分层结构,需运用差异化的传播手法,针对不同社会层级采取适宜的话语表达方式。这种层级化的传播策略旨在确保信息能够精准地触及目标受众,满足其特定需求,进而提升传播效果。其次,需注重分类

---

① 徐金龙、李威威:《北京冬奥会开幕式对中国文化的展演传播》,《长江大学学报》(社会科学版),2022年第45卷第5期。

传播。通过对国际传播主体及其叙事内容的分类化和多样化处理，可以呈现出一个立体、多维度的中国形象。同时，利用多元化的传播手段与平台，实现传播渠道的畅通、手段的有效和平台的适配，从而确保信息能够高效、准确地传递给目标受众。最后，分群传播策略至关重要。在当前国际传播格局下，"一篇通稿打天下"的做法已无法满足需求，必须采取更为精准的传播策略，如"一洲一策""一国一策"乃至"一群一策"。这种精准化的内容生产与投放方式，能够确保信息在特定受众群体中产生最大化的传播效果，进而提升国际传播的整体效能。

四、中国国际传播的全球视角与重要贡献

在2023年6月，史汀生研究中心发布了一份题为"2023全球治理调查：在分裂的世界中寻求共识"的权威报告。该报告基于详尽的数据分析和广泛的民意调查，揭示了全球范围内，特别是七国集团和金砖国家的民众普遍持有的观点：各国应当在气候安全、全球健康等关键性议题上深化合作，以共同应对全球性的挑战。特别值得注意的是，中国民众在报告中表达了对全球治理模式的深刻见解和期望。他们强烈呼吁全球治理体系践行真正的多边主义原则，即所有国家无论大小、强弱都应平等参与国际事务的决策过程。同时，中国民众也表达了对联合国在全球治理体系中发挥更加积极作用的坚定支持，并寄望于通过国际社会的共同努力，实现世界的和平稳定与繁荣发展。在全球治理这一新的语境下，中国国际传播面临着前所未有的挑战与机遇。如何有效回应国际社会的期待，同时保持并发展中国的核心价值观和利益，成为了一个亟待回答的问题。

（一）回应世界：全球治理框架下的中国视角与战略

曼纽尔·卡斯特在《全球治理与全球政治》中，前瞻性地指出了全球治理在当代世界所面临的根本挑战：在日益分裂的全球格局中，如何在"共享主权"的框架下进行有效的治理。这涉及各国在政治、组织程序、技术等多个维度上的协商、控制及实时的信息交流与反馈。基于卡斯特的洞

见,全球治理实践或许可从以下几个关键层面深入展开:建立伙伴关系;强化国际组织的核心地位(特别是联合国);设立专项国际机构,如国际刑事法院、气候变化监管机构等,提供专业化的治理方案;随着全球公民社会的不断发展和壮大,也应逐渐加强对非政府行为体的重视;构建全球社会契约;发挥媒体的信息传播作用;强化互联网作为全球公共空间的功能。

近年来,随着中国综合国力的显著增强和国际地位的稳步提升,中国在全球治理体系中已崛起为一股不容忽视的关键力量。2023年9月13日,中国外交部正式发布了《关于全球治理变革和建设的中国方案》,以应对当前世界正面临的百年未有之大变局。在此方案中,中国郑重呼吁国际社会加强全球安全治理,共同捍卫世界和平与稳定;完善全球发展治理机制,携手推进全球可持续发展;积极推动全球人权和社会治理,促进文明间的交流与进步;同时,还应开拓全球治理的新疆域,为未来的治理格局奠定坚实基础;此外,中国还强调需加强联合国的核心作用,以推动全球治理体系的深刻改革与发展。

2023年9月26日,国务院新闻办公室正式公布了《携手共建人类命运共同体:中国倡议与行动》白皮书。白皮书深刻阐释了人类命运共同体的理念,体现了开放包容、公平正义、和谐共处、多元互鉴,以及团结协作等全新维度的全球治理特征。中国在此理念下,不仅是全球治理的积极倡导者,更是坚定的行动者。中国力量的具体体现包括:积极推动"一带一路"倡议的高质量发展,通过深化经济合作与人文交流,促进沿线国家的共同发展;全面落实全球发展倡议、全球安全倡议及全球文明倡议这"三大全球倡议",致力于构建更加公平、稳定、繁荣的国际环境;与越来越多的国家和地区展开广泛合作,共同应对全球性挑战,为各领域国际合作注入强大的动力与活力。

(二)自我重塑:中国式现代化元话语与阐释共同体的构建

在国际传播的学术视野中,其本质在于不同传播主体间话语体系的建构与竞争。在这种背景下，"元话语"作为国际传播话语体系的核心构成部分，发挥着至关重要的角色，构成了国际传播话语体系的核心骨架。作为讲述特定国家故事的"开篇引言"，元话语在塑造受众的认知框架上起着关键作用，引导受众依据特定的叙事逻辑去理解和分析与国际议题相关的信息、观点、情感及行为。"中国式现代化"这一概念如今已逐渐发展为一套蕴含时代内涵和世界价值的系统性中国新话语，它不仅体现了中国现代化进程中的独特路径与经验，也强调了在对外传播中构建"以交往为本位"的中国式现代话语体系的重要性。这一话语体系旨在通过深化国际交流、促进文化互鉴，进一步推动中国在国际舞台上的声音和影响力。

中国式现代化话语体系以和平、发展、公平、正义、民主、自由等核心元话语为驱动力，深刻弘扬了中华文明所蕴含的普遍价值和全人类共同价值，超越了所谓"普世价值"所带有的狭隘历史视角和局限性。在这一话语体系中，"走和平发展道路的现代化"尤为显著，它不仅作为中国式现代化的核心要素，更是国际传播的关键叙事，旨在强调共同现代化、合作共赢的理念。①进一步而言，"共同利益优先"与"合作共生"的现代化理念，以其高度的国际道义性和共情性，为世界提供了一种全新的全球治理视角和思路，旨在促进全球范围内的和谐共生与共同发展。

第二节　战略构想：铸就具有中国特色的
传播新体系

构筑具有中国特色的战略传播体系的核心要素包括理念创新、技术支撑、内容构建与渠道拓展等方面，以及中国战略传播体系信息传播、国

---

① 钟新、金圣钧：《走和平发展道路的共同现代化：中国式现代化国际传播的核心叙事》，《对外传播》，2023年第3期。

际交流、文化输出等多个领域强大功能与独特优势。中国战略传播在理论创新与实践探索方面进行了不懈努力,取得了显著成就,构建更加完善的中国特色战略传播体系,要在这一方面上继续前进。

一、追溯中国战略传播体系的发展历程与历史背景

战略传播这一概念最初源自美国在国际政治领域的实践。战略传播,作为一种政府或组织为实现其特定战略利益而采用的策略,涉及动员和协调各种资源,旨在向特定的目标受众传递信息并施加影响。其核心目标广泛而多元,包括提升认知、塑造形象、建构身份、转变态度、促进价值认同及实现行为转化。长久以来,美国一直将对外信息传播视为维护其国家利益的关键工具,并在这一过程中逐步发展并形成了"战略传播"这一理念。战略传播作为一种"效果导向型"的精准操作,核心特征主要体现在两大方面:首先,它强调"目标导向",即进行有针对性的传播活动,其目标受众往往是具有影响力的"关键受众",如特定领域的专家、政府官员等"关键性意见领袖"。其次,战略传播具有"整合导向",这指的是对多元主体和资源的最大化利用与协调。战略传播是在不断发展的战略背景下对各类传播过程的综合管理,这一过程不仅涵盖呈现、推广和实现,还涉及战略的构建或重建。因此,战略传播的空间本质上体现了语言主体之间的特定关系,这些主体即为人们所认知的语言符号和信息传递的媒介。

自"构建具有鲜明中国特色的战略传播体系"等理论框架的提出,学界对于如何深化国际传播能力建设的探讨呈现出热烈态势,形成了诸多具有深远实践意义的学术见解。毕研韬在其研究中,详细阐述了战略传播体系进阶至2.0版本的五个关键维度:首先,通过重构语境来精准调控符号所承载的意义;其次,从多维视角重新界定传播介质,涵盖个人、群体、组织、国家制度,以及社会现实等多个层面;再者,强化对所有关键传播者的整合,以实现信息的有效传递;同时,深入解析战略传播与战略目标之间的内在关联;最后,构建并完善一个全民参与的、多元化的传播体

系。①李宇进一步指出，构建国家战略传播体系是一项复杂的系统工程，需紧密围绕国家整体目标、外部国际环境、资源禀赋等核心要素进行精细规划与构建。②史安斌与童桐则从资源调动的角度，强调战略传播体系在国际传播领域中的系统性运用，提出了"举国之力"打造有机协同的新型国际传播体系。③然而，胡正荣与王天瑞的研究揭示了我国在系统协同实践方面的初步阶段，指出总体战略的基本诉求、框架、目标等尚未明确，实施过程中的部门协作、业务模块设置等问题亟待解决。④戴圣鹏从全球公共产品的视角，提出了构建中国战略传播体系的三个现实路径：以人类命运共同体为价值基础，追求全球信息传播的新秩序，以及通过多层次战略合作优化舆论生态。⑤曲莹璞则聚焦于信息供给布局的优化，主张通过加快内容供给侧改革，强化英语及其他外语语种产品的生产能力，以减少"语言转换赤字"。⑥

战略传播已成为我国突破美西方遏制的重要战略工具，其体系构建与功能发挥对于提升我国国际影响力、话语权具有重大意义。

二、构筑具有中国特色的战略传播体系的核心要素

自党的十八大以来，我国在国际传播领域秉持守正创新的理念，进行了深刻的体制性改革。具体而言，我们成功理顺了内宣与外宣的体制架构，构建了具有国际视野和影响力的媒体集群。这一举措不仅促进了中华文化的国际传播，而且有效推动了国际舆论的积极引导和斗争。通过这一系列的努力，我国初步构建了一个多主体参与、立体化的战略传播体

---

① 毕研韬：《构建传播学2.0，提升信息实力》，《青年记者》，2021年第11期。

② 李宇：《新形势下我国战略传播体系建设及国际传播定位初探》，《新闻战线》，2021年第18期。

③ 史安斌、童桐：《从国际传播到战略传播：新时代的语境适配与路径转型》，《新闻与写作》，2021年第10期。

④ 胡正荣、王天瑞：《系统协同：中国国际传播能力建设的基础逻辑》，《新闻大学》，2022年第5期。

⑤ 戴圣鹏：《论文明交流互鉴的载体与原则》，《学习与探索》，2023年第5期。

⑥ 曲莹璞：《新形势下构建中国战略传播体系的思考》，《对外传播》，2022年第6期。

系。这一体系的建立,显著提升了我国的国际话语权和影响力,使得一个可信、可爱、可敬的中国形象在国际社会中逐步树立并深化。

(一)建构多样化的国际传播价值导向

尊重适应国际传播的主流风格。鉴于中国作为东方文明古国与西方世界在发展历程、世界观和价值观上存在的显著差异,我们在向国际社会展示真实、立体、全面的中国时,需要转变思维方式,进行换位思考。这要求我们深入研究西方世界的发展脉络和文化底蕴,细致分析目标受众的接受心理。唯有如此,我们的国际传播内容才能符合国际受众的口味,进而形成强大的传播力、影响力和公信力。特别是在重大主题的对外报道中,我们必须审慎处理,以确保中国作为历史悠久的发展中社会主义大国的国际形象得到恰当塑造。这要求我们避免宣传"走偏",同时积极与国际话语体系对接,实现中国理论的科学化、时代化国际表达。此外,如何让全球各地的读者理解并认同中国的理念和主张,是国际传播中亟待解决的关键问题。从质量标准上看,"真"是"好"的基石。中国改革开放40多年的辉煌成就,正是"中国故事"魅力的源泉。因此,在讲述中国故事时,我们应坚持真实性、真诚性和真理性的原则。通过讲述真实存在的中国故事,呈现事实、数据、困难与成就,是增强故事吸引力和说服力的基础。在价值导向层面,我们应秉持一元多样原则。在设置中国故事议题时,应超越简单宣示"中国特色"的框架,积极回应世界关注的多元议题。这包括具有中国特色的议题、具有世界发展共性的议题、世界关注中国的议题及世界质疑中国的议题,均应纳入"中国故事"的讲述范畴。通过这种方式,我们可以更好地展示中国的多元面貌,增强国际社会对中国的理解和认同。

准确掌握国际社会的理论需求。尽管传播议题、传播能力及传播效力的获取,很大程度上受市场逻辑影响,但我们不可忽视政治逻辑的同等重要性,应确保两者在传播实践中得到统一。当前,中国在国家价值观的国际传播中,对于当代中国价值观念的世界意义及中国所承担的责任的阐释,仍停留于表面宣传阶段,未能深刻展现给国际社会,导致国际社会对中国当代价值观的深层内涵及其全球责任缺乏全面理解。然而,这正是国际社会及其民众所关心和疑惑的核心所在,他们渴望了解中国对世界的愿景和未来的行动规划。因此,针对国际社会进行传播的迫切任务,是精准把握国际社会理论需求,并寻找中国理论与国外民众进行有效对话的交汇点、沟通渠道和逻辑框架。在深入理解"国际表达"的基础上,我们应探寻讲述中国故事的最佳话语时机,以及最具吸引力的表达方式。例如,我们应深入探讨中国追求的"现代化"及其内涵中的"民主""自由""平等""公正""和谐""富裕"等价值,并与西方话语体系进行比较分析,以揭示其异同。同时,我们还需阐明当代中国理论如何为全球民众描绘出一个未来的世界蓝图,并探究其对于国际社会的吸引力。只有当我们解决了这些理论上的困惑,新时代中国理论才能在国际舞台上获得更广泛的理解,进而实现更高的传播效果。

合理利用国际社会的"战略性受众群"。为实现国际传播的精准化,首要前提是通过实证调查来全面把握国际民众对中国的认知现状。截至2021年1月,全球手机用户已达52.2亿,互联网用户规模达到46.6亿,而社交媒体用户数量更是高达42亿,这些数字凸显了数字时代国际传播的广泛性和复杂性。从用户结构分析,全球近50亿的互联网用户中,前25亿主要为2012年之前注册的用户,他们主要由各国的中产阶级和精英人士构成,主要分布在西方国家,构成了网络世界中的"有影响力的人"。[①]而后25亿则是在2012至2020年间加入的新用户,他们对全球传播秩序的构建产生了深远影响。这部分用户以年轻化、多元化、多极化为特征,主要分布在西方以外的国家和地区,主要由草根和青年网民组成,他们成为"容易被影响的人"。这些用户在社交媒体上易于形成"群聚效应",是舆论场上的"战略性受众群",其观点和行为模式对于国际传播具有显著

---

① 史安斌、刘滢:《提升"讲""传"能力,超越二元困局——兼论中国互联网企业国际传播的现状与挑战》,《对外传播》,2016年第9期。

的影响。特别值得注意的是,中国青年网民作为"后25亿"中的中坚力量,其在社交媒体上的活跃度和影响力不容忽视。从2016年的"帝吧出征"活动到2017年的"中国有嘻哈"文化事件,尤其是"红色嘻哈"如This is China的崛起,都充分体现了"千禧一代"文化的自信和团结力量。这些现象凸显了青年网民作为"战略性受众群"的重要性,他们的观点和态度对于塑造国际舆论场具有关键作用。因此,为实现国际传播的精准化,相关政府部门需要强化"顶层设计",以有效地指导年轻网民在舆论方面的方向,扩大"复调传播"的优点,并将社交媒体和年轻网民这两个最大的"变量"转变为推动国际传播的最大"正能量"。利用精确的传播手段,对"容易受到影响的群体"施加影响,并合理地发挥"战略性受众群"在公众舆论中的集聚作用,从而增强中国在国际舞台上的公众形象和影响。

(二)构建多元化的国际传播内容结构

在推动和加强国际传播活动的过程中,我们需要实现从"物质传播"与"信息传播"向更为深层次的"价值传播"的飞跃。这一转变的核心在于精准识别与把握那些最具传播价值的"中国故事"及国际社会最为渴望聆听的"中国声音",这构成了中国国际传播策略的出发点和基石。在此基础上,我们应以积极推广中国故事为首要任务,特别是聚焦于"中国共产党治国理政的实践经验""中国人民为实现伟大复兴而奋斗不息的壮丽史诗",以及"中国坚持和平发展、合作共赢的坚定立场"等核心议题。这些故事不仅是我们国际传播的重中之重,更需作为主线贯穿整个传播过程。沿此主线,我们有责任深入地解读中国独有的文化遗产、丰富的历史沉淀和基础国情,同时也要明确解释为什么中国共产党能够获得广大民众的深厚信任和支持。需要从大量鲜活而真实的事例出发,精准传递新时代中国的理论与实践成果,进而提升国际社会对中国全面而深刻的理解,从而更有效地实现"价值传播",让世界更加全面、客观地理解中国。

将构筑全人类命运共同体作为世界发展观念的核心。人类的命运共同体观点构成了习近平外交思想的核心。全球社会已经对人类命运共同体的观念给予了广大的肯定和响应。随着全球对于中国的发展越来越重视，我们应该全力投身于增强人类命运共同体的国际宣传活动，更进一步证明它在全球的特殊地位和广泛影响力。对此，我们要以建构人类命运共同体为新起点，摒弃以往借鉴西方的叙事框架而不囿于叙述当代中国是如何从二战之后所建立的国际体系里逐步脱颖而出的。我们需要超越这种传统叙事，避免被西方媒体建构的"二元对立"抗争叙事及其渲染出的"中国威胁论"所误导。在传播过程中，我们应当深入挖掘并运用"和合""仁""大同"这些中国特色文化理论框架，着重讲中国是怎样和世界各国一起成长起来的，促进东西方文明交流互鉴以达到共生共荣共享共治之美好理想。尤其在西方世界目前普遍陷入困境、全球发展进入新的"十字路口"的关键时刻，国际社会对于中国的期待愈发强烈，期待我们贡献出具有前瞻性和创新性的"中国方案"和"中国智慧"。面对这一具有历史意义的机会，我们应当抓住这一有利时机，勇敢地承担责任，并提出一套具有中国特色的方案，即构建一个怎样的世界，以及如何去构建这个世界。通过构建人类命运共同体来促进各国之间的相互理解和包容合作，使之成为一种新型全球化关系，从而最终形成以和平与繁荣为核心价值取向的和谐世界。这不只是帮助我们突破长久以来限制对外传播的意识形态障碍，更能为全球发展贡献中国力量，展现中国智慧，推动构建人类命运共同体的伟大事业不断向前发展。

　　共同发展的理念是基于共商、共建、共享的基本原则。中国的进步，从根本上看，是一种互利共赢的发展策略。它在追求国家的繁荣的同时，也努力与全球其他国家共同发展，这为国际社会接受中国的理念和实践提供了核心支撑。作为一个具有深厚文明底蕴、东方智慧、高度责任感和坚定社会主义信仰的国家，中国并未采取某些国家的"自我优先"的策略，并有意识地将现代中国的价值观与全人类的共同价值观相结合。这一战略是基于全球化背景下中国对外交往中不断取得新成就而提出的。在致力于自身进步的过程中，中国始终坚守着为全人类社会的发展献上中国的力量的承诺。这是新时期国际关系发展的基本趋势之一。从国际社会对中国的初步认识到更深层次的理解,从接纳中国的理念到加强各个领域的合作,国际传播工作应该准确地解释并广泛传播习近平总书记的外交和发展的理念,以加深各国对中国的理解,消除误解,从而推动国际合作的进一步发展。中国传统文化中的"和"与"合"的理念深深地植根于中国理论的核心思想之中。中国传统哲学认为,事物都具有对立统一性,矛盾双方是相互对立又相互依赖、相互依存、相互促进的关系。"和"代表着"和而不同"的理念,它突出了和平发展的重要性;"合"则指"取长补短",寻求互利共赢。"合"象征着"天人合一"的理念,致力于实现合作共赢的目标。"和合学"作为一个全新的理论体系,以其独特的视角审视人类社会的发展历程,并将之置于历史演进过程之中进行考察。这一观念与西方传统观念中的"零和博弈"和"冷战思维"有着显著的不同,它主张通过有效的交流和合作来共同提升双方的利益,并展示了一种"正和思维"的智慧。

习近平总书记在不同场合提出了"全球互联网治理体系""金砖精神""丝绸之路精神"等创新理念和表述,进一步阐释了全球化时代下各国相互依存、休戚与共的关系。他着重指出,仅当遵循互利合作的准则时,各国才有可能实现共同的发展目标。在全球化时代,随着经济全球化进程不断深化,世界范围内各类思想文化相互激荡。因此,在国际传播领域,我们需要采用多种策略来精确地传达这些创新的观念和描述,并深度解读"共商、共建、共享"的治理理念,这有助于推进全球治理结构的改革,鼓励各国共同建立新型的国际关系,并共同构建一个人类命运共同体。

一个对发展中国家具有示范和引导作用的国家治理结构。在经济全球化背景下,一国政府是否能够有效地管理本国的社会和政治事务,是其能否成功实现现代化的关键。条件间的相似性在很大程度上决定了理论的适用范围。多年来,中国所采取的发展策略、所获得的显著成果及形成的独有发展策略,引起了众多西方国家的广泛关注与深刻思考。众多西方的智库和学者纷纷投身于这一领域的研究,努力解读和总结中国奇迹背后的深层次逻辑。这种情况不仅突出了中国发展路径的特殊价值和深远影响,也展示了其在帮助其他国家,特别是发展中国家解决实际问题方面,具有广泛的参考意义。中国的崛起已经引起世界广泛关注,而这些研究成果也被越来越多的国际组织及学者用来分析和解释中国的实践和未来。许多外国的高层官员对《习近平谈治国理政》这一系列的著作表现出浓厚的兴趣,并将其作为解决腐败、推动经济发展和国家治理的参考资料。中国的发展并非简单地复制或模仿西方模式,而是基于自身独特的国情和文化传统,走出了一条具有中国特色的成功道路。因此,西方媒体再也不能如以往那般简化和公式化地报道中国。相反,随着全球化进程的深入和国际交流的加强,越来越多的人渴望深入了解中国,探寻其背后的原因和动力。这种兴趣既源于对未知的好奇,也是基于职业发展的需要,甚至是对个人成长的深入思考。在全球化进程中,中国面临着如何实现“两个一百年”奋斗目标的重大问题。为了满足这样的需求,我们有必要深入探讨中国发展和进步的途径、路径及其背后的核心原因。这需要我们以事实为依据,客观、全面地展示中国政治制度、经济政策及民生安排的正当性和合理性。通过深入剖析中国的发展经验,我们可以为其他国家提供有益的参考和借鉴,同时也有助于消除误解和偏见,增进国际社会对中国的理解和认同。

　　作为大国,我们有责任和使命来应对全球性的共同挑战。中国作为一个负责任的发展中国家,在国际体系中扮演着重要角色。随着中国逐步成为全球关注的焦点,国际社会对中国的看法开始展现出一种复杂且多方面的变化。在此背景下,中国政府的对外战略也出现了新的变化。第一,大多数人都认为中国的崛起是不可避免的趋势,并对中国所带来的各种发展机会表示关注。第二,西方发达国家则在质疑中不断加深对华负面评价。对许多发展中的国家来说,中国所给予的援助和支持已经变成了他们解决发展问题的关键助力。第三,由于中国在政治领域的影响力日益增强,其对外政策也引起了越来越多的国际社会的广泛关注。中国所倡导的全球治理观念和所提供的公共资源,为全球社会注入了东方的新活力,并为国际秩序向更为公正和合理的方向发展带来了新的期望。第四,中国也面临着诸多挑战和风险。目前,诸如气候变化、金融安全、全球治理和网络安全等议题已经成为全球各国普遍关心的中心,要解决这些问题,需要国际社会的集体努力和合作。作为一个有责任感的大国,中国应该在这些议题上积极发表意见,明确自己的立场,并与国际社会广泛进行对话和合作,以便为解决这些问题贡献更大的力量。同时,中国也应通过自身的努力来建构自己的话语体系。话语体系是国家软实力的一个重要组成部分,它包括了政治主张、经济诉求、社会发展目标、哲学思想、共同价值观、文明智慧和文化底蕴等多个方面。因此,建立和优化中国的话语和叙事结构,对于增强中国在国际上的影响是至关重要的。目前中国已成为全球最大的发展中国家,但其话语权还比较弱。为了让全球更好地认识到中国在历史长河中为人类文明进步所作的巨大贡献,以及其在当前和未来所做的持续努力,我们必须加速创新我们的对外宣传策略,并努力将中国的声音传播到世界各地,确保正确的观点能够深入人们的心中。

(三)从多角度构建国际传播的故事视角

结合体系传播和随机传播的方式。只有这样,才能使国际舆论真正成为我国对外工作的重要组成部分。在有效地向全球社群传播信息的过程中,我们有责任平衡传播的系统性和随机性。这既包括历史经验的总结和概括,也包含未来展望,即中国模式。为了精彩地讲述中国的历史故事,我们需要建立一个精心策划的四个环节体系。首先,我们需要以实事求是的心态,全方位地回顾新中国成立以来,特别是在改革开放的40多年间,在经济、政治、社会和文化等多个领域所取得的发展和成就,这就是我们所说的中国道路。这是中国特色社会主义事业不断走向胜利的重要标志。这个环节的目的是展示中国发展的全方位和深度。其次,我们采用了科学的研究手段,深度探索了在中国的发展历程中那些具有广泛传播和参考价值的故事。这些故事应当具有普遍性和独特性,能够引起国际社会的共鸣和关注。再次,我们构建一个开放的话语体系,以国际化的视角和语言,呈现中国故事。这一环节的关键在于确保故事的传播具有广泛的接受度和影响力。最后,我们将用开放话语体系建构的中国故事传播出去,通过多元化的传播渠道和方式,让国际社会更加全面、深入地了解中国。这四个环节紧密相连,共同构成了讲好中国故事的系统架构。在传播过程中,我们应兼顾宏大与微观,既要展现中国的伟大成就和宏伟蓝图,也要关注普通人的生活故事和情感体验。这些故事往往更加鲜活、真实、感人,与国际传播对象更为接近。同时,我们要避免过度强调主题而忽视主角,过度体现而缺乏展现,过度论述而缺乏叙述的片面做法。反之,我们应当从细微之处洞察大局,透过小事件、小人物和小故事来展现大时代的变迁和大趋势。这样,我们不仅能够展示中国的辉煌成就,还能够展现中国人民的奋斗精神和生活状态,使传播更加生动、立体和全面。在传播过程中,我们都应当把人放在首位,追求成果的共享,并以经济和贸易的合作作为连接,携手绘制一个反映人类命运共同体思想的发展蓝图。这将助力我们向全球展示中国的生动实例和成功模式,从而增强中国在国际舞台上的影响力和话语权。

将价值观的呈现与故事的叙述融为一体。因此,要从宏观层面把握国家利益及意识形态安全,并将其融入到具体实践当中去。在向全球展示中国的过程中,无论是通过理论宣传、新闻报道,还是利用影视作品作为传播渠道,都必须以坚实的理论表达作为基础。因此,在对外传播中必须将这两者结合起来,才能使话语更具吸引力、感染力,从而达到有效沟通与理解的目的。这样的理论阐述不仅要求我们拥有严谨的逻辑思维和生动的形象思维,还要求我们对现实生活进行独立、深入、准确的分析和反思。在现代化和全球化的大背景下,中国的发展路径和价值观共同构建了中国故事的理论基础;涉及经济增长模式、文化观念、社会构造、社会管理结构及生活和行为习惯等多个方面的转型,这些都构成了中国故事的核心实践内容。中国精神、中国价值、中国力量,这些抽象而深邃的概念,实则深深植根于中国经济、政治、文化、社会、生态等多元领域的发展历程之中。讲述中国故事时,内容的筛选、讲述的方式及表达的立场,都与价值评估和方法论的预设息息相关。随着全球化进程不断加快,国际社会日益开放与包容。随着国际舆论话语的多样化,经济、文化、娱乐等所谓的"软话题"逐渐成为主流,同时也展现出了明显的"夹带式"政治传播特点。所以,我们需巧妙地运用与民众生活紧密相关的经济、文化、科学等话题,以真挚的情感和独特的视角,将中国共产党在治理国家和政策方面的智慧与经验传达给全球。在此过程当中,哪些议题可以有效地代表中国,并在全球范围内得到广泛传播,需要我们进行审慎的考量与选择。为了真正讲好中国故事,我们不应仅满足于故事的叙述层面,而应进一步挖掘其背后的中国理念。对于受众而言,他们不仅会好奇故事本身,更渴望探寻故事背后的逻辑与规律,甚至期望从这些案例中提炼可资借鉴之处,形成一种模式。更重要的是各国观众都将注意到中国发展和变化给全球,给自己所带来的深刻影响。所以,要讲好中国故事,关键是要对故事背后所蕴含的中国理念有一个明确的阐述,要有一个更深意义上的思想交流和传播。

将国际传播与各民族的独特风格相融合。在全球的传播领域中,不论是在理论探讨、新闻报道或是文艺创作和传播的过程中,都难以避免地会受到某些特定观点和视角的深远影响。为了有效讲好中国故事,传播中国声音,我们必须坚守中国特色、中国风格和中国气派,同时积极寻求与各国话语体系的共通点和兼容性。在全球化的时代背景下,我们必须站在人类命运共同体的高度,以全球视角来构思和构建我们的传播内容。具体而言,我们需要以中国故事为切入点,构建一个对全人类都具有深远意义的话语结构,探索能与其他国家产生共鸣的议题,并在全球背景下学习如何恰当地叙述中国的故事,从而将具有中国特色的故事转化为具有国际影响的解决方案。在运用故事思维时,我们应该把"讲故事"作为最优先的任务,预先规划故事的"脚本",并对"如何做"和"如何说"这两个方面进行战略性的掌握、整体规划和协同推动。在全球的话语结构中,我们更应该在采取行动之前和整个过程中,深刻理解全球的形势,准确预测国际的舆论,并精心策划如何在全球舞台上讲述中国的故事。为了更好地讲述中国的故事,我们需要在当前的背景下重新构建中国故事的叙述逻辑。我们必须持续地审视和反思"应该说什么"和"如何表达",根据国际局势的变化,灵活应变、顺应形势、顺应趋势,积极回应国际主流的舆论和民意。与此同时,我们应当调整我们的传播策略,采用对话和沟通的形式,从宏观到微观地改变我们的话语,以确保中国的故事更易于国际社会的理解和接纳。

三、解读中国战略传播体系的架构与效能机制

在构建具有中国特色的战略传播体系过程中,我们应当深度利用中国体制所具有的聚焦重大事务的独特力量。针对新时代在国内外情境下的发展趋势,我们应特别着重从四个方向推动:塑造战略传播的核心理念、构建高效的战略传播机制、进一步完善战略传播的执行机构及评价战略传播的实际效果。在建立中国战略传播的过程中,应当坚守分层、分类和分阶段的理念,以确保传播活动具有高度的系统性、明确的针对性和实际的效果。为确保信息能够高效地流通并广泛地渗透,我们应当全面、阶段性和有渠道地进行宣传活动。在构建机制时,应当构建一个以党委的核心领导为基石,政府管理为基础,传播机构依法运行为主导,同时得到行业组织自律为辅助的协作机制。

(一)加强策略性的观点宣传,优化战略传播的策略机制

战略性传播活动不仅涉及"国家战略"这一层面,其核心目标是搭建一个能够反映全球观念并促进全球化交流的系统框架。深化中国的战略传播思想,我们应该以建立人类命运共同体为中心,努力探寻和整合全球各国与各民族的价值观,从而既保护全球人民的基础利益,同时也消除国际社会对于中国崛起的误读和偏见。以2019—2020年"非洲晴雨表"调查为例,18个非洲国家的公民中高达59%的受访者对由中国提供的帮助及其在政治与经济方面产生的积极作用持有正面看法。中国提议的"世界城市日"理念已被联合国的决议成功采纳,并已被国际社会广为接受。为了让"人类命运共同体"及其他中国的方案和理念在国际舞台上有更大

的影响力,我们需要积极提高这些建议和方案在国际社会的可见性,精心规划并执行相应的策略性传播行动。此种过程不仅有助于国际社会加深对中国的理解与认同感,同时还为打造具有中国特点的策略性信息传播框架打下坚实的基础。

优化战略传播的常态协调流程。战略传播可以视作一个由高层策划到基层实施的、涉及多个部门和领域的,整体上进行的专业传递流程。在中国,执行战略信息的传播有其特有的制度优越性,这能够保证从中央政府、军方到各个层级和公众,关键的政策信息都能被及时传达和有效地实施,达到"全政府"的动员目标。为了进一步完善政策信息的顶级策划,应当由中央政府和各个国家级别的领导团队负责提供全方位的指导,确保政策信息的最高层次构思、全面整合协调、总体推动及有效监督实施。为了实现水平间的沟通与协作,我们应当打造中国的战略传播联席会议机制,深化中央与国家机关间的交流,冲破国内外信息传递的障碍,确保信息的流畅交流。在纵向联动方面,应构建中央与地方的战略传播协同机制,确保政策信息的上传下达畅通无阻。通过构建信息传递和决策的高效机制,鼓励不同地区各个政府机关、企业和社会结构之间的紧密互动和合作。这种纵向联动不仅有助于提升战略传播的效率和效果,还能加强中央对地方战略传播工作的指导与监督,确保战略传播在全国范围内的统一性和一致性。

完善战略传播应急响应机制。考虑到危机事件的各种层面,无论是潜伏、爆发、续发、恢复还是治理,中国迫切需要构建一个综合且灵敏的战略信息应对和紧急响应机制,构建一个跨部门的策略性合作网络。充分发挥大数据技术的优势,建立高效的网络信息预测和预警系统。通过收集和分析大量数据,系统能够实时监测危机事件的发展态势,为决策提供科学依据。在构筑中国的战略传播框架过程中,我们需要强化国家与地方的力量合作,通过优化资源配置、加强技术支撑和人才培养等措施,提高危机事件的反应效率和处理能力。这种组合不仅能够充分发挥中央和地方的优势,还能够确保在危机发生时,各方能够迅速行动、有效应对,共同维护国家安全和社会稳定。

（二）明确战略传播执行主体

组织内的多元化行为体，通过各自独特的战略传播形式，共同塑造并推动着组织的演进与发展。为最大化战略传播效能，必须深入探究并有效地利用包括政府、媒体、企业、国际组织、智库，以及公民在内的多元化传播实体的潜在战略传播优势。在这样的前提下，应该充分利用组织交流和人际交往等多种传播手段的长处，创建一个涵盖多种类型、多个层次、众多路径的策略性传播执行团队网络。

我们必须首先明确政府在这个多元传播系统中扮演着核心的推动角色。面对国内外多变的外部环境因素，政府需要细致地规划策略，并采用逐步、有策略、多样化的手段去指导各种传播实体。同时，政府需高度关注国家形象建构过程中的战略传播管理，通过精心策划的传播活动塑造积极、正面的国家形象。在当前全媒体时代背景下，政府应该充分发挥其传播特性的各个方面，如全流程、全息信息、全员参与和全效益，特别是在战略传播方面强化自媒体与社交媒体的角色和影响力。以皮尤研究中心的调查结果作为参考，2020年至2021年4月，美国国会议员在脸书、推特及其他社交平台上提到中国的频次远远超出了亚洲各地的总和，这进一步凸显了社交媒体在策略性信息传播上的关键作用。美国的战略传播办公室将建立青年群体的信赖列为其核心使命的一部分，利用社交媒体来展开战略传播活动。基于这些情况，我国应该在多个层面加强对基于新媒体的国家战略传播的研究和推动，整合微信、抖音、微博等社交媒体平台上的舆情资源，让它们在信息传播过程中发挥作用。同时，应更多地运用如短视频、VR等新媒体传播方式，这些方式具有直观、生动、互动性强的特点，能有效降低文化折扣，提高战略传播的接受度和影响力。通过这些措施能够更好地利用新媒体平台，引导多元传播主体共同为构建积极、正面的国家形象贡献力量。

接下来，公司在战略信息分享上的作用，应该得到深度的激活与建设。一方面,企业应当主动地将其自身的战略与国家的宏观战略相互整合,最大化其在市场中的活跃度和创新性,以服务国家战略为目标,促进企业的长期稳健发展。另一方面,公司应该增强它们的策略传达能力,目前,国内外的公司在面对品牌危机时,其策略传播实力有着明显的不同,这要求企业不断学习和改进,以适应日益复杂的国际传播环境。①特别对于寻求国际化发展的企业来说,它们正面临着地缘政治纷争、海外权益的维护,以及跨文化的对抗和其他多维度的考验。所以,这批企业需要加大战略传播的管理力度,深化对目标国家文化的全面了解,准确采用形象塑造策略,有效地应对各种挑战,并维护企业形象和声誉。

此外,智库在推动战略传播的话语体系输出上,起着至关重要的作用。为了在战略传播领域进一步增强智库的影响,我们需要深入推进政府和智库间的交互机制,打造一系列专业性出众、与决策服务紧密相连的策略性传播智库。为了进一步拓展我国的战略传播研究视野和提升研究质量,我们应该深化与国际智库及学术界的交流和合作关系,并积极推动跨学科的研究工作。在推动中国声音在海外落地的过程中,智库应重点关注他国政策制定者、精英群体等"有影响力的人",通过精准的信息传播和策略沟通,增强中国声音在海外的影响力。

与其他策略性传媒实体进行协作。以创新的方式激励和协助国内的非政府机构发展,提升它们在全球的关注度,使其在中国作为"第三种力量"的身份中向全球展现中国的影响力,进而提升我国在国际战略传播中的话语权和影响力。除了非政府组织,专家学者作为战略传播的重要主体,其中立性和专业性的身份特征赋予他们在国际议程设置方面显著的话语权。我们应当积极鼓励专家学者在国际组织中发声,贡献中国方案,以专业知识和深入研究为全球战略传播提供中国智慧。在主流媒体不断强化战略性的媒体传播管理的背景下,也应着重提升中国公民在媒体素

---

① 陈先红、陈霓、刘丹丹:《战略传播的世界观:一个多案例的实证研究》,《新闻大学》,2016年第1期。

养和传播技巧方面的素质和能力。通过提供教育和训练，培养公众的理性思维和包容性思想，使其成为最为广大且值得依赖的基础力量。通过公民个体的积极参与和贡献，我们能够进一步巩固和拓展中国在国际战略传播中的影响力和话语权。

（三）进行战略传播成果的评价工作

为了确保国家战略传播体系的效率，建立一个科学、易于使用并且层级分明的战略传播成效评价系统是关键。这种机制的具体内容包含以下几个方面：第一，明确战略传播的评价要点。此目的在于验证战略传播体系执行之后，是否能够达到了预设的传播目的和期待的成果。第二，明确一个独特的战略信息传播评价机构。通过融合独立第三方的平台和机构资源，同时利用大数据和人工评价技术，确保评估过程的客观性和公平性得以确保。第三，扩展战略传播评价的内容领域。评估内容应全面涵盖战略传播理念的合理性、具体策略方案的有效性，以及各执行机构在实施过程中的实际成效。第四，需要建立一套科学的评价指标框架。在确定评估指标时，我们需要深入考虑目标人群的多样性和影响变量的持久性，以确保评价体系的合理性和有效性，确保评估结果的信度与精确度。第五，从区域和国家的视角挑选出进行战略传播评估的目标对象。在评估过程中，应充分考虑不同语种和区域背景的影响。一方面，通过对汉语、英文、日文、德文和意大利文等多种语言的舆情分析，深入探究了中国战略传播如何在不同的语言场景中取得传播效果；同时，我们应进行国际性的研究调查，深入探索全球体系中的"核心""半周边""边缘"地带，并平衡各种文明的形态与各区域的文化差异，涉及发达国家、沿"一带一路"的国家和新兴经济体国家，目的是获得更加完整和深刻的评价结果。

习近平总书记将战略传播理念上升到了国家战略层面。在面对当前百年未有之大变局的背景下，为了构建符合中国特色的战略传播体系，应该在理论和实践两个方面同步进行努力。推动战略传播研究与国际学术界深入接轨,借鉴国际先进理念和方法,同时紧密结合国家战略目标和发展需求,形成独具特色的战略传播理论体系。在此过程中,需明确战略传播的核心理念,确保其在国家战略和对外传播中的指导作用。同时,要不断完善战略传播的体制机制,构建高效、协调的组织架构,确保战略传播工作的有序进行。此外,还需协调战略传播的执行机构,确保各部门之间的信息畅通和协同配合,全面提升战略信息传递的效益。为了构建具有中国特色的战略传播体制,还需在理论框架的基础之上,特别是关注其对国家治理结构与治理能力现代化方面起到的积极作用。通过优化战略传播策略,提升国家的政策传播效率和影响力,进而推动国家治理体系和治理能力的现代化。同时,通过对外战略传播,积极传播中国声音,提升中国国际话语权,为实现国家战略目标提供有力支持。

四、展现中国战略传播的理论创新与实践探索

现代化与战略传播体系之间并非简单的单向决定关系,而是呈现为一种复杂的相互作用和动态平衡。在现代传播模式影响下,战略传播体系不仅自我塑造其结构,而且还具有对新模型产生反向影响的能力,这进一步促使其走向更加完善的方向。但是,在西方的战略传播框架的影响之下,西式现代化存在的固有难题被掩盖,并逐渐显得更为复杂和固化。具体说来,西方的经济不平等在战略传播中主要被归因于“市场规律”和“先天天赋与努力”,这遮掩了社会的不公正结构和制度缺陷,进一步加剧了社会的两极化。在全球范围内,西方所倡导的文化霸权被形容为“全球共享的观念”和“先锋的文化”,这一描述遮掩了西方文化霸权的实质,并进一步放大了文化多样性受损与文化同化的情况。此外,以西方为主导的全球生产价值链,在战略传播中被美化为“国际分工”,掩盖了其中存在的剥削与不平等现象。这种美化使得支配者得以乐享其支配地位,而依附者则往往陷入被动和依赖的境地。更为严重的是,在西方发达国家的现代化进程中,环境的挑战和责任被转移到了众多发展中的国家,这使得这些国家不只是要应对自己的发展困难,还要面对来自发达国家带来的

环境压力。更加引发人们关注的是,西方的战略信息传播机制往往误读了自己为私利侵犯他国主权和插手他国内政的行为,将其定性为"反抗暴政"和"追求自由民主"的正当行动。这种道德绑架和双重标准不仅加剧了国际关系的紧张,也为战争与暴行提供了便利和借口。

传播并非仅作为单一的工具存在,其影响力与战略传播体系的活跃度和广度呈正相关。随着战略传播活动的日益频繁和普及,其背后的现代模式也随之得到更为稳固和深化的推进。在西方国家,通过精心的组织和美观性改造,战略传播体系为西方现代化提供了合法的支持,从而进一步稳固和提升了西式现代化理念的全球影响力和人们的认同程度。相对应地,中国特色的战略传播体系在中国现代化的进程中扮演了必不可少的反推角色。为了使这套体系更有效地发挥其最大潜力,在设计中国特色的战略传播框架时,应与中国现代化的建设理念紧密结合,并进行具有实际意义的策划和搭建。借助这样的策略,具有中国特点的战略传播体系能更加有力地促进中国现代化建设与扩展,助力其走向更高的标准和更宽泛的领域。首先要明确的是,"全面推进中华民族伟大复兴"作为中国式现代化的整体愿景,为构建带有中国特色的战略传播体系提供了独有的视角和战略方向。考虑到全方位发展中华民族达到伟大复兴是一个富有历史价值的重大使命,我们应当深入了解建设和优化具有中国特色的战略传播体系所蕴含的持久和全局属性。构建具有中国特色的战略传播体系,必须始终与国内各个发展战略保持紧密联系,同时,也将战略目标作为战略传播过程中的关键指导原则。

这意味着我们需要确保战略传播活动与国家的政治、经济、文化等各个领域的战略目标保持高度一致,以确保战略传播活动能够为国家的发展提供有力的支持。另一方面,中国独特的战略传播结构及其相关活动的策划与实施,需考虑到全局性与统筹性。全局性要求我们在战略传播活动中具备调动多方传播资源的能力,通过整合各种传播渠道和资源,实现战略信息的快速传播和广泛覆盖。同时,统筹性则强调我们在多主体间开展沟通协调工作的重要性,确保不同传播主体之间的协同合作,形成合力,共同推动战略传播活动的有效实施。此外,加强战略传播人才队伍建设也是构建和完善中国特色战略传播体系的关键环节。我们需要不断完善战略传播后备人才的教育和培训机制,提高其专业素养和综合能力,以满足战略传播工作的长期性要求。通过培养一支高素质、专业化的战略传播人才队伍,可以为战略传播活动的顺利开展提供坚实的人才保障。

中国特色的现代化核心特质为我们提供了中国特色的战略传播结构,构建了一个综合传播类型,包括政策宣传、文化传播、科学技术传播及国际范围的传播。鉴于中国特色现代化的巨大人口量和全体人民的共同富裕特点,中国特色战略传播体系的首要使命应该是在国内立足,面向广大人民群众,突破传统的、仅仅依赖对外传播的战略模式。一方面,具有中国特色的战略传播体系需要在整体上精准实施,以实现国家战略在国内的宣传与解释工作。这样的战略传播方式不仅仅是为了宏观层次的解析,而是需要利用基层的融媒体、多元自媒体平台,以及专家、学者和意见领袖的资源,并结合各个地区的具体环境与条件,提供目标明确、具体的解释和解答。[1]另一方面,可以通过新闻报道、评论性的文章和影视制品等多种途径,有力地调动和组织民众深入参与到中国特色现代化建设进程中。当推进物质文明的建设时,中国的特色战略传播体系也应该坚守其精神文明的根基,以抵御西方文化统治的侵略和影响。[2]金融资本的注入、技术的主导、规章制度的主导及话语的操纵被认为是西方文化统治的关键工具,[3]他们基于互联网的层级和其不对称特点,试图控制国际的话语权和发声权,从而压制发展中国家在意识形态上的竞争。因此,具有中国特色的战略传播体系需要特别强调文化传播的重要性,积极地宣扬社会主义先进的文明和中华卓越的传统文化,

---

[1] 田建平、孟令仪:《集中意见领袖阐释国家战略——"一带一路"百人论坛微信公众号报道探析》,《出版广角》,2017年第1期。

[2] 张小平:《抵御西方文化霸权的对策性思路》,《智库理论与实践》,2016年第1卷第6期。

[3] 金民卿:《西方文化霸权的四大"法宝"会不会失灵》,《人民论坛》,2016年第31期。

以增加民族文化的认同感，并在维持开放宽容的态度中维护民族文化的主体性。基于中国现代化发展的目标追求人与自然之间的和谐共生，具有中国特色的战略传播体系应紧紧围绕高质量发展这一首要任务，搭建一个成熟而专业的环境传播与科学传播体系。[①] 在推广新的发展观念、培育公民对环境保护的认知，以及通过公众舆论推进提升现实生活质量的过程中，环境传播应当起到关键的认知和介入作用。中国特色的现代转型坚定地走上了和平发展的道路。在国际传播领域，中国特色的战略传播体系需要清晰地鉴别中式现代化与传统的以剥削为代价的现代化，并应主动向国际社会分享中国的和平发展理念。同时，也要勇于面对和挑战现有的不均等现象和相应的意识形态，为塑造更新型的人类文明提供中国的思考与贡献。

中国的现代化目标和核心特色，为建设有中国特色的战略传播体系提供了广泛和深刻的战略价值。构建该体系需要从国家核心战略的角度进行全局而统一的规划和部署。深度解读和理解党的二十大报告，准确掌握中国现代化的核心内容与标准，构成了构筑具有中国特色的战略传播框架的关键基石和理论根基。在建立过程中，我们有责任确保战略传播体系具有中国特色，并在高度和立场上进行调整，以保证战略传播与国家总体战略规划之间能密切对接和深度整合。目前在建设具备中国特色的战略传播体系时，整体的战略规划是以政策、文化、科学及国际传播作为基础架构，构筑全方位、多样化、和谐统一的信息传递框架。在实行具体的建设措施时，还需依托于上面列出的总体策略，并参照中国式现代化的实践需求与中国战略传播工作实际状况，进一步进行深入分析和持续探讨。

---

① 林毅夫、付才辉：《中国式现代化：蓝图、内涵与首要任务——新结构经济学视角的阐释》，《经济评论》，2022年第6期。

第三节　价值探究：中国战略传播的独特价值与全球定位

中国战略传播的核心价值在于促进文化多样性、增进国际理解、推动全球文明交流等方面。中国战略传播在全球范围内应有其特色路径，在国际传播领域中中国战略传播有其独特地位与影响力。

一、西方战略传播理论的核心框架与特点

战略传播在西方国家的发展经历了从军事到政治、经济和社会各个层面的扩展。它不仅仅是一种传播手段，更是一种战略思维和行动模式。在全球化和信息化的背景下，战略传播对于国家形象塑造、国际关系调整及全球治理等方面发挥着重要作用。

（一）西方战略传播理论的核心框架

战略传播在西方学术界被定义为组织为了实现其战略目标，有目的地利用各种传播手段和渠道，对内外部受众进行信息传递和影响的过程。它强调了传播的目的性、计划性和长远性。

战略传播可以理解为为实现某一特定战略目标所执行的各种传播策略和手段。战略传播旨在明确战略目标，并强调对各类资源及传播途径的全方位、多样化融合和配合，从而优化传播的整体效果。美国在最早提出"战略传播"这个概念的国家中占据了一席之地。在该政府文档里，将战略传播定义为用于政治和军事目的的工具，其目的主要是为了在公共外交、战争动员及战区内更有效地协调心理战策略。美国国防部的报告中明确指出："通过运用协调一致的项目、计划、主题、信息和产品，将国家权力的所有工具综合运用起来，吸引关键受众，从而扩大美国的利益。"

西方战略传播以民主、自由、平等、人权等为其核心话语，以捍卫人类

文明的价值取向为基调,旨在通过对外传播,向全世界传导价值观、理念、观念、主张,并试图通过这一手段对世界格局产生影响。而这些关键词的出现,恰恰与西方社会在资本主义发展初期有关。在那个时刻,这些建设的政治口号被资产阶级用作他们反对封建王权和封建制度的思维工具,并已被纳入资本主义国家的宪法。随后,在这条路的传承和推动下,这些政治口号逐步转化为具有现代意义的资本主义的核心价值观念,并代表了当前国际上垄断资产阶级的思想价值。这从根本上揭示了资本主义国家在政治方面所持有的商品生产的自由交易和公平交易的理念。

在西方的战略信息传播体系里,四个关键词背后都反映着一种个人主义的观念。这种价值观念是为了西方发达资本主义国家的利益,并可能成为这些国家执行和平策略或对其他国家制度发起攻击的思想工具。对于那些不向西方话语权妥协的国家和地区,他们甚至愿意不惜利用武力。价值观之间的碰撞已逐渐演变成威胁目前全球社会和平稳定的主要障碍之一。面对西方国家持续对外展示其价值观的行径,非西方社会始终持有拒绝的立场。自近现代的反抗殖民行动开始,经过20世纪对市场的抵制,以及针对和平的转变、阿富汗与伊拉克的战争等,都揭示了不同价值观间的交锋和对抗。

策略性的信息传达的核心目标是保障这个机构的使命得到合法认可。在战略传播中,西方的话语体系充当着至关重要的角色,这些话语体系是由西方各国牵头建立的,充分体现了西方各国的意志和利益。它们的核心观点从"抽象人性论"开始,它代表了一种超脱于国家、民族、阶级和时空维度的唯心主义观点,这些关键词都反映了国际垄断资本的基本利益,并被理解为全球话语规范。西方的政治领导者和新闻媒体把这些核心词汇,以及它们所包含的思想作为合法性的支撑,为他们国家的战略扩张和冲突提供了正当的依据。

(二)西方战略传播的特点

一是目标导向。西方战略传播强调目标的明确性和指向性,传播活动都要为实现既定的战略目标服务。战略传播是"某组织有目的地利用传播来完成其使命",表明其活动始终围绕实现特定的战略目标进行。这种目标导向性要求战略传播在规划和执行过程中具有高度的目的性和计划性。

二是系统整合。战略传播需要整合各种传播资源和手段,形成统一的战略传播体系,以提高传播效果。战略传播不是孤立的,而是需要跨学科、跨部门的资源整合。这种整合不仅涉及信息内容的一致性,还涉及传播手段、渠道和受众的全面统筹。

三是多维互动。西方战略传播注重与受众的互动交流,通过多渠道、多方式与受众进行沟通,以增强传播的影响力。例如,在反恐背景下,战略传播被认为是至关重要的途径之一,其实施需要依赖于双方的相互了解及倾听。这种互动性要求战略传播能够适应不同的文化和语境,通过有效沟通建立信任和影响力。

四是灵活应变。在不断变化的国际环境中,西方战略传播能够灵活调整传播策略和手段,以适应不同情况和挑战。灵活应变性体现在战略传播对国际环境变化的敏感度和适应能力。

五是技术先进。西方国家在传播技术和手段上有优势,利用现代的信息技术手段可以有效增强战略传播的成效。在网络时代中,实行战略传播需要依赖一系列的基建设施支撑,如光纤通信和通信卫星等。西方国家在这些领域的先进性为其战略传播提供了物质基础,确保了信息传播的高效性和广泛性。

二、中国与西方战略传播理论的比较与反思

战略传播是一个国家或组织为实现长期目标,通过系统化、有计划的传播活动来影响特定受众认知、态度和行为的过程。在全球化的背景下,战略传播已成为国家软实力竞争的重要手段。中国和西方国家在战略传播的理论和实践中各具特色,比较两者之间的异同,对于促进国际交流与合作、提升国家形象具有重要意义。

西方战略传播理论的起源与演变揭示了一个以目标为导向、效果驱动的传播模式,其融合了公共关系、市场营销和政治传播等多个学科领域的理论,强调是系统化、有计划的传播活动,目的是维护国家利益、提升国家形象并争取在国际事务中的发言权。这一理论体系在冷战期间得到了显著的发展,特别是在美国,其战略传播活动旨在巩固国家利益和推广其价值观。西方战略传播理论特别强调传播活动的计划性和战略性,以及对目标受众的深入分析。在实践中,重视媒体运用、品牌建设和危机管理,利用其媒体优势和先进的传播技术,通过公共外交、文化交流和国际广播等多种渠道和手段传播其国家形象、政治理念和文化价值。

与西方不同,中国的战略传播理论发展较晚,但发展迅速。中国的战略传播理论是在继承和吸收西方理论的同时,结合中国国情和文化传统的特色战略传播模式。该理论强调国家战略与文化传播相结合,注重国家形象的整体塑造和国际传播能力的提升。在实践中,中国注重讲述中国故事、传播中国声音,通过文化交流和国际合作等形式向世界展示中国的发展理念和成就。中国的战略传播理论深受儒家文化的影响,强调和谐、集体主义和长期关系的建立。中国在战略传播实践中注重国家形象的塑造,通过国际交流、媒体合作和文化推广等方式,向世界传递中国的发展故事和价值观念。中国的战略传播也强调适应国际传播新秩序,积极参与国际事务,提升国际话语权。然而,在国际舞台上,中国的战略传播仍然面临着西方话语体系的压力、文化差异的障碍和国际形象塑造的挑战。

西方战略传播的目标通常较为明确,即维护国家利益、推广民主自由价值观,并在国际事务中争取主导权。其方法包括利用媒体优势、公共外交、文化交流等手段,以及通过国际组织和多边机构进行战略传播。相比之下,中国的战略传播目标更侧重于塑造积极的国家形象、传播中国文化和发展经验,以及在国际舞台上争取公平的话语权。中国的方法更强调文化交流、国际合作和多边外交。

在美国政府眼中,战略传播是保持其意识形态安全的关键策略,它的

"绝对安全观念"认为意识形态保障和军事安全都是至关重要的核心部分。在美国目前的政治架构内,构建国家安全性的核心目标是维持其全球影响力和统治地位。实际上,维护意识形态的"安全性"是在维持其"霸权主义",并且显示出了显著的攻击性和干预性。引发此种情况的核心因素是美国在处理国内及外部纷争的方法并不平衡,国家内部的政治与经济议题受到了意识形态的影响,这最终催生了民粹主义的盛行。为了转移民众的注意力,政府再次引发了关于国际意识形态的争端。不同于美国,我国在战略宣传方面主要聚焦于确保国家意识形态的安全性,并以建设一个全球传播新格局作为核心目标。它致力于保卫国家的发展安全,以及亚太地区和全球的和平稳定。因而,我国在战略传播方面持有整体的战略传播特点,这种传播是基于整体性的评价而构建的,并展现了显著的和谐与建设性精神。

从战略传播本土理论的视角出发,我们可以看到中国目前处于构建自己的战略传播体系的初始阶段,一些西方国家的战略传播体系已经非常成熟,并成功渗透到现代全球传播环境中。因此,为了确保国家的安全并在战略传播实践中减少误区,我们必须深入探究不同国家和组织在这方面的战略传播做法。然而,美国的策略性信息传播活动有其历史根源,尽管它看着似乎是为了维护意识形态的稳定性,但其真正的核心目的实际上是捍卫美国的国家利益,并不具有广泛的应用价值。在现阶段,美国的战略宣传主要是对其他国家的决策机制进行干预、守护、修正和破坏,这并不有利于建立全球安全治理的整体体系。从这个意义上说,我国需借助战略传播,提升国际新闻舆论场上的发言权,打破西方霸权,从而构筑起与旧秩序不一样的全球传播新秩序。20世纪60年代后半叶,美国和英国等西方向世界推广西方价值观,在全球传播秩序中将话语的主导权掌握在自己手中,对其他发展模式如中国模式等则加以攻击和贬低。作为全球最大的发展中国家,中国代表广大发展中国家利益,推动共建"一带一路"的开展以促进发展中国家基础设施建设。这不仅有助于改变全球传播的失衡,还体现了我国和平共处五项原则和维护多极化世界格局的国际意识。

三、中国战略传播的核心价值与使命担当

在全球化和信息化时代背景下，战略传播作为国家软实力的重要组成部分，对于塑造国家形象、传递国家意志、维护国家利益具有至关重要的作用。中国战略传播在继承和发扬中华优秀传统文化的基础上，结合新时代中国特色社会主义的发展要求，形成了独具特色的核心价值和使命担当。

（一）中国战略传播的核心价值

一是树立文化自信。中国战略传播深植于中华文明的沃土之中，五千年的文化积淀为中国提供了丰富的传播资源。通过战略传播，中国不仅传递文化信息，更传递文化力量，强化国民的文化认同和自信心。文化自信的树立有助于提升国家的凝聚力和国际竞争力，使中国在全球化的舞台上展现独特的文化魅力和价值追求。

二是坚持和谐共生。和谐共生是中国传统文化的重要理念，也是中国战略传播的核心价值之一。在国际交流与合作中，中国始终倡导平等、互利、共赢的原则，推动构建人类命运共同体。通过战略传播，中国向世界传递和平发展、合作共赢的理念，促进国际社会对中国发展模式的理解和认同。

三是坚守和平发展。和平发展是中国战略传播的基石。中国坚持走和平发展道路，致力于通过和平手段解决国际争端，推动国际秩序朝着更加公正合理的方向发展。战略传播在此过程中发挥着重要作用，通过传播中国的和平理念和实践，展现中国作为负责任大国的形象，增强国际社会对中国的信任和尊重。

四是秉持开放包容。开放包容是中国战略传播的重要特征。中国愿意与世界各国进行文化交流和对话，学习和借鉴其他国家的优秀文化成果。通过战略传播，中国展现了一个开放的姿态，愿意与不同文化背景的

国家进行沟通和交流,推动文明的互鉴和共同进步。

五是力求真实立体。中国战略传播追求真实性和立体性,力求向世界呈现一个全面、客观、真实的中国形象。这不仅包括经济发展成就,还包括社会进步、文化繁荣、科技创新等各个方面。通过多渠道、多角度的传播,中国战略传播努力打破西方话语体系中的刻板印象,让世界看到一个多元、发展、进步的中国。

(二)中国战略传播的使命担当

一是国家形象塑造。中国战略传播肩负着塑造和提升国家形象的使命,要通过有效的传播策略,让世界看到中国的发展成就和文化魅力。

塑造新时代中国的国际声誉无疑是光荣而艰巨的使命。一个国家的形象不仅是其自我认识和国际认知的融合,也是综合国力和国际地位的直观反映,同时还是决定其与全球关系走向的核心要素。随着我国逐渐加大的发展步伐,我们对国际社会的关心也在逐步提升。尽管如此,目前受到西方主要媒体的启示,中国的形象建设尚未完全脱离"他塑"原则,从西方主导的话语环境和传播背景中所构建的"中国形象"与真实的中国之间差距仍然巨大。这种情况不但加剧了全球对于中国的固定观念与错误的认知,还引发了"镜中展现的中国"与"真正的中国"之间的严重不平衡。因而,创建具有中国特质的战略传播架构和塑造中国在国际舞台上的形象是相互补充和促进的。它的核心宗旨在于转变现有的国际对话和全球信息传播氛围,以形成一个有助于中国增长的和平且健康的国际舆论氛围。在新时代的大背景之下,为了构筑具有中国特色的战略传播框架,我们需要聚焦于"呈现真实、多维、全方位的中国面貌",以及"创造值得尊敬、讨人喜欢、值得信赖的中国形象"等核心议题。这有助于缩小国际特别是西方在舆论领域中对"镜像中国"与"真实中国"的分歧和差异,从而进一步提高国家形象的塑造质量。

二是提高国际话语权。在全球范围内,中国战略传播致力于增加中国对外界的影响,同时努力在国际议题上获得中国观点和中国计划的更广泛理解与支持。对外信息交流不仅是一种信息在国家间的跨境流转,也是国际政治斗争的焦点之一,其核心目标就是争取更多的话语权。如果话语权被视为权力在实际话语活动中的具体表达,那么国际话语权无疑是国家权利在全球政治领域中的具体应用。这个权力不仅影响各国在全球社会权力架构里的定位,还直接关联其社会效应。全球治理当前正面对着管理赤字、信任差距、和平缺口及开发缺口等多重挑战。要应对全球各国面临的共同危机,这些国家作为命运共同体和生死与共的成员,需要依赖于大国间积极的相互互动和区域性的合作。在此发展阶段,作为一个负有责任的大国,中国需肩负起其相应的责任和义务,并将我们的全球治理视角、新的安全观和发展观等一套理念传播至全球,以便为解决"世界之问"和"时代之问"提供中国的解决方案和策略。

三是全球性的治理参与活动。中国的战略传播机构积极地投入全球治理的讨论与实践中,从而使全球治理结构更加公平和合理。在现今的全球化背景下,不稳定和不确定性问题日益严重,地区之间的焦点和争端层出不穷,恐怖活动、网络安全隐患及重大传染病等非传统的安全问题在扩散。面对这种前所未有的风险和挑战,世界正在经历百年未有之大变革,迫切需要作出明智的决策;追求建立一个长久稳定、全民安宁、共同繁荣、环境开放、充满清洁和美感的地球,已经成为当下的潮流和大众的期望。面对风云变幻的国际形势,习近平总书记多次强调,要积极发掘中华优秀传统文化的治国理政智慧,为人类文明进步提供中国智慧,为构建人类命运共同体注入强大正能量;世界需要听到中国声音,需要了解一个真实、立体、全面的中国,中国也应积极承担大国责任,以更有力的行动参与全球治理。中国特色战略传播体系构建,就是要着力打造中国话语体系,为国际社会提供更多的中国智慧、中国经验,为推动构建人类命运共同体贡献中国方案,也为应对人类发展和治理面临的诸多共同问题提供新路径、新思路。

四、中国战略传播在推进全球文明交流中的特色路径

在全球化的大背景下,文明交流互鉴已成为促进国际关系和谐发展的重要途径。中国作为一个文化多元、历史悠久的国家,在战略传播领域探索出了一条具有中国特色的发展道路。中国战略传播在推进全球文明交流中展现出独特的路径和策略。

(一)打造多元立体的对外传播矩阵

在国际传播能力建设不断推进的过程中,对外传播的话语主体应从单一走向多元。我国要打造以政府部门和主流媒体为主干,高校和研究机构等为支撑,跨国企业、公共知识分子与海外华人为补充的立体化、多样化的对外传播矩阵。

随着互联网和社交媒体的普及,国际传播的话语空间得以迅速扩大。媒介融合促进了对外传播的新业态和新技术的发展,导致信息和舆论的交流更加频繁。因此,我国对外传播需要有宏观和微观的策略设计,通过疏通"毛细血管"来建立多主体、立体化的对外传播格局。然而,我国对外传播当前存在碎片化的缺陷,需要构建一个"万物皆媒"的传播体系,采用政治、学术、大众和互联网等多种参与主体的方式来进行国际信息传递。战略传播体制的搭建应当以政策和政治话语作为方向指导,学术话语提供学理支撑,大众和网络话语提升传播的亲民性和共鸣度。要形成具有中国特点的战略传播结构,我们需要考虑到多种因素,并依赖于不同部门和机构的协同工作。第一,构建一群具有强大跨国影响的宣传媒体群体,聚焦于全球的关键议题及地区的热门焦点,以引导全球舆论;第二,我们应当进一步强化国家外宣平台的功能,利用重要的国际会议论坛和海外主导媒体等多样的平台,展示中国在其外交政策和理念中的核心地位,以此来弘扬和平、正义和发展这些人类文明的共有价值;第三,利用跨国公司、社会团体和社会集团的力量,利用其灵活多样的传播方式,拓展对外传播的渠道和范围;第四,城市、大学、学者、社会活动家、舆论领袖等国际

知名度较高的力量，也可以为促进中国与世界各国的沟通提供重要支持；第五，积极开展对外文化交流合作，着力搭建中外文明交流互鉴的新桥梁，加强国际信息交流、对话和对外宣传工作。

（二）生产中国特色的对外传播内容

中华文明作为世界上最古老的文明之一，其深厚的人文底蕴与与独特的文化内涵，构成了打造具有中国独特性的战略传播机制的基本支柱。中华民族几千年的文化沉淀不仅造就了独特的生活方式、思维方式和价值观念，也为全球文化多样性和人类文明的发展贡献了宝贵的智慧和资源。首先，提升中华文明的影响力，需要深入挖掘并传承中华文化的核心精髓。这包括儒家的仁爱思想、道家的自然哲学、佛教的慈悲为怀等，这些思想体系在历史的长河中形成了独具特色的道德伦理和宇宙观。通过系统地整理和创新性地诠释这些文化精粹，不仅能够提高国人的文化自信，也能够在全球文化交流中展示中华文明的深度和广度。其次，中华文明的当代价值不仅在于其传统元素，还在于其与现代性的融合。当代中国的文化创新，如现代文学、电影、艺术等领域的成就，这些创新成果同样是中华文明的重要组成部分。它们反映了中华文明在现代社会中的活力和适应力，是中华文明对全球文化贡献的新形式。通过国际文化节、展览、在线平台等多种方式，将这些当代文化成果介绍给世界，可以有效增强中华文明的国际吸引力。再次，中华文明的世界意义在于其独有的和谐与包容性理念。在当前全球面临诸多挑战和冲突的背景下，中华文化中倡导的和而不同、天人合一的理念，为世界提供了新的解决问题的思路和方法。通过对这些思想的全球传播，不仅能够帮助世界更好地理解中国，还能够促进不同文化之间的对话和融合。最后，为了有效地传播中华文明，还需要完善其在国际上的表达方式。这包括使用更具吸引力和感染力的传播手段，如数字媒体、多语种出版等，以及通过国际合作和交流项目加强与世界各国文化的互动。通过这些方式，可以更有效地将中华文明的价值观、生活智慧和艺术美感传达给全世界，增强其全球影响力。

中华文明是中国特色战略传播架构不可或缺的人文支柱。中华民族深厚的历史底蕴造就了卓越的传统文化,但它的全球意义还需更多探索。为了增强中华文明的影响,我们需要深挖中华文化的核心价值,同时通过解读文化思想及与现代中国文化创新成果的互动,实现中华文明文化的全面推广。为了增强中华文明的魅力,我们应该深挖文化资源,解读文明在全球的重要性,完善我国价值观在世界的呈现,同时用文化传播和交流来体现中华文明的独特魅力。当代中国特色社会主义的实践为全球减贫、人民全面发展、中国梦的实现、共建"一带一路"和构建"人类命运共同体"提供了中国方案。中国的发展实践和经验对世界富有贡献。中国特色战略传播体系应聚焦实践经验,用中国理论指导实践,丰富传播方式,进而增加"中国音量"。习近平新时代中国特色社会主义思想是解析中国奇迹的答案,有助于引导国际社会理解中国特色社会主义道路。构建中国特色战略传播体系需关注"三个为什么"等问题,通过新概念、新范畴、新表述来展示中国故事及其中的思想力量和精神力量,实现以理论解释实践、升华实践。

(三)增加对外传播渠道的制度性话语权

在全球范围内,提高国际话语权不仅代表对世界格局产生重大影响,也代表可以构建和调整国际秩序,即制定更为合理的游戏规则。这要求强化我们在国际舆论上的塑造能力,提高在体系内的话语影响力。制度话语权被定义为某国具备参与国际秩序构建的实力,并在此活动中通过确定议程、塑造规范、制定规则和发起倡议来获得制度和整体结构的影响和塑造。在全球治理框架下,各国的发言权和表达能力尤为关键,尤其在制定国际规范、建立国际组织机构,以及影响国际价值和全球利益分配方面。为了有效应对文化和利益的多元挑战及西方话语的误导,我们需加强在中国的制度话语建设,集中研究全球治理中权力的运行方式及其影响力,并从理念视角出发,构筑关于人类幸福、价值观、存在价值及命运决定的完整真理体系。为了在国际议程的设置和国际规则的制定中发挥作用,我们需要关注全球焦点和地方焦点,加强议题的构建能力,基于我国的成长经验和五千年的文明传统,通过国际会议论坛和外国主导媒体等多种渠道和平台,全方位地阐述我国关于发展、文明、安全、人权、生态、国际秩序及全球管理的理念。

(四)重点突出对外传播的情感意义维度

作为富有深厚历史和文化底蕴的国家,中国有责任加大在战略推广中对文化、政治、哲学等方面的应用和拓展力度,从而在全球舞台上扩大其影响力。目前,在我国的国际传播中,受到西方国家言论的压制和挑战,造成了一种"言其有理但不言,言之所传皆难行"的被动状况。主要在于我国的对外传播活动中,过度依赖正式的官方陈述和宏大的叙事缺少具有深刻触发性的内容和细微之处,同时也存在着中西方语言交流过程中的信息误差问题。要改善这种现状,中国的话语传播需要寻求与世界话语的共同点,关注人类共性的经验,同时注重文明互鉴和民心相通。此外,对外话语体系的建设应该更加有针对性和灵活性,并通过大量的原创性研究,逐步建立"融通中外"的话语体系。创新表达方式并结合不同地区的文化和需求,以达到最好的传播效果。

第四节 实践篇章:擘画文明互鉴下的中国战略传播蓝图

我们回顾中国战略传播在推动国际文明交流中的丰富实践与显著成效,展现了其在增进国际理解、促进文化多样性方面的积极贡献,同时也展望未来中国战略传播的发展方向。未来,应加强国际合作、深化文化交流、创新传播方式等策略,进一步扩大中国战略传播的国际影响力,为构建人类命运共同体贡献中国智慧与力量。

一、中国战略传播在文明互鉴中的愿景与目标

随着现代科技的日新月异和全球化浪潮的加速到来,异质文化间的交流愈发频繁、便捷且深入。然而,与之相伴的是现代社会危机所带来的矛盾与冲突,其激烈程度和复杂性亦达到了前所未有的程度。随着全球化的进程,各国正共同面对由此带来的各种风险,这要求我们持有公正和开放的思维方式,理解和接纳不同国家的文化,同时尊崇其现代化进程和管理思想。我们需要加大国际传播的能力,进一步促进不同文化的交流和融合,推动国际社会不同文明之间的认同,促进人类文明的持续发展与进步,这已经变为一个亟待深度探讨和解决的重要议题。在人类文化持续进步的背景下,中国凭借其深厚的东方智慧提出了独到的应对策略:坚持以文明互动交流和相互学习为基础,全力推动人类命运共同体的构建。在创新的国际传播环境中,不同文明的互动与学习应该遵守一个明确的准则,以确保中西方文化的和谐共存并被各自的文化和文明广泛采纳。这一规范性理念旨在促进不同文明间的平等对话、相互理解和尊重,共同推动人类文明的进步与繁荣。

(一)全球化视域下的异质文明交融与共鉴

2014年3月,习近平主席在联合国教科文组织发表重要演讲,首次系统阐述了"文明交流互鉴"的文明观,深刻指出文明因交流而多彩,文明因互鉴而丰富。2018年6月举行的上海合作组织成员国元首理事会第十八次会议上,习近平主席再次强调,应以文明交流超越文明隔阂,以文明互鉴超越文明冲突,以文明共存超越文明优越。党的二十大报告进一步明确了深化文明交流互鉴的战略方向,推动中华文化以更加开放包容的姿态走向世界。在2023年10月召开的全国宣传思想文化工作会议上,习近平文化思想首次被正式提出,其中强化国际传播能力建设、促进文明交流互鉴成为其核心内容之一。

在全球化的宏大背景下,世界各国的命运紧密相连,彼此休戚与共,

我们必须深入理解西方文明中心论推崇的"普世价值"观点的局限性和狭隘性,从而跳出这一认知界限,提倡以"共同价值"为中心的文明交流与互鉴思维。①此观点深受东方文明智慧所影响,为加深中华文明与其他文明间的相互借鉴和交流,以及促进人类文明的集体进步和全球和平发展,提供了非常宝贵的思考方向。这不仅是我们面对全球挑战时的重要理论武器,也是实现人类文明繁荣发展的必由之路。

(二)中国战略传播:构建国际文化对话新桥梁

在全球化的时代背景下,中国战略传播不仅承载着推广中华文化、促进国际理解与合作的重要使命,更在文明互鉴的进程中扮演着不可或缺的角色。面对世界文明多样性的现实,中国战略传播需要构建一个既能够体现中华文化特色,又能够与国际社会有效对话的传播体系。这一体系旨在通过深入的文明交流互鉴,推动构建人类命运共同体,共同应对全球性挑战。

文明交流互鉴已然变为推动全人类文明与世界和谐发展的关键动力。在这一进程中,不同文明之间的接触和交流变得日益密切和频繁。然而,当人类社会面临着日益加剧的共识困境,差异、矛盾甚至冲突成为常态的时候,我们应该采纳文明相互学习、交流的视角来深入分析和处理这些存在的分歧。习近平同志在亚洲文明对话大会开幕式上的主旨演讲中指出,"只有同其他文明交流互鉴、取长补短,才能保持旺盛生命活力",通过这一方式,我们不仅能够有效避免不同文明样态之间的潜在冲突,更能从认识这些差异和矛盾中领略到世界"多样性"的瑰丽魅力,为构建和谐共生的国际社会奠定坚实基础。当前国际形势深刻变革,我国国际传播事业现正遭遇复杂的情况,既有的历史问题与全新的战略目标相结合。因此,深入而系统地发展基于文明互鉴的国际战略传播方法,不只是适应

---

① 巩红新、王丛丛:《文明互鉴论:世界文明交往秩序变革的中国智慧》,《理论导刊》,2022年第2期。

新时代的需求,还是面对国际媒体舆论挑战和突出国家在文化软实力上时代价值的战略根基。这一策略的实施,旨在通过促进不同文明间的相互理解、尊重与借鉴,提高国家文化软实力,为中国全面建成社会主义现代化强国提供指引,为我国在国际舞台上树立积极形象、传播中华文化精髓、推动全球文明对话与交流作出积极贡献。同时,推动国际化传播生态的新格局建立,通过平等的文化交流与对话,打破文化隔阂,促进不同文明间的相互理解、尊重和融合。

(三)增强中华文明国际话语权:以文化交流促共识

习近平总书记指出,文明是现代化国家的显著标志。为了建设一个社会主义的文化大国并推动中华民族的伟大复兴,提升国家的文化软实力成为了当前的战略任务和时代任务。这也是全面建设社会主义现代化国家的一个重要目标。习近平总书记强调,文化自信,是更基础、更广泛、更深厚的自信,是更基本、更深沉、更持久的力量。中华文化源远流长,历久弥新,以其独特的智慧与价值理念,在世界多元文化的璀璨星空中独树一帜。为了更好地增强中华文明在全球的传播能力并使之获得世界的广泛认可,我们应当在习近平文化思想的指引下,细心地构建和完善中华文化的全球传播体系,深度探索并呈现其独有的吸引力与当代价值观,进一步为提高国家的文化软实力作出贡献。在全球化的时代背景下,促进文明间的交流互鉴,对于开创人类文明发展的新局面具有举足轻重的意义。文明间的平等交流,不仅构成了人类文明进步的重要基石,更是推动世界文明园地中"百花齐放、百家争鸣"的强劲动力。中华文明,这一深深植根于中国大地的文明形态,正是在与其他文明的持续交流与互鉴中得以丰富与升华。[①]我们需进一步加强战略传播体系建设,促进不同文明间的对话与互学,通过深化理解与认同,构建与我国硬实力相协调的文化软实

---

① 习近平:《文明交流互鉴是推动人类文明进步和世界和平发展的重要动力》,《思想政治工作研究》,2019年第6期。

力,以增信释疑为手段,推动文明间的和谐共生。①各国社会制度、发展水平、历史文化各具特色,文明模式多样纷呈,各种文明价值平等,各具优势与不足,并无高低优劣之分。因此,我们应尊重各国自主选择的道路,摒弃将种族、意识形态等差异作为根本分歧的做法,拒绝将民主制度作为跨文化信息传递的唯一内容,不将自己的文明强加于他人。在我国战略传播话语体系下,我们应坚持平等、尊重、包容的文明交流原则,摒弃"文明优越论""文明冲突论"等陈腐观念,以开放自信的姿态传播新时代中国的声音,深入推进中华文明"好感传播",探寻增强中国形象亲和力的新途径。同时, 在全球文明倡议的引领下,我们坚守中华优秀传统文化的核心地位,同时广泛吸纳人类文明宝库中的精髓,以此实现中国人民日益增长的美好文化生活需求与世界人民普遍文化向往的深度融合,从而加速推动将世界文明多样性、丰富性与各国发展特色的差异性转化为携手共进、共谋发展的强大动力,进一步促进国际社会对中国文化的深刻理解、广泛认同与坚定信赖。②

二、文明互鉴在中国战略传播体系中的重要地位与作用

文明,作为普遍性与特殊性的统一体,其内在的共性为文明交流构筑了思想的桥梁和基础,使得跨文化的战略传播成为可能。而不同文明间的差异性则为文明间的相互借鉴与共同发展提供了前提,使得跨文化的战略传播成为必要之举。跨文化的战略传播,作为文明互鉴的重要手段,旨在实现不同文明间的对话与交融;而文明互鉴,则是战略传播的终极目标,旨在促进文明间的和谐共生与共同发展。2014年3月习近平主席在联合国教科文组织总部发表了关于文明交流互鉴理念的重要演讲。这一理念不仅深刻揭示了文明发展的内在规律,也为全球文明交流互鉴指明

---

① 苏婧、张镜、王浩旭:《国际传播的文化转向:发掘文明交流互鉴中的传播研究》,《新闻与写作》,2023年第5期。

② 高晓林、梁永涛:《缘起·内涵·价值:论加强国际传播能力建设的守正创新》,《暨南学报》(哲学社会科学版),2024年第46卷第3期。

了方向。随后,该理念在2023年6月被正式写入《对外关系法》,同年10月更成为习近平文化思想中"七个着力"之一,其重要性日益凸显,为全球文明交流互鉴注入了新的动力与活力。

(一)文明互鉴的理论基础与现实土壤

任何一种思想或理念的诞生与演进,皆深植于社会条件的土壤之中,是现实境遇与历史发展脉络的交汇点,更是社会变迁与文明进步的必然产物。文明互鉴观的出现亦有其理论源流与现实土壤,从理论维度深入剖析,其坚实的基石是马克思主义世界历史理论,在其基础上亦汲取了中华优秀传统文化的深厚滋养,形成了独特的文化底蕴。从现实层面审视,中国特色社会主义正迎来崭新的时代篇章,这标志着我国发展步入了新的历史阶段。[1]与此同时,全球正处于百年未有之大变局之中,世界发展格局正经历着深刻的调整与变革。在深入洞察全球演进趋势与理论内核的交汇点上,文明交流互鉴观应运而生,彰显了对时代变迁的敏锐把握与理论深度的卓越洞见。[2]这一观念不仅是对全球文明发展脉络的精准捕捉,更是对战略传播、文化交流与互鉴理念的深化与升华。

马克思世界普遍交往理论是在深入探讨人类社会发展的历史脉络与实践活动轨迹时孕育与展开的。在马克思主义的理论架构中,"交往"这一概念涵盖了人类社会所有层面的交流互动活动。从单纯的交往逐步演进为世界普遍交往,这不仅是生产力和社会分工不断深化的必然结果,更是推动社会变革的强劲动力。随着大众传媒极速崛起并在全世界范围内得到广泛使用,交往的概念得以扩充,交往的时效性得以显著提升,交往的空间界限被不断打破,交往的深度、广度及其影响力均呈现出前所未有的增长态势。交往的启动,标志着思想交锋的肇始。当交往升格为世界范围内的交往时,必然会导致不同文明、不同思想观念的碰撞与互动,这

---

[1] 李昊灿、李妍:《习近平新时代文明交流互鉴观的出场语境、理论内涵与时代意蕴》,《领导科学》,2024年第3期。

[2] 同上。

既是社会运动规律所决定的必然结果,也是人类社会行为模式的一种普遍展现。这一进程不仅拓宽了人类的视野,促进了知识的累积,更为不同文明间的相互理解、尊重与融合奠定了坚实的基础。

资本主义的迅猛扩张无疑加速了全球交往的频率与深度,但与此同时,亦引致了贫富差距的显著扩大、阶级矛盾的日益尖锐及贸易技术壁垒的不断筑高。在殖民扩张的历程中,占据主导地位的国家往往以"西方中心论"为意识形态工具,将西方自诩为世界的中心,而将非西方国家置于边缘地位,此举不仅加剧了文化的隔阂,更触发了深层的文化冲突。[①]针对此等论断,马克思主义提出了深刻的批判,并将世界历史置于一个更为宏大的视角之下进行审视。它强调,世界历史应被视为全人类物质文明和普遍交往活动的历史画卷,其中心与非中心的界定不应基于地理方位或文化身份,而应根植于生产方式的变迁之中。马克思主义进一步将世界历史视作"各民族和国家社会历史发展间相互关联、相互作用的总体表现"[②]。尤为关键的是,在资本全球化的浪潮中,工具理性的凸显往往导致了对公平正义的忽视。在这一背景下,世界交往理论深刻揭示了文明冲突的根源并非源自文明本身的差异,而更多地是由于交往过程中存在的不平等与文化霸权。因此,以平等尊重为核心理念的文明互鉴,不仅具有深邃的理论价值,更在当今世界格局中展现出了迫切的现实意义。

(二)文明互鉴在全球风险时代的价值导向

在全球化和现代性不断深化的时代背景下,世界正面临着前所未有的多重风险,这些风险日益严重地威胁着人类的生存与发展。在此背景下,基于马克思世界交往理论的深刻洞见,文明互鉴理念以其平等、开放、包容的核心理念,为我们提供了独特的视角和策略。这一理念不仅将社

---

① 李昊灿、李妍:《习近平新时代文明交流互鉴观的出场语境、理论内涵与时代意蕴》,《领导科学》,2024年第3期。

② 高莉婷、刘国胜:《马克思世界历史理论的逻辑建构和当代价值》,《长江论坛》,2022年第3期。

会发展的工具理性和价值理性相统一,而且在全球文明进步与国际交往新秩序的构建中,展现了其重要的价值导向。通过强调平等与尊重,文明互鉴理念倡导不同文明间的对话与交流,旨在打破文化壁垒,消除误解与偏见,共同寻求发展之路。因此,在当前全球发展环境日益严峻的背景下,文明互鉴理念成为人类应对挑战、实现可持续发展的重要路径选择。它为我们提供了一种全新的思维方式和实践策略,有助于推动全球文明向着更加和谐、包容、进步的方向发展。

自党的十八大以来,我国综合国力实现了跨越式增长,国际影响力和感召力亦显著提升。党的十九大报告中,中国特色社会主义被正式宣告进入新时代,这标志着我国发展步入了新的历史阶段。这一重大论断是基于全面考量、深入分析的结果,它深刻揭示了我国社会当前的发展阶段和特征,科学评估了新中国成立特别是改革开放以来所取得的辉煌成就。同时,这一论断也蕴含了对我国历史交汇期新使命和新目标的战略预见,以及对我国如何在现代化建设进程中抓住战略机遇、有效防范风险、积极应对挑战的深刻认识。新时代的到来,不仅象征着我国从站起来、富起来到强起来的伟大历史飞跃,更彰显着我国蓬勃的生机与活力,不断开辟着发展的新境界。同时,新时代还承载着为世界贡献中国智慧、提供中国方案的重要使命,为解决人类共同面临的问题提供了宝贵的思路与方案。因此,新时代的中国更应秉持全方位、多层次、立体化的战略传播体系,深化国际交流与合作,通过文明交流互鉴增进世界各国间的相互理解与信任,积极推动构建新型国际关系,共同构建人类命运共同体,为世界的和平与发展贡献中国力量。

在战略传播的视域下,文明互鉴观的推广不仅承载了深刻的战略目标,更在哲学、历史与现实等多个维度展现出其独特的价值。从哲学层面出发,文明互鉴指导下的战略传播旨在塑造世界对于多元文明共存共荣的深刻认识,促进不同文明间的相互尊重与和谐共生。而在历史与现实交织的层面,我们更应强调中国文明因自然与历史积淀而形成的内在和平特质,并让世界深刻理解当代中国道路在调和西方文明内在发展危机、推动全球文明进步方面所发挥的积极作用。这一过程不仅是对中国文明独特魅力的展现，更是对构建人类命运共同体的深刻贡献。

三、中国战略传播在推动国际文明交流中的实践与成效

2021年5月31日，习近平总书记在主持中央政治局就加强我国国际传播能力建设进行第三十次集体学习时指出："必须加强顶层设计和研究布局，构建具有鲜明中国特色的战略传播体系，着力提高国际传播影响力、中华文化感召力、中国形象亲和力、中国话语说服力、国际舆论引导力。"这为我国的国际传播提供了一个宏伟的国家战略视角，这种视角的明显优势主要在于对目标的精准确定、信息的系统化传达、目标受众的交流方向及深远的社会影响力的细致设计。

与传统的信息传播模式相比，战略传播更偏向于融合传播活动、政策长期目标和整体战略，这种策略大大提高了传播的指导性。因此，战略传播能更精确地构建和执行与政策目标高度匹配的传播方案，进而显著提高了政策传播的整体效率。策略性沟通的另一个突出特点是信息传达的体制化。这个系统的作用并不仅限于单向的信息发布，它更是渗透到政策的制订、实施和反馈这一连串环节中，构建了一个闭环的信息交流结构。这种系统性的信息传递机制确保了信息的连贯性、一致性和有效性，为政策的有效执行提供了坚实的支撑。[①]

（一）战略传播在国际文明交流中的深度实践与成效

战略传播成效的达成，实则深受传播路径与传播内容间高效整合与协同作用的影响。成功的战略传播，必然离不开对传播内容的精心策划，以确保其能够精准匹配不同的传播渠道并触及目标受众。以全球气候议题为例，中国在全球气候治理方面，通过政策的详细阐述、明确其立场并

[①] 马方方、陈世阳：《中国在全球气候治理领域的战略传播：路径、内容及影响》，《党政研究》，2024年第3期。

展示效果,成功地整合和优化了传播的内容,进而在全球社会中建立了更加高效的沟通渠道,推动了全球气候治理向更为主动和积极的方向发展。中国的绿色"一带一路"倡议是其策略传播的杰出代表,它既展示了中国在全球气候管理及可持续发展中的领导地位,同时也反映了中国对抗国际合作、公共参与和全球挑战时的决心与不懈努力。在政策阐述层面,政府通过发布一套官方文件和分析报告,有系统地明确了绿色"一带一路"倡议的目标、策略及其所带来的成果,从而成功解决了信息不对称的问题,并为全球社会提供了坚实的共识和协作基石。此外,政府也通过简明扼要的政策概述,为非专业的读者传达了这项建议的中心理念,从而大大提高了信息的普适性和受众的接受程度。除此之外,政府正在积极利用外交手段,向外国政府及国际机构推广绿色"一带一路"倡议,旨在增强国际社区对其深层含义和价值的了解和接受。

在立场表达方面,中国充分利用双边和多边机制,大力推广绿色"一带一路"倡议。在国际舞台上,中国代表不仅深入阐释了倡议的核心理念与实践路径,更展示了中国在气候变化和可持续发展领域的卓越领导力。通过签署合作协议、共同发表声明等形式,中国进一步巩固了与各国在可持续发展和环境保护领域的合作关系。同时,借助媒体渠道,中国广泛传播了绿色"一带一路"倡议的相关信息和成功案例,有效提升了倡议在国际社会中的认知度和话语权。

在效果展示方面,中国积极展示绿色"一带一路"倡议下的具体项目和成果,特别是清洁能源项目和绿色基础设施建设等领域的突出成就。

这些项目不只是显示了中国在持续发展的技术,以及绿色经济领域里的创新潜能与领导水平,也反映了中国对于全球的环境保护和应对气候变化的坚决立场。在国际的多个平台上展出这些建议,中国成功地反映了其绿色"一带一路"倡议所带来的真实效果和深远的社会影响,进一步增强了倡议的国际影响力和可信度。同时,中国还注重分享项目的经验教训与挑战解决方案,为国际社会提供了宝贵的借鉴和启示。

(二)战略传播媒体实践中的策略优化与形象塑造

在媒体实践层面,各级各类媒体近年来成就斐然,积累了宝贵的经验。然而,鉴于当前国际形势的复杂多变与不确定性,我们必须审慎地审视过往经验的现实适用性和潜在问题,并探索其战略优化的新路径。[①]在国际传播策略的制定与实施中,必须精准识别并区分不同的传播受众和传播目标。面对周边国家、发展中国家及"一带一路"倡议的成员国和地区,我们都应当遵循平等互动、真诚包容的理念,这不仅能体现中国的开放和自信,更要展现我们的谦逊与和平,致力于打造一个充满真诚、值得信赖及被人尊敬的中国形象。在面对国际的反华和遏华势力时,我们应有勇气直面这些挑战,揭示背后的黑暗面,揭露真实情况,站在事实的一边,坚决反驳它们对中国的诋毁与造谣。特别是在民主人权、民族宗教、民生反腐等领域,我们需抨击批驳西方国家的不实言论,逐一击破其谬误,展现中国的正义立场和坚定决心。此外,我们还应该主动积极设置议题,站在舆论的高点上,倡导各国的平等和和平发展思想,坚决反驳国际霸权和双重标准。通过塑造一个公平和理性的国际新社会,通过影响国际舆论,为中国的发展营造良好的国际环境。[②]

维护国际准则,维护国家主权、安全和发展利益。面对香港"修例风波"的严峻挑战,中央广播电视总台(简称"总台")精心策划并推出了英语专题报道《迷失的香港》。该专题以确凿无疑的证据,深刻揭露了乱港分子的真实面目及其背后的操纵势力,为国际社会拨云见日,还原了事实真相。此举不仅为全国人民代表大会对香港局势的释法及维稳举措提供了强有力的舆论支持,更彰显了我国在维护国家统一与稳定方面的坚定立场和决心。

---

① 白贵、邸敬存:《国际战略传播:如何超越"地方性"话语局限》,《现代传播》(中国传媒大学学报),2022年第44卷第11期。

② 张迪:《文明交流互鉴下的中国国际传播研究:范式创新与路径重构》,《新闻与写作》,2022年第12期。

在倡导人类命运共同体的理念中,中国智慧以其深厚的历史底蕴和实践经验为国际社会提供了独特的视角和方案。在战略传播的视角下,我们应立足于五千多年辉煌灿烂的中华文明,利用中国发展的实际案例,积极进军国际的传媒渠道和平台,广泛地传播中国的观点、聪明才智和解决方案。透过深入探讨中国的多维视角,包括发展理念、文明观点、安全观念、人权观念、生态观点,以及国际秩序与世界治理的理念,我们致力于与全球社群共同合作,为解决全人类所面临的各种复杂问题而贡献智慧与力量。2015年,央视精心策划并推出了《"一带一路"特别报道·数说命运共同体》系列报道,该报道以共建国家的日常生活为切入点,运用翔实的数据,生动展现了数十亿民众在"一带一路"倡议下共同生活的美好画卷。2023年,新华社再次推出了备受瞩目的《"一带一路"故事绘》这一作品。这部作品通过精湛而鲜活的描述,展现了得益于"一带一路"的各国民众的幸福生活和世界建设者们的不懈努力,触动了无数网民的心弦,展现了"一带一路"倡议在促进国际交流与合作、增进人民福祉方面的巨大成就。传播效果的达成离不开文明的交流互鉴,匈牙利作为第一个正式批准加入"一带一路"倡议的欧洲国家,通过组织如"中国电影周"的文化活动周等多种途径,以文化作为纽带,并结合中国传统文化进行重新解读,这无疑为中匈两国开辟了一条跨越文化差距和实现文化交互的全新途径。[1]

(三)平等对话与深入沟通在战略传播中的实践

实现传播效果的优化,核心在于倡导平等对话与深入沟通。习近平主席曾深刻指出:"文明交流互鉴是推动人类文明进步和世界和平发展的重要动力。"

该判断深刻地阐明了平等对话与沟通在推动文化传播和确保传播效

---

① 贺永祥、王小杨:《转型与重构:"一带一路"精准传播的新范式》,《对外传播》,2023年第11期。

果方面的核心价值。2019年5月30日是一个令人印象深刻的日子。央视CGTN英语频道的主播刘欣和美国福克斯商业频道的主播翠西·里根(Trish Regan)在节目《黄金时间》的"跨洋对话"中展示了出色的表现,可被认为是最佳示范之一。这次讨论的核心内容是中美之间的贸易摩擦,时长为16分钟,并激起了广大社会的热议。截至北京时间30日的中午12点,这个主题的阅读次数已经达到了惊人的8.2亿次。刘欣在对话中展现了充分的准备和冷静的应对,以礼貌而坚定的态度阐述了中方对贸易争端的立场和看法。①

另一值得关注的案例是《从长安到罗马》纪录片。这部作品由中国和意大利两国导演联手打造,采用每一部时长5分钟的百集微纪录片的展现方式。该电影以"长安"和"罗马"这两座城市并列的视点,深入探讨了背后文明的历史和"丝路"历史的深远关联。在碎片化的时间中,观众得以感受"丝路"两端的都市文化,以及"丝路"的发展脉络和其历史进程。这部作品不仅促进了中意两国文化的交流互鉴,也为观众呈现了一幅跨越时空的文明画卷。②

2021年的11月初,第四届中国国际进口博览会在上海盛大开展,吸引了大量的目光。中央电视台精心制作的《全球CEO看进博》节目在《中国新闻》的黄金播出时段中每天都会播放,其主要内容集中于与多家全球顶级公司CEO的深入对话。这些专题访谈深入地讨论了他们为何选择中国市场作为主要选择,并分享了他们对中国持续扩大开放策略、取得的进展及对未来的独特理解。此节目以全球范围展现了各领域和国家独特的声音融合,为我们展示了行业的前沿发展趋势、全球经济的主要动向、中国的最新对外开放策略,以及中国商业环境不断进化所带来的诸多益处。这一独特的视角和深入的剖析不仅吸引了国内外观众的广泛关注,

---

① 张君昌、陈积流、张引:《构建中国特色战略传播体系,着力提升国际传播能力》,《新闻战线》,2022年第15期。
② 苏米尔、彭傲:《近年来"一带一路"题材纪录片创作与传播发展报告》,《电影文学》,2024年第2期。

更被众多国际媒体竞相转载,产生了深远的影响。

在推进国际传播的过程中,实践表明,内容的构建需精准地融合我方欲传达之信息与受众所关切之内容。在表达手法上,需巧妙地将"叙事之艺术"与"论理之逻辑"相结合,以此确保信息的丰富性与深度。而在传播手段上,更应积极采用多元声音的协同,即"单方陈述"与"多方观点"的交融,从而确保信息的立体展现与深入解读。这种综合策略不仅有助于将故事生动、深入地讲述,更能显著提升国际传播的有效性与影响力。①

四、未来中国战略传播的发展方向与展望

(一)坚持实事求是,打造"以我为主"的战略传播话语体系

习近平总书记在中共中央政治局第三十次集体学习时指出:"要加强国际传播的理论研究,掌握国际传播的规律,构建对外话语体系,提高传播艺术。"在文明互鉴为支点的战略话语体系的建构进程中,我们需深入于思想维度与价值观层面,与其他文明展开深度的话语交流与对话。这一过程不仅要求我们在思想层面上具备开放性和包容性,以尊重并理解不同文明的独特性,还需在价值观层面上寻求共通点,以促进不同文明间的和谐共存与共同发展。通过这样的对话与交流,我们旨在构建一种既能体现中国文明特色,又能与世界文明相互融合、相互促进的对外话语体系。②

鉴于国际传播受众的文化背景差异显著,我们在制定传播策略和内容时,应精准把握目标受众的思维模式和语言习惯,采取差异化的传播方式,在坚持中国特色、坚守政治立场和文化根基的同时,我们要灵活多变地运用不同的话语策略以适应国际传播的多样性。具体而言,当塑造国

---

① 张君昌、陈积流、张引:《构建中国特色战略传播体系,着力提升国际传播能力》,《新闻战线》,2022年第15期。

② 刘瑞生、王井:《"讲好中国故事"的国家叙事范式和语境》,《甘肃社会科学》,2019年第2期。

家形象或组织形象时，我们可采用品牌化策略，突出积极正面的中国特色，使受众形成独特的中国记忆。在面对热点事件或敏感话题时，我们应秉持务实原则，以客观事实和翔实数据为支撑，确保信息的真实性和可信度，有效遏制外媒的抹黑与歪曲。而在回应不实报道时，我们应运用严肃而坚定的语言，深刻剖析事件本质，明确表达核心观点和立场，展现中国的智慧和力量。

构建"以我为主"的战略传播话语体系，既要尊重国际传播的普遍规律，又要凸显中国的独特性和创新性，确保在多元文化背景下有效传播中国声音，提升中国的国际影响力和话语权。[①]在全球化背景下，一个文明若欲实现理想的跨文化传播效果，实现从"外部输出"到"内部融入"的跨越式转变，必须展现出其独特的借鉴意义。在深入探讨中国故事传播效果的评价体系中，核心焦点应聚焦于目标受众的接受度和认同感。为此，我们需要审慎地为中国文明的传播构建缓冲带，即避免在传达文化核心内涵时，受到其他潜在领域的负面因素干扰，引发不必要的混淆或误解，从而确保中国故事能够跨越文化隔阂，深入影响更广泛的受众。[②]

（二）拓宽渠道，精准运用多元化载体传递文明精髓

文明互鉴的实现，离不开媒介的桥梁作用，而每一种媒介都承载着其独特的传播轨迹和影响力。例如，商品通过经济贸易的流通渠道，政策、制度、法律则依托政治和外交的框架进行传播，思想文化则借助文化产品、大众传媒等多样化的手段，科学技术则依赖于学术研究和发明创造的前沿平台。在纷繁复杂的传播载体中，我们必须认识到，人作为社会文化的主体，是"文明交流互鉴最为理想的载体"[③]。人不仅具备跨越不同文化

---

① 张迪：《文明交流互鉴下的中国国际传播研究：范式创新与路径重构》，《新闻与写作》，2022年第12期。

② 段鹏：《加强全球文明交流互鉴对我国国际传播能力建设的重要意义》，《现代出版》，2024年第2期。

③ 习近平：《深化文明交流互鉴共建亚洲命运共同体——在亚洲文明对话大会开幕式上的主旨演讲》，《思想政治工作研究》，2019年第6期。

背景的沟通能力,还能在亲身体验和深入交流中,实现文明精髓的深刻理解和有效传播。因此,在文明传播的学术探讨中,我们应充分重视人的主体性作用,深入挖掘和利用人的潜能,以实现文明交流的深度与广度。

在推进文明互鉴战略传播的过程中,我们首先需要激发中华民族群体及其每个个体的主体自觉性。人之所以成为文化与传播的核心交汇点,首要因素在于人本身即为文化塑造的产物。每个人身上都承载着独特而鲜明的文化烙印,这些烙印源于历史的长河,凝聚着本民族的独特气质和文化基因。其次,文化由人创造并得以传承,每个个体都对其所属文化拥有深刻的理解,并在日常生活中不自觉地流露出民族文化的深远影响。在此背景下,每个中国人不仅是中华文明符号的承载者,更是中华文明实践的参与者与见证者。他们的言行举止、思维方式及价值观念,无不反映出中华民族的文明实践水平和社会文明的发展程度。①因此,我们应当致力于提升民族整体的综合文化素质,通过人文交流深化民心相通,从而在全球化的背景下,更加自信、开放地展现中华文明的独特魅力与深刻内涵。

另外,我们应当创造性地优化和发挥不同传播载体的综合效能与整合效应。在对外贸易的实践中,我国的物质文明通过商品和服务的流通得以广泛传播,而蕴含其中的精神文明亦随之流向目的地,形成了一种文化的扩散与交融。②文明的各个组成部分是相互依存、紧密联系的,因此,我们应当将跨文化传播视为一种战略传播行为,通过精心策划与系统性布局,实现传播载体的多层次、多元化组合,以期达到事半功倍的效果,进而在全球化的舞台上更加有效地推广和弘扬中华文明。

(三)深化媒体融合,拓展国际传播视野,提升战略传播效能

自21世纪初以来,中国经济社会的蓬勃发展已成为全球瞩目的焦

---

① 戴圣鹏:《论文明交流互鉴的载体与原则》,《学习与探索》,2023年第5期。

② 谢孟军:《中华文化"走出去"对我国出口贸易的影响研究》,《国际经贸探索》,2017年第33卷第1期。

点,吸引着国际社会的广泛关注。随着国际交流与合作的不断深化,我国在国际传播领域中的表现不仅影响海外受众对中国的关注焦点,更塑造着他们对中国的整体认知。为此,要全方位地呈现现代中国取得的进步和成果,深入把握和利用媒体融合带来的信息技术变革显得尤其关键和必要。在这种情境下,推进具备全球视野的媒体的深度整合已经成为当务之急。此战略的执行被分为两个关键步骤。首要任务是构筑一个多元化和具有国际特色的媒体传播架构,以确保信息能够以准确和迅速的方式送达全球各地。其次,要深化媒体内部的技术创新和内容创新,提升媒体在国际传播中的影响力和竞争力。通过这两个步骤的有机结合,我们将能够更有效地推动中国声音、中国故事在全球范围内的传播与共鸣。[①]

　　具体而言,首要任务应是构建一套全面而精细的国际化媒体矩阵。随着技术革新的浪潮席卷全球,新兴媒体已逐渐崭露头角,其国际影响力日益凸显。特别是在移动互联网的迅猛发展中,手机端的移动应用已成为全球用户获取信息的关键渠道,并且呈现出显著的用户依赖性。鉴于此,在加强国际传播任务中,我国尤其需要关注国际社交网络上账户的布局和建设工作。不同的平台需根据不同的受众特点,进行精准定位与布局,从而在多样的平台上创建针对不同地域、各种语言环境的多元账号架构。这项策略的目的是尽量增加海外听众的数量和覆盖范围,并深化与他们的沟通与联系,以推动我国文化与价值观在全球范围内的有效传播。

　　此外,在探讨深化国际传播策略的道路上,构筑具备强劲竞争力的新型主流媒体是另一关键环节。在全球舆论生态中,主流媒体乃一国之声的重要载体,其影响力在战略传播领域尤为显著。因此,培育具备国际视野的新型主流媒体,对于提升我国在国际舞台上的话语权具有举足轻重的意义。主流的媒体平台应该致力于将国内外丰富的传媒资源和生产资源进行整合,以实现技术创新、内容更新及渠道扩展等多个方面的深度整合和资源共享。通过这一策略,新型主流媒体将能够显著提升其国际传

---

① 孙明:《中国式现代化的国际传播意蕴》,《当代世界》,2023年第8期。

播的引领力、传播力和影响力，从而在全球舆论场中发出更为响亮、更为有力的中国声音。

（四）互利共赢，以战略传播探索世界文明共同进步的新型路径

继全球发展倡议、全球安全倡议之后，2023年3月习近平总书记在中国共产党与世界政党高层对话会上，高瞻远瞩地提出了第三个全球倡议——全球文明倡议。此倡议旨在深化全球各国、各民族之间的文明交流互鉴，深入挖掘各国历史文明的时代价值，共同携手推动人类文明的繁荣发展。面对世界百年未有之大变局和中华民族伟大复兴战略全局，这三个倡议共同构建了一个"三面一体"的协同进步格局设想，为当前世界人类发展与全球治理指明了方向。

其中，文明互鉴离不开和平稳定的发展环境，人类进步则依赖于安全与文化交融的稳定包容理念，而世界的安全与和平则需要通过共同发展与人文交流来创造现实条件。在战略传播的层面上，应将发展、安全、文明倡议统筹谋划、协同实施，形成强大的合力。同时，面对国际竞争日趋激烈的现实，国家权力的延伸已从现实空间拓展至数字虚拟空间，网络信息舆论战愈发激烈。在全球性交流合作的过程中，我们必须高度重视自身发展的安全性，坚定维护国家主权与尊严，确保在全球舞台上发出坚定有力的中国声音。

（五）贯通评估，以综合维度深化国际传播效果考量

在战略传播的范畴内，打造一个综合性、体系化的传播成果评估模型，对增进我国在全球范围内的传播实力产生了积极的推进效果。习近平总书记在2016年党的新闻舆论工作座谈会上深刻指出："我国综合国力和国际地位不断提升，国际社会对我国的关注前所未有，但中国在世界上的形象很大程度上仍是'他塑'而非'自塑'，我们在国际上有时还处于有理说不出、说了传不开的境地，存在着信息流进流出的'逆差'、中国真

实形象和西方主观印象的'反差'、软实力和硬实力的'落差'。"①从以上事实可以看出，虽然提高传播能力是国际传播行为的基础要求，但在国际传播的全过程中，对传播效果的评估则是至关重要的一环。构建一个全球传播效益的综合评价框架，有助于为国际传播行为创造一个可预见、可观察和可度量的闭环环境。这样，可以让国际传播最大限度地展示其效果，并为塑造真实、综合的中国形象提供坚实的基础。②

首先，为确保战略传播活动的有效性，我们必须确立清晰且具体的传播目标，避免盲目、无目的地进行实践。要评价传播成果的关键是要仔细检视传播过程是否达到了预先设定的目标，并且深刻地分析其在短时期内的影响，以及从长远来看的后果。

明确的目标不只可以使传播过程变得更为精确，还可以把多种传播策略串联起来，构建一个有组织的传播模式。再者，对传播的具体行动进行详细的任务管理显得尤为关键。在各个传播节点上，我们都必须定义相关的数据和非数据指标，以便能够实现传播效益的有序、简化、数据和可视化评估。该措施有助于我们更为明确地了解传播活动的发展和实际效用。最终，收集和分析受众的反馈意见是关键，不能轻易放过。特别针对在社交网站中发生的信息传播行为，我们应当实施实时的数据追踪，以深入探索海外受众在阅读、点赞、发表评论和分享方面的各种做法。利用这些信息，我们可以对传播策略进行适时的微调和完善，确保更为有效地满足受众的需要并进一步增强传播成果。从前面分析可以看出，完善战略宣传成果的综合评价体系应从初始的目标设定、中期的任务规划及后续的反馈收集这三个方面进行深入的评估。这种方式不仅可以确保传播过程的目标明确与效果明显，还有助于推动传播活动朝着更加持续的优化与进步发展方向前进。

---

① 段鹏：《加强全球文明交流互鉴对我国国际传播能力建设的重要意义》，《现代出版》，2024年第2期。

② 巩红新、王丛丛：《文明互鉴论：世界文明交往秩序变革的中国智慧》，《理论导刊》，2022年第2期。

随着国际形势的复杂多变和信息技术的迅猛发展,战略传播已不再是简单的信息传递,而是成为国家软实力建设、国际形象塑造及全球话语权争夺的重要工具。展望未来,中国战略传播的发展方向将更加注重多元化、精准化和智能化。多元化体现在传播渠道的拓展和传播内容的丰富上,我们将利用多种媒介形式,包括传统媒体和新媒体,以更加多样化的方式呈现中国声音,展示中国形象。精准化则强调传播目标的明确性和传播策略的针对性,我们将更加深入地分析目标受众的需求和兴趣,制定更为精准的传播策略,以实现更有效的传播效果。智能化则是借助大数据、人工智能等先进技术,对传播过程进行智能化管理和优化,提高传播效率和效果。在展望的同时,我们也必须清醒地认识到面临的挑战。如何在国际舞台上更好地发声、如何更有效地应对国际舆论环境、如何在全球传播格局中占据有利地位,这些都是我们需要深入思考和解决的问题。因此,我们需要加强战略传播的理论研究和实践探索,不断提升战略传播的能力和水平,为中国的发展和国际形象的塑造贡献更大的力量。总之,未来中国战略传播的发展方向与展望是一个充满机遇和挑战的领域。我们期待在未来的实践中,不断探索和创新,为中国战略传播的发展贡献更多的智慧和力量。

第四章

方法创新：

以帮助读懂中国式现代化增强国际传播力

传播中国式现代化的重要性不仅在于展示中国的现代化成就和经验，还在于提供一种不同于西方的现代化路径。在此过程中，创新传播方法，并帮助世界更好地读懂中国、读懂中国式现代化至关重要。

中国式现代化是指在中国共产党的领导下,立足国情,走出一条具有中国特色的现代化发展道路,注重协调经济发展、社会进步、环境保护和文化传承。传播中国式现代化的重要性不仅在于展示中国的现代化成就和经验,还在于提供一种不同于西方的现代化路径。在此过程中,创新传播方法,并帮助世界更好地读懂中国、读懂中国式现代化至关重要。本章将从中国式现代化五大特征的国际传播实践,推动理解中国式现代化作为人类文明新形态的国际传播方法,以传播中国式现代化塑造可信、可爱、可敬中国形象,中国式现代化国际传播中的精准传播四个部分展开分析。

第一节 发现精髓:中国式现代化五大特征的国际传播实践

中国式现代化具有五大特征,即人口规模巨大、全体人民共同富裕、物质文明与精神文明相协调、人与自然和谐共生、走和平发展道路。在中国国际传播实践过程中,传播这五大特征至关重要,因为它们不仅展示了中国独特的发展模式,也为其他国家提供了可借鉴的经验和理念。本节将具体阐述有关这五大特征的国际传播实践和方法,展示如何有效通过五大特征,帮助世界读懂中国式现代化。

一、基于人口规模巨大现状,传播现代化建设之人民性

中国式现代化是人口规模巨大的现代化,该特征内嵌于中国从传统社会迈进现代社会的历史道路,彰显着中国式现代化必须坚持人民至上的价值追求。《2023年国民经济和社会发展统计公报》显示,年末全国人口已达140967万,[①]这一庞大的基数意味着中国式现代化的推进面临着

---

① 国家统计局:《中华人民共和国2023年国民经济和社会发展统计公报》,2024年2月28日,见 https://www.stats.gov.cn/sj/zxfb/202402/t20240228_1947915.html。

超越现有发达国家的复杂性与艰巨性,要求我们必须探索出一条既符合自身国情,又能实现全面、协调、可持续发展的独特道路,其核心在于充分考虑人口因素及其与社会、经济、环境等多维度的相互作用。从根本上讲,中国式现代化的本质即人的现代化,其服务对象和内生动力是人民群众。面对人口规模大的基本国情,我国积极推进高质量民生建设,通过一系列惠民政策与福祉措施,不仅满足了庞大人口群体的多元化需求,更体现了中国式现代化在促进国内发展的同时,对全球共同进步的积极贡献。

中国作为文明古国拥有丰富的历史文化,改革开放后积极融入全球化的步伐为其赋予了全新的现代化特征,因而中国国家叙事的建构必然是多元的、复合的。乡村叙事通过刻画个体命运、乡村振兴、时代浪潮、国家大计的紧密联系,更好地体现我国现代化建设是基于人口规模巨大的现实。例如,系列报道《我们住在熊猫村》呈现了非遗扶贫模式,当地女性虽身处乡村却有着与时代共振的前沿思维,深刻意识到需要在牛毛纺织品中加入现代元素,实现商业模式数字化转型;纪录片《寻漆中国的法国漆匠》生动展现了"传统文化+产业"的乡村振兴新路径,为法国艺术家文森·漆实现艺术理想创造利好条件;新闻纪录片《行进中的中国》推介了阿里巴巴打造的的蚂蚁森林生态扶贫模式,通过推动"绿色用工"让当地贫困户参与到驻林员的队伍中,不仅有效治理了荒漠化问题,也使得甘肃省古浪县成功摘掉了贫困县的帽子。由此可见,向海外传播中国人民在乡村振兴中的创新思维与实践成果,可助推中国扶贫经验与模式走向世界。

中国式现代化的服务对象和内生动力是人民群众,通过惠民福祉的举措彰显中国式现代化的本质是人的现代化。人权是国际社会普遍关注的议题,因此,如何在国际传播中传播好中国为维护人权问题作出的努力非常重要,它关乎中国的国际形象、国际社会对中国的正确理解,以及全球人权事业的共同发展。《新时代中国人权》是首部反映新时代中国人权发展道路的电视片,既全景展现我国与"人民至上"的执政理念、脱贫攻坚的历史创举、人类命运共同体的中国智慧等紧密结合的现状,又通过具体人物故事将"人权""生存权""发展权"等概念具象化,有效提升了中国在国际人权领域的正面形象。此外，通过多语种译制与海外播出，该片进一步增强了全球对中国人权理念与实践的理解与认同。新闻直播作品《亚克西！新疆棉花朵朵开》以现代科技在助力新疆棉花丰收的场景，有力驳斥了反华势力对新疆的恶意诋谤。该策划践行了"对话"理念，专家学者、国际采购商、棉农代表等各界人士纷纷发声，以亲身经历与见闻辩驳海外关于"新疆劳工问题"的虚假指控。作为一场对西方抹黑进行有力回击的国际传播实践，该直播作品突破了目前国际传播单方面发声的有限视角，有助于我国以兼收并蓄、海纳百川的国际叙事在世界话语格局中站稳脚步。

中国式现代化在应对人口规模巨大挑战的同时，积极探索符合自身国情的发展道路，在宣介成就的同时不规避问题，在横向类比各国国情的同时坚持从我国历史中来，通过高质量民生建设、多元复合的国家叙事构建及人权事业的积极传播，不仅促进了国内的全面协调发展，也为全球治理提供了宝贵经验。

二、通过全体人民共同富裕，为世界减贫议题提供中国智慧

中国式现代化的一个重要特征是全体人民共同富裕，这意味着不是少数人享有经济发展的成果，而是全体人民都能在这一进程中受益。在我国国际传播中，这一理念至关重要，它不仅展现了中国的发展模式，也展示了中国致力于解决社会不平等问题，推动全球共同发展的坚定决心。

反贫困始终是古今中外国家治理与社会安定的大事，消除贫困是人类的共同理想，消除贫富分化更是世界各国在现代化进程中面临的迫切任务。实现共同富裕体现了科学社会主义的先进本质，不仅是中国共产党努力实现全体中国人民对幸福美好生活向往的着力点，也承载着全体中国人民对于美好生活的共同愿景。消除绝对贫困不仅为中国人民整体迈入现代化奠定坚实基础，更以独特的发展路径挑战了西方现代化模式的单一叙事，为世界尤其是其他发展中国家减贫事业，贡献了中国智慧与中国方案。

在中国波澜壮阔的减贫征程中,一批扎根中国减贫实践的优秀作品应运而生。《人民日报》英文客户端凭借其独特的"暖传播"策略,聚焦于微小而真实的个体故事,跨越文化界限,传递人类共通的情感与价值,激发了国际社会的广泛共鸣与认同。其短视频作品《回到大山:3分钟创意沙画讲述脱贫故事》借助沙画艺术的表现形式,生动再现了277万驻村帮扶人员无私奉献、攻坚克难,带领群众脱贫的感人场景,使扶贫故事更可观可感、贴近人心。纪录片是时代伟大的见证者,扶贫题材纪录片作为时代的镜像,以贫困群众和扶贫干部为主体,真实再现了中国扶贫实践历程。纪录片《前线之声:中国脱贫攻坚》是首部海外播出的中国扶贫工作深度纪录片,生动翔实地记录了我国消灭极端贫困的战略构想及相关努力,深度解析了我国的扶贫成效。该片在美国公共电视网加州电视台的播出标志着中国扶贫故事首次深度触达国际舞台,赢得了全球观众的赞誉与高度评价。电视剧《山海情》的跨国破圈传播,更是中国叙事创新与视听传播力提升的重要历史起点。该剧已成功在五十多个国家和地区的主流电视台播出,通过本土化译制配音和多种语言版本,以及创新宣推方式,实现矩阵式传播,吸引了全球观众的广泛关注。其务实有效的减贫方案广深受阿拉伯、东南亚等地区的发展中国家肯定,使得中国扶贫方案从西海固走向国际。

中国减贫事业的成功实践及国际传播实践蕴含着深厚的天下情怀与人类抱负,通过具体案例的生动诠释、多种媒介形式的创新运用及国际交流平台的积极构建,展现了中国共产党实现全体人民共同富裕的坚定决心,不仅展现了中国发展道路的独特性,也为全球减贫治理提供了宝贵的经验参考与启示。

三、物质与精神文明相协调,推动中华文明赓续繁荣

中国式现代化的深刻内涵,根植于物质文明与精神文明相互协调、和谐共生的哲学理念之中。在党的坚强领导下,中国不仅创造了举世瞩目的经济奇迹与社会稳定奇迹,还推动了社会主义文化的蓬勃发展。但作

为世界文明古国与文化资源大国,我国的文化国际影响力与综合国力之间尚存差距。因而,我国在推进现代化进程中必须秉持全面发展的视角,既奋力推进物质文明的繁荣昌盛,又矢志不渝地促进精神文明的跃升。这一过程,核心在于精准把握两者间的辩证关系,以全面、辩证、平衡的视角,将精神文明建设作为核心要素深度融入现代化建设的全过程,使之成为社会生活各领域不可或缺的组成部分,实现彼此间的良性互动与协同发展。这不仅是坚持与发展中国特色社会主义的内在逻辑要求,也是推动社会全面进步和人的全面发展的必由之路。我国在大力促进物质文明发展的基础上,通过挖掘传统文化精髓实现了中华文化的创造性转化与创新性发展的新突破,在科教与文化活动等方面的对外传播中收取了良好成效。

人口高质量发展是物质文明与精神文明和谐发展的重要支撑,其实现深刻依赖于教育体系的优化与升级,旨在培育满足现代化需求的高素质人才,从而释放并延续"人才红利",为社会发展注入不竭动力。步入人口高质量发展新阶段,我国正深入践行科教兴国与人才强国战略,加速实现从人力资源大国向人力资源强国的跨越。面对新时代新征程,我们更应积极拓展国际中文交流空间,以国际中文教育为核心,以文化传播为纽带,增强国家文化软实力,进一步提升中华文明在全球的影响力和感召力。孔子学院一直是讲好中国教育故事的龙头和旗舰,通过开设汉语教学课程、举办丰富多彩的文化活动、组织国际交流访问项目,以及构建品牌化路径和全媒体矩阵等多元化手段,全方位、多层次地推广汉语教学和中华文化,促进中外教育交流与合作,凭借其广泛的国际网络、丰富的教学资源、灵活多样的传播方式及强大的品牌效应,在国际传播中展现出独特优势,成为推动中华文化走向世界、增进国际理解与友谊的重要力量。

随着全球化日益深入,文化交流已成为不同国家间增进理解、促进友谊的重要桥梁,一系列创新性的文化交流项目如雨后春笋般涌现,也是呈现我国物质文明与精神文明和谐发展的有力证明。例如,"云·游中国"系列项目充分利用互联网和社交媒体平台的优势,开展"八段锦和中医知识锦囊在线课堂"网课、"古韵龟兹·丝路库车",大美新疆摄影展、"世界太极日"等丰富多彩的活动,使得全球观众足不出户就能领略到中国的大好风光和深厚文化。这不仅为国内外观众提供了丰富的文化体验,也有效推动了中华文化的国际传播,增强了中华文化在国际社会的影响力和吸引力。京剧动画《京剧猫》以全球受众共同理解的文化语言,将传统文化中的京剧元素与动画相结合,对中国国粹京剧进行了全新的诠释和呈现,以正义、勇敢与成长的价值观,引发了不同文化背景观众的共鸣和认同。这种以动画为媒介的文化传播方式,不仅扩大了中华文化的受众范围,也增强了中华文化的国际影响力,成为中国动画"出海"的典范之一。

中国国际传播实践全方位、多层次地推动物质与精神文明协同发展,通过挖掘传统文化精髓、促进人口高质量发展、创新文化交流形式等多元化文化传播策略,追求经济繁荣的同时不忘文化之根,以文化自信为引领,不断推动中华文明赓续发展,在世界舞台大放异彩。

四、人与自然和谐共生,讲好生态环保的中国故事

人与自然和谐共生的中国式现代化理念植根于人与自然是生命共同体的思想。过度索取乃至破坏自然资源必将招致自然界的反噬,这一规律在人类工业化、现代化的全球历史进程中已被充分验证,西方国家"先污染后治理"的模式即是前车之鉴。中国在探索现代化建设的征途中,毅然决然地开辟了一条生态优先、绿色引领的高质量发展新航道,秉持节约资源、保护环境、自然恢复为主的原则,矢志追求可持续发展,力求实现人与自然和谐共生的美好愿景。该理念对于引领全球生态文明建设的潮流、构建人类命运共同体,具有不可估量的深远意义。

在全球范围内,生态环境保护与绿色发展已成为普遍共识。作为世界最大的发展中国家,中国在生态文明建设领域的卓越成就,不仅体现在政策框架的完善与创新上,更通过生动实践向世界展示了中国在绿色发展道路上的坚定步伐和积极探索。对云南野象群集体北迁的妥善安置,展示了一场出色的生态文明"软传播"实践。云南采用九台专用无人机,装配尖端的夜间红外观测设备,实现了对象群活动轨迹的24小时不间断

监控,并通过全媒体平台的即时传播,让云南大象作为中国"网红"跨越国门、走向世界。通过科学严谨的监测体系、人性化的引导策略及跨部门、跨区域的紧密协作,云南成功地将迷途的象群安全引导回归其原始栖息地,既有效保护了珍稀野生动物种群的安全,也确保了周边居民生命财产免受威胁,实现了生态保护与民生安全的双赢。这一系列举措彰显了中国在野生动物保护领域处理人与自然关系的智慧与创新成果,向世界展示了中国在生态文明建设方面所取得的卓越成就。

中国新能源产业迅猛崛起,在全球能源版图中占据领先地位。在国际传播中,注重新能源企业品牌建设不仅关乎我国新能源产业的国际形象与地位,还直接影响到企业的国际市场竞争力,以及国家在全球能源转型中的话语权和影响力。中国能源建设集团充分挖掘新能源"超级工程"蕴含的绿色科技魅力、企业社会担当,并展现多元文化交融理念,向世界讲述中国援外建设的"双碳"故事。2023年9月25日,中国能建与环球网采用前沿云端直播技术,向世界展示了乌兹别克斯坦布哈拉风电项目建设成就。当地主播不仅进入33层楼高的风机叶片塔筒之巅,以震撼人心的"第一视角"直播了塔内工作环境与尖端设施,还分享了从塔顶俯瞰的百米高空壮阔景观,让全球观众仿佛身临其境。在直播过程中,我国巧妙融入了故事叙述,详细讲述了"一带一路"倡议下被誉为"最长的货物"的中国造风机叶片,如何历经5200千米的艰难险阻成功穿越国际边境抵达中亚腹地。一系列精心设计的趣味环节,巧妙地将复杂的新能源科技知识与设备原理转化为生动有趣的内容,规避了传统科普的枯燥弊端。此次直播不仅是中国新能源产业实力的一次全球展示,更是中国致力于构建人类命运共同体、共谋绿色未来的生动实践。

此外,广西柳州作为中国汽车工业的重要基地,依托汽车产业优势,成功塑造了"电动汽车之都"的城市品牌形象。通过持续不断的推广与介绍,2021年6月,美国彭博新闻社来到柳州进行了实地采访,并随后发表了题为《"电动汽车之都"柳州给世界的启示》的报道。随着柳州汽车产业发展壮大,柳州不仅实现了汽车产品的海外拓展,还建立了海外生产基地,实现了从"借船出海"到"造船出海"的战略升级,促进了民心相通与文化交流,进一步提升了柳州乃至中国在全球范围内的影响力。这一系列实践,不仅是中国绿色发展战略的成功案例,也为全球其他城市提供了可借鉴的发展模式与经验。

在推动绿色发展的全球进程中,我国充分发挥公众个体、环保组织及大国企业的多元主体作用,共同讲述生动案例、翔实数据与确凿事实,以新能源产业的国际品牌塑造及城市绿色发展战略的广泛推广为抓手,精心打造具有全球影响力的城市形象与国际形象。基于此,我国积极回应国际社会对生态环境信息的迫切需求,不仅展示中国在绿色转型道路上的坚定步伐与显著成效,更致力于向世界阐释中国独特的绿色发展经验,让世界深刻理解中国的发展观与生态观,促进了国际间在绿色发展领域的交流与合作。

五、走和平发展道路,坚持大国博弈中和平外交立场

中国式现代化是一条和平发展的现代化道路,这既体现了中国的和平发展理念,也是中国式现代化的重要特征和必然选择。中华文明源远流长的和平基因,是其坚持和平发展道路的历史文化根基,"协和万邦""亲仁善邻"的儒家思想以及"兼爱""非攻"的墨家主张至今仍体现在我国外交理念中。在现代化进程中,我国尊重多样性,不将自己的价值观念与政治制度强加于其他国家;坚持合作共赢的原则,摒弃对抗思维,坚决反对任何形式的"党同伐异",不走通过侵略、殖民、剥削等方式实现现代化的路径。当今中国仍在和平宽广的大道上奔向伟大复兴梦,正是因为我们始终坚持是中华民族几千年来和平共生的处世之道。

中国在巴以冲突与俄乌冲突中的外交立场与策略,是其在大国博弈中坚持和平外交的鲜明例证。中国始终秉持和平、发展、合作的理念,致力于维护世界和平与稳定,促进全球共同发展繁荣。这种立场不仅符合中国的国家利益,也有利于维护国际社会的和平与稳定。在巴以问题上,中国一直积极倡导并推动落实"两国方案",即寻求在巴勒斯坦和以色列

之间达成公正、持久且双方都能接受的解决方案,实现巴勒斯坦和以色列之间的和平共处。其核心理念是通过和平谈判化解争端,推动停火止战,避免冲突升级,并寻求为人道主义援助开辟道路。该立场体现了中国对和平的执着追求,以及对国际法和国际关系准则的尊重。在俄乌冲突中,中国始终保持中立立场,积极劝和促谈,秉持尊重主权与领土完整的原则,呼吁各方通过对话协商解决分歧。《关于政治解决乌克兰危机的中国立场》充分体现了中国在国际事务中没有隔岸观火,而是在为实现和平发挥积极作用。

"三大全球倡议"是支撑人类命运共同体理念和实践的重要支柱,体现了中国在国际事务中愿同国际社会一道,努力推动全球发展、全球安全和全球文明的共同进步的责任和担当。全球发展倡议聚焦于加快落实联合国可持续发展议程,推动实现更加强劲、绿色、健康的全球发展。全球安全倡议则致力于挖掘国际冲突的根源并消弭冲突,携手国际社会共同维护激烈变革动荡的时代的稳定性。新提出的全球文明倡议则旨在促进不同文明的交流与互鉴,推动人类文明的共同繁荣与进步,开创世界各国人文交流、文化交融、民心相通的新纪元。

作为积极参与国际事务的生动实践,参与联合国维和行动是中国坚持在大国博弈中和平外交立场的又一生动诠释。中国在参与联合国维和行动的过程中,始终坚守外交为民的理念,大力服务国家发展稳定大局,展示了强大的执行力和专业素养。中国军队在维和行动中不仅注重保护平民的生命财产安全,还积极推动与当地民众的交流与合作,增进了相互理解和友谊。这体现了中国外交政策的民本取向,也让世界更加看到了中国作为和平使者的形象。

中国在外交事务中坚持和平发展道路、尊重多样性与合作共赢、积极倡导和平外交理念、承担全球治理责任,并通过实际行动维护地区和平稳定,展现了中国特色大国外交。这些特征共同构成了中国在国际舞台上的独特魅力与影响力。

第二节 涌现创新：中国式现代化作为人类文明新形态的国际传播方法

中国式现代化是中国共产党在治国理政中不懈探索形成的社会主义现代化之路，没有全国各族人民历经千辛万苦的长期探索与磨练，就无法形成今天勇立大潮的中国式现代化道路。因而，这条独具特色的现代化道路深刻彰显着中华民族的主体性，推动分析中国式现代化的国际传播方略尤为重要。本节将着重探索理解中国式现代化作为人类文明新形态的国际传播方法。

一、自信自立：主动设置中国式现代化成就的全球议题

中国式现代化道路深刻彰显着中国民族的主体性。如若缺乏民族主体性，中国的现代化进程可能会沦为西方模式的翻版，陷入机械化、资本化、垄断化的发展道路，[①]成为难以摘除的社会"痼疾"。相应地，在国际传播中主体意识不足，则容易受西方话语的牵引，失去对中国特色发展道路、经验和实践的解释权，最终湮没于西方营造的霸权话语体系。因此，国家与民族主体性在国际传播中应体现为知识生产的自主性。在国际舆论场中，我国应主动设置关于中国式现代化成就的全球议题，实现话语的存量调整与增量创新，进一步拓展新的话语空间，提升国际话语权。

中国的国际传播以全球背景和国际社会为重要面向，想要与国际社会进行对话、达成有效传播，在设置议题时应以全人类共同关切的议题为重要参考。近年来，黑天鹅与灰犀牛事件频发，造成了全球普遍的时代焦虑，这些不确定性成为国际社会动荡的根源。同时，收入分配不均、人类文明冲突、大国博弈加剧等深层次社会矛盾，也深刻影响着全人类的生

---

① 张毓强：《中国式现代化语境下的国际传播核心逻辑》，《对外传播》，2023年第2期。

活。在应对现代化进程中的挑战时，各国不仅致力于解决内部矛盾，也在努力加强其国家和政治社会的韧性。中国作为一个拥有数千年文明历史的国家，在解决国家内部矛盾、实现社会修复与重建方面积累了深厚的经验。因此，将中国当代的发展经验进行国际传播，分享在普遍社会矛盾治理方面的智慧与策略，有助于展现中国在全球治理中的贡献，共同促进全球社会的和谐与发展。

对中国式现代化的重要论述为新时代加强国际传播能力建设提供了重要议题遵循。党的二十大报告强调："中国式现代化，是中国共产党领导的社会主义现代化，既有各国现代化的共同特征，更有基于自己国情的中国特色。"①习近平总书记深刻阐释了中国式现代化的内涵，将其概括为人口规模巨大的现代化、全体人民共同富裕的现代化、物质文明和精神文明相协调的现代化、人与自然和谐共生的现代化、走和平发展道路的现代化五方面中国特色。以中国式现代化的丰富内涵为指引，以中国式现代化的辉煌成就为载体，设置带有中国烙印的特色议题大有可为。

其一，在人口规模巨大的现代化内涵特征下，应主动阐释以巨大人口规模为特征的中国特色社会主义道路的合理性与独特优势。中国通过完善医疗体系、普及义务教育、推动城乡均衡发展等举措，成功实现了人口结构的优化与人力资源的高效利用。例如，在职业教育与培训体系方面的创新，为中国庞大劳动力提供了技能提升与人才储备，实现了人口红利的有效转化。这种基于庞大人口基数的现代化模式，不仅推动了中国经济的持续增长，也为全球人口大国的发展提供了宝贵的理论与实践经验。

其二，在全体人民共同富裕的现代化内涵特征下，应以减贫为全球议题，传播我国精准脱贫的生动案例，以及减贫行动在全球范围内的深远影响。中国通过实施精准扶贫战略，采用"五个一批"工程等创新方法，成功帮助数亿贫困人口摆脱贫困，实现贫困地区经济的跨越性发展。通过向

---

① 习近平：《高举中国特色社会主义伟大旗帜　为全面建设社会主义现代化国家而团结奋斗——在中国共产党第二十次全国代表大会上的报告》，北京：人民出版社，2022年，第22页。

海外民众讲述我国在社会主义现代化发展进程中,以高质量发展提升人民生活水平、实现人民对美好生活向往的故事,能够凸显中国式现代化是以人的全面富裕超越物的片面富裕的现代化。

其三,在物质文明和精神文明相协调的现代化内涵特征下,一方面应以我国在科技发展方面取得的核心技术突破为议题,并重品牌传播;另一方面应注重向国际推广中华文化创造性转化成果,并将二者有机结合,实现文明古国形象与科技大国形象的高度统一。此种物质文明与精神文明相协调的现代化模式,兼顾人的尺度与物的尺度,旨在避免国民在工业化发展、技术崛起、文化变迁的社会中沉溺于物质享乐主义、利己主义等消极价值观念中,成为精神贫瘠的"单向度的人",归根到底关注的是人自身的现代化。

其四,在人与自然和谐共生的现代化内涵特征下,我们应以绿色环保为议题,深刻阐释生态文明思想在全球环境治理中的重要意义。中国积极推动绿色发展理念、加强生态环境保护、推动能源结构转型等措施,取得了显著的成效。例如,中国提出的"绿水青山就是金山银山"的发展理念,在保护生态环境的同时,也促进了经济的可持续发展。此外,中国在实现"双碳"目标方面的积极努力与显著成果,为全球环境治理提供了有力支持。中国能源建设集团将"双碳"作为核心议题,深入挖掘新能源"超级工程"中的绿色科技魅力、社会责任担当、和谐生态景象、跨文化融合等亮点,向世界生动讲述中国"双碳"故事。这种人与自然和谐共生的现代化模式,彰显了中国对全球绿色低碳转型等环境治理的积极贡献,并为全球可持续发展提供了新的动力与路径。

其五,在走和平发展道路的现代化内涵特征下,我们应强调中国在国际事务中的积极行动与价值贡献,展现中国负责任大国的形象。中国积极参与国际维和行动、推动构建人类命运共同体等全球议题,为全球和平与发展事业注入了新的动力。例如,中国在国际维和行动中的杰出表现,为当地和平稳定作出了重要贡献;同时,中国提出的"一带一路"倡议也促进了沿线国家的经济合作与文化交流。这些实际行动与理念不仅体现了中国对全球和平与发展的坚定承诺与积极贡献，也为构建人类命运共同体提供了有力支撑。

二、人民至上：传达造福中国人民与世界人民的现代化建设立场

中国共产党深深扎根于人民，与人民血脉相连。在党的百年奋斗历程中，"坚持人民至上"是其十大历史经验之一。[①]这一以人民为中心的发展思想，体现了党的理想信念、性质宗旨、初心使命。中国共产党对与人民民主相关的中国话语进行了深刻阐释，揭示了中国式现代化发展依靠人民、发展为了人民的全过程人民民主理念，凸显了中国式现代化最显著的人民性特质。在提升国际传播能力的进程中，为有效融通中西价值理念，应以传达造福全球人民的现代化建设立场为重要逻辑支撑，增强中国话语与中国故事的说服力与感召力。

在历时性视角下，党的百年奋斗史为对外传播提供了坚实的事实基础和丰富的案例支撑，内蕴人民至上的历史经验和实践成就，其说服力不言而喻。习近平总书记强调："中国式现代化是全体中国人民的事业，必须紧紧依靠人民，汇聚蕴藏在人民中的无穷智慧和力量，充分激发全体人民的历史主动精神。"[②]在中国式现代化的伟大进程中，人民始终是主体，其创造性实践更是力量源泉，因而全面把握中国式现代化的中国特色需回溯党领导人民百余年的奋斗历程和探索实践，深刻领悟人民是如何创造历史的。

中国共产党的百年奋斗历程，实质上是坚持人民至上原则的实践史卷。一方面，在革命、建设和改革的壮阔历程中，中国共产党始终秉承马克思主义关于"人民群众创造历史"的论断，将人民群众视为历史的创造

---

① 习近平：《中共中央关于党的百年奋斗重大成就和历史经验的决议》，《人民日报》，2021年11月17日。

② 习近平：《中共中央举行纪念毛泽东同志诞辰130周年座谈会》，《人民日报》，2023年12月27日。

者及推进现代化建设的坚实根基和深厚力量。中国共产党自成立之初，便在思想理论、政治纲领及社会实践上与人民群众紧密结合，书写了新民主主义革命的壮丽篇章。新中国成立后，党继续尊重人民的首创精神，引领人民在社会主义革命和建设、改革开放及新时代中国特色社会主义伟大事业中取得举世瞩目的成就。进入新时代，以习近平同志为核心的党中央坚持取信于民、问计于民，带领全国各族人民克服重重困难，推动党和国家事业取得历史性成就，开辟了实现中华民族伟大复兴的美好前程。另一方面，人民利益始终是中国式现代化的不懈追求。百年来，党团结带领人民进行革命、建设、改革，其根本目的就是改善人民生活、实现共同富裕。以中国特色社会主义生动实践中党与人民紧密相连、休戚与共的历史足迹为传播核心，我们能够向海外公众全面展示中国共产党引领中国发展建设的初心与使命。这不仅能让海外受众深刻理解中国共产党为何能够成为世界范围内备受人民赞誉的政党，更能生动勾勒出中国共产党作为负责任、有担当、有情怀的大国大党的光辉形象。由此，海外受众将能够进一步理解中国在保持国家独立的基础上，自主探索符合自身国情的现代化道路，不仅是完全可行的，更是对本国人民和世界人民福祉的最大贡献。①这一道路的成功实践，不仅彰显了中国特色社会主义制度的优越性，也为全球治理体系贡献了中国智慧和中国方案。

中国共产党一以贯之的人民至上理念与实践成就，对于在当下复杂多变的国际宣传环境中构建和平友善的国际舆论环境至关重要。国际社会在了解中国式现代化等中国话语时，存在对涉华议题的关注程度与对中国态度的刻板印象和认知差异，但这无法掩盖一个不争的事实——中西文明间存在共通的文化价值理念。中国共产党坚守人民至上的价值理念，其"一切依靠人民、一切为了人民"的价值认同，与西方文明所强调的以人为中心的人文主义精神具有内在一致性，这使其更易于被西方社会

---

① 邓勇、王凤祥：《中国式现代化：叙事话语、显著特征与世界意义》，《社科纵横》，2023年第5期。

理解、接纳与认同，成为中西文化交流的交汇点。只有基于此形成文化理解，我们才能在共商共享的理念下营造健康积极的国际舆论氛围。而坚持以人民为中心的价值立场，追求人自由而全面发展的价值导向，构成了中国式现代化话语体系能够跨越国界，为全人类提供有益经验的基础。

自党的十八大以来，以习近平同志为核心的党中央明确将人民对美好生活的向往作为奋斗目标，"美好生活"的愿景涵盖了经济、政治、社会、文化、生态文明等多方面需求，深刻体现了对"共同富裕"的话语提升。为实现这一目标，党中央提出了一系列创新战略举措，其中，"贯彻新发展理念"与"实现精准脱贫"等在切实保障民生的基础上有力地推动国民经济稳健运行；"发展全过程人民民主"深化了民众的有序政治参与；"建设法治社会"与"促进社会公平正义"等举措促进了和谐社会的构建进程；"绿水青山就是金山银山""人与自然生命共同体"等理念的提出，引领了生态文明建设的新实践；"实现中华文化创新性发展创造性转化"和"发展社会主义先进文化"的战略，不仅满足了人民群众日益增长的文化需求，也彰显了国家文化软实力。

在我国国际传播实践中，中国话语必须扎根于全球语境，由抽象的"点"和"线"化为立体故事，由揭示我国民主政治制度"人民当家做主"的核心与本质，升华至彰显中国共产党为全人类接续奋斗的磅礴情怀。[1]在选择传播案例时，应充分发掘其他"文明圈"的相关史实，使得中国共产党故事与世界文明史故事协同传播。[2]

对内，可以以医疗服务体系的建立与改革为例，它不仅在中国共产党以人为本的历史实践中占据重要地位，亦能在西方发展改革史中找到相应的历史脉络。通过实施城镇居民基本医疗保险和新型农村合作医疗制度，中国成功构建了广泛覆盖的医保体系；家庭医生制度的推行和医改药价新政的实施，进一步提升了基层医疗服务能力。在西方，英国的国民健

---

[1] 刘冲：《中国共产党政党形象建构的历史经验》，《世界社会主义研究》，2022年第3期。

[2] 郭毅、董鸣柯：《对外传播中国共产党人民至上理念实践的当代意义与思路创新》，《对外传播》，2022年第12期。

康服务体系（NHS）同样以其广泛的免费公共医疗服务而著称，成为实现医疗公平与普及的典范。这些国内外医疗改革的经验表明，医疗服务是一个全球性的议题，我们可以进一步结合教育公平、妇女权益等案例，将中外故事协同传播，促进国际间的交流与合作。

对外，中国共产党致力于以合作共赢理念推动世界各国共同发展，其为人类谋进步、为世界谋大同的使命担当在国际舞台上得到了充分彰显。中国长期以来在基础设施建设、农业合作、医疗援助等方面为非洲人民提供了无私的援助，以"真实亲诚"的政策理念推动中非友好合作关系不断向前发展，为国际秩序向着更加公正合理的方向演变贡献了中国力量。中国式现代化不仅为非洲国家和人民的发展振兴开辟了广阔道路，更为人类现代化道路的探索提供了中国答案，绘制了中国图景。

三、自主选择：倡导尊重现代化道路多样性的国际叙事表达

当前，全球格局处于百年未有之大变局，西方国家的话语垄断与发展中国家破解现代化发展难题的急切需求，共同激发了民众对西方发展模式的集体反思。各国意识形态、社会制度、发展道路各异，现代化必然植根于其独特的国情之中，既非对先在模式的复制，也非竞赛中一决高下的产物，更不应以某一模式强行取代另一模式。它应是一个多元、包容且充满创新的过程，使世界各国都能探索出最适合自己的个性化现代发展道路。

习近平总书记指出："世界上既不存在定于一尊的现代化模式，也不存在放之四海而皆准的现代化标准。"①中国式现代化道路的开拓和创新证明了坚持独立自主探索符合本国现代化发展道路的可行性，积极回应了发展中国家建立多元现代化发展模式的呼唤。其话语叙事更深层次的意蕴则在于，中国式现代化道路的成功探索在一定程度上超越了"唯西方"的单一现代化模式，因此我们有责任有义务将其视为全球多元现代化

---

① 习近平：《新发展阶段贯彻新发展理念必然要求构建新发展格局》，《求是》，2022年第17期。

的重要组成部分，彰显其为人类多元现代化道路探索作出的重要贡献，这在国际传播中表征为独具中国特色的话语体系。

中国式现代化不仅与各国现代化特征共通，更基于中国特色国情应运而生，这就决定其话语表达是一般性与特殊性的高度统一。中国式现代化的一般性在于其"是与世界现代化进程紧密相连接的重要分支，而不是与之相独立抑或是相脱节的孤岛"①，其在总体上符合世界现代化建设的发展趋势，只不过由于其独特的文化传统、历史命运、基本国情造就了现代化发展的独特性。在全球认知体系冲突和认知域冲突日益加剧的背景下，消除各国间误读的关键在于态度和理念的顺畅表达，这不仅是国际交流中的关键，更是实现和平共处、共同发展的基础。通过结合一般性与特殊性，中国式现代化话语体系深刻阐述了全人类共同价值及文明交流互鉴的价值理念，对现代化道路多样性的尊重与倡导得到了充分阐释。当下，中国借助优势平台在全球议题和场域中，清晰准确地传达中国的立场和态度，让世界更全面地了解中国，进而为全球议题提供更为客观全面的视角和判断。

在人类命运共同体的元话语构建中，中国式现代化展现了其根植于全人类共同价值的实践导向独特的核心价值理念。其所倡导的"合作共赢""开放包容""互惠互利"等价值观念是世界各国人民共同的价值诉求与福祉所在，彰显了超越社会制度、意识形态、发展阶段差异、摒弃零和博弈陈旧思维的美好愿景，开辟了一条以对话替代对抗、结伴而非结盟的国际交往新路。人类命运共同体理念承载着人类的终极心愿，其叙事逻辑与西方截然不同，从而表明中国的发展故事无需被西方话语解释与认定。通过深入阐释人类命运共同体理念，中国以独特的视角和表达方式，构建了具有中国特色的元话语体系，不仅挑战了西方话语体系，更为其他国家提供了一种新的思考框架，有助于推动国际传播新秩序的建立。

---

① 林伯海、李潘：《正确把握中国式现代化新道路中的若干辩证统一关系》，《思想理论教育导刊》，2021年第11期。

此外,在全球重大议题上,中国都明确地向世界传达了我国兼收并蓄、包容开放的理念。习近平主席在世界经济论坛"达沃斯议程"对话会中表示:"差异并不可怕,可怕的是傲慢、偏见、仇视,可怕的是想把人类文明分为三六九等,可怕的是把自己的历史文化和社会制度强加给他人。各国应该在相互尊重、求同存异基础上实现和平共处,促进各国交流互鉴,为人类文明发展进步注入动力。"①在中非领导人对话会上的主旨讲话中,我国对他国现代化道路的尊重也得到了充分阐释:"迈向现代化的道路丰富多样。什么样的发展道路最适合非洲,非洲人民最有发言权。推进一体化是非洲国家和人民自主选择的现代化道路。中国一直予以坚定支持并愿做非洲现代化道路的同行者。"②由此构建的中国式现代化话语体系,不仅具备了合法性、真理性与推广性,更能使全人类共同享有现代化的益处和成果,进而推动现代化发展实现从资本对抗向发展建设的价值转型。

四、融古贯今:现代化进程连续性的中国方案讲述

在全球文明演进的历史脉络中,中华文明作为唯一未曾断裂的古老文明,其深厚的文化底蕴构成了中国式现代化进程的基石。"如果不从源远流长的历史连续性来认识中国,就不可能理解古代中国,也不可能理解现代中国,更不可能理解未来中国。"③这一逻辑同样贯穿于中国式现代化的探索与实践中。中国式现代化的文化形态展现出对中华文明连续性的深刻理解与精准把握。中华文明所蕴含的革新精神、民本思想、德治理念等核心价值,经过数千年的积淀与升华,为中国式现代化提供了坚实的文化支撑和强大的精神动力。

---

① 习近平:《习近平出席世界经济论坛"达沃斯议程"对话会并发表特别致辞》,《人民日报》,2021年1月26日。

② 习近平:《习近平和南非总统拉马福萨共同主持中非领导人对话会》,《人民日报》,2023年8月26日。

③ 习近平:《在文化传承发展座谈会上的讲话》,《求是》,2023年第17期。

自古以来,中华民族便秉持"周虽旧邦,其命维新"的革新精神,不断探索与创造,逐步构建起以天下为公、德治理念、自强不息、亲邻友善等为核心价值的中华优秀传统文化体系。此外,中华民族还以卓越贡献推动了世界科技与经济的进步,如四大发明的传播,以及诗词歌赋、礼乐文化等文化瑰宝的创造,均标志着中华文明在特定历史时期的文化高峰。中华文明的连续性特质为中国式现代化提供了稳定的文化根基和持续的发展动力。在全球化的今天,中国式现代化不仅是对现代性的追求,更是对中华文明传统的继承与发扬,此种深厚积淀是其他任何现代化模式所难以企及的。因此,该路径不仅符合中国国情,又能够充分利用中华文明的智慧为世界文明的发展贡献中国智慧和中国方案。

中华文明的连续性并非单纯的历史线性延续,而是内在思想体系、价值观念体系、社会制度架构等多维度要素,在历史演进过程中通过文化交融实现跃迁。党的十八大以来,中华优秀传统文化的继承与发展进入快车道。党进一步明确中国特色社会主义文化之根源在于中华优秀传统文化,强调其作为理论创新之根脉、国家文化软实力之源泉、中华民族在全球文化激荡中屹立不倒之根基的突出优势。中国共产党在领导人民在现代化大路阔步前行的进程中,使得浸润中华文化基因的世界观、社会观、道德观等思想资源在现代语境下焕发新生。

习近平新时代中国特色社会主义思想,作为中华优秀传统文化创造性转化与创新性发展的典范,凝聚了中华文化与中国精神的当代精华。中国式现代化所倡导的"人与自然和谐共生",深刻体现了对中华优秀传统文化中"天人合一""万物并育""因天材就地利"等理念的现代诠释与重塑;而强调推动构建人类命运共同体等理念,则以"天下为公""中庸和合""协和万邦""讲信修睦"等古老智慧为文化渊源,强调寻求各方利益的最大公约数,倡导通过对话协商解决分歧。例如,我国之所以能够成功走出一条中国特色减贫道路,在减贫领域,中国特色减贫道路的成功,得益于对"因民之利""富而后教"等传统文化理念的吸收与应用,"养生丧死无憾,王道之始也"的古代治国理念也被融入到减贫工作中,强调在保障贫困人口基本生活需求的同时,注重提升贫困人口的综合素质和可持续发展能力,努力实现从物质到精神的全面脱贫。

在习近平新时代中国特色社会主义思想的引领下,中华优秀传统文化在中国社会与全球语境、社会家庭及文艺领域的影响力与美誉度与日俱增。传统服饰、书法、国画、茶艺等文化元素成为现代生活的新风尚;历史剧作与古风音乐等文化热点,成为引领文化潮流的重要力量。孔子学院在全球范围内的广泛设立,以及中医、武术、京剧等文化符号的国际化传播,在全球形成了浓厚的中华风尚与鲜明的民族特色。综观历史长河,中华文明在曲折蜿蜒的民族发展历程中对多样文化资源去粗取精,最终铸就了独具特征的稳定文明实体。时至中国面貌日新月异的今日,我国现代化进程中取得的成就仍能在中国文明的基本特征之中找到答案。

中华文明的历史连续性,塑造了中华民族的核心文化基因与传承文化的思维方式,孕育了对现代化道路的坚定追求,它从根本上决定了中华民族在现代化进程中,体现为对中国式现代化道路的坚定。久经磨难,矢志不渝,我国终于实现了从国家独立、经济发展到综合国力显著提升的历史性跨越,经济社会成就斐然。然而,已取得的成就仅为阶段性里程碑,并未标志我国已全面实现现代化。因此,需秉持历史发展连续性与阶段性相统一的视角审视中国式现代化,既要认识到其进程是更新的而非断裂的,又需明确各个历史方位各有其阶段性特点,现代化目标的达成应依据时代特点逐步实现。

从历史连续性维度来看,自鸦片战争以后,中华民族历经前所未有的屈辱与磨难,文明遭受重创。中国共产党作为领导核心,团结带领人民不懈奋斗,从根本上扭转了中华民族近代以来的历史命运,不仅重塑了国家、民族与人民的未来,也对世界发展格局产生了深远影响。这一历程充分证明中国式现代化是承前启后的中介桥梁,在中华文明整体进程中不可或缺。

从历史阶段性维度分析,中国共产党在探索社会主义现代化的征途中,不断深化对中国式现代化规律的认识。进入新时代以来,以习近平同志为核心的党中央在既有基础上持续创新,实现了理论与实践的双重突破,有效拓展了中国式现代化的内涵与外延。党的十九大明确勾勒出中国式现代化的阶段性蓝图,即在全面建成小康社会的基础上实施两步走战略安排。这一战略安排不仅具象化未来社会主义现代化强国的理想形态,还描摹了清晰的时间表和路线图,凝聚社会共识,为动员广大人民群众投身社会主义现代化建设注入了强大动力与信心。

当前,全球正处于动荡变革期,国际环境复杂多变,经济增长动力不足,冲突频发,全球化遭遇逆流,全球治理体系面临严峻挑战。与此同时,中国全面深化改革步入攻坚期,发展不平衡不充分问题凸显,前行路上风险与挑战并存。在此背景下,推动中国式现代化绝非坦途,需我们保持战略定力,勇于应对挑战,不断提升斗争能力,确保中国式现代化事业在新的历史征程中取得更加辉煌的成就。

五、互利共赢:掌握中国式现代化普惠性的话语阐述权

习近平总书记在中国共产党与世界政党高层对话会上强调:"我们要弘扬立己达人精神,增强现代化成果的普惠性。人类是一个一荣俱荣、一损俱损的命运共同体。任何国家追求现代化,都应该秉持团结合作、共同发展的理念,走共建共享共赢之路。走在前面的国家应该真心帮助其他国家发展。吹灭别人的灯,并不会让自己更加光明;阻挡别人的路,也不会让自己行得更远。要坚持共享机遇、共创未来,共同做大人类社会现代化的'蛋糕',努力让现代化成果更多更公平惠及各国人民,坚决反对通过打压遏制别国现代化来维护自身发展'特权'。"①

伴随经济全球化深入推进,国际分工与协作、商品进出口、资本跨国运动日益密切,各国的劳动力与资本已经"齿轮式"密切融合。但当今世界经济发展态势持续低迷,政治争端频发,经济全球化的脆弱性日益凸

---

① 新华社:《习近平在中国共产党与世界政党高层对话会上的主旨讲话》,2023年3月15日,见 http://www.news.cn/world/2023-03/15/c_1129434162.htm。

显,世界各国间一荣俱荣的理想状态尚未全面实现,一损俱损的相互依存状态却真实存在。因此,没有任何国家能脱离与世界的联系而实现现代化,秉持兼收并蓄的价值理念,团结合作、共同发展才是各国应对风险挑战,共同带领人类社会走向现代化的正途。

"己欲立而立人,己欲达而达人。"中国式现代化的难能可贵之处即深刻意识到通力合作对于推动现代化进程的重要性。中国坚定地走和平发展道路,积极倡导并实践共建共享共赢的全球治理理念,在与世界各国的良性互动中为全球和平与发展事业尽责担当。改革开放以来,中国已成为全球经济稳定增长的坚实支撑,为世界经济的繁荣注入了强劲的信心与活力。中国坚持致力于推动南南合作走深走实,以"一带一路"倡议及区域全面经济伙伴关系协定(RCEP)为跨国合作与协调的典范,不仅有效助力广大发展中国家摆脱贫困、加速发展进程,也为中国自身的开放发展开辟了更广阔的空间,并为各国人民带来了实实在在的生活改善与福祉提升。

近年来,世界经济艰难复苏,个别国家滥用保护主义。我国用实际行动证明保护主义没有前途,只会抬高经济运行成本、割裂地区之间经济联系、损害国际社会共同利益,唯有开放合作才是正道。中国坚决维护多边贸易体系,促进国际贸易和投资自由化、便利化,反对保护主义和"脱钩断链"。2023年,中国政府出台24条稳外资政策措施,其中逾六成已经有效落实或取得积极进展,成功激发外资活力,在华新设外商投资企业近5.4万家,同比增长近40%。[①]在数字经济、人工智能、载人航天、量子信息等领域,中国同样将发展新质生产力作为内生动力,促进各国技术变革,与国际社会一道共同培育全球发展新动能,以强大定力和开放姿态拥抱世界,为世界经济复苏提供了有力支撑。

作为负责任大国,中国积极参与全球环境治理,推动全球环境治理体系改革完善。环境保护关乎地球生态平衡、人类健康福祉及可持续发展。

---

① 人民网:《国际观察:中国新发展 世界新机遇》,2024年7月5日,见http://world.people.com.cn/n1/2024/0705/c1002-40271760.html。

随着工业化和人口增长环境问题日益严峻,气候变暖、资源枯竭、生物多样性减少等全球环境问题均对全球生态系统构成威胁。因此,加强环境保护是维护地球生命支持系统、促进经济绿色转型、确保子孙后代能享有良好生存环境的关键所在。近年来,中国通过推进能源革命、发展清洁能源技术,中国不仅实现了国内绿色转型,也为全球清洁能源发展贡献了中国技术、智慧与方案。2023年,全球可再生能源新增装机5.1亿千瓦,其中中国贡献超过50%。[①]在环境治理方面,凭借海洋强国战略、"21世纪海上丝绸之路"倡议及"海洋命运共同体"理念,中国已在全球海洋治理中成为深化参与角色。"蓝色循环"项目获评联合国"地球卫士奖",成功开辟了海洋塑料废弃物治理新模式。该项目融合区块链、大数据等互联网技术,搭建了海洋垃圾商品化后的可视化追溯系统,鼓励渔民自发收集海洋垃圾,使得产业红利精准惠及一线渔民,实现了生态保护与富民安国的"双赢"。作为平衡海洋环境治理、经济效益挖掘与社会共同富裕三者关系的典范,该模式为全球有志于减轻塑料污染负担的政府、企业及社区树立了标杆。

独具中国特色的现代化实践为中国现代化话语体系的形成铺就了道路。我国在世界经济复苏与全球环境治理方面的积极作为,不仅为发展中国家走向现代化提供了新视角、新路径,也深刻诠释了中华文化兼收并蓄、开放合作的价值内核,进一步丰富了中国式现代化普惠性、包容性的内涵。基于此,中国式现代化的普惠性获得了更为广阔的阐释空间,有助于国际社会更加全面、客观地认识和理解中国式现代化的本质与特征,更能促进全球范围内现代化理念的交流与互鉴,共同探索兼顾经济发展与环境保护,实现人与自然的和谐共生的现代化道路。

六、自胜者强:传播中国式现代化领导的坚定性

党的二十大报告强调,中国式现代化是中国共产党领导的社会主义

---

① 国家能源局:《潘慧敏:2023年全球可再生能源新增装机5.1亿千瓦,中国贡献超过50%》,2024年1月25日,见 http://www.nea.gov.cn/2024-01/25/c_1310761971.htm。

现代化。在近代民族危亡的紧要关头,人民蒙难、文明蒙尘,历史证明只有中国共产党是引领人民走出困境、重振文明的具有坚强核心的政党。这一选择不仅基于党能够正确代表并领导人民共克时艰的实践能力,更在于其承担了实现民族复兴与现代化梦想的崇高使命,开辟出一条契合中国国情、具有鲜明中国特色的人间正道。"党的领导直接关系中国式现代化的根本方向、前途命运、最终成败。"①然而,在全球政治生态中,由于政党制度差异、历史文化背景及国际力量博弈的复杂性,中国共产党这样一个顺应人心、合乎大势的政党在国际舞台上常面临误解与挑战,外国民众难以触及真实可靠的中国共产党形象,更难以树立对中国共产党的正确认知。在西方政治环境中成长起来的海外群众具有不同政党交替执政的思维模式,难以全面理解中国共产党作为"整体利益党"的本质特征及其致力于人民福祉的初心使命。因而,用可听可感的方式促进我党务实亲民、和平民主等形象的传播,使中国共产党领导中国式现代化的坚定性触达海外受众,是消除国际误读、增进国际社会对中国共产党的理解与认同,构建和谐的国际关系的关键。

借外国人的讲述与体验,以"他者"视角来观察、细听、触摸、讲述中国共产党的故事,更容易打造平易近民、真实可感的国家叙事,消弭宏大叙事虽振奋人心却远离人民生活情境的不足。中国共产党百年华诞之际,"百年恰是风华正茂 丝路大V感受北京"活动邀请多位外籍"中国通"大V走进北京,围绕科技创新、城市建设、冬奥会筹备、文化传承等主题进行参观,深入了解北京高质量发展新成就,多角度感受北京古都风韵与当代成就交相辉映的城市风貌,沉浸式体会北京市民的幸福感与获得感。参与活动的外国友人通过社交平台向世界展现中国共产党领导下朴实无华的市井生活与现代化成就交相辉映的北京形象,《丝路大V感受北京烟火气 品味幸福北京》等作品令海外网友耳目一新。《中国日报》出品的纪录

---

① 习近平:《习近平在学习贯彻党的二十大精神研讨班开班式上发表重要讲话 强调正确理解和大力推进中国式现代化》,《人民日报》,2023年2月8日。

片《求索》循着美国共产党员伊谷然在中国游历的足迹，探索红色圣地、对话各界专家人士、亲历基层党组织活动，系统性地剖析了中国共产党如何逐步将典籍中的理论知识转化为生动具体的实践图景。纪录片还聚焦于民主集中制，强调其对抵御政治献金与利益集团干扰方面的定力，回答了中国共产党为什么"能"的问题。这些传播实践生动展示了中国媒体传播内容的深度。从融合古都风韵与前沿技术的城市风貌到探寻百年大党的成功"密码"，中国共产党的发展历程、治理理念、组织结构及其背后的故事和细节尽收眼底，实现了传播内容的立体化、具象化。

此外，以"他者"视角讲述中国共产党的故事体现了中国媒体在对外传播中的创新思路。在此框架下，"他者"不仅代表文化上存在差异的异域视角，更转化为国际传播语境中亲近可信的讲述者。通过他们的叙述，有效减轻了传播中的文化折扣，增强了吸引力和说服力。那些对中国观众而言习以为常的文化细节往往令"他者"讶异、赞叹，文化视角的转换促使观众重新审视并珍视自身文化中的独特价值。中外融通、相互启迪的传播模式不仅促进了文化间的交流与理解，也显著提升了海外受众对中国共产党的认知度与认同感，有助于实现传播效果的最大化。

中国共产党在推进中国式现代化的伟大征程中，不仅注重自身的建设与发展，还高度重视国际舆论场中党的形象的塑造与传播。通过创新传播策略、强化领袖形象、借助"他者"视角等多元化手段，中国共产党正努力打通宣传壁垒，向世界讲述中国共产党在中国式现代化发展中的坚实核心作用，逐步打破国际误解，增进国际社会对中国的理解与认同，为构建人类命运共同体贡献中国智慧与力量。

第三节　展现实质：以传播中国式现代化塑可信、可爱、可敬中国形象

后真相时代，我国在国际舆论场上依然面临来自西方舆论的压力。

西方媒体传播的"中国威胁论"等声音时有发生,这种负面舆论不仅加剧了国际社会对中国的误解与偏见,也对我国的国际形象和外交关系造成了一定的影响。在此背景下,以传播中国式现代化塑造可信、可爱、可敬的中国形象尤为重要。

一、阐明负责任且有担当的中国贡献,塑造可信中国形象

目前,世界正处于百年未有之大变局。部分西方国家在美国的带领下对中国展开经济脱钩与知识围堵,一些西方政客和右翼媒体甚至通过捏造谎言与阴谋论激化西方社会的意识形态偏见。在此背景下,中国的国际传播面临更加复杂和严峻的挑战。我国对外传播过程中,"有理说不出""说出传不开""传开人不信"的话语困境和现实挑战依然存在。这不仅表现在对外传播渠道的限制和国际话语权的不足上,还反映在传播内容的有效性和传播方式的创新性上。例如,西方主流媒体占据了国际舆论的主导地位,其传播的内容往往带有强烈的意识形态倾向,使得中国的声音难以被听到和理解。西方国家通过其成熟的媒体体系和广泛的传播网络,对中国进行系统性的信息封锁和舆论操控,使得中国的正面形象和真实声音难以传达到海外。

另外,在我国内部也存在对外传播体系和机制不够健全的问题。例如,缺乏科学的评估方法和系统的数据支持,使得对外传播效果难以量化和评估。对海外民众信息传播与接收机制了解不足,未能准确把握海外受众的需求和偏好,使得传播内容难以有效触及目标受众。此外,传播受众与传播目标定位不够清晰,缺乏针对不同国家、不同文化背景的差异化传播策略,使得传播效果打折扣。如何通过改善对外传播话语提高海外民众对华信任,进而塑造可信的中国形象是国际传播中的重要议题。

尽管我国在对外传播过程中,已经或通过多种媒体形式与内容的跨文化传播增强我国文化吸引力,或通过宏大国家叙事强调我国的政治体制稳定、经济发展迅速和社会运行有序,但这两方面对于海外民众对华信任的影响程度都比较有限。这说明我国现有国际传播话语尽管可能对于

提升国家文化软实力、增进对华理解、塑造可敬可爱中国形象颇有助益，但对于提升海外民众对华信任、塑造可信中国形象的影响仍需提升。这可能是由于部分海外民众受西方右翼媒体影响，对我国体制与意识形态存在一些固化刻板印象。

相比之下，我国展现的规范且积极、负责任且有担当的国际形象对于提升海外多国民众对华信任程度影响显著。在后疫情时代，我国应整合现有传播资源与舆论资源，优先打造我国负责任的国际形象，展现我国在遵守现行国际秩序、维护全球公共卫生安全、促进世界经济稳定发展的大国担当。为实现这一目标，我国可以采取以下具体策略与措施：

第一，加强国际合作与沟通，通过参与和推动国际组织及多边机制的运作，展示我国在全球事务中的积极作用。例如，积极参与联合国、世卫组织等国际机构的工作，展示我国在解决全球性问题如气候变化、公共卫生、反恐等方面的努力和贡献。

第二，推动透明与开放的政策，在国际事务中保持透明和开放，及时发布重要信息和政策决策，增加国际社会对我国的了解和认知。尤其在涉及全球公共卫生安全和经济发展的领域，透明的政策和信息发布有助于树立我国负责任的大国形象。

第三，推进文化交流与人文合作，通过开展多样化的文化交流活动，增进海外民众对中国文化的理解和认同。例如，举办国际文化节、教育交流项目、文化展览等活动，增强中国与其他国家人民之间的情感纽带，消除误解和偏见。

第四，深化公共外交与形象推广，利用现代传播手段和新媒体平台，推广中国的正面形象和积极贡献。例如，通过制作高质量的宣传片、纪录片和专题报道，向国际社会展示中国的发展成就和国际合作的努力，提升海外民众对华的信任和好感。

另外，在传播主体方面，基于群际传播规律与效果机制，"他者叙事"对于海外受众的传播效果优于"自我叙事"。鉴于此，我国在对外话语构建中，应善于利用他者视角进行自我塑造，例如通过"洋网红"的视角传播中国,以降低群际戒备和敌意。在2022年冬奥会期间,外国运动员通过短视频展示了中国在冬奥会举办过程中的大国形象和文化魅力,这对于缓解对抗态势、促进民意相通有显著作用。此外,新媒体技术和平台为传播主体的多元化提供了新的环境。我们应充分利用新媒体平台,引导和支持多元传播主体的参与,形成多主体叙事格局。我国应利用现有的海外民意基础,进一步强化和提升对华情感传播的实践,从而增强国际传播的亲和力和信任感。

二、讲述现代化建设进程的具体事例,展现可爱中国形象

"可爱"不仅仅是一个简单的形容词,更是人文与情感深度融合的体现,为叙事体系注入了独特的"温度"。在讲述中国故事的过程中,"可爱"成为了不可或缺的关键要素,它与中国形象的亲和力紧密相连,参与塑造了外界对中国的整体认知。"可爱"的本质,在于将中国形象进行人格化、魅力化的塑造。可爱中国形象是可信中国形象的进阶,它体现了国际受众在理性认知中国的基础上,进一步在情感上产生了喜爱和热爱之情。①每当提及中国时,人们都能感受到美好、愉悦的情感记忆与体验,从而在心中自然而然地产生对中国的亲近感。这种亲近感不仅来自于对中国的了解和认同,更来自于对中国文化的热爱和尊重。

与"可信""可敬"中国形象构建的概念相比,"可爱"中国形象的构建更偏重于通过叙事引发情感上的共鸣。讲故事,不仅仅是为了传达事实、塑造形象,更是一个传递情感、阐述道理的过程。在这个过程中,事实传播、共情传播和说理传播需要协同作用,共同发力。只有这样,我们才能构建出一个既真实又可爱的中国形象,让国际社会更加全面、深入地了解中国。此外,"可爱"叙事的构建兼具亲进度及深度,叙事应当深入浅出地展现中国道路的独特性、中国理论的先进性、中国制度的优越性、中国精

---

① 钟新、蒋贤成、崔灿:《构建可信、可爱、可敬中国形象的媒体传播策略——CGTN云南野生象群迁移热点事件报道分析》,《电视研究》,2021年第9期。

神的凝聚力以及中国力量的强大。

"可爱"中国形象构建中，有很多国际传播案例起到了积极的传播效果。有些国际传播项目以弘扬历史文化为主线，展现美丽可爱中国。例如，成都创新孵化"民乐也疯狂"短视频IP，该项目通过"传统文化+新技术"的结合，将传统民乐与现代科技手段相融合，利用新技术对民乐进行创造性转化。这种跨界融合不仅展现了中国在现代化进程中对于传统文化的重视与传承，也体现了中国在科技创新方面的活力和进步。这种将传统与现代相结合的做法，使得中国的传统文化以更加生动、有趣的方式呈现在世界面前，展现了"可爱"的中国形象。"民族特色+城市风貌"的展示，通过民乐这一具有浓郁民族特色的艺术形式，结合成都这座城市的独特风貌，展现了中国的多元文化和地域特色。成都作为一座历史悠久、文化底蕴深厚的城市，其独特的城市风貌和人文景观与民乐相得益彰，共同构建了一个丰富多彩的视听盛宴。这种展示方式不仅让外国观众更加深入地了解中国的民族文化和地域特色，也让他们感受到中国的"可爱"之处。而且，"传统乐器+流行音乐"的创新表达，该项目将传统乐器与流行音乐相结合，创造出具有时代感和现代感的音乐作品。这种创新性的表达方式不仅让传统民乐焕发出新的活力，也吸引了更多年轻人的关注和喜爱。通过流行音乐这一具有广泛影响力的艺术形式，将中国的传统文化传播到更广泛的受众中，让更多人感受到中国的"可爱"之处。

在我国可爱中国形象塑造中，海外新生代青年是我们舆论争取的重点对象。例如，重庆开展的"亚欧青少年自然探索大赛"针对"Z世代"受众特点，精准发力，通过互动性强、趣味性高的活动形式，吸引了大量年轻人的参与。通过良性互动和情感共鸣，中外青少年在比赛中建立了深厚的友谊，共同体验了中华文化的独特魅力。这种跨越国界的青春交流，展现了中国青年的活力、开放和包容，让中国形象在年轻人心中更加可爱和亲切。大赛在传播中华优秀传统文化的同时，也注重提升中国形象的亲和力。通过让外国青少年深入了解中国的历史、文化、风俗和习惯，他们能够更加客观地认识中国，消除误解和偏见。同时，中国青少年的热情好客、友善待人,也让外国青少年感受到了中国人民的真诚和友好。这种文化交流和情感共鸣,让中国形象在国际社会中更加可爱和可亲。

在环保方面,我国通过传播云南野象迁徙吸引全球媒体和民众目光。大象的迁徙本身便是一幅生动而可爱的自然画卷。它们悠然自得地在中国的土地上漫步,不受束缚,自由探索,这种与自然和谐共生的场景,让人们看到了中国大地上生物多样性的丰富和生态环境的优美。这种自然之美与生态和谐,正是中国"可爱"形象的重要组成部分。大象迁徙过程中,中国民众、应急处理团队和各地政府的表现,更是体现了中国的可爱之处。面对这一突发事件,普通民众展现出了极大的爱心和宽容,他们不仅没有对大象造成任何伤害,反而给予了它们关心和帮助。专业高效的应急处理团队迅速响应、科学指导,确保了大象安全。而各地政府也积极协调,为大象提供了必要的支持和保障。这种对生命的尊重、对自然的敬畏和对人与自然和谐共生的追求,让中国形象在世人眼中更加可亲可爱。

在传播传统节日方面,"欢乐春节"兔年吉祥物火遍全球。2023年"欢乐春节"兔年吉祥物的设计,以其软萌可爱的形象,赢得了全球各地人们的喜爱。吉祥物以"福袋"为基础形象,搭配兔年生肖主形象,不仅富有文化内涵,还兼具实用性,成为连接中外人民情感的桥梁。兔年吉祥物漂洋过海,出现在世界各地的春节庆祝活动上,为各国人民带来了欢乐和祝福。在吉祥物的陪伴下,各国政要、各界名人纷纷送上新春祝福,这不仅体现了中国春节的国际影响力,也展现了中国人民的友善和热情。这种跨国界的文化交流,让不同文化背景的人们在共同庆祝春节的过程中,感受到了中华文化的包容性和亲和力。这一案例通过展现中国春节的喜庆氛围和文化内涵,让人们看到了一个真实、立体、可爱的中国形象。中国春节不仅是一个传统节日,更是一个展现中华文化魅力和国家形象的重要窗口。通过这一窗口,世界各地的人们可以更加深入地了解中国、认识中国,从而增进对中国的理解和友谊。在以上案例塑造可爱中国形象的过程中,国际传播策略尤为重要。

第一,利用共情传播,消解文化区隔。共情,作为一个心理学概念,描述的是个体在特定情境下，能够深入且准确地理解他人的情感体验，并据此作出恰当的情感回应的一种能力。[①]共情传播的核心在于理解和尊重。当我们面对不同的文化背景和价值观念时，往往会产生误解和隔阂。然而，通过共情传播，我们能够深入他人的内心世界，理解他们的感受和需求，从而建立起一种基于相互尊重和理解的文化交流。这种交流方式不仅能够消除文化区隔，还能够促进不同文化之间的融合与发展。

实现共情传播，首先需要部署在地化的传播策略。对外传播是一项涉及跨国界、跨文化、跨语言的复杂传播活动。在此过程中，海外受众与国内受众在价值观念、文化背景、信息接受习惯等方面存在显著的差异。因此，信息"发送后却未能抵达预期效果"，以及受众"接收到信息却未能产生共鸣或接受"的问题屡见不鲜，这是对外传播中需要特别关注和应对的挑战。在地化策略的核心在于，深入剖析并精准把握不同地域的文化特质和意识形态架构，进而量身定制传播内容，以满足目标受众的文化需求。从而在国际舞台上与他国的传播主体在身份地位和传播视角上达到一种均衡与对等，共同推动信息的有效交流。此外，细分目标受众群体也是在传播过程中不可忽视的一环。通过精细化的受众分析，降低国际传播中可能出现的偏见和歧视风险，确保传播内容更加贴近受众的实际需求和利益。这样不仅能够增强受众对信息的信任度和认同感，还能够进一步激发受众对信息的共情能力，促进信息的广泛传播和深远影响。

传播渠道的建设对于达成理想的传播效果具有决定性作用。为了实现情感上的深度共鸣，传播机构与传播者必须细致考虑受众的独特特性和情感沟通的需求，从而精心策划或量身打造专属的媒介内容平台。在当前全球化的背景下，传统的东西方二元对立仍然在一定程度上影响着平台的话语权。为了突破技术和意识形态上的壁垒，构建一个开放、自主且包容的媒介平台变得至关重要。这样的平台不仅为不同文化之间提

[①] 赵新利：《共情传播视角下可爱中国形象塑造的路径探析》，《现代传播》（中国传媒大学学报），2021年第9期。

供了在相互尊重的基础上进行交流、对话、融合与共生的机会,也为共情传播的深化提供了切实可行的实践道路。通过这一平台,不同文化间平等理解与对话,增进彼此之间的情感连接与共鸣,从而助力构建一个更加和谐、包容且富有活力的国际传播环境,为全球文化的多样性和繁荣作出贡献。

在共情传播的过程中,细节和情感投入也很重要。共情传播不仅仅是信息的传递,更是情感的交流和共鸣,在这种原则下讲述的中国故事才能真正打动人心,让更多人愿意了解和接受中国文化。值得注意的是,遇到文化障碍和误解时,传播主体需要积极寻求共同点,并主动推进进一步的交流与沟通,"打开天窗说亮话",让不同文化背景下的人有机会亲身接触和了解彼此的文化,促进不同文化之间的融合和发展。

第二,打造热点话题,确定传播核心。在当今信息爆炸的时代,打造一个能够稳定提供传播价值的IP并确定与之对应的传播核心,是讲好中国故事的一条新路。一个成功的中国对外传播IP不仅能够吸引大量关注,还能在国际社会为中国赢得更多话语权及更多发声权,从而传递好中国声音。要打造中国特色文化传播IP,首先需要深入理解目标受众的需求和喜好,以及对方的发展趋势。在国际传播过程中,要"求同",找准中国与他国文化价值观的融合点,大力创新文化产品的"国际化表达";也要"求异",要用差异化的内容表达向世界传播中华文化。每个国家都有独属于自身的文化背景及认知结构,打造IP应"因地制宜",在融合中寻求共性,从而达到事半功倍的传播效果。

此外,一个成功的IP应具备独特的创意和引人入胜的故事内核。如何在中国的现代化进程中,选择具有中国特色且能引起强烈共情的故事尤为重要,好的故事内核可以让海外受众产生强烈的兴趣和参与感。在挖掘创意和故事内核的过程中,创作者需要关注以下几点:首先,要关注社会热点和时事话题,从中寻找灵感和切入点;其次,要关注人性中的共性和普遍性,挖掘出能够触动人心的情感元素;最后,要注重故事的连贯性和逻辑性,确保故事能够引人入胜。确定了传播核心之后,就需要制定合适的传播策略，这一步应注意的是要注重与目标受众的互动和反馈，及时调整策略和内容，确保传播效果，避免"自说自话"。在打造IP时，也应该时刻有版权意识，要注重相关知识产品与文化产权的保护，确保相关产品宣传的准确性和正面性，必要时采取有效措施来维护中国形象，坚决防范和避免虚假、恶意宣传对国家形象造成不良影响。

第三，深挖传统文化，构建符号体系。传统文化是一个国家或民族在长期历史发展过程中形成的独特文化体系，它蕴含着丰富的思想内涵、道德观念和审美情趣。打造"可爱"的中国形象，在注重创新表现形式的同时也要扎根中国传统文化，让传播立足于中国最核心、最深层、最广泛的传播力量之上。通过更加全面了解传统文化的历史脉络、精神实质和时代价值，为后续创新传播提供深厚的理论支撑。

在深挖传统文化的基础上，形成基于中国传统文化的符号体系，在对外传播中起着重要的作用。中华文化符号作为蕴含着深厚意蕴的精神文化瑰宝，其独特魅力能够生动展现中华文明的价值观与思想精髓。传播符号可以是传统文化中的经典著作、历史事件、人物传奇等，也可以挖掘具有时代意义和文化价值的故事和案例，并结合现代社会的需求和审美趋势，对传统文化进行适度的改编和再创作，使其更加符合现代人的接受习惯和心理需求。在推广中华文化符号时，我们既要深入挖掘和呈现其深厚底蕴，又要考虑到世界各地人民的文化心理和审美偏好。习近平总书记提出的"可信、可爱、可敬的中国形象"，体现出国家形象自我建构与他者感知的内外融通。①在建构自我形象的同时，通过"降低传统文化接受门槛"的策略，让知识摄取和审美体验成为通往文化深层理解和心理认同的自然桥梁，从而激发国外受众对中国文化的浓厚兴趣和向往之情，继而提升传统文化符号的亲和力，促进构建"可爱"中国形象。

---

① 赵新利：《"可信、可爱、可敬的中国形象"的历史溯源、理论逻辑与实现路径》，《山西大学学报》（哲学社会科学版），2023年第6期。

三、传递和平发展与合作共赢的理念，构建可敬中国形象

"可敬"这一概念在中国形象的塑造中，不仅代表了对世界各国的尊重，更是中国文化深厚底蕴中感召力和包容性的集中体现，成为塑造中国形象不可或缺的要素。中国文化的感召力深植于中国特色的独特理念之中。上下五千年的发展历程中，中国通过自身的理论体系深刻阐释社会实践，同时，又用丰富的实践经验不断提炼和升华理论，从而形成了独具中国特色的道路、制度、理论及文化体系。这些特色不仅体现在政治、经济、社会等各个领域，更在人们的日常生活、思维方式、价值观念中留下了深刻的烙印。

中华优秀传统文化、革命文化和社会主义先进文化，这三者共同构成了中华民族独特的精神标识。这些文化不仅承载了中华民族的历史记忆，更展现了中国人民的智慧和力量。它们以独特的魅力和深邃的内涵，吸引了世界的目光，让世界更加深入地了解中国。因此，"可敬"形象的构建，关键在于让来自全世界的接收者真正赞叹中国式现代化的成就与特色。通过展示中国的独特道路、制度、理论和文化，让世界人民深入了解中国的政策和主张，从而建立起跨文化的共鸣。这种共鸣不仅基于对中国特色的认识和认同，更基于对人类共同命运的关注和思考。

"可敬"的关键在于中国的形象定位，这些形象定位包括文明大国、东方大国、负责任大国等标签。责任感，作为主体对自身所承担责任的深刻理解和清晰定位，具体涵盖"有责任""负责任"与"尽责任"三重维度，这三者各自体现了不同的责任伦理观。其中，"有责任"源于道德规范或道德良知，它驱使主体自觉承担起某项任务或行为；"负责任"则强调主体不仅要有承担责任的意愿，还需具备为其行为后果负责的能力；"尽责任"则升华至一种美德和人格境界的高度，即便环境变幻莫测，具备这种责任人格的人仍会竭尽所能去履行其责任。

从中国改革开放以来的外交历程及中国形象自我塑造的期望来看，责任更多地被诠释为"负责任"或"有担当"。中央领导集体在致力于让中

国成为负责任大国的道路上不断摸索和创新，提出了一系列外交理念和政策主张，如不结盟、伙伴关系、负责任大国、和而不同、和谐世界及人类命运共同体等。这些主张的核心，始终围绕着中国作为一个负责任大国的形象，力求在国际舞台上展现其担当与贡献。

"一带一路"倡议在推动合作发展的基础上，呈现了可敬中国形象。该倡议以和平友好为主题，体现了中国在国际交往中坚持和平发展、合作共赢的原则。这种坚持和平友好的态度，展现了中国的国际责任感和担当。项目聚焦双边关系史中的友好往来，强调互利共赢的合作精神。这体现了中国在推动"一带一路"倡议过程中，不仅注重自身的发展，也致力于与沿线国家实现共同发展、共同繁荣。这种合作精神，体现了中国作为大国的胸怀和担当，也是"可敬"形象的重要方面。深入研究和挖掘双边关系史中的友好往来故事，也展现了中国在历史文化研究方面的深厚底蕴和学术实力。这种深厚的文化底蕴和学术实力，不仅为中国在国际上赢得了尊重，也进一步促进了"可敬"形象的塑造，体现了中国在推动"一带一路"倡议过程中，不仅注重经济合作和基础设施建设，也注重文化交流和民心相通。文化交流增进沿线国家人民之间的了解和友谊，为"一带一路"倡议的顺利实施提供了有力的文化支撑和民意基础。这种注重民心相通的做法，也是"可敬"形象的重要体现。

讲好中国生态文明故事也有利于推动可敬中国形象构建。我国通过聚焦云南红河地区独特的"蝴蝶大爆发"奇观，精准发掘了蝴蝶故事的国际传播价值。这不仅展现了中国丰富的自然资源和生物多样性，也体现了中国对生态环境保护的重视和成效。这种对自然资源的珍视和合理利用，体现了中国在生态文明建设方面的决心和行动，有利于塑造中国"可敬"的形象。案例中的提前策划统筹和多角度设置议题，展示了中国在生态文明传播方面的专业性和前瞻性。通过精心策划和组织，该案例不仅成功吸引了国际社会的关注，多角度的议题设置还促使学者深入探讨了生态文明建设的重要性和意义。这种专业而深入的探讨，体现了中国在生态文明建设方面的引领作用和贡献，进一步提升了中国的国际形象。

在此过程中,媒体巧用叙事话语和多元方式的呈现,使得中国生态文明故事更加生动、具体和易于理解。通过丰富的视觉材料和深入的故事叙述,该案例让国际社会更加直观地感受到中国生态环境的美丽和生态文明建设的成果。这种生动具体的呈现方式,让中国的生态文明故事更具感染力和说服力,从而增强了国际社会对中国生态文明建设的认可和尊重。

在中国式现代化国际传播过程中,传统文明与现代文明赓续发展。在保护传统文明方面,我国也展现了可敬的大国形象。例如,三星堆考古发掘工作展示了中国对历史文化的尊重和保护。三星堆遗址的考古工作,不仅是对古代文明的探索,更是对中国悠久历史文化的珍视和传承。国家文物局的批准和考古团队的专业精神,体现了中国在文化遗产保护方面的严谨态度和高度责任感。这种对历史的敬畏之心和对文化的传承之责,塑造了中国"可敬"的形象。考古发现的丰富成果展示了中国文化的博大精深。从黄金面具到顶尊人像,从青铜像方尊到大面具,这些造型各异的出土文物不仅令人目不暇接,更让世界惊叹于中国数千年历史的丰厚底蕴与独特魅力。这些文物不仅是中国古代文明的瑰宝,也是人类文明的共同财富。中国通过考古发掘,向世界展示了中华文明的辉煌成就和独特魅力,进一步提升了中国的国际形象和影响力。而且,这一考古发现引起了全球关注,展示了中国文化的国际影响力。国外主流媒体纷纷报道,TikTok上三星堆话题总播放量达到2000余万,外国网友踊跃上线观赏这些出土文物,无不惊叹中国文化的博大精深。这种国际关注不仅是对中国考古工作的认可,更是对中国文化的认可和尊重。中国通过考古发掘向世界传递了中华文明的独特价值和魅力,进一步提升了中国的国际地位和影响力。在以中国式现代化促进可敬中国形象塑造的过程中,国际传播策略尤为重要。

第四节 实现精准:有效提升中国式现代化国际传播效能

在国际传播过程中,实施国别化和精准化传播具有重要意义。不同国家和地区的文化背景、价值观、社会制度和历史各不相同。精准传播能够针对每个国家、地区的政治、社会和文化背景,传递更符合其受众习惯和需求的信息,提高信息的接受度和共鸣感。

目前,全球局势变化激烈,大国博弈进入白热化,进行精准化国际传播愈发重要。首先,构建与周边国家的互利互惠关系,传播可信中国形象尤为关键。从地缘关系来看,东北亚地区是中国的重要邻国区域,包括日本、韩国、朝鲜等国家,这些国家与中国的关系是中国的经济能否在有利外部环境中发展的重要因素。中俄两国之间的关系一直较为紧密,也是地缘邻国,双方在政治、经济、军事等领域都有着广泛的合作,传播好友好合作中俄故事,不仅有助于维护两国的利益,也有助于促进整个地区的和平与稳定。其次,向"一带一路"国家展现中国理念与中国价值,促进合作共赢,是我国精准传播的重要目标。例如,保持中国和南亚及东南亚各国的友好交流,以传播筑牢合作基础,能不断推进中国拓展海外市场、保障海上通道安全及应对地区挑战。中东地区作为地缘政治的敏感区域,也是我国"一带一路"沿线的重要合作伙伴,中国的声音在中东传播对于世界和平及中国自身的安全和利益都具有重大意义。再次,非洲国家等全球南方国家,是中国开展国际合作与交流的重要伙伴,把握好中国与全球南方国家的友好传播关系,能进一步提升中国在国际舞台上的话语权,增强中国国际传播影响力。最后,中国与西方发达国家之间的合作与竞争并存。在科技、经济等领域,中国与西方发达国家的交流与合作可以促进自身的发展与进步;同时,在一些国际事务上,中国也需要与西方发达国家进行沟通和协调,以共同应对全球性挑战。

本节将依照考虑各国、各地区的地缘政治、国际关系、对华关系等,将世界主要国家分为四类,即周边邻国、共建"一带一路"国家、全球南方国家和发达国家,阐述向上述国家进行中国式现代化精准传播的策略。

一、深化互信:构建与周边国家经济互利、发展互惠、军事互信的新型关系

目前,中国与东北亚各国的关系复杂而多元。中国与日本、韩国在经济领域存在密切合作,互为重要贸易伙伴,但同时在历史问题、领土争端及地区安全议题上存在分歧。朝鲜半岛局势持续紧张,朝鲜核问题成为地区安全的一大隐患,中国与朝鲜保持着传统友好关系,同时也积极倡导通过对话协商解决半岛问题。此外,中俄关系保持高水平发展,两国在战略协作、经贸合作、人文交流等领域不断深化合作,共同维护地区和平稳定。我们将围绕中国与东北亚各国的关系在竞争与合作中动态发展这一关键政治背景,提出针对日、韩、俄等国的精准国际传播策略。

2023年,东北亚地区的安全局势经历了显著的动荡,国际关系呈现出复杂多变的特点,大国间的战略竞争日益激烈。特别是朝鲜半岛的紧张局势不断升级,与此同时,美国、日本和韩国等国加强了军事合作,对地区安全秩序构成了前所未有的挑战。在这种背景下,中日韩三国关系也显示出了复杂多变的发展态势。11月,中日领导人在旧金山举行会晤,双方重新确认了战略互惠关系的重要性。同月,韩国在釜山主办了中日韩外长会议,这标志着三国外长会的重启,结束了该会议长达四年三个月的中断,中日和中韩关系显示出了止跌回稳的迹象。

近年来,日本和韩国的对外政策中意识形态色彩和地缘政治竞争的特点日益突出。日本在担任G7轮值主席国期间,积极推动与美国的大国竞争和阵营对抗策略,试图在全球舞台上扮演领导者角色,并配合美国推进其对华战略。此外,日本政府加快了2022年底通过的"安保三文件"的实施,显著增加了防卫开支,并大力发展进攻性军事力量,以推进其对华军事部署。韩国尹锡悦政府则采取"亲美疏华"的政策立场,与美国共同

发表了《华盛顿宣言》,达成了升级版的核威慑安排。在朝鲜半岛,南北之间的紧张对峙在2023年进一步加剧。美国、日本和韩国不断加强军事合作,其合作的指向性在于极限施压朝鲜,这进一步刺激了半岛军备竞赛的升级,将半岛局势推向了新的危机边缘。美日韩升级了"延伸威慑"策略,这推高了半岛核扩散的风险。朝韩双方竞相示强,半岛局势紧张升级。同时,朝鲜与俄罗斯之间的频密互动,也显示出了阵营对抗的苗头。

在此背景下,我国周边舆论环境依然面临着严峻的挑战和多重风险。然而,从可预见的未来看,东北亚地区维持和平稳定的主客观条件并没有发生根本性的变化。东北亚地区集中了全球主要的军事力量,除了中美俄三个核大国之外,朝鲜已将核武力政策写入宪法,日本和韩国也在美国的核保护伞下,这种核威慑下的"恐怖平衡"持续存在,极大地降低了发生战争冲突的可能性。另一方面,近代以来的历史教训仍在深刻影响着地区国家的对外认知和战略取向,和平主义在各国依然有着深厚的社会民意基础。中日韩三国加强对话与合作,对于维护地区和平与稳定仍将发挥关键的"压舱石"作用。随着三边各层级各领域对话交流的重趋活跃和务实合作的继续推进,三国间的政治气氛有望得到缓和,安全互信和国民感情也有望得到一定程度的修复,从而为维护东北亚的和平与稳定发挥更加积极的作用。因此,针对日韩等邻国,我国应调整相应国际传播策略,以推动广泛深入的合作。

第一,消除西方同盟体系影响,推动"去冷战化"。在国际关系复杂多变的背景下,中国对日韩两国的对外传播策略显得尤为重要。公共外交作为一种非传统的外交手段,在官方外交受限的领域发挥着重要作用。中国应持续推进东北亚地区的"去冷战化"和"去同盟化",以此化解外交危机和舆论难题。

当前,东北亚地区的安全危机源于西方大国以"二元对立"思维构建的军事同盟体系。因此,公共外交的首要任务是解构这种对立,这种对立偏向于意识形态的对立,更多是日韩两国对我国国情及治国理念了解不充分、理解有偏颇导致的。中国在过去几十年中取得的显著治理成就为国际社会提供了有益借鉴。中国同日韩两国有着相似的文化背景,在国情方面也有相似之处,在国际传播中应当充分利用这一优势,通过举办治国理政研讨会、出版治国理政著作等方式,在东北亚地区传播中国的成功经验,从而帮助日韩两国找到解决自身发展困境的有益路径,同时也为日韩两国提供一个观察和了解中国的全新视角。这不仅有助于提升中国的国际话语权,还能够有效对冲西方媒体对我国的污名化和曲解。

第二,强调文化共性,重塑舆论生态。"多元共生"是东方传统文化的重要内涵,也是中日韩三国文化的交集之一。东北亚人文共同体属于区域性人文共同体,它源自利益又超越利益,是由东北亚区域内各国组成的,基于地缘认同和文化认同开展人文交流所形成的区域性国际体系。[1]中国在东北亚区域的传播策略要强调文化共性的重要性。日韩两国与中国有着深厚的文化渊源,儒家文化、汉字文化圈等共同的文化传统为区域合作提供了坚实的基础。在官方外交及传播过程中强化这些文化共性,可以有效促进区域内的文化认同和互信,为经济合作和政治互信打下良好的基础。

距离、文化血缘、国际影响力是国家民众之间获取相关知识的重要影响因子。民众对邻国的了解和获取信息一般多于距离较远的国家,对文化传统相近的国家的认同感要高于文化异质国家。[2]在民间传播领域,通过教育、学术交流和文化节庆活动,展示和传播中国的传统文化和价值观,增进东北亚各国人民对中国文化的了解和认同,同样也能取得理想的传播效果。但在处理历史和领土等敏感问题上,媒体应避免采取对抗性、挑衅性的语言和行为,而是通过平等、理性、建设性的对话,增进相互理解和信任。

第三,在东北亚地区具有一定影响力的媒体需要紧跟时代步伐,借助现代传播手段,如社交媒体、影视作品、文化交流活动等,设置舆论议程,

---

[1] 谢菲菲、张波:《构建东北亚人文共同体的内涵、价值与实践之路》,《东疆学刊》,2024年第1期。
[2] 蔡馥谣:《中国对东北亚区域文化传播力的提升策略》,《青年记者》,2021年第8期。

主动向日韩社会传达中国视角，以形成有利于各方的舆论环境，用更具说服力的叙事方式打破日韩两国社会的固有偏见和误解。

除日韩外，俄罗斯也是我国重要周边国家，在全球政治经济格局发生深刻变化的当下，中俄关系在国际事务中的重要性日益凸显。乌克兰危机的爆发使俄罗斯在西方面临前所未有的外交挑战，这进一步凸显了中俄合作的重要性。在这样的背景下，中俄两国不仅加强了政治互信，还在经贸、能源、军事安全等多个领域深化了合作，共同面对国际形势的挑战。这不仅符合两国的根本利益，也为维护国际公平正义和推动全球治理体系改革提供了重要动力。

中俄关系的稳固和发展建立在深刻的历史逻辑和坚实的政治基础之上。作为世界主要大国和联合国安理会常任理事国，两国在维护全球战略稳定、促进世界和平与发展方面承担着重要责任。在处理乌克兰危机等全球性问题时，中俄坚持通过对话协商解决问题，反对单边主义和霸权行径，展现了负责任大国的形象。元首外交在中俄关系的发展中起到了核心引领作用。两国元首通过定期会晤和互访，共同规划双边关系的发展方向和重点合作领域。在2023年的元首会晤中，双方签署了多项重要文件，为中俄关系的未来发展和各领域合作提供了指导和基础。

在经济领域，中俄两国继续在农业、林业、基础科学、市场监管、媒体等领域深化合作。根据《2030年前中俄经济合作重点方向发展规划的联合声明》，两国将进一步在战略性新兴产业等领域加强合作，推动双边贸易额的增长。此外，中俄还将以2024—2025年中俄文化年为契机，举办丰富多彩的文化交流活动，增进两国人民的相互了解和友谊。中俄关系在复杂多变的国际环境中展现出强大的生命力和广阔的发展前景。两国将继续深化全面战略协作伙伴关系，推动各领域合作取得更多成果，为构建新型国际关系、推动构建人类命运共同体作出重要贡献。因此，面向俄罗斯等友好邻国，我国应通过有效国际传播策略，持续推动广泛深入的合作。

一方面，应巩固两国合作，推动建立传播新秩序。在全球信息传播格局中,西方媒体长期占据主导地位,导致国际传播中存在一定程度的信息偏见和不平等。中俄两国作为世界大国,有责任共同推动构建公正合理的国际传播新秩序。深化中俄国际传播策略,不仅有助于两国之间的友好合作关系的加强,还能为构建公正、多元、和谐的国际舆论环境作出积极贡献。中俄媒体合作受到媒介体制和外交关系的深刻影响。中俄媒介体制的差异决定了央媒差异化发展与竞争、双方合作对象选择及中俄媒体实践的特征。

目前,中俄媒体合作的背景和发展阶段可以概括为从少到多、从虚到实、从浅到深的过程。自2002年中俄两国元首签署《中俄联合声明》首次提出媒体合作以来,两国在媒体、文化等领域的交流与合作逐步展开,并逐渐形成常态化合作机制。这一过程中,中俄媒体合作不仅在宏观层面达成合作意愿,而且在实践层面也有具体表现,如通过共建新闻信息交换平台、联合发布新闻、共同打造新闻产品等方式,促进两国之间的沟通和了解。然而,中俄媒体合作也面临着挑战和困境。目前两国在人文、媒介、艺术等领域的交流存在"上热中温下冷"的问题,即高层积极呼吁、中层半知半解、民间缺乏感知。因此,建设传播秩序需要打通全信息渠道,动员各层次媒介组织参与其中,才能更好地发挥大国间媒介合作的赋能效果。

另一方面,应遵循对等互惠原则,共享话语空间。为了深化中俄媒体合作并推动其向更深层次发展,双方必须致力于构建一个涵盖交流的主体和内容及交流的方式和策略的共同话语空间。共同话语空间的构建是一个多维度的互动过程,它要求中俄两国媒体在保持各自文化特性的同时,寻找共通的交流基础和价值观念。共同话语空间的打造应基于对等和互惠的原则,确保双方媒体在合作中的话语权和影响力均衡。这要求中俄媒体在合作中充分尊重对方的文化传统、价值观念和社会现实,通过平等的对话和交流,形成共识和共鸣。在此基础上,双方可以共同确定合作的议题和方向,确保媒体合作的内容既有深度又有广度,能够真实反映两国社会发展的全貌。这种合作需要长期的规划和持续的努力,需要在双方制定的长期规划中逐步实现。

随着社交媒体的兴起，传统的新闻传播模式正面临前所未有的挑战和机遇。要打造周边命运共同体，引领区域治理和全球治理，就要做好周边传播和对外整体传播的有机统一，把当前需要和长远需要结合起来，把传统传播方式和现代传播手段结合起来。中俄媒体应积极利用社交媒体平台的互动性和即时性，开展更加灵活多样的交流与合作。例如，通过联合举办线上论坛、网络直播、互动访谈等形式，吸引两国民众的广泛参与，提高媒体合作的可见度和影响力，更好地对等传递彼此的价值观念。

在共同话语空间的构建过程中还需要重视受众的反馈和参与。过去在传统领域进行深耕的媒体和组织，开始逐渐拓展传播渠道，在社交媒体平台进行布局，致力于从单向传播转换为双向传播，媒体与受众彼此对话、互为信源、话语交叠。在全球化和信息化的今天，受众不再是被动接收信息的对象，而是媒体传播的重要参与者和合作者。中俄媒体应重视收集和分析受众的意见和建议，及时调整和优化合作的内容和形式，使媒体合作更加贴近民众的需求和期待。

二、共商共建共享：向共建"一带一路"国家展示中国理念、促进合作共赢

随着中国经济的快速发展和国际地位的提升，中国更加积极地参与到全球治理和国际合作中去。而"一带一路"倡议正是中国为推动区域合作、实现共同发展而提出的重要构想。在推进"一带一路"建设的过程中不断推广中国理念，尤其是和平发展、互利共赢的理念，对于增进沿线国家的理解和信任，推动项目的顺利实施，具有重要意义。此外，展示中国理念不仅有助于增强沿线国家对中国的认知和了解，消除误解和疑虑，还能为沿线国家提供新的发展思路和合作模式。通过促进合作共赢，可以实现资源的优化配置，发挥各国的比较优势，从而推动经济的可持续发展。同时加深各国人民之间的友谊和理解，促进文化交流与互鉴，构建人类命运共同体。

除东北亚各国以外,东盟国家及中东地区是"一带一路"沿线的重点合作区域。从地理位置上看,东南亚国家是海上交通要道,是中国"向西开放"的重要门户和通道建设的起点。同时,东南亚也是中国与世界经济联系的重要桥梁和纽带,具有独特的战略地位。中东地区位于欧亚非三大洲的接合部,被誉为"五海三洲之地",是陆上和海上连接欧亚大陆腹地的重要通道。我们将以东盟国家及中东地区两个区域为例,分析向共建"一带一路"国家展示中国理念、促进合作共赢的国际传播思路。

(一)针对东盟国家的精准化国际传播策略

东盟各国是我国共建"一带一路"的重要合作伙伴。在政治层面,中国与东盟各国之间的交往日益密切,高层互访频繁,政治互信不断加深。2023年,中国与东南亚国家的互访呈现级别高、频率高、成果多的特点。柬埔寨首相洪森及其继任者洪玛奈、印尼总统佐科、马来西亚总理安瓦尔等东盟国家领导人纷纷访华,表达了对中国的高度重视和希望深化合作的愿望。同时,中国也分别与菲律宾、柬埔寨、新加坡、东帝汶、泰国、老挝、越南等国发表了联合声明或新闻公报,明确了双方在经济、科技、基础设施等领域的合作方向。特别是在中越两国宣布共同构建"具有战略意义的中越命运共同体"之后,中国已经与东盟七个成员国就构建命运共同体达成了共识。这不仅是中国与东盟国家政治互信的体现,更是双方在地区秩序中共同维护包容、开放与合作理念的重要基础。

经济合作是中国与东盟关系中的另一重要支柱。面对挑战,中国与东盟国家共同应对,加强经济合作,推动区域经济一体化进程。2023年,中国与东盟的货物贸易额持续增长,投资合作不断深化,双方在数字经济、绿色发展、粮食安全等领域的合作也取得了积极进展。例如,中国与东盟国家共同签署了《区域全面经济伙伴关系协定》(RCEP),为地区经济发展注入了新的活力。此外,中国还积极参与东盟主导的地区对话机制,如东亚峰会、东盟地区论坛等,推动中国与东盟国家之间的合作。这些举措无疑为地区的经济发展和社会进步提供了有力支撑。

然而，在当前的全球格局下，中国与东盟的关系也面临着一定的挑战。尤其是美国"印太战略"的推进，对地区力量格局产生了深远影响。在这种背景下，东南亚各国坚持大国平衡立场，避免"选边站"，同时以《东盟印太展望》为"抓手"，重新聚焦地区经济发展，加快与主要大国的战略对接。尽管美国试图通过加强与东盟国家的关系来削弱中国在该地区的影响力，但东盟国家普遍认识到，与中国保持友好合作关系符合自身利益。因此，在应对美国"印太战略"的挑战时，中国与东盟国家展现出了团结一致的姿态，共同维护地区的和平与稳定。

在全球化和区域一体化的背景下，中国与东南亚国家的关系日益紧密，传播工作的重要性不言而喻。有效的传播不仅能够提升中国的国际形象，还能够促进与东南亚国家的互信与合作。然而，传播工作面临着诸多挑战，如信息不对称、公众认知差异、舆论引导难度大等。此外，东南亚国家的文化多样性也给传播工作带来了难度，不同国家有着不同的文化、宗教和政治背景，这要求我们对外传播策略必须具有高度的针对性和灵活性。因此，针对东盟国家推动中国式现代化国际传播话语尤为重要。

第一，灵活运用多媒体平台与多主体进行国际传播。精准传播指在适当的时间和空间，传播媒介在精准定位的基础上，依托现代信息技术手段，用最佳的传播渠道，有的放矢地为受众提供需要的信息和个性化的传播服务。[1]在实施精准传播策略时，媒体应注重利用现代信息技术，如大数据、人工智能等，来分析受众需求，优化传播内容和渠道。同时，要努力提升传播内容的质量和吸引力，通过故事化、情感化的表达方式，增强传播的亲和力和说服力。

单一的传播主体难以满足多样化的传播需求。通过多元化的传播主体，中国能够从不同角度和层面展示自身的多样性，更好地与东南亚各国的社会和文化相融合。因此，推动传播主体的多元化，包括官方媒体、非政府组织、企业、民间团体等尤为重要。官方媒体作为传统的传播主体，

---

① 周方银：《新形势下对东南亚精准传播策略研究》，《对外传播》，2022年第7期。

通过提供准确、及时的新闻报道塑造中国的国际形象。此外，非政府组织得益于其专业性和中立性，使其在国际传播中具有独特的优势，媒体可以通过与东南亚各国的相应组织合作，更好地传递其在这些领域的成就和经验，提升国际社会的认可度。

企业作为市场经济的主体，其在传播中的作用也不容忽视。中国的企业，尤其是大型国有企业和知名民营企业，通过其在东南亚的投资、贸易、基础设施建设等活动，传播了中国的经济活力和合作意愿。媒体应抓住企业实绩带来的传播动能，为传播效果的达成添砖加瓦。公众对经济合作的认知和期望是影响合作效果和未来发展的重要因素。在中国与东盟经济合作的过程中，公众的认知和期望对于推动合作的深化和拓展具有积极的意义。因此，民间团体和个人在传播中的作用不容忽视。在文化交流、教育合作、旅游交流等活动中，中国民众与东南亚各国的民众建立了直接的联系。这种自下而上的传播方式，更加灵活、亲切，能够促进文化之间的相互理解和尊重。

第二，共情传播，以民心相通促合作共赢。共情传播是本土化传播策略中的重要组成因素。通过共情，中国的传播活动能够与东南亚受众建立情感上的联系，触动他们的内心，从而增强信息的感染力。共情传播的实践包括讲述能够引起共鸣的个人故事、反映当地社会现象的真实案例，以及展现中国与东南亚合作共赢的积极成果。这些内容能够激发受众的共鸣，增强他们对中国的认同感和信任感。

为了实现共情传播，传播活动要注重展现人文关怀，强调文化交流和相互理解。通过展示中国与东南亚之间在教育、旅游、艺术等领域的交流与合作，传播内容不仅传递了信息，还传递了友谊和尊重，促进了跨文化的情感交流。同时，中国在东南亚的传播活动中，还注重培养和利用当地的舆论领袖和影响者。当地的意见领袖能促进中国的信息传播速度更快，传播范围更广，同时也能够借助这些意见领袖的信誉和影响力，提高传播的权威性和可信度。

第三，关注并参与当地议题是中国本土化传播策略的延伸。中国媒体和传播机构积极报道东南亚各国的社会、经济、文化事件，以及与中国相关的合作项目和交流活动，展现对当地社会的关注和尊重。实现上述细分化信息采集，也离不开人才的培养。我国应着力培养一批"有坚定的马克思主义新闻观，了解南亚、东南亚各国国情和民情，熟练掌握现代化国际传播手段，具备讲好中国故事的综合素质和实践能力的专业人才"，为针对东盟国际传播贡献力量。以上策略不仅有助于提升中国传播内容的贴近性，还能够在东南亚受众中建立起积极的中国形象。

（二）针对中东国家的精准化国际传播策略

中国与中东国家的关系在新时代外交政策指引下取得了显著进展，双方关系进入了新的阶段。政治上，中国与中东的互动日益频繁，高层交往不断加深，如2022年12月中国领导人出席首届中国—阿拉伯国家峰会并对沙特进行国事访问，以及2023年3月促成沙特与伊朗复交，这些都标志着中国在中东政治事务中发挥了更积极的作用。同时，中国在中东的多边合作也在不断加强，如上合组织和金砖国家的扩员，显示了中东在中国外交版图中的重要性。

经济合作方面，中国与中东国家在传统能源领域的相互依赖不断加深，同时在新能源、金融、投资、科技、文化等领域的合作也在不断扩展。中国已成为沙特、阿联酋最大的非石油贸易伙伴，并在2020年超过欧盟成为海湾国家最大的贸易伙伴。2023年7月中阿论坛第10届企业家大会上，中阿签署了价值100亿美元的多项投资协议，显示双方经济合作的深度和广度。贸易额也从2020年的2300亿美元增长到2022年的4313亿美元，增幅超越全球其他所有地区。

尽管中东地区存在一些紧张局势，如巴以冲突，但中国与中东国家在维护地区和平稳定方面展现出合作意愿。中国积极参与地区安全事务，提出全球安全倡议，致力于通过对话和合作解决争端。此外，中东国家对中国的投资热情增加，2023年海湾国家在中国的投资和收购比上一年增长10倍，达到53亿美元，显示了双方在经济领域的紧密合作和相互依赖。

整体来看,中国与中东的关系在政治、经济、安全等多个领域都展现出积极发展的态势。随着中国在全球事务中的影响力逐步增强,与中东国家的外交互动及合作已成为中国对外战略的关键组成部分。在此背景下,中国对中东地区的传播策略变得尤为关键。

首先,中国需深入理解中东市场的独特性,并提升传播内容的本土化水平。鉴于中东地区文化的丰富性和受众群体的多样性,中国的传播策略应注重文化适应性和受众定制化。例如,中国可以借鉴中东广播中心的多频道策略,通过卫星电视和网络平台实现广泛覆盖与精准定位的有机结合。此外,中国媒体应针对不同受众群体的需求,制作和推广高质量的新闻文化产品,如纪录片、电视剧和综艺节目,以增强对当地受众的吸引力。

其次,中国应致力于提升媒体内容的专业品质,以增强品牌影响力。鉴于西方媒体在阿拉伯地区的传统优势,中国需在坚定文化自信的同时,弘扬专业精神,打造具有国际竞争力的媒体品牌。例如,新华社通过与阿拉伯媒体的合作,共同制作新闻产品,有效提升了中国媒体在中东的知名度。此外,通过举办国际媒体论坛和文化交流活动,可以进一步促进中阿媒体的交流与合作。

再次,中国应深化与中东国家在影视内容方面的合作,以实现互利共赢。针对中阿影视合作中存在的"不充分"和"不平衡"问题,中国应采取开放和辩证的态度,推动内容的国际化和本土化双向流动。例如,中国电视剧《琅琊榜》在阿拉伯地区的成功播出,为中国与阿拉伯国家在影视制作领域的合作提供了契机。同时,引进阿拉伯国家的优秀影视作品,不仅能丰富中国观众的文化体验,也能促进文化的交流与理解。

最后,中国应利用自身在媒体产业的优势,推动与中东国家的产业合作。中国媒体业的技术进步和资本积累为国际合作提供了坚实的基础。例如,聚鲨环球公司成功收购并转型中东电视购物公司 Citruss TV 的案例,展示了中国资本和技术对中东媒体产业的积极影响。中国政府应采取有效措施,鼓励媒体和企业与阿拉伯国家开展更深层次的产业合作,推动媒体经营理念与国际传播理念的有机融合。

三、志同道合:中国是全球南方国家的"天然成员"

中国作为全球南方的重要成员,与广大发展中国家在经贸、投资、科技等多个领域开展了广泛的合作,拓宽了中国的市场边界,增加了贸易机会,为中国企业"走出去"提供了广阔舞台。与全球南方国家的良好关系提升了中国在国际治理体系中的话语权,推动建设了中国的外交多元化和全球战略布局,促进中国拓展外交空间,加强与不同国家和地区的联系和沟通,从而巩固中国应对复杂多变的国际形势的能力基础,维护国家利益和尊严。

在全球南方国家的合作与发展中,非洲国家发挥着重要作用,是推动南南合作、促进共同发展的重要力量。作为发展中国家最集中的大陆,非洲国家数量众多,拥有丰富的自然资源和庞大的市场潜力,为全球经济发展提供了重要的动力。非洲国家坚持独立自主的政治立场,反对外部干预,积极参与全球治理体系的变革,为维护全球和平与稳定作出了积极贡献。因此,我们将以非洲国家为例,着重探究中国对以非洲国家为代表的全球南方国家的精准传播策略。

政治互信是中非关系的核心特征和显著优势。自新中国成立以来,中国与非洲国家始终保持着紧密的友好关系,这一关系在共同争取民族解放和共同发展振兴的历程中得到加强和升华。2006年和2015年的中非合作论坛峰会分别确立了中非新型战略伙伴关系和全面战略合作伙伴关系,而2018年的论坛峰会进一步明确了构建更紧密的中非命运共同体的目标。2023年10月,中国与埃塞俄比亚建立了全天候战略伙伴关系,标志着双方关系的进一步深化。

中非之间的务实合作在规模和增速上均表现突出。2022年,中非贸易额达到2820亿美元的历史新高,2023年上半年的贸易额同比增长3.1%,达到1409亿美元。中国连续15年成为非洲最大的贸易伙伴国。在投资领域,2023年上半年中国对非直接投资同比增长4.4%,达到18.2亿美元。此外,中国在非洲的工程承包业务也呈现出显著增长,2022年新签合同额超过732亿美元,完成营业额378.4亿美元,而2023年上半年新签合同额同比增长7.64%,达到284亿美元。

而且,中非合作正向数字经济等新兴领域拓展。针对非洲青年人口众多和数字经济潜力巨大的特点,双方共同制定了"中非数字创新伙伴计划",在数字基础设施、经济和教育等领域进行合作,以促进非洲的跨越式发展。此外,中非双方还注重发展战略对接,共同制定了《中非合作2035年愿景》,与联合国《2030年可持续发展议程》、非盟《2063年议程》及非洲各国的发展战略进行了充分对接,确立了中长期合作的方向和目标。

中国坚定支持非洲在国际机构中提升代表性,并在多边贸易体系中维护非歧视、开放、包容和透明的原则。中国支持非洲在联合国安理会改革中的诉求,并呼吁提高非洲国家在多边金融机构中的发言权。非洲国家也在多个国际场合坚定支持中国的正当立场,共同维护了国际公平正义。双方还共同推动了世贸组织第12届部长级会议取得超出预期的成果,强调了多边主义的重要性。

目前,中国与非洲的关系在政治互信、务实合作、战略规划和国际支持等方面均展现出强劲的发展势头,为构建新型国际关系树立了典范。因此,针对非洲等全球南方国家,中国应表达我们是全球南方的天然成员,具有一致的发展目标,据此调整国际传播策略,以谋求深远广泛的合作。

第一,关注非洲民众,深化教育合作。关注非洲普通民众,拓展传播范围至关重要。国际传播的层次是深刻且广泛的,需要关注除国家政要、高层人员及专业学术人员外普通公众的接受程度。肩负国际传播责任的媒体要通过多种渠道和形式进行文化传播,如电影、音乐、艺术等,加强与非洲民间组织和青年领袖的交流与合作,让更多非洲人了解真实的中国。此外,深化教育合作,提高传播质量也是关键。教育合作是中非关系的重要组成部分。中国应继续加强与非洲国家的教育合作,通过互派留学生、学者访问等方式,增进双方人民的相互了解和信任。此外,加强中非高校和研究机构的合作，共同培养具有国际视野的人才，促进中非国际传播组织更加完善，力量更加强大，从而实现理想的国际传播效果。

第二，强调中非友好合作，应对负面报道。在中国媒体对非洲关系的叙事中，强调中非友好合作和突出中非共同发展的成果是非常重要的。中国媒体应注重强调双方在反帝反殖反霸斗争中结下的深厚革命友谊，以及中国援建坦赞铁路和中国援非医疗队等经典故事。这些叙事展现了中非之间的兄弟情谊和合作共赢的理念。同时，关注中非经贸合作成果，展示中国对非洲经济社会发展的贡献，以及双方在基础设施建设、贸易往来等方面的互利共赢。

但是，西方国家媒体常常歪曲中非合作，而部分非洲本土媒体也随之渲染中国在非的"剥削论""倾销论"及"中国债务陷阱"等负面话语，这使得中国在非国家形象频受质疑。[1]面对西方媒体的负面报道，中国需要采取积极措施应对。针对西方媒体的负面报道，中国应及时发布权威信息，澄清事实真相，消除误解和疑虑；摆事实、讲道理，揭示西方媒体的不实言论，维护国家利益和中非友好关系。另外，努力提高国际话语地位也必不可少。中国应积极参与国际舆论场讨论与斗争，用事实说话，为中国对非洲的国际传播争取更多谈判空间。

第三，利用新技术，拓宽传播渠道。随着新技术的不断发展，中非国际传播也面临着新的机遇和挑战。目前，中非传播内容上以中国正面积极方面为主，形式创新不足，吸引力不够；传播视角上站在非洲民众视角的较少，反馈少、互动性不强；在传播目标上，更多关注中国的宣传需求，对非洲受众获取信息、娱乐等需求不够重视。因此，中国媒体对非传播活动中，要善于利用社交媒体进行传播，注重"草根"化传播，促使越来越多的中国机构和公众个体利用社交媒体平台加入中非关系的叙事建构行列。通过发布有关非洲的各类短视频、直播等形式，展现中国在非洲的真

---

[1] 张艳秋：《中国对非传播的建构性新闻学术话语建构：内涵与价值》，《新闻与传播研究》，2019年第1期。

实形象和中非友好合作的点滴瞬间。同时,关注新技术在非洲的发展态势也至关重要。数字媒体正在重塑传播格局,中国应关注社交媒体、互联网等新技术在非洲的发展态势,以更好适应非洲传媒新格局及媒介新场景。

四、和而不同:向发达国家传递中国式现代化的世界意义,弱化对抗性话语

随着当前中美关系的不断变化,战略博弈在双边及多边层面的深度与广度持续扩展,涵盖政治、经济、外交及军事等多个领域。中美竞争不仅局限于多边国际组织内部,也体现在跨组织的互动中,且博弈焦点已从中国周边地区扩展至全球南方,如中东、非洲、拉丁美洲和南太平洋地区。中国采取了积极的反制措施,自 2023 年 8 月 1 日起对稀土等关键物资实施出口管制,并对美国军工企业实施制裁,中国在应对美国挑战时的主动性得以体现。

美国政府侧重于塑造中国崛起的外部环境,通过联合盟友和伙伴,以规则约束中国,维护所谓的"基于规则"的国际秩序,这一策略自拜登政府上台以来愈发明显。美国对华战略调整持续进行,短期内不太可能出现根本性变化。自奥巴马政府的"亚太再平衡"战略以来,经过多届政府的调整,中美关系背景、逻辑及国内氛围已发生重大变化,中国必须现实面对、长远规划,以应对中美关系的挑战。中美关系正处于一个充满复杂性和严峻挑战的时期,双方的竞争与合作相互交织,关系走向具有不确定性。妥善处理双边关系,应对挑战,化解分歧,成为当前中美关系发展的关键任务。在此背景下,我国应制定积极面向美西方的传播策略。

第一,构建合作叙事,弱化对抗话语。在当前的国际政治格局中,中美之间的话语权竞争日益激烈。在当前的中美关系语境中,随着美国对"中国威胁"的持续渲染,两国间的权力竞争已事实上从单纯的物质层面提升至观念层面,这一趋势在很大程度上可以从中美话语权竞争的过程中感知。美国政府,尤其是拜登政府,通过建构"威胁叙事"来渲染中国对

美国及世界的威胁，以此凝聚国内共识，并为其政策提供合法性基础。

在多数情况下，人们对世界的理解来源于叙事，而叙事是多元的，并非只有一种叙事。因此，对世界、某一行为体、某一政策、某一事件等的理解可能存在多元叙事，且可能是相互竞争的叙事。[①]面对美国的舆论攻击，首先要聚焦对外话语体系建设的方法和路径，围绕加强话语研究、打造话语共同体等方式推进话语体系建设，依托中国在国际上具有影响力的大事及大工程构建利中叙事体系。以"一带一路"为例，媒体应深化对"一带一路"叙事内涵的理解，更多地强调其体现的中华传统哲学思想和太极式地缘政治想象。通过这种方式展现中国共商共建共享的原则，以及推动构建人类命运共同体的理念。利中叙事体现出的"和合"国际体系文化，以及互利共赢、共同发展的国际格局，可以对抗美国所推广的负面标签和"威权威胁"叙事，为中国在国际舞台上赢得更多话语权，并通过扩大叙事效应，及时有效地化解来自美国的舆论攻击。

第二，组建媒体集群，完善人才体系。加强国际传播能力建设，维护政治安全和政权安全从而形成强大的中国话语和叙事，以及不断提升对外传播水平等，这些愿景离不开高影响力的媒体和一批素质优秀堪当大任的国际传播人才。在新的舆论场域中，媒体仍然是国际传播最重要、最有影响的传播主体，而国际传播人才是具有强大国际传播能力媒体的中坚力量。

目前国际传播领域，仍呈现"西强我弱"的媒介话语权格局，美国领导的媒介集团仍把握国际舆论走向，依靠单个媒体单打独斗扭转力量差距是不现实的。因此，联合国内多家媒体及国际各友好媒体形成传播合力显得尤为重要。媒体集群的构建需要整合各种传播资源，包括传统媒体与新媒体，以此为媒介基础形成一个多渠道、多平台、多形式的传播网络，从而提升信息的覆盖面和影响力。此外，媒体集群应明确各级媒体的定位和作用。央媒应发挥引领作用，紧跟时事，不断创新传播内容，展现中

---

① 贾付强、张涛：《拜登政府的对华叙事》，《现代国际关系》，2023年第1期。

国特色外交哲学与文化魅力;省市级和县级融媒体中心则应专注于本土化内容的制作和传播,反映地方特色,同时学习先进的媒体内容制作和传播策略,提升自身的国际传播能力。

第三,促进民间交流,增进民众友谊。民间交流在国际传播中发挥着不可替代的作用,但民间交流绝不仅由民间力量进行推动,同样也需要国家力量的引领与参与。官方渠道的教育、文化、旅游等领域的交流合作项目,可以促进两国人民的直接接触和交流。跨文化交流不仅可以打破误解和偏见,还可以为两国合作创造更加有利的条件。例如,鼓励在华留学生交流、艺术展览、文化节庆等活动,通过他们的口吻让美国人民更加深入地了解中国的历史、文化和社会现状。

在官方的引领下,民间交流才能得到持续的支持和保障。但在民间交流的同时,保持战略定力也是促使民间交流取得良好国际传播效果的关键。在非正式的交流活动中,必须严格遵守国际法和相关国家的法律法规要求,确保传播内容符合事实真相和法律规范。还要建立完善的审核机制和监管体系,及时发现和纠正违规行为,确保非正式国际传播的健康和有序发展。同时,我们也需要加强与国内外法律机构的合作,共同打击网络谣言和虚假信息的传播,维护良好的民间交流秩序。

第五章

实践创新：

以着力展现中华民族现代文明建设成果增强国际影响力

从使命担当到实践依托、从内涵深化到策略优化，中华民族现代文明全面深刻地重新组织起国际传播的战略方位、立场根基、内容体系与话语叙事，从宏观到中观再到微观地系统性创新变革国际传播实践。

2022年10月28日，习近平总书记在河南安阳考察时首次提出"建设中华民族现代文明"。2023年6月2日，习近平总书记在文化传承发展座谈会上指出："第二个结合"（即把马克思主义基本原理同中华优秀传统文化相结合）是深刻的"化学反应"，造就了一个有机统一的新的文化生命体，推动了中华文明的生命更新和现代转型，发展出中华文明的现代形态，在新的起点上继续推动文化繁荣、建设文化强国、建设中华民族现代文明，是我们在新时代新的文化使命。[1]2023年10月7日—8日，党中央召开全国宣传思想文化工作会议，习近平总书记对宣传思想文化工作作出重要指示，再一次强调：要把围绕在新的历史起点上继续推动文化繁荣、建设文化强国、建设中华民族现代文明，作为新的文化使命。[2]

"建设中华民族现代文明"是习近平文化思想的重大原创性贡献，是以习近平同志为核心的党中央对中华文明和人类文明发展演进规律的深刻把握和当代延展，是新时代中国共产党人以宏阔的历史眼光和博大的世界胸襟提出的一项重大理论和实践命题，关乎国家发展、民族振兴和人类未来——建设中华民族现代文明，既同国本、国运紧密关联，也与全人类前途命运休戚相关，既事关中华文明的辉煌未来，又深系人类长远福祉，展现出中国与世界良性互动的大胸怀大格局。

作为一项具有丰富时空内涵的重大理论和实践命题，"建设中华民族现代文明"是新时期国际传播工作面对的崭新课题，意蕴深厚、方向明确，为新时期国际传播实践创新指明了前进方向和根本遵循：中华民族现代文明以广阔深邃的文明视野、胸怀崇高的文明抱负将国际传播实践提升到文明的高度、文明的层次，新的文明使命给出"怎么讲故事"的新方位、新的文明进程给出"故事从哪里来"的新根基、新的文明成果给出"要讲什

---

[1] 习近平：《在文化传承发展座谈会上的讲话》，《求是》，2023年第17期。
[2]《习近平对宣传思想文化工作作出重要指示强调 坚定文化自信秉持开放包容坚守正创新 为全面建设社会主义现代化国家全面推进中华民族伟大复兴提供坚强思想保证强大精神力量有利文化条件》，《人民日报》，2023年10月9日。

么故事"的新体系、新的文明要求给出"如何讲好故事"的新表达,从使命担当到实践依托、从内涵深化到策略优化,中华民族现代文明全面深刻地重新组织起国际传播的战略方位、立场根基、内容体系与话语叙事,从宏观到中观再到微观地系统性创新变革国际传播实践。可以说,将"中国式现代化"与"中华文明走向世界""国际传播增效赋能"有机统一并深度融合的中华民族现代文明为落实《中共中央关于进一步全面深化改革、推进中国式现代化的决定》提出的包含"推进国际传播格局重构""加快构建中国话语和中国叙事体系""建设全球文明倡议践行机制"在内的"构建更有效力的国际传播体系"目标任务提供了坚实基础和重要抓手。

第一节　使命担当:建设中华民族现代文明新使命,重构国际传播战略方位

文明立世,文化兴邦。新时代十多年来,党和国家事业发生历史性变革、取得历史性成就,我国不仅综合国力大幅提升,还日益走近世界舞台中央,与世界建立起更加紧密的联系。在迈向中华民族伟大复兴新征程之际,建设中华民族现代文明作为新时代新的文化使命,不仅事关党和人民团结奋斗思想共识的形成及全面建设社会主义现代化国家强大精神力量的涵养,还向外关乎中华文明全球影响力的提升。建设中华民族现代文明这一新的文化使命以更广的视野、更宽的胸襟重新定义着国际传播工作的使命担当、重新构造着国际传播事业的战略方位——增强中华文明传播力影响力、阐述中华民族根脉与现代文明实践、展示文明传承发展的中国智慧,中国国际传播的目标更大、要求更高、意义更深。

一、目标提升:以文明为旨归,增强中华文明传播力影响力

"文明"与"文化"是两个不同的概念范畴:"文化"是与"经济""政治"

相对应的领域性概念，特指社会的精神文化，是经济和政治的反映；而"文明"作为总体性概念，指人类在认识和改造世界过程中所创造的物质成果、制度成果和文化成果等各类成果的总和。可以说，文化代表着社会发展的过程，而文明则体现了社会发展的程度。所以，文化与文明又有着内在的联系：文化是文明的基础与支撑，文明是文化的积累与升华。需要强调的是，文化中蕴含文明但不皆是文明，文明中有文化但不是全部的文化——文明是人类发展演进中沉淀下来的有助于人性进步、人类进步、社会进步的积极成果，是文化中的先进方面和状态。换言之，文明是文化之善，是由文化积累、结晶而形成的积极成果。

中华文明凝结着中华民族的智慧精华和发展成果。从文明的自觉自信到实现文明的复兴共生，中华文明的现代转型内在蕴含着民族复兴、文明繁盛的价值诉求。

（一）建设中华民族现代文明是以中国式现代化推进民族复兴的文明宣示

文明的发展状况与民族的前途命运密切相关。因此，习近平总书记在论及文明时多次使用"血脉""文脉""根脉""魂脉"等隐喻。作为中华民族特有的血脉基因，中华文明既是中华民族在五千年历史进程中能够生生不息延绵发展的强大依托，也是指引中华民族创造更加辉煌未来的关键支撑。所以，中华民族的复兴必然包含着中华文明的复兴，中华民族从"民族蒙难"到"民族复兴"必定要建设中华民族现代文明。

中华民族伟大复兴从本质上来说是中华文明的复兴与崛起，蕴含着文明现代转型、现代发展的诉求：一方面，中华民族现代文明作为国家综合实力的集成，是实现中华民族伟大复兴的坚实支撑。中华民族伟大复兴作为一个综合性的概念，不单指中华民族在经济规模、科技水平、军事力量等硬实力维度的提高，而是指中华民族在坚实的物质基础之上，以中华文化的兴盛为条件，以文明的复兴为支撑的全面复兴。另一方面，"一个民族的复兴需要强大的物质力量,也需要强大的精神力量"①。作为展现中华民族思想精髓和精神气质的显著标志,中华民族现代文明以价值引导力和文化凝聚力,为中华民族伟大复兴提供不竭的精神动力。

"经过鸦片战争以来一百七十多年的持续奋斗,中华民族伟大复兴展现出光明的前景。"②在当今所处的实现中华民族伟大复兴的关键期,要想加速实现伟大复兴的历史进程,使中华民族以全新的文明景象屹立于世界民族之林,要以建设中华民族现代文明来实现中华文明的跨越式发展、实现中华文明的复兴与崛起。

中华民族现代文明生成及发展是与中华民族伟大复兴的历史进程紧密联系在一起的。中国式现代化使中华民族逐渐摆脱保守落后、大而不强的影子走向繁荣富强,在中华民族从站起来、富起来向强起来的现代化进程,中华民族现代文明应运而生,使中华民族的新面貌在文明层面得到形象生动的反映和表达。中华民族现代文明是以中国式现代化全面推进中华民族伟大复兴所创造的人类文明新形态的文明表达,不仅代表了现代文明的中国形态,更展现着中华文明的现代形态。

总之,作为民族复兴进程的文明表达与文明宣示,建设中华民族现代文明顺应了中华民族伟大复兴的历史逻辑,表现出中华民族伟大复兴的历史必然。

(二)增强中华文明传播力影响力是以国际传播推进民族复兴的战略部署

进入新时代以来,党和国家充分重视"讲好中国故事,传播好中国声音,展示真实、立体、全面的中国"③,并围绕此进行了一系列理论探索和战略部署。党的二十大提出要"增强中华文明传播力影响力",这是我们党

---

① 中共中央党史和文献研究室:《习近平关于社会主义精神文明建设论述摘编》,北京:中央文献出版社,2022年,第19页。

②《习近平著作选读》第一卷,北京:人民出版社,2023年,第62页。

③《习近平谈治国理政》第四卷,北京:外文出版社,2022年,第316页。

在新时代从文明高度对我国国际传播作出的重要战略部署。这一战略部署突破传统的国际传播视野，将其置于人类文明史之中，从中华文明传播力影响力的角度为国际传播提出了新的目标和内容，将其提升到文明传播的层级。

"增强中华文明传播力影响力"的战略部署建立在对百年未有之大变局实质的深刻把握和对中华民族伟大复兴进入关键时期的准确研判之上。不断演进的百年未有之大变局其实就是近代以来西方文明占绝对优势的历史境况正在发生变化——非西方文明不但整体实力迅速增强，而且与西方文明实力对比的差距也日渐缩小。以"东升西降"为实质的大变局是全球文明秩序与世界格局之巨变，在此巨变下，全球不同文明和国家开展文明对话、文明互鉴成为历史发展的必然。在全球格局的深刻变迁中，中国以其不可或缺的重要地位崭露头角。在中国共产党的坚强领导下，中国人民完成了从国家独立、经济繁荣到综合国力显著提升的壮丽跨越，社会主义现代化建设取得了举世瞩目的辉煌成就。尤为值得一提的是，自党的十八大以来，中国特色社会主义踏上了新时代新征程，中国不仅圆满完成了消除绝对贫困、全面建成小康社会的艰巨任务，顺利实现了第一个百年奋斗目标，还开创并深化了中国式现代化的道路，这一成就不仅是中华民族发展史上的里程碑，也是深刻影响世界历史进程的重要事件，展现了非凡的历史意义与全球影响。从人类文明演进的长远视角审视，中华民族伟大复兴正有力推动着全球文明秩序与国际格局的深刻重塑，为我国进一步提升文化软实力、扩大中华文明的国际影响力和感召力，提供了前所未有的历史契机和时代舞台。

正是基于对中国国际传播面临形势的透彻认识，党的二十大突破了传统国际传播的视野，站在文明的高度审视国际传播问题，明确提出要"增强中华文明传播力影响力"，并作出一系列重要部署。这些战略部署坚实地立足于文明间平等对话的原则之上，不仅精准契合了时代发展的迫切需求，更深刻彰显了我国充分的文化自信和文明自觉意识。

文化的影响是最深层次的影响，文明的感召是最有力量的感召。中华民族真正强起来的过程,必然是文化文明在国际舞台上广泛传播与深入交流的过程;中华民族真正强起来的表现,必然是文化与文明在全球范围内产生的巨大影响力与感召力。因此,增强中华文明传播力影响力,凭借其内在的强大生命活力与广泛感召力,赢得世界各国的认可与赞许,是中华民族实现伟大复兴的必经之路。

二、要求提高:以文明为话语,阐述中华民族根脉与现代文明实践

话语是对话的工具,叙事是交流的方式。从人类传播实践来看,近代以来,西方文明正因为建立了基于自身文明的强大话语体系,并将其传播到全世界,才得以在传播中占据了明显优势。在此话语体系下,西方居于中心地位,这导致了非西方文明在文明交流传播中面临失语困境,进一步使得那些正处于复兴进程中的非西方文明,在阐述自身发展愿景、展现发展成果、传播自身声音及塑造积极形象时,遭遇了话语权和影响力受限的难题。构建中国话语与中国叙事体系,本质上是一个在与世界广泛对话交流中,持续创新并提炼新概念、新范畴与新表述的历程,旨在更加精准且有力地阐述中国独特的理论体系与实践经验。

(一)为塑造新时代良好中国国际形象提供话语辩护

国家形象,作为主权国家在国际舞台上展现的面貌及其引发的舆论反响,是社会各界对国家基本状况的主观印象与综合评价的集中体现。良好的国家形象,对于推动国际合作与交流的深化,增进国际社会对国家的认同与理解至关重要。同时,这样的形象能够显著提升一国在国际舞台上的声望与名誉,进而增强其全球影响力和号召力。值得注意的是,国家形象的塑造并非单向的自我构建,而是内在"自塑"与外在"他者建构"评价的博弈。

自改革开放以来,中国在国际舞台上的形象经历了显著变迁,从秉持"韬光养晦"策略,逐步转变为国际事务的"积极参与者",进而成为"关键

建设者",最终确立了"负责任大国"的国际地位。然而,当前国际舆论环境依然呈现出"西强中弱"的格局,部分西方国家受限于固有的思维框架和意识形态偏见,持续在国际舆论场上对中国进行不实污名化叙事和歪曲解读,这些负面声音尚未完全消散。在此背景下,如何有效提升中华民族现代文明的全球阐释力与话语凝聚力,成为亟待深入思考与解决的关键问题。

文明,作为人类社会发展中物质与精神财富深度融合的智慧结晶,不仅是民族存续、发展繁荣的基石,也是国家形象塑造与传播的关键桥梁。中华民族作为一个"多元一体、由自在向自觉演进的民族共同体"①,在其漫长的历史长河中,不仅孕育并积淀了独具一格的价值体系、文化内涵与精神风貌,更凭借其深厚的文化主体性,积极推动中华文明与世界其他文明的对话与互鉴。"仁民爱物""亲仁善邻""睦邻友邦""胸怀天下"等理念,不仅是中华文化叙事的核心价值追求与美好愿景,也是中华文明能够屹立世界,持续焕发生命力与吸引力的关键所在。这些理念为不同文明之间的交流与融合提供了不竭的动力,促进了世界异质文明间的相互理解和尊重,共同编织着人类文明多样性的绚丽图景。

相较于西方倾向于通过资本扩张与侵略征服的文明逻辑来推行同质化世界文明的价值输出,中华民族现代文明的话语体系构建,则以和合共生的核心理念,向世界展现了中国的天下情怀与人类情怀,清晰定位了中国作为"世界和平的积极建设者、全球发展的重要贡献者、国际秩序的有力维护者"的形象与价值追求。这一话语体系的构建,不仅具备了"破局立新"的能力,能够挑战并打破既有话语框架,开辟新的讨论空间与影响领域,有效抵御并驳斥西方对中国故事的歪曲解读与刻意设置的"话语陷阱",还为中国在新时代背景下塑造积极、正面的国际形象提供了坚实的话语辩护。

面对无端指责与歪曲,中华民族现代文明话语体系能够凭借其深厚

---

① 费孝通:《中华民族多元一体格局》,北京:中央民族大学出版社,2018年,第1页。

的文化根基与强大的包容性,为国家的文明形象构筑坚实的堡垒。这一话语体系不仅根植于中华文明博大精深的思想体系、独特的制度创新与丰富多彩的科技文化艺术成就,更展现出其开放包容的特质,积极吸纳并融合包括资本主义文明在内的全球优秀文明成果。它向世界呈现了一个既拥有悠久历史传承,又展现出无限包容与开放精神的中国形象,彰显了中华民族文化自信与文明交流互鉴的宏大愿景。

(二)为阐释中国共产党治国理政卓越效能提供话语支持

以展现中国共产党的光辉形象,来增强国际传播的广泛影响力,深化中华文化的全球感召力,提升中国形象在国际社会中的亲和力,强化中国话语在国际舞台上的说服力,并有效引导国际舆论向积极方向发展。

回望百年党史的辉煌历程,从百年前在艰难困苦中寻求生存与发展的暗夜摸索,到新时代下中国共产党引领全国各族人民矢志不渝地追求中华民族伟大复兴的中国梦,每一步都深刻烙印着党与人民心连心、同呼吸、共命运的坚定信念。中国共产党始终站在人民的立场上,将为人民谋幸福、为民族谋复兴作为自己的初心和使命,不断将马克思主义理论与中国实际紧密结合,推动其中国化、时代化进程,开辟出了一条独具特色的中国式现代化道路。

在这条道路上,中国共产党不仅实现了国家从站起来、富起来到强起来的伟大飞跃,更在全球舞台上展现了非凡的治理能力和发展成就,赢得了国际社会的广泛赞誉。随着新时代中国共产党治国理政效能的持续提升,"办好中国的事情,关键在党"的理念已成为国内外共识,激发了海外学者对中国共产党执政理念、政策实践及成功经验的高度关注与深入研究,"中共热"成为继"中国热"之后又一国际学术热点。

中国共产党百年来的伟大实践,是马克思主义基本原理与中国具体国情深度融合的生动体现,也是中华优秀传统文化创造性转化、创新性发展的光辉典范。党坚持理论创新与实践探索相结合,致力于构建人类文明新形态,展现了中华民族现代文明独特的"社会主义"属性,在向国际社会充分彰显新时代中国共产党对全人类共同价值不懈追求的同时，深刻展示了新时代中国共产党治国理政的显著优势。

中国共产党作为坚定的马克思主义执政党，在深深扎根于中华文明悠久历史脉络的同时，立足于中国特色社会主义文化实践的坚实基础，成功超越了西方"资本至上"的现代文明模式所固有的弊端。通过积极建设中华民族现代文明，我们实现了中华优秀传统文化的创造性转化与创新性发展，使其与世界现代化进程实现深度交融与相互启迪。"野蛮的征服者总是被他们所征服的民族的较高文明所征服"这一历史规律揭示了符合人类社会发展潮流的文明形态，必然是跨越阶级与地域界限，旨在促进每个人自由而全面发展的新型现代文明。在此框架下，文明的本质被重新定义为追求人与自然和谐共生，以及推动世界多样文明共同进步的崇高目标。中国共产党在这一理念指导下，精心创设并不断完善中华民族现代文明话语体系，不仅精准对接了马克思主义经典理论中关于人类文明发展的精髓要义，更以"五位一体"的总体布局——物质文明、政治文明、精神文明、社会文明、生态文明协调并进，为人类社会开辟了一条前所未有的文明发展道路，展现了人类文明新形态的鲜活样态。

推进中华民族现代文明话语体系的建构及其全球传播，助力中华民族现代文明这一彰显东方智慧的"中国经验话语"转化为聚焦人类文明新形态意蕴向度的"世界共识话语"，不仅重塑了人类文明新形态的价值坐标体系，更从根本上超越了西方资本主义现代化的单一逻辑，为科学阐述新时代中国共产党治国理政的显著优势提供了强有力的话语支撑。

三、意义扩展：以文明为方法，展示文明传承发展的中国智慧

"每一种文明都扎根于自己的生存土壤，凝聚着一个国家、一个民族的非凡智慧和精神追求，都有自己存在的价值。"①中国人民在深耕中华文明独特优势、深入中国具体实际推动中华文明现代化的进程中，以独特的

---

① 《十九大以来重要文献选编》中册，北京：中央文献出版社，2021年，第81页。

世界观和方法论观察、分析和解答中华文明和人类文明发展的重大问题，形成了独具中国特色的理念、主张和方案。作为一种彰显民族特性和文化标识的现代性文明，建设中华民族现代文明深刻表明了古老文明也可以拥抱现代文明以焕发光彩，为拓展人类文明传承发展实践、摆脱人类文明发展困境提供智慧方案。

（一）破解中华文明发展难题

中华文明虽然通万古、贯古今，但在近代却一度蒙尘而衰落。中华民族现代文明，作为中华民族这一独立民族实体在追求现代化进程中的伴生物，是一种崭新且充满活力的文明形态。它非但挣脱了中华民族传统文明延续发展所可能遭遇的固有局限，更勇敢地跨越了"西方文明中心论"所设立的界限与藩篱。因此，肩负起建设中华民族现代文明的新使命，不仅为中华文明注入了新的活力，更为其开辟了前所未有的、更加广阔的发展天地。

中华民族现代文明作为一种与时俱进的文明形态，既是对过往传统文明发展框架的一次深刻突破，也表达了对更高层次现代文明形态的深切向往。首先，根植于旧有经济基础的传统文明，在内容与形式上与现代社会的需求相比，显现出明显的局限性。中华民族的传统文明，作为奴隶社会与封建社会农耕经济的产物，虽曾极大地推动了当时社会的进步，但时至今日，其内含的封建等级与性别偏见等观念，已难以适应工业化、信息化社会的快速发展，迫切需要挣脱旧有束缚，迈向更为高级的发展阶段。其次，文明的进步并非割裂过往，而是在新的历史语境下实现自我革新与延续。文明的赓续是一个动态过程，它不拘泥于固定模式，而是基于社会历史发展的科学实践，在全球文明交流与碰撞中保持先进性与创新性。在现代化进程中，应避免保守的全盘否定与激进的全面复古两种极端，转而采取辩证分析的态度，批判性地继承传统文明中的精华，剔除与时代不符的糟粕。应当尊重历史而不拘泥于古，通过深入辨析，筛选出那些能与现代社会无缝对接的优秀文化元素加以传承。同时，利用新媒体技术这一现代工具，革新传统文明传承的方式方法，摒弃一切阻碍历史前进的落后因素。这一过程，是中华文明不断实现自我超越、完善、发展与进步的生动体现，旨在让古老文明在新时代的浪潮中重新焕发光彩，续写辉煌篇章。

西方国家历经文艺复兴的启蒙、工业革命的飞跃及宗教改革的洗礼，成功挣脱了封建与宗教的枷锁，率先步入现代文明的殿堂，塑造了具有鲜明西方特色的现代文明形态。然而，这一过程伴随着资本主义工业化生产下的殖民扩张与掠夺，逐渐孕育出带有霸权色彩的"西方文明中心论"，对落后民族国家的文明进程构成了深重灾难。一方面，"西方文明中心论"通过贬低、歪曲乃至无视其他文明的贡献，大肆宣扬西方文明的优越性，包括文化、种族、制度等多方面的"优越论"，导致未开发或半开发国家依附于文明国家，农民民族屈从于资产阶级民族，东方世界从属于西方，严重阻碍了这些文明的自然发展与传播，减缓了人类文明整体现代化的步伐。另一方面，打破"西方文明中心论"的桎梏，意味着要揭露并摒弃西方所谓"普世价值"的虚伪面纱，这些价值往往是西方资产阶级将其特殊利益与意识形态包装成普遍真理的产物，旨在强制推行其意识形态，干涉他国发展。因此，打破西方话语霸权，就是要破除西方文明唯一优越、西方道路唯一正确、西方价值即"普世价值"、西方历史等同于世界历史等谬见。在此基础上，我们需要以文明发展的中国实践为蓝本，探索并构建一种符合全人类共同利益与文明发展规律的新型文明形态，以此引领人类文明迈向更加多元、和谐与繁荣的未来。

（二）彰显文明发展中国方案

建设中华民族现代文明，不仅承载着推动自身文明跃升的历史使命，更体现了对全球文明共同挑战的积极回应与世界责任。这一崭新文明形态，是在中国共产党坚强领导下，由亿万中国人民共同创造的璀璨成果。它蕴含着人类文明发展的新精神坐标，指明了人类文明进步的发展方向，贡献出了独具中国特色的解决方案与智慧。

　　中华民族现代文明,作为中国式现代化征途中的璀璨成果与人类文明的新典范,不仅鲜明地展现了中华文明独树一帜的精神风貌,还通过其独特的价值体系、文明架构及发展模式,为世界文明树立了新的精神标杆,引领人类文明迈向更高水平的变革与发展新阶段。首要之处,从价值内核审视,中华民族现代文明摒弃了西方现代文明中资本至上的逻辑,开创性地确立了"人民至上"为核心价值的文明路径。中华民族现代文明将人的自由全面发展与全体人民的共同富裕视为终极追求,高扬人的尊严与价值,有效规避了西方文明因资本逻辑泛滥而引发的社会异化、贫富悬殊等问题,为全人类指明了文明进步的新方向。进而观之,从文明结构维度,中华民族现代文明展现出一种追求全面协调发展的文明范式。作为中国式现代化的文化结晶,它以"五位一体"总体布局为基石,致力于实现物质文明与精神文明的双重飞跃,避免了西方文明单一追求物质繁荣而忽视精神追求的陷阱。中华民族现代文明倡导人与自然和谐共生,物质与精神并重,为全球文明提供了均衡发展的新模式。最终,从发展模式层面,中华民族现代文明不同于西方历史上伴随殖民、侵略、垄断与剥削的文明扩张方式,而是基于本国国情,探索出了一条和合共生、和而不同、和平发展的独特道路。中华民族现代文明主张站在历史正确的一边、站在人类文明进步的一边,高举和平、发展、合作、共赢旗帜,以团结代替分裂,以合作回应对抗,以包容消弭排他,深刻改变了人类文明交流互鉴的思维方式,极大地拓宽了人类文明共同繁荣进步的可能边界。

　　中华民族现代文明作为一种占据真理、道义与文明制高点的先进形态,不仅是对现代化浪潮中"中华文明未来走向"这一时代课题的深刻回应,更是对全人类共同面临的"人类文明前路何在"这一历史命题的精准解答。通过提出一系列创新的文明理念,中华民族现代文明在成功解决中华文明自身传承与发展挑战的同时,也为全球文明面临的诸多困境提供了中国智慧与中国方案。首先,中华民族现代文明秉持尊重世界文明多样性的核心理念,认识到文明多样性是世界的固有特征,也是推动人类进步的不竭动力。在此基础上,倡导文明间的平等与包容,鼓励不同文明间的对话、互鉴与合作,以此为破解全球文明发展难题提供了科学的理念指引和广阔的实践空间。其次,高举和平、发展、公平、正义、民主、自由的全人类共同价值旗帜。这些价值超越了地域、民族和文化的界限,凝聚了人类社会的普遍共识,为国际社会的交流合作奠定了坚实的价值基础。它们如同一座桥梁,连接着不同文明的心灵,消除了彼此间的精神隔阂,引领着人类文明向着更加和谐、进步的方向发展。最后,中华民族现代文明以全新的文明倡议引领人类前行的方向。面对世界现代化发展的新格局和人类文明发展的新趋势,"全球文明倡议"呼吁世界各国携手"构建全球文明对话合作网络,丰富交流内容,拓展合作渠道"①,为不同文明间交往提供了全新的历史选择,使世界各国人民携手同行,共同推动人类文明发展进步。

第二节　实践依托:建设中华民族现代文明新进程,重筑国际传播立场根基

中华民族现代文明得到中华优秀传统文化的丰厚滋养,以赓续文明发展未来向度,破除文明交往壁垒隔阂,探索人类文明新形态为其导引,将中华民族的悠久文明与社会主义的现代制度、人类文明的先进成果相融合,实现了中华文明的换羽新生、社会主义文明的创新发展、西方现代文明的突破超越。中华民族现代文明是新时期中国国际传播的实践依托,建设中华民族现代文明新征程的开启重新构筑了新时期中国国际传播的立场根基——立足五千年文明史、党和国家事业发展和人类前途命运,坚守中华文化立场、总结标识成果、诠释人类文明新形态,知来路、识当下、明未来。

---

① 习近平:《携手同行现代化之路——在中国共产党与世界政党高层对话会上的主旨讲话》,北京:人民出版社,2023年,第8页。

一、贯通历史：立足五千年文明史，在悠久文明守正创新中提炼精髓

源远流长、博大精深的中华文明既是中华民族独特的精神标识，也是中华民族对人类文明的重大贡献。增强中华文明传播力影响力，必须坚守中华文化的立场，提炼并传承中华文化的思想精华，积极推动中华文化更好地走向世界。要清晰阐述中华优秀传统文化的历史渊源、发展脉络和基本走向，同时深入讲解中华文明的独特创造、价值理念及鲜明特色。要以中华文明的历史贡献和文化价值来展示中华文明的精神标识和文化精髓，呈现出一个可信、可爱、可敬的东方大国形象，一个负责任的大国形象，以及一个社会主义大国形象。

（一）推动中华优秀传统文化创造性转化、创新性发展

党的十八大以来，围绕如何正确对待中华优秀传统文化，习近平总书记多次强调："更有效地推动中华优秀传统文化创造性转化、创新性发展，更有力地推进中国特色社会主义文化建设，建设中华民族现代文明。"[1]"创造性转化、创新性发展"（以下简称"双创"）的基本方针先后被写入党的十九大、二十大报告，为我们传承弘扬中华优秀传统文化提供了方法遵循。新时代向国际社会展示传播中华优秀传统文化，必须准确把握"双创"的思想实质，掌握"双创"的方法路径。

"双创"的实质是化解中华优秀传统文化与现代社会之间的冲突和隔阂，使中华优秀传统文化更好为现代社会提供思想支持和精神动力。历史唯物主义认为，文化是建立在一定经济基础之上的社会意识，物质生产方式和政治制度的变迁必然会导致文化的变迁。按照这一观点，作为形成于封建社会经济和政治基础上的文化形态，中华优秀传统文化必然无

---

[1]《习近平在文化传承发展座谈会上强调 担负起新的文化使命 努力建设中华民族现代文明》，《人民日报》，2023年6月3日。

法原封不动地直接应用于现代社会,这就需要经过一定的甄别分析、转化发展,使其与当代中国实际、与社会主义制度相适应,进而在新的时代条件下绽放光彩。进入新时代,习近平总书记传承我们党全面认识、辩证对待中华优秀传统文化的优良传统,创造性运用马克思主义关于文化的基本观点,提出了"双创"的基本方针。其中,"创造性转化"以文化对经济和政治的反作用立论,认识到精神与物质间的依存转化关系,指引我们通过各种实践,把中华优秀传统文化中的思想精华更好转化为促进党和国家事业发展的巨大物质力量;"创新性发展"凸显出经济和政治对于文化的决定性作用,强调要根据经济和政治状况的变迁,对中华优秀传统文化的内容形式作出新的诠释、更新与发展。总之,"双创"的基本方针为中华优秀传统文化真正进入和助益于现代社会架起了一座桥梁,也把我们党关于正确认识和对待中华优秀传统文化的基本理论提升到了新的高度。新时代推动中华优秀传统文化的国际传播,就要遵循"双创"的基本方针,紧紧扭住"以时代精神激活中华优秀传统文化的生命力"[①]的中心任务,在回应时代诉求中把中华优秀传统文化展示出来、传播出去。

一是树立回应时代问题的自觉意识。问题是时代的声音。向国际社会介绍传播中华优秀传统文化,必须超越"解释历史"的局限,主动对标新时代新征程的任务要求。一方面,不断提升中华优秀传统文化对当代中国的阐释力。重点挖掘中华优秀传统文化中与当代中国实际相印证、与时代发展相适应的学术思想、概念范畴和理论观点,在中外文化的对话交往中,持续推动中华优秀传统文化的思想转化和知识生产,增强其对中国话语和中国叙事体系的思想和价值供给能力。另一方面,注重凸显中华优秀传统文化对解决全球性问题的借鉴意义。中华优秀传统文化历经历史的淘筛和实践的检验,其中必然蕴含不少具有普遍价值的思想精华,所以,应围绕人类社会和世界发展过程中面临的重大问题,有针对性地借鉴

[①]《习近平在福建考察时强调 在服务和融入新发展格局上展现更大作为 奋力谱写全面建设社会主义现代化国家福建篇章》,《人民日报》,2021年3月26日。

和挖掘中华优秀传统文化中的思想资源，着力提出能够体现中国立场、中国智慧、中国价值的理念、主张、方案，从而向国际社会讲好中国故事、传播好中国声音。

二是采用时代化的表达方式和传播路径。在"双创"中推动中华优秀传统文化与现代社会相适应，不仅需要思想内容的补充、诠释与更新，也离不开呈现形式的与时俱进。当前，推动中华优秀传统文化的国际传播，还应紧密结合时代特点和人们的日常生活需求，以现代化的传播手段和内容生产，借助衣食住行、文物遗产、文艺作品、传统节日和重要节展赛事等各类物质载体和活动形式，把中华优秀传统文化用国外民众看得懂、听得进、真正喜爱的方式途径传播出去。可以说，只有感知时代律动，着眼民众生活，才能不断扩大中华优秀传统文化的影响力。

（二）提炼展示中华文明的精神标识和文化精髓

深化中外文化交流互鉴，推动中华优秀传统文化国际传播，是实施中华优秀传统文化传承发展工程的重点任务。党的十八大以来，围绕这一使命任务，习近平总书记在不同场合指出，要注重弘扬"跨越时空、超越国度、富有永恒魅力、具有当代价值"[①]的文化精神，着力传播"继承优秀传统文化又弘扬时代精神、立足本国又面向世界"[②]的文化创新成果，把优秀传统文化的"精神标识""具有当代价值、世界意义的文化精髓"提炼出来、展示出来。[③]这就为我们明确了中华优秀传统文化国际传播的内容标准。其中，"弘扬时代精神""立足本国""精神标识"等凸显出坚定的中华文化立场，强调要重点传播能够反映民族特色的文化内容，阐明了中华优秀传统文化国际传播的第一重内容标准；"跨越时空""超越国度""永恒魅力""当代价值""世界意义"等以一种统揽古今中外的非凡气度，强调要重点

---

① 《习近平谈治国理政》第一卷，北京：外文出版社，2018年，第161页。

② 同上，第106页。

③ 《举旗帜聚民心育新人兴文化展形象 更好完成新形势下宣传思想工作使命任务》，《人民日报》，2018年8月23日。

展示具有普遍价值的文化精髓，阐明了中华优秀传统文化国际传播的第二重内容标准。

一方面，提炼展示中华优秀传统文化中反映民族特色的精神标识。受历史发展、经济政治状况等多方面因素的影响，世界上不同国家民族的文化各不相同，每种文化中都蕴含着专属的、能够把自身与其他文化区别开来的个性化成分。所以，世界上不同"民族之间要想真正理解，必须去理解那些不易理解、为各民族精神所独具的基本成分。所谓民族文化交流，所谓民族互相学习，都是就这点成分而言"①。在漫长的历史进程中，中华优秀传统文化绵延五千多年未曾断流，积淀形成了许多独具中华民族特色的智慧结晶，呈现出以儒为主的结构稳定性、兼收并蓄的体系开放性、应物变化的时空适应性和经世致用的现实指向性等基本特征。时至今日，中华优秀传统文化中的众多思想精华依旧潜移默化地形塑着中国人的价值观念，濡染滋养着中国人的精神世界，为中华民族屹立于世界文化之林提供了坚强根基。所以，推动中华优秀传统文化的国际传播，首先就要准确提炼展示其中富有民族特色的精神标识，把中华民族的独特智慧和文化特色介绍推广出去。

另一方面，提炼展示中华优秀传统文化中具有当代价值、世界意义的文化精髓。文化是反映一定社会经济和政治状况的观念形态。不同国家民族间的文化固然千差万别、各有特色，但概观古今中外，在人类的社会生活当中，依旧存在一些共同的生活内容和社会关系。物质生产和社会关系的一致性决定了，不同时空背景的文化体系中必然蕴含着一些具有普遍价值的文化内容，恰恰是文化间的这种共通性，构成了不同文化得以相互理解、交流对话的基础。所以，助推中华优秀传统文化走向世界，还要提炼展示其具有永恒魅力和世界意义的文化精髓，把中华优秀传统文化中关于"人与人、人与社会、人与自然关系的真谛"②，适合于"调理社

---

① 刘贻群编：《庞朴文集》第3卷，济南：山东大学出版社，2005年，第268页。
② 习近平：《在布鲁日欧洲学院的演讲》，《人民日报》，2014年4月2日。

会关系和鼓励人们向上向善的内容"①传播出去,从而为更好解决人类社会面临的共同难题提供思想支持。

二、着眼当下:立足事业发展全局,在百年奋斗历程中总结标识成果

中华民族现代文明是在中国共产党的坚强领导与全体中国人民的紧密团结下,以马克思主义为科学指南,深度融合中华优秀传统文化之精髓,建立于革命文化与社会主义先进文化的坚实基础之上,同时广泛吸收并借鉴世界其他文明的优秀成果。这一过程伴随着中国式现代化的稳步推进,促进了中华文明历经创造性转化与创新性发展的深刻变革,不仅实现了中华文明的自我超越,更铸就了中华文明与马克思主义深度融合的自主性创新成果。作为共产主义社会文明新形态的前提准备和第一阶段,中华民族现代文明蕴含思想文化、政治制度、经济发展、生态意识、国际关系等多方面的文明新创造,彰显出独特的运行逻辑和文明气韵。

(一)党的集中统一领导

中华民族现代文明的生成与发展,其核心与基石始终在于坚定不移地坚持中国共产党的全面领导。回溯历史,早在新民主主义革命时期,毛泽东同志就提出要坚持中国共产党领导一切其他组织,努力把被旧文化束缚而贫困落后的中国变为一个文明先进的中国。新中国成立后,随着"党是领导一切的"这一核心命题的确立,以及"领导我们事业的核心力量是中国共产党"②的重大论断的提出,党的领导地位更加巩固,在国民经济复苏、社会主义改造及制度建设等一系列重大历史进程中,发挥了不可替代的引领作用,显著促进了物质文明与制度文明的双重飞跃。进入改革开放和社会主义现代化建设新时期,中国共产党在深耕物质文明建设的

---

①《在纪念孔子诞辰2565周年国际学术研讨会暨国际儒学联合会第五届会员大会开幕会上的讲话》,《人民日报》,2014年9月25日。

②《毛泽东文集》第六卷,北京:人民出版社,1999年,第350页。

同时，亦将目光投向了精神文明建设，彰显了对全面发展理念的深刻理解与实践。此后，随着时代的进步与党的战略部署的不断深化，政治文明、社会文明、生态文明相继被纳入社会主义现代化建设的宏伟蓝图之中，形成了经济建设、政治建设、文化建设、社会建设和生态文明建设"五位一体"的总体布局，以及与之相对应的"五位一体"文明结构，标志着中华民族现代文明在新时代的全面确立与蓬勃发展。因此，党的集中统一领导，作为贯穿中华民族现代文明探索实践始终的主线，不仅是其形成的关键所在，更是其持续繁荣与发展的根本保障。

（二）全体人民共同富裕

人类文明的新范式，其核心驱动力在于生产力的解放与持续发展，而其灵魂则聚焦于实现全体人民的共同富裕。这一追求如同一条主线，贯穿了中华民族现代文明探索与演进的整个过程。回溯至新民主主义革命的曙光初现时，面对艰巨的革命挑战，中国共产党人便深刻洞察到，要建设文明先进的中国，就必须发展壮大生产力，引领劳苦大众摆脱贫困，迈向富足之路。1955年毛泽东提出"共同富裕"的命题，并强调"这个富，是共同的富"①。这一时期的"富裕"主要指"物质性富裕"。邓小平同志在总结社会主义现代化建设历史经验教训的基础上进一步提出既要避免"富的越富，贫的越贫"的两极分化现象，防范贫富差距导致的社会撕裂，也要在不懈推动生产力解放与发展的同时，提高人民物质生活水平和文化生活水平，最终实现共同富裕。随着时代的变迁，中国共产党对于共同富裕的追求展现出与时俱进的品质，历经多次"升级转换"和"接力赓续"，不断丰富其内涵与外延。步入新时代，共同富裕的愿景被赋予了更加全面而深刻的含义，构建起涵盖经济、政治、文化、社会、生态文明在内的"五位一体"总体布局，既强调物质与精神双重富足的并重，又凸显了"全体人民共享繁荣"的根本原则。对全体人民共同富裕的追求是中国共产党的初心

---

①《毛泽东文集》第六卷，北京：人民出版社，1999年，第495页。

与使命,促使中国共产党人不断深化对文明的认识,不断丰富社会主义文明建设布局,从而为中华民族现代文明提供了强劲的动力。

(三)中华文明繁荣发展

中华民族现代文明既是一种深深植根于中华文明沃土之中生成的新形态,又是一种注重文明传承和文明交流以不断推动中华文明繁荣发展为基础的新形态。首先,中华民族现代文明是内蕴中华文明基因的新形态。中华民族悠久而灿烂的五千年文明史,孕育了无数超越时空、具有普遍价值的文明瑰宝。这些文明成果不仅为世界文明的进步注入了强大动力,更为人类文明新形态的茁壮成长提供了不竭的源泉与深厚的滋养。其次,中华民族现代文明是中华文明在创新中焕发新生、持续活跃的体现。它在继承和发扬中华文明优秀传统的基础上,紧密结合时代特征与实践需求,对中华文明的内容与形式进行创造性转化和创新性发展,赋予其新的时代内涵与生命力,使之成为一个充满活力、与时俱进的"活"的新形态。最后,中华民族现代文明展现出开放包容、交流互鉴的广阔胸襟。它以一种开放的态度迎接外来文明,同时以海纳百川的胸怀吸收借鉴其他文明的优秀成果,通过互学互鉴、取长补短,不断促进中华文明的自我完善与繁荣发展,形成了一种促进全球文明交流互鉴、共同进步的开放新形态。

(四)人与自然和谐共生

人与自然的关系,作为人类文明存续与发展的核心议题,始终贯穿于人类社会演进的每一个阶段。从农业文明时期人类对自然的朴素敬畏与顺应,到资本主义工业文明下因资本逐利本性驱动而引发的对自然的过度开发与掠夺,这一转变深刻揭示了人与自然关系从和谐共生走向紧张对立的历程。在资本主义工业文明体系中,"先污染、后治理"及"征服自然"的思维方式,不仅加剧了自然资源的枯竭与生态环境的恶化,也凸显了"人类中心主义"的局限性,即过度强调人类自身的利益而忽视了对自然生态的尊重与保护。这种异化的人与自然关系，成为制约社会可持续发展与人类福祉提升的重大障碍。不同于资本主义文明形态下人与自然的异化关系，中华民族现代文明"尊重自然、顺应自然、保护自然"，将人与自然视为不可分割的生命共同体。这一理念不仅超越了传统工业文明的经济至上原则，更强调在经济发展与生态保护之间寻求平衡，坚持"绿水青山就是金山银山"的绿色发展观，以及"保护生态环境就是保护生产力"的深远洞察。同时，通过实施最严格的生态环境保护制度，确保发展不突破自然资源的承载能力，守住自然生态的安全边界，让良好的生态环境成为人民幸福生活的增长点。可以说，中华民族现代文明所秉持的生态优先、绿色发展的理念，不仅体现了对自然规律的深刻认识与尊重，也展现了中华民族在追求现代化进程中对于人与自然和谐共生美好愿景的不懈追求。这种超越资本主义文明发展模式的新形态文明，为人类社会的可持续发展提供了宝贵的中国智慧与中国方案。

（五）人的自由全面发展

价值观作为文明形态的灵魂与核心，定义了不同文明独特的价值追求与目标导向，是区分文明本质特征的关键所在。资本主义文明，在推动物质财富与生产力空前发展的同时，也暴露出其深刻的内在矛盾：资本的无限扩张导致了社会不公、贫富悬殊及人与劳动本质的异化，揭示了其以利润最大化为唯一目标的局限性。与此形成鲜明对比的是，中华民族现代文明根植于马克思主义中国化时代化的深厚土壤，秉持以人民为中心的核心价值观，致力于人的自由全面发展，从而在根本上超越了资本主义文明的局限。其一，中华民族现代文明是代表人民利益的新形态。作为在马克思主义中国化时代化指导下生成的中华民族现代文明，始终尊重人民主体地位、发挥人民首创精神，相信人民、依靠人民，力求实现好、维护好和发展好人民群众的根本利益。其二，中华民族现代文明以满足人民日益增长的美好生活需要为奋斗目标。面对我国社会主义初级阶段的基本国情和社会主要矛盾的转化，中华民族现代文明通过推动全过程人民民主、实现共同富裕、促进文化繁荣、维护社会公平正义、推动人与自然和谐共生等全方位的努力,致力于解决发展不平衡不充分的问题,为人民群众创造更加幸福美好的生活。其三,中华民族现代文明是实现人的自由全面发展的崭新形态。它摆脱了资本逻辑的束缚,坚持人民至上的发展理念,为人的自由个性的充分展现和自由时间的充分享有提供了坚实的制度保障和社会条件。这种以人为本的发展模式,不仅促进了人的全面发展,也为社会的持续进步和文明的不断演进奠定了坚实的基础。

(六)世界和平发展

中华民族现代文明超越资本主义文明,不仅在经济、社会、文化等多个领域展现出独特的优势与活力,更在价值观与发展理念上体现了对和平的坚定追求与承诺。这种超越,不仅是对自身文明传统的继承与发展,更是对全球和平与发展事业的积极贡献。

首先,中华民族现代文明内蕴着和平的基因与诉求,这是由其深厚的历史文化底蕴和民族性格所决定的。中华民族历来崇尚和平,主张以和为贵,这种文化传统深深影响了中华民族现代文明的发展轨迹。在全球化日益深入的今天,中华民族现代文明更加注重通过和平、合作、共赢的方式推动世界的发展与进步,成为引领世界和平发展的新形态文明。

其次,中国式现代化道路是中华民族现代文明的重要体现,它坚持以人民为中心,致力于实现全体人民的共同富裕。在这一过程中,中国始终坚持和平发展的道路,不仅在国内推动经济社会的全面进步,也在国际上秉持互利共赢的理念,积极参与全球治理,构建新型国际关系。中国始终站在世界和平力量的一边,为推动世界的和平与发展贡献着自己的力量。

再次,中华民族现代文明不仅追求自身的和平发展,更以引领世界和平发展为方向。它坚守全人类共同价值,倡导文明多样性和文明交流互鉴,致力于构建一个你中有我、我中有你的人类命运共同体。在这一理念的指引下,中国提出了许多具有前瞻性和创新性的中国方案,如"一带一路"倡议、全球发展倡议等,为世界的和平稳定与繁荣发展提供了有力的支持。

三、面向未来：立足人类前途命运，在命运共同体中诠释人类文明新形态

人类命运共同体是基于世界人民日益连成一个整体、人类命运休戚与共的现实，面对世界百年未有之大变局提出的价值理念。中华民族现代文明伴随人类命运共同体的构建而生成，既为构建人类命运共同体提供文明支撑，又赋予中华民族现代文明世界意义——中华民族现代文明打破了"现代文明=西方文明"的迷思，拓展了走和平发展道路和广大发展中国家独立自主建设现代文明的路径选择，创造了人类文明新形态。人类文明新形态的积极开启与成功实践，不仅丰富了人类文明的基本形态，"给世界上那些既希望加快发展又希望保持自身独立性的国家和民族提供了全新选择"[①]，而且有力地证明了"历史终结论""文明冲突论""单向发展论""国强必霸论"等理论既不符合当今时代和平发展与合作共赢的主题需求，也无法解释中国式现代化所取得的历史性成就及其对全球和平与发展的重大贡献，充分彰显了人类文明新形态对中国及世界的重要价值与意义。

（一）以文明发展超越"历史终结论"

在人类文明的演进历程中，东欧剧变和苏联解体的连续发生，使得部分西方学者宣称资本主义制度对社会主义制度取得了"压倒性胜利"。他们将资本主义描绘为人类文明的最高形态和终极状态，声称人类将按照西方的现代文明规制和标准，在文明历史的轴线上走向终点，从而宣扬所谓的"历史终结论"。这一论断表面上看是在宣扬资本主义制度相较于社会主义制度的优越性，实质上则是强调资本主义文明的永恒性、完美性和"普世性"。然而，近年来，资本主义制度在面对人类文明演进中出现的治

---

①《习近平谈治国理政》第三卷，北京：外文出版社，2020年，第8—9页。

理赤字、和平赤字与发展赤字等问题时显得无所适从，缺乏公认的解释力、说服力和建构力。与此相反，人类文明新形态为促进世界经济发展和破解全球治理困局贡献了中国智慧和中国方案，日益展现出其对世界和平发展、合作共赢的重要价值。

一方面，人类文明新形态为中国乃至人类文明的发展提供了创新性的方案。这一新形态是中国式现代化进程中的文明成果，生动体现了人类文明的发展规律，从道路、理论、制度、文化、动力、路径等多个方面实现了文明的全面创新。中国式现代化不断强化中国特色社会主义制度的系统性、科学性、合理性与有效性，使其更加成熟和定型，并积极转化为国家治理效能。这不仅更好地保障了人民当家做主的权利，丰富了人民的精神生活，促进了社会的公平发展，还推动了人与自然的和谐共生，日益彰显出中国特色社会主义的制度优势，从而推动了中华文明、社会主义及世界和平的发展。另一方面，人类文明新形态也为全球治理贡献了中国智慧。从经济发展的角度来看，这一新形态既注重激发市场经济的活力，不断做大"蛋糕"，为世界经济作出发展性贡献；又坚持全体人民共同富裕的目标，注重将"蛋糕"分好，为破解贫富两极分化、中等收入陷阱等全球性经济难题提供了中国智慧。从生态治理的角度来看，人类文明新形态牢固树立绿色发展理念，坚持山水林田湖草沙一体化保护，致力于打造人与自然和谐共生的生命共同体。这在满足人民群众对美好绿色生活需求的同时，也为解决全球生态危机贡献了中国经验。从国际关系的角度来看，人类文明新形态坚持和平发展理念，秉持全人类共同价值，致力于构建平等协商、互利共赢、共建共享、求同存异的人类命运共同体，打造合作共赢的新型国际关系，为世界和平、稳定、繁荣、发展作出了巨大贡献。

（二）以文明互鉴超越"文明冲突论"

文明交流互鉴是推动人类文明进步的内生动力，没有哪一种文明能够在封闭自我、拒斥其他文明的状态中实现繁荣发展。冷战结束后，"文明冲突论"在西方世界中逐渐占据主导地位。该理论认为，由于世界不同文明间存在差异性,冷战后的世界冲突主要源于不同文明,特别是西方文明与非西方文明之间的冲突。尽管地理疆域、社会传统等先天差异导致不同文明在民族性格和基本形态上存在差异,但文明之间的差异并不必然导致冲突。"文明冲突论"过分夸大了文明间的差异性,而忽视了文明间的互鉴性和共存性。

人类文明新形态的生成及其坚持文明交流互鉴、共生共荣的价值取向,从根本上克服了"文明冲突论"在人类文明认知上的缺陷,消除了其对世界和平与发展的消极影响。一方面,人类文明新形态是在与不同文明成果交流对话、汲取养分的基础上生成的。注重交流对话和互学互鉴是中华文明的显著特征,也是中华文明未曾断代的重要原因。人类文明新形态同样蕴含着中华文明开放包容的基因,它之所以能够生成,正是因为它没有故步自封、排斥其他文明,而是充分学习借鉴了资本主义文明的积极成果及其他人类文明的优秀成果。另一方面,人类文明新形态秉持多元共存、反对一元独尊的文明共生观,坚持相互尊重、平等相待的文明平等观,倡导对话交流、反对文明隔阂的文明互鉴观,致力于构建人类命运共同体,促进人类文明的繁荣发展。"各种文明本没有冲突……我们既要让本国文明充满勃勃生机,又要为他国文明发展创造条件,让世界文明百花园群芳竞艳。"[1]人类文明新形态使文明交流互鉴成为增进各国人民友谊的桥梁、推动人类社会进步的动力、维护世界和平的纽带。

(三)以文明共处超越"国强必霸论"

在西方文明的发展历程中,存在一个显著的现象:新兴的文明大国往往会取代先前的文明霸主,在世界舞台上占据主导地位。这一现象导致"国强必霸论"在西方世界盛行,该理论认为,一个民族国家在发展壮大后,必然会追求权力的扩张,如同资本主义文明的发展和资本主义国家的壮大过程一样,走上侵略和争霸的道路。这一结论是基于资本增殖的逻

---

[1]《习近平谈治国理政》第三卷,北京:外文出版社,2020年,第469页。

辑本性和西方历史经验得出的。

一些西方学者和政治家因此想当然地认为,中国式现代化和中华文明也必然会重蹈西方争霸扩张的老路,并在此基础上衍生出"中国威胁论""中国称霸论"等错误观点。这些错误认识"停留在过去,停留在殖民扩张的旧时代里,停留在冷战思维、零和博弈的老框框内"①。然而,中国共产党在百年历史进程中,独立自主地探索并创造了人类文明新形态。这一新形态与充满暴力、血腥和权力无限外溢的资本主义文明截然不同,它秉持和平发展的理念,坚定地走和平发展道路。一方面,人类文明新形态坚持和平发展的理念。中国共产党团结带领中国人民,主要依靠自己的力量创造人类文明新形态,而不是通过侵略、掠夺其他国家和民族来实现。它承认文明的多样性和制度的差异性,反对霸权主义和零和博弈,倡导不同国家、不同民族、不同文化之间的交流互鉴,推动不同文明间的交流对话和和谐共生。另一方面,人类文明新形态高举和平发展的旗帜,致力于构建和平发展、合作共赢的新型国际关系,推动人类命运共同体的建设。在发展自身的同时,它也为维护全人类共同利益、促进世界和平发展作出了巨大贡献。这一新形态以实际行动向世界证明,它既没有脱离人类文明发展的大道,也没有陷入资本主义所设定的模式,而是走出了一条对内坚持和平发展、对外同样坚持和平发展的社会主义现代文明建设道路。

第三节　内涵深化:建设中华民族现代文明新成果,重建国际传播内容体系

现代化的本质特征是文明创造与社会进步。中华民族现代文明是中国人民建设现代文明的原创性成果,是人类文明通往现代化的"中国主

---

①《习近平谈治国理政》第一卷,北京:外文出版社,2018年,第273页。

张"。习近平总书记指出："我们坚持和发展中国特色社会主义，推动物质文明、政治文明、精神文明、社会文明、生态文明协调发展，创造了中国式现代化新道路，创造了人类文明新形态。"①"五大文明"建设是中国式现代化建设的重要内容，是中华民族现代文明建设的重要文明成果，中华民族现代文明建设的丰硕成果极大丰富和深化了中国故事、中国声音的内涵，助推新时期国际传播内容体系的建立与完善。

一、展示"高质量发展"的物质文明成果

物质文明建设的水平体现着国家从落后迈向先进、从贫困跨入富裕的文明进步轨迹。

与西方资本主导的现代化物质文明建设不同，中国式现代化物质文明建设首先确立了"人本逻辑"。这体现在两个方面：一是物质文明建设依赖广大人民群众的推进和实现；二是物质文明建设的目标与生产的一般目的高度统一，即满足人民群众的需求。因此，物质文明建设的方向和标准都以是否能更好地满足人民对美好生活的物质需求及实现人的全面发展为衡量尺度。相比之下，西方现代化坚守"物本逻辑"或"资本逻辑"，以追求资本增殖和资产阶级财富的无限增长为物质文明建设的出发点和归宿，导致资本和物的力量凌驾于人之上，造成资本与劳动的对立、物的世界与人的世界的分裂、生产与生态的冲突，进而引发资本主义社会的发展危机，物质主义极度膨胀，收入与财富分配不均，以及对人性的蔑视，使资本主义社会成为一个本末倒置的社会，物质文明的发展带来了文明价值的危机。

其次，中国式现代化物质文明建设确立了全新的目标。中国的社会制度决定了我国现代化物质文明建设的推动，旨在满足人们对美好生活的需求，并促进全体人民的共同富裕，为实现14亿多人口的共同富裕提供坚实的物质基础。改革开放以来，中国紧紧抓住经济建设这个中心，大

---

① 习近平：《在庆祝中国共产党成立100周年大会上的讲话》，《人民日报》，2021年7月2日。

力推动生产力发展,实现了经济总量跃居世界第二的历史性突破,取得了人类历史上规模最大的脱贫攻坚战的胜利,实现了人民生活水平从基本满足到较为富足,再到全面富裕的历史性进步。再者,中国式现代化与西方国家资本主导的现代化在本质上存在根本差异,后者必然导致贫富两极分化、人的异化及社会严重的不平等和不公正。在中国,实现共同富裕、人民幸福和人的全面发展是中国式现代化实践的内在必然要求。中国的现代化建设道路着眼于人民群众对美好生活的向往,逐步实现全体人民共同富裕和人的自由全面发展。因此,在物质文明建设过程中,中国式现代化必须坚持中国特色社会主义的基本经济制度和分配制度,贯彻新发展理念,构建新发展格局,建设现代产业体系,为实现中国式现代化物质文明建设目标提供坚实的基础和支撑。

最后,中国式现代化物质文明建设还厚植物质文明的人文底蕴,促进物质文明和精神文明的协调发展,依托精神文明建设为物质文明建设提供方向指引、智力支持、精神动力和道德滋养,努力克服西方现代化的片面性和局限性,确保物质文明建设能够持续健康发展。

二、展示"人民当家做主"的政治文明成果

民主是政治文明亘古不变的追求目标,政治文明是我们党矢志不渝的追求。在中华民族现代文明的文明构建蓝图中,政治文明建设占据着举足轻重的地位,它标志着对西方所谓"普世价值"及政治理论框架的深刻突破与超越。中国致力于在政治领域创造出超越资本主义国家、更加真实且高效的民主形态,坚信"没有民主就没有社会主义,就没有社会主义的现代化"[①]。

在民主问题上,中国长期处于被西方话语误解、诟病、歪曲、抹黑的舆论场中。但在当下,中华民族现代文明正以实践成就,从政治制度文明和政治行为文明两方面向世界呈现中国政治文明建构的积极成果。

---

① 《邓小平文选》第二卷,北京:人民出版社,1994年,第168页。

　　首先,创建了符合人类文明进步的民主政治制度。我国的政治制度不论是作为国体的人民民主专政,还是作为政体的人民代表大会制度,都是保障人民当家做主的制度,是能够凝聚人心、汇集力量的制度,在保障人权、保证实现公平公正方面有着显著优势。马克思主义及其人民立场,为中国政治制度提供了坚实的理论基础与价值导向,强调"无产阶级的运动是绝大多数人的、为绝大多数人谋利益的独立运动"①,中国共产党正是以此为指导,始终将人民利益置于最高位置。习近平总书记强调:"我国国家制度和国家治理体系始终着眼于实现好、维护好、发展好最广大人民根本利益。"②面对新的发展目标和历史责任,习近平总书记强调,"江山就是人民,人民就是江山,打江山、守江山,守的是人民的心"③。这深刻诠释了中国共产党对社会主义制度价值目标的坚守与追求,是对中国共产党为何能、社会主义制度为何优的最有力回答。

　　其次,形成真正的人民民主——全过程人民民主。在西方主流观念中,西方民主政治常被视为唯一具有普适性和"普世价值"的文明制度典范,而将其他国家的政治制度标签化为落后、野蛮乃至专制的代表。它们坚信,唯有西式政治民主能够奠定社会稳定与经济繁荣的基石,进而断言中国在改革开放进程中若未采纳这一模式,必将面临社会动荡与经济衰退的困境。然而,现实却以截然不同的面貌呈现:中国不仅实现了社会的长期和谐稳定,还推动了经济的持续快速增长。中国成功的奥秘,深植于其独具特色的中国特色社会主义民主政治建设之中。这一体系孕育出了全过程人民民主这一创新性政治文明成果,它鲜明地体现了中国特色,与西方所推崇的"程序民主""选举民主"等形式化民主模式存在本质区别。中国通过持续优化制度体系、拓宽参与渠道、构建多元平台,确保人民群众在社会生活的广泛领域内享有充分的参与、决策、管理和监督权利,真

---

　　①《马克思恩格斯选集》第一卷,北京:人民出版社,2012年,第411页。
　　②《中共中央关于坚持和完善中国特色社会主义制度推进国家治理体系和治理能力现代化若干重大问题的决定》,《人民日报》,2019年11月6日。
　　③习近平:《在庆祝中国共产党成立100周年大会上的讲话》,《人民日报》,2021年7月2日。

正实现了人民当家做主的理想状态。全过程人民民主不仅反映了人民的真实意愿与诉求，还切实维护了人民的各项权益，促进了民生福祉的不断提升。这一实践不仅彰显了社会主义制度在保障人民权益方面的显著优势，还为社会公平正义的推进提供了坚实保障。中国以自身的发展成就，向世界展示了民主政治的多样性与可能性，证明了适合本国国情的政治道路才是推动国家进步与繁荣的正确选择。

三、展示"人的全面发展"的精神文明成果

精神文明是深植于社会观念与意识形态之中的精髓，它镜像般地折射出物质文明与政治文明在民众思想领域的深刻烙印与广泛影响。作为国家的根基与民族的灵魂，精神文明承载着文化的深度、思想的广度和价值观的导向作用。正如习近平总书记所说："我们要建设的社会主义现代化强国，不仅要在物质上强，更要在精神上强。"[1]

回顾中国式现代化建设的壮丽征程，高度重视并持续强化精神文明建设的战略部署始终坚定不移。邓小平同志高瞻远瞩，提出了物质文明和精神文明"两手抓，两手都要硬"的方针，强调在改革开放与社会主义现代化建设的宏伟蓝图中，必须同步且均衡地推动两者发展。1986年，党的十二届六中全会通过的《中共中央关于社会主义精神文明建设指导方针的决议》，明确了社会主义精神文明建设在我国的战略地位和根本任务，为我国精神文明建设提供指导方针。1995年，党的十四届五中全会进一步深化了这一认识，明确指出社会主义精神文明是社会主义社会的鲜明标识，提出"精神文明重在建设"的方针，对社会主义精神文明建设的方向与重点提出了新的期望与要求。党的十八大以来，习近平总书记高度重视物质文明和精神文明协调发展，强调要"以辩证的、全面的、平衡的观点正确处理物质文明和精神文明的关系"[2]，"只有物质文明建设和精神

---

[1]《习近平谈治国理政》第二卷，北京：外文出版社，2017年，第349页。
[2]《中共中央关于制定国民经济和社会发展第十三个五年规划的建议》，《人民日报》，2015年11月4日。

文明建设都搞好,国家物质力量和精神力量都增强,全国各族人民物质生活和精神生活都改善,中国特色社会主义事业才能顺利向前推进"①。党的二十大报告将"丰富人民精神世界"作为中国式现代化的本质要求之一,为新征程上推进精神文明建设提出了明确任务。

中国式现代化与西方现代化具有显著的不同。中国式现代化突破了西方现代化中精神文明与物质文明相割裂的局限,树立了人类精神文明发展的新典范。在西方现代化的进程中,资本逻辑的强势介入,虽在一定程度上释放了人的物质欲望,却也不可避免地引发了物质主义的泛滥、精神世界的贫瘠、道德信仰的迷失,乃至价值理性的缺失与人文精神的边缘化。功利主义盛行,资本逻辑深刻影响着西方社会的精神面貌,削弱了其文化中的正面力量,加速了西方文明的某种程度的衰退。相比之下,中国在实现现代化的道路上,以社会主义核心价值观为引领,构建了一个从国家到社会再到个人层面的价值共识体系,这一体系不仅为国家的持续发展、社会的文明进步、公民的个人成长提供了坚实的思想支撑,也向世界展示了当代中国独特的价值追求与精神风貌。

中国式现代化深刻体现了对人类精神文明建设初衷的回归——促进人的全面发展。与西方以资本为中心、利润为导向、金钱至上的现代化模式不同,中国式现代化坚决反对人的异化,高度重视提升全体人民的精神素养,致力于实现人的全面发展。党的十九大明确提出了"不断促进人的全面发展"的目标要求,对马克思人的自由全面发展理论作出符合中国国情的科学表达,为中国精神财富的创造与人民群众精神生活的丰富指明了方向。

四、展示"为民造福"的社会文明成果

社会文明体现人类社会生活状态,追求美好幸福的生活是推动社会文明前进的持久力量。中国现代化的社会文明建设,是以保障民生、创新

---

① 习近平:《在全国宣传思想工作会议上的讲话》,《人民日报》,2013年8月21日。

现代化社会治理共同体为主要目标,是要把中国建设成为和谐的社会主义现代化国家。

中国社会文明建设与西方国家单纯从经济维度审视社会发展的路径存在显著区别。首先,我们将满足人民美好生活需要内置为社会文明建设的根本原则和实践要求。党的二十大报告提出:"深入贯彻以人民为中心的发展思想,在幼有所育、学有所教、劳有所得、病有所医、老有所养、住有所居、弱有所扶上持续用力,人民生活全方位改善。"[①]这是对社会文明建设的要求,也是中国在现代化建设中的经验总结。中国的社会文明建设紧密围绕人民群众的所思所想、所愿所求,全面铺展并深入推进。这一过程从构建小康社会起步,逐步迈向善治社会,最终致力于实现美好社会,逐步贴近并满足人民群众对于美好生活的殷切期望。

其次,中国社会文明建设的核心聚焦于推动人的全面发展,以此显著提升了社会的整体文明水平。自改革开放以来,中国不仅将人的发展明确纳入经济社会发展的宏伟蓝图,更在坚持以经济建设为中心的同时,大力发展社会生产力,为人的全面发展奠定了坚实的物质基础。党的十六大提出的构建社会主义和谐社会目标,旨在营造一个有利于人的全面发展的良好社会环境,通过构建有序的社会发展格局与和谐的社会氛围,为人民群众的全面发展提供坚实的支撑与保障。党的十八大以来,中国式现代化建设更是将人民对美好生活的向往转化为生动的实践,以人的全面发展为持续动力,推动社会全面进步,这标志着中国社会文明建设迈出了历史性的一步,作出了不可磨灭的贡献。

尤为值得一提的是,中国的社会文明建设以社会的长期稳定为基本特征,实现了长期稳固发展的非凡成就,有效避免了西方现代化进程中常见的"资本至上"与"物质主义泛滥"的陷阱。这一创新性的社会文明建设路径,不仅为中国自身的发展开辟了新天地,更为全球范围内破解社会发

---

① 习近平:《高举中国特色社会主义伟大旗帜 为全面建设社会主义现代化国家而团结奋斗——在中国共产党第二十次全国代表大会上的报告》,北京:人民出版社,2022年,第10页。

展难题、解决现代化建设中的社会问题、探索符合各国国情的社会制度提供了宝贵的中国方案和中国智慧。

五、展示"人与自然和谐共生"的生态文明成果

党的二十大报告明确提出："中国式现代化是人与自然和谐共生的现代化。"①人与自然和谐共生的思想，深刻标志着中国现代化建设进程中生态观念的重大变革，这一变革彰显了将马克思主义基本原理同中国具体实际深度融合，并创造性地汲取中华优秀传统文化精髓的自主探索之路。它不仅是对传统发展模式的超越，更是中国在新时代背景下，对可持续发展和人类文明进步道路的独特贡献，展现了中国在生态文明建设领域的理论创新与实践自觉。

自西方近代以来，人类中心主义思潮盛行，将人类置于自然界的中心位置，视自然为服务于人类利益的工具。然而，随着人类改造自然能力的局限逐渐显现及"自我中心主义"的膨胀，一种征服与控制自然的强烈冲动应运而生。这种冲动被资本主义体系所吸纳，导致人与自然之间的斗争实则成为人与人之间利益争夺的掩护，对自然的控制最终演变为资本逻辑对人类社会的操控。这一演变揭示了人类对自然的利用已偏离了促进生活改善和社会进步的初衷，转而服务于特定阶层的利益诉求，加剧了权力与资源分配的不公，阻碍了人类社会的全面和谐发展。

在此背景下，中国开创性地"将生态文明建设融入政治、经济、文化、社会建设各方面和全过程"②，取得了举世瞩目的成就，为全球可持续发展贡献了中国智慧与力量。中国坚持人与自然和谐共生的理念，倡导可持续发展道路，明确承认自然界的优先地位，即人类活动必须遵循自然规律，同时强调以人为本，通过人的主观能动性促进自然的人化过程，构建

---

① 习近平：《高举中国特色社会主义伟大旗帜　为全面建设社会主义现代化国家而团结奋斗——在中国共产党第二十次全国代表大会上的报告》，北京：人民出版社，2022年，第16页。

② 习近平：《决胜全面建成小康社会 夺取新时代中国特色社会主义伟大胜利》，《人民日报》，2017年10月28日。

人与自然之间积极互动的"为我关系"。

"生态兴则文明兴,生态衰则文明衰"的论断深刻揭示了生态文明与人类社会兴衰的紧密联系。马克思关于人与自然携手并进的观点,为中国推动绿色发展提供了理论依据,即在保护生态环境的前提下,实现经济社会的可持续发展,确保人与自然和谐共生,共同繁荣。中国进一步提出要"树立和践行绿水青山就是金山银山的理念,站在人与自然和谐共生的高度谋划发展"①,实现人与自然和谐共生的现代化。这一模式超越了西方工业文明中资本对自然的剥削,倡导尊重自然、保护生态,实现经济发展与环境保护的双赢。

在此过程中,中国致力于将人的角色从"经济人"转变为"生态社会人",促使人与自然的关系更加和谐,使人类成为顺应自然规律、促进自然和谐的主体,而自然则成为体现人性关怀、滋养人类文明的源泉。人与自然和谐共生的现代化理念,不仅成为衡量国家现代化进程的重要标尺,更引领着人类文明新时代的精神风貌,为全球生态文明建设开辟了广阔的实践空间。

第四节　策略优化:围绕文化传承发展善作善成要求,重塑国际传播话语叙事

中华民族现代文明是中华民族发展出的崭新文明形态,这一文明形态是文明更新而非文明断裂的产物。足可见,中华文化传承发展一直是国之要事。2024年2月,习近平总书记在天津考察时,提出的四个"善作善成"重要要求之一便是"在文化传承发展上善作善成"。而文化之发展离不开内外双向传播,亦是在内部传承与外部交流的双向传播活动中,中

---

① 习近平:《高举中国特色社会主义伟大旗帜　为全面建设社会主义现代化国家而团结奋斗——在中国共产党第二十次全国代表大会上的报告》,北京:人民出版社,2022年,第50页。

华文明才得以行至更远,行之更稳。文明传播对内呈现为传承的中华文明自我传播活动,对外则呈现为交流互鉴的文明国际传播、对外传播活动。基于对中华文明深入而全面的审视,习近平总书记概括式地提炼出了中华文明的五大突出特性,即"连续性""创新性""统一性""包容性""和平性"。这五大突出特性也从根本上总结出了中华文明传承与发展的主要入手处与切入点,为中华文明国际传播话语体系和叙事体系优化作出了简明扼要的指引。

一、讲好历史文脉故事,展现中华文明连续性

中华文明独特之处在于历经沧桑而未曾中断的连续性。这是人类文明史上极为罕见的奇迹。在长达五千年的悠悠岁月中,中华文明如同一条奔腾不息的长河,历经风雨洗礼,从原始社会的简单质朴,逐步走向封建社会的繁荣昌盛,再到近现代的开放融合,经历了从低级向高级、从单一向多元、去粗取精、去伪存真的深刻变革与升华。这一过程,不仅是物质财富的积累,更是思想文化的传承与创新,形成了独具特色的文化体系与价值观念。

"天下为公、天下大同"的理想追求,体现了中华民族对于社会公正与和谐共生的深切向往;"民为邦本"的治国理念,强调了人民在国家治理中的核心地位,彰显了深厚的人文关怀;"为政以德"的治理哲学,则倡导以德治国,追求政治清明与社会和谐。这些基本理念,跨越时空的界限,至今仍深深植根于中华民族的血脉之中,成为推动物质文明、政治文明、精神文明、社会文明和生态文明全面协调发展的不竭动力。

2014年,在比利时布鲁日欧洲学院的演讲中,习近平主席深刻阐述了理解中国必须深入其历史、文化、精神世界及当代变革的必要性,这一论述不仅是对中国发展道路的自信表达,也是对中华文明连续性和独特性的高度肯定。回望历史,中华民族的五千年文明史,是文化基因代代相传、文明成果不断累积的辉煌篇章;中国共产党的百年奋斗史,是马克思主义基本原理同中国具体实际相结合、不断推进理论创新与实践探索的

壮丽史诗;新中国成立以来的发展史,则是中华民族实现伟大复兴梦想、走向现代化国家的伟大征程。这三者紧密相连,共同构成了中华民族现代文明连续性的坚实基石。

讲好一以贯之的中华文化故事,不仅是对内凝聚民族共识、增强文化自信的重要途径,更是对外展示中华民族现代文明独特魅力、促进世界文明交流互鉴的桥梁。通过讲述这些故事,我们能够向世界展示一个历史悠久而又充满活力的中国,一个既深深扎根于传统又勇于面向未来的中国,从而帮助海外公众更加全面、准确地理解和定位中华民族现代文明的独特地位与价值。

二、讲好科学创造故事,展现中华文明创新性

由中国共产党领导与当代中国人民携手共创的中华民族现代文明,不仅是中华民族发展史上的一座巍峨丰碑,也是世界文明多样性中一抹亮丽的色彩。它不仅深刻改变了中国人民的物质生活面貌,使亿万人民在追求美好生活的道路上不断迈出新步伐,更以其独有的精神风貌和创新能力,彰显了中华民族自力更生、勇于探索、不懈追求的文化精神。

在当今全球化深入发展的时代背景下,向全球公众展现中华民族现代文明的创新性特质,成为提升国家文化软实力、促进国际文化交流互鉴的重要任务。这一展现过程,必须坚持创造性转化与创新性发展并举的原则,通过生动鲜活的故事讲述,让世界更加全面、深刻地理解中华民族现代文明的独特魅力。

首先,要讲好物质文明维度的科学技术创新故事。从古代四大发明之一的指南针,引领人类航海进入新纪元,到现代科技高峰上的北斗卫星导航系统,为全球用户提供精准定位服务;从深海探测的"海斗一号"勇闯万米深渊,到浩瀚宇宙中的中国空间站成为人类探索太空的新平台;从对古代技术遗产的深入挖掘与传承,到当代技术发明的层出不穷,中华民族的创新步伐从未停歇。这些故事,是"敢上九天揽月,敢下五洋捉鳖"壮志豪情的生动写照,也是中华民族科技创新实力的有力证明。

　　其次，要讲好精神文明维度的科学知识创新故事。中国共产党自成立以来，就高度重视精神文明的建设与发展，通过不懈努力构筑了丰富而深邃的精神谱系。无论是改革开放初期的特区精神，敢于先行先试、勇于突破常规；还是"两弹一星"精神，在极端困难条件下自力更生、艰苦奋斗，成功研制出核武器和人造卫星；这些精神财富不仅是中华民族宝贵的精神遗产，更是激励后人不断前进的强大动力。通过讲述这些故事，可以让世界感受到中华民族在精神追求上的不懈探索和卓越成就。

　　最后，要讲好政治文明维度的科学理论创新故事。中国共产党始终将马克思主义作为自己的指导思想，并在实践中不断推进马克思主义理论的中国化时代化。从毛泽东思想、邓小平理论、"三个代表"重要思想、科学发展观，到习近平新时代中国特色社会主义思想，每一次理论创新都为国家发展注入了新的活力和动力。这些科学理论不仅指导着中国的革命、建设和改革事业不断取得胜利，也为世界社会主义运动和人类社会进步提供了重要借鉴。通过对外讲好这些政治理论创新故事，可以进一步彰显中华民族现代文明在政治领域的创新性和前瞻性。

三、讲好多元团结故事，展现中华文明统一性

　　国家统一，作为民族繁荣昌盛的基石与国家强盛的根本保障，不仅是中华民族历史长河中恒久不变的主题，更是推动中华民族现代文明向上攀登、对外展现辉煌成就的关键起点。习近平总书记指出："在几千年历史长河中，中国人民始终团结一心、同舟共济，建立了统一的多民族国家，发展了56个民族多元一体、交织交融的融洽民族关系，形成了守望相助的中华民族大家庭。"①这一深刻阐述，揭示了中华民族在长期历史进程中形成的独特优势与强大凝聚力——一个统一的多民族国家，如同璀璨的明珠镶嵌在世界东方，56个民族如同星辰般紧密相连，共同编织着多元

---

　　①《凝聚起中华儿女团结奋斗的磅礴力量——习近平总书记关于弘扬爱国主义精神重要论述综述》，《人民日报》，2021年10月2日。

而和谐的社会图景。

中华民族多元团结的故事，是中华民族现代文明统一性特征的生动诠释。在这个大家庭里，各民族文化百花齐放、交相辉映，共同构成了中华文化的丰富内涵和独特魅力。无论是汉族的诗词歌赋、书法绘画，还是少数民族的歌舞音乐、服饰节庆，都是中华民族多元一体文化格局中不可或缺的重要组成部分。它们相互借鉴、相互融合，共同促进了中华文化的繁荣与发展，展现了中华民族强大的文化包容性和创造力。

"九州共贯、多元一体"，这一中国故事的内核构成，不仅是对中华民族历史与现实的精准概括，也是中华民族现代文明区别于其他民族故事的重要标识。它体现了中华民族在多元中寻求共识、在差异中追求和谐的价值追求，展现了中华民族在全球化背景下坚守文化根脉、弘扬民族精神的坚定信念。通过讲述这些故事，我们不仅能够让世界更加全面地了解中华民族的历史文化和社会现实，也能够更好地传播中华民族现代文明的优秀成果和独特魅力，为推动构建人类命运共同体贡献中国智慧和中国方案。

四、讲好文化融通故事，展现中华文明包容性

中华民族，这个拥有五千年悠久历史的伟大族群，其深厚的民族文化底蕴如同一幅绚丽多彩的织锦，每一根丝线都承载着不同民族的独特风情与智慧，共同编织出中华民族多元共生的文化图谱。这份多元性，不仅为中华民族现代文明注入了源源不断的活力与创造力，还赋予了其与现代文明融通的独特基因。在历史的长河中，中华文明如同一棵参天大树，根深叶茂，其逐渐发展并走向整体化的过程，清晰地留下了与世界文明同步前行的深刻印记。

《礼记·中庸》中的"万物并育而不相害，道并行而不相悖"，恰如其分地描绘了中华民族对于多元共存、和谐共生的深刻理解与追求。在中华文化的广阔舞台上，各民族的文化如同百川归海，虽各具特色，却能相互尊重、相互学习、相互融合，共同构筑起中华民族多元一体的文明大厦。

这一过程,不仅促进了民族内部的国族身份认知与国家文化认同的深化,更让中华民族在多元中凝聚共识,在差异中寻求统一,展现出强大的文化凝聚力和向心力。

与此同时,中华文化始终秉持着开放包容的态度,积极寻求与世界各国文化的交流互鉴。正如《读书录》所言:"惟宽可以容人,惟厚可以载物。"中华民族在文明互动中,以博大的胸怀接纳不同文化的精髓,以深厚的底蕴承载世界文明的多样性。这种包容性,不仅体现在对异域文化的尊重与理解上,更体现在将外来文化元素融入本土文化之中,创造出具有鲜明时代特征和民族特色的新文化成果。

中华民族现代文明的包容性,是中国共产党与中国人民"大道之行,天下为公"开放胸怀的生动体现。在全球化的今天,中华民族现代文明不仅致力于自身的发展与完善,更积极倡导构建人类命运共同体,与全球公众共绘世界文明"同心圆"。通过加强文化交流与合作,推动文明互鉴与融合,中华民族现代文明正以前所未有的开放姿态,为世界文明的发展进步贡献着中国智慧和中国方案。

五、讲好人民交往故事,展现中华文明和平性

党的二十大报告明确提道:"我们要旗帜鲜明地反对一切霸权主义和强权政治,毫不动摇地反对任何单边主义、保护主义以及霸凌行径。"这一坚定立场,彰显了我国维护国际公平正义的决心。从古老的"天下大同"理念到现今的"构建人类命运共同体"思想,中华民族始终秉持着与世界人民和平交往的原则,致力于共建共享一个和谐美好的世界。

2019年,习近平主席在出访尼泊尔期间发表署名文章《将跨越喜马拉雅的友谊推向新高度》,深情回顾了中尼两国人民之间的深厚友谊和历史渊源。文中提到"1600多年前,中国高僧法显、尼泊尔高僧佛驮跋陀罗互访对方国家……中国唐代时,尼泊尔尺尊公主同吐蕃赞普松赞干布联

姻……"①。这些历史佳话,无不彰显着中华民族对于和平、友好、交流的深沉追求。

中华民族现代文明的和平性,并非空中楼阁,而是深深植根于中国人民长期积累的宇宙观、天下观、社会观和道德观之中。历史上,中国长期处于世界的大国强国之列,却没有留下殖民侵略他国的记录,不仅如此,面对邦国间的纷争,中国古人也总是首倡以德治、集会、协商等和平的方式加以解决。事实证明,扩张从来都不是中国的立国意图和行为动力,爱好和平的基因已深深渗入中华民族的血脉之中。

这种和平性倡导和睦和谐、亲仁爱民、孝悌忠信等价值理念,这些理念不仅是中国人民的传统美德,也是全人类的共同价值。它们为构建人类命运共同体的思想观念提供了坚实的依托。

---

① 《将跨越喜马拉雅的友谊推向新高度》,人民网,http://world.people.com.cn/n1/2019/1012/c1002-31395956.html,2019 年 10 月 12 日。

第六章

价值提升：

以弘扬全人类共同价值优化国际传播感召力

中国通过讲述自己的故事，展现中华优秀传统文化中蕴含的和平思想、发展理念、公平正义观、民主精神及自由追求，让世界看到一个既古老又现代、既传统又开放的中国。

2015年9月,习近平主席在出席第70届联合国大会一般性辩论时明确指出:"和平、发展、公平、正义、民主、自由,是全人类的共同价值。"这是习近平主席首次在重要的国际场合提出"全人类共同价值"。全人类共同价值是构建人类命运共同体的伦理基础,为全球治理和人类社会的和谐健康发展提供了重要的价值支撑。

2021年7月1日,习近平总书记在庆祝中国共产党成立100周年大会上的讲话指出,中国共产党将继续同一切爱好和平的国家和人民一道,弘扬和平、发展、公平、正义、民主、自由的全人类共同价值,坚持合作、不搞对抗,坚持开放、不搞封闭,坚持互利共赢、不搞零和博弈,反对霸权主义和强权政治,推动历史车轮向着光明的目标前进。

第一节 深化认知:深刻理解弘扬全人类共同价值的重要意义

在当今这个紧密相连、相互依存的世界里,深化对人类共同价值的认知,不仅是对全球治理新理念的深刻洞察,更是促进世界和平与发展、构建人类命运共同体的基石。随着全球化的深入发展,国与国之间的联系日益紧密,共同面临的挑战也愈发复杂多样,从气候变化到公共卫生危机,从经济波动到网络安全,无一不考验着全人类的智慧与团结。在此背景下,弘扬全人类共同价值,即和平、发展、公平、正义、民主、自由,成为时代赋予我们的重要使命。这些价值超越了地域、民族、文化的界限,是人类文明进步的共同追求和普遍认同。它们不仅是指导国际关系和全球治理的重要原则,也是衡量各国行为、促进国际合作与交流的重要标尺。深化对全人类共同价值的认知,意味着我们要以更加开放包容的心态,跨越差异与分歧,寻求共识与合作;意味着我们要在尊重多样性的同时,强化共同体的意识,携手应对全球性挑战;意味着我们要以行动诠释价值,将理念转化为推动世界和平与发展的实际行动。因此,深刻理解并弘扬全人类共同价值,不仅是对人类文明进步的贡献,更是对我们自身未来福祉的保障。让我们携手并进,在这条充满挑战与希望的道路上,共同书写人类文明新篇章。

一、丰富价值内涵:以弘扬全人类共同价值提升国际传播辐射力

我们深知,全人类共同价值不仅仅是和平、发展、公平、正义、民主、自由等理念的简单罗列,而是蕴含着深厚历史文化底蕴和时代精神内涵的丰富体系。因此,中国在国际传播中,不仅注重传播这些核心价值的普遍意义,更致力于挖掘和展现其背后的文化根脉、历史传承与时代价值,使全人类共同价值的内涵更加丰富多彩,更加深入人心。

全人类共同价值的提出是建立在细致探寻各国文化间共鸣之弦的基础之上。尽管各国与民族的文化传统和价值取向异彩纷呈,但深入剖析之下,不难发现其间交织着诸多共通的人性追求与价值观基础,比如对家庭温暖的珍视、对理想生活的共同憧憬等。通过跨文化的比较研究与对话交流,我们能够揭示并提炼出这些潜藏于多样性背后的普遍性价值,进而将其熔铸于全人类共同价值的熔炉之中,使之更加贴近人心,富有广泛的共鸣与吸引力。

中国通过讲述自己的故事,展现中华优秀传统文化中蕴含的和平思想、发展理念、公平正义观、民主精神及自由追求,让世界看到一个既古老又现代、既传统又开放的中国。这些故事不仅增强了国际社会对中国的理解和认同,也促进了全人类共同价值在不同文化背景下的交流与融合。

同时,中国还积极参与全球治理体系改革和建设,推动构建更加公正合理的国际秩序。中国倡导的多边主义、全球合作、共同安全等理念,正是对全人类共同价值内涵的丰富和发展。中国通过实际行动,践行这些理念,为国际社会树立了典范,也赢得了广泛的赞誉和支持。

在丰富全人类共同价值内涵的过程中,中国国际传播的引领力不断增强。中国声音更加具有说服力和感染力,中国方案更加贴近国际社会

的需求和期待。中国正以前所未有的开放姿态，与世界各国携手共进，共同应对全球性挑战，推动构建人类命运共同体。展望未来，中国将继续致力于丰富全人类共同价值的内涵，推动其成为引领世界前行的强大力量。中国将秉持共商共建共享的全球治理观，推动国际社会在平等互利、合作共赢的基础上加强合作，共同推动全球治理体系的完善和发展。同时，中国也将继续加强与国际社会的沟通交流，增进相互理解和信任，为构建更加和谐美好的世界贡献中国力量。

二、善于价值表达：增强中国国际传播的引领力

在全球交流日益频繁的当下，善于表达全人类共同价值成为增强中国国际传播引领力的关键所在。

全人类共同价值并非抽象的概念，而是具体而生动地体现在人类生活的方方面面。和平，是人们安居乐业的基础；发展，是实现美好生活的途径；公平，是社会秩序的支柱；正义，是维护公理的保障；民主，是人民当家做主的体现；自由，是个体追求梦想的权利。中国深知这些价值的重要性，并通过实际行动和精彩表达，向世界传递着积极的信号。

中国以自身的发展成就为依托，展现了和平与发展的价值追求。在经济领域，中国成为全球经济增长的重要引擎，通过互利共赢的合作，为众多国家提供了发展机遇，有力地证明了和平发展道路的可行性和优越性。

在国际关系中，中国积极倡导公平正义，坚决维护以联合国为核心的国际体系和以国际法为基础的国际秩序。无论是在解决国际争端还是推动多边合作中，中国始终秉持公平正义的原则，为构建更加公正合理的国际秩序贡献智慧和力量。

中国的民主实践丰富多样，全过程人民民主充分保障了人民的参与权、表达权、监督权，真正实现了人民当家做主。这种具有中国特色的民主模式，为世界民主政治的发展提供了新的视角和范例。

同时，中国尊重和保障每个人的自由权利，鼓励创新创造，为人们追求梦想创造了广阔的空间。

为了增强国际传播的引领力,中国充分利用各种媒体平台和交流渠道,以生动的故事、鲜活的案例、真挚的情感,向世界讲述中国在践行全人类共同价值方面的努力和成果。通过影视作品、文化交流活动、社交媒体等多元方式,让世界各国人民能够真切感受到这些价值的魅力和力量。

三、破解信任赤字:以弘扬全人类共同价值提升道义感召力

在当今全球化的时代,信任赤字成为横亘在国际社会间的一道难题。各国之间的误解、猜疑与冲突,很大程度上源于信任的缺失。为了摆脱这一困境,我们亟须寻找新的路径,以弘扬全人类共同价值为桥梁,提升全球范围内的道义感召力,重建信任,共筑和平与繁荣的未来。

弘扬全人类共同价值,意味着我们要在国际交往中秉持平等、尊重、包容的原则,以开放的心态和务实的行动,推动各国间的相互理解和信任。我们要通过教育、文化、媒体等多种渠道,加强全人类共同价值的传播和普及,让更多的人认识到这些价值的普遍性和重要性。

同时,我们要将弘扬全人类共同价值与具体行动相结合,通过报道国际合作项目、展示共同应对全球性挑战的成果等方式,展现全人类共同价值在实践中的力量和作用。这样不仅能增强国际传播的实效性,更能激发受众参与全球治理的热情和动力。

作为世界第二大经济体和具有深厚文化底蕴的国家,中国有责任也有能力为破解信任赤字贡献自己的力量。中国将继续坚持和平发展道路,致力于构建新型国际关系,推动全球治理体系朝着更加公正合理的方向发展。同时,中国还将积极参与国际事务,为解决全球性问题提供中国方案和中国智慧,展现大国的责任与担当。

四、增进相互理解:体现负责任大国的向心力

在当今全球化的时代,国际传播承担着至关重要的使命,不仅是信息的传递,更是促进各国相互理解、凝聚共识的桥梁。在这一过程中,中国作为一个负责任的大国,通过积极有效的国际传播可以凝聚世界正能量,

展现出强大的向心力。

2018年4月8日，习近平主席会见联合国秘书长古特雷斯时指出，我们主张大小国家一律平等，同时也认为大国要承担起应有的责任。多边主义的要义是谋求各国协商和合作，首先是大国合作。中国始终是世界和平的建设者、全球发展的贡献者、国际秩序的维护者。

中国始终坚定不移地走和平发展道路，不寻求扩张和霸权，以和平方式处理国际争端，通过自身的发展促进世界和平。中国积极参与国际规则制定和全球治理，推动建立更加公正合理的国际秩序，推动构建人类命运共同体，为维护世界和平贡献中国智慧和中国力量。

中国积极参与国际事务，加强与世界各国的交流与合作，以开放、包容的姿态向世界讲述自己的故事。通过丰富多样的媒体形式，包括新闻报道、纪录片、影视作品等，展示中国悠久的历史文化、现代化建设的成就及人民的美好生活。让世界看到一个真实、立体、全面的中国，打破偏见与误解，增进彼此的认知。中国还积极推动人文交流，通过教育、旅游、文化活动等领域的合作，促进各国人民之间的心灵相通。让不同肤色、不同语言的人们能够亲身感受彼此的文化魅力，在交流互动中消除隔阂，培养深厚的友谊。

同时，中国坚决反对任何形式的霸权主义和强权政治，维护国际公平与正义。中国在国际传播中注重倾听他国的声音。秉持着平等、尊重的原则，积极与其他国家进行对话与交流，努力理解各国的文化差异和发展需求，倡导多元文化的共存共荣，推动构建一个包容和谐的世界。

在面对全球性挑战时，中国通过国际传播展现出担当与责任。无论是在抗击疫情、应对气候变化，还是推动全球经济复苏等方面，中国及时分享经验、提供援助，展现出与世界各国携手共进、共克时艰的决心。中国在应对全球气候变化方面承担起了大国责任，积极参与《巴黎协定》等国际协议，承诺减少碳排放，同时推动绿色能源的发展。中国通过实际行动，证明了自身不仅是国际合作的积极参与者，更是全球治理的重要贡献者。

总之，在国际传播的舞台上，中国以开放的心态、积极的行动和负责任的形象,不断增进各国之间的相互理解,发挥着强大的吸引力。引领着世界走向一个更加和平、繁荣、相互理解的未来。

第二节 价值共振:着力弘扬全人类共同价值促进人类进步

和平与发展是基础和首要,公平与正义是条件和保障,民主与自由是理想和方法,其中贯穿着生存、秩序、理性的深层逻辑,共同构成全人类存在与美好的大道。

一、对话协商促和平

和平是实现发展、公平正义和民主自由的前提条件,也是国际关系应遵循的最高准则。和平体现了人民对安宁生活、和谐社会环境的向往和追求。在当代,和平不仅指避免军事冲突,还包括消除社会中的各种暴力、恐怖主义、霸权主义和强权政治,实现国家之间、民族之间,以及人与人之间的相互尊重、平等相待、友好合作。"和平"的核心内涵在于坚持对话而不对抗、结伴而不结盟。以对话解决争端、以协商化解分歧。

中华民族是爱好和平的民族,中国人民是爱好和平的人民。中华民族历来秉持"亲仁善邻"的理念,具有坚忍不拔的精神品质和天下为公的世界情怀。在中国文化中,"协和万邦"承载了和睦、和谐、和平的价值追求。中国人的血脉中没有称王称霸、穷兵黩武的基因。近代以后,中国人民饱受列强侵略之害、饱经战火蹂躏之苦,更是深深懂得战争的残酷、和平的宝贵。新中国成立之初,百废待兴,百业待举,中国人民无比渴望和平安宁。新中国成立以来,我们形成了以独立自主、和平发展、合作共赢为鲜明特色的外交传统。这些优良传统,既反映了中华文明的优秀传统,又体现了社会主义制度的本质要求。

习近平主席庄严承诺,中国无论发展到什么程度,永远不称霸、不扩张、不谋求势力范围、不搞军备竞赛。中国将继续做世界和平的建设者、全球发展的贡献者、国际秩序的维护者。和平是全人类的共同愿望，是人类社会发展的前提条件。中国倡导的和平，不仅是没有战争和冲突，更是积极通过和平手段解决争端，推动构建相互尊重、公平正义、合作共赢的新型国际关系。中国积极参与多边外交，在国际事务中发挥建设性作用，维护以联合国为核心的国际体系和以国际法为基础的国际秩序。中国是联合国安理会常任理事国中派遣维和人员最多的国家之一。自1990年以来，中国已向世界各地的维和任务区派遣了数万名维和人员，包括军人、警察和文职人员，参与了数十个联合国维和行动。

中国积极参与国际和地区热点问题的解决，倡导通过对话、协商、谈判等和平方式解决争端。中国在朝鲜半岛核问题、伊朗核问题等国际热点问题上，秉持公正立场，为推动问题的和平解决发挥了积极作用，中国支持中东和平进程，呼吁有关各方通过对话和谈判解决分歧。2024年7月，应中方邀请，包括法塔赫、哈马斯在内的巴勒斯坦共14个派别在北京举行了和解对话，巴勒斯坦各派代表签署《关于结束分裂加强巴勒斯坦民族团结的北京宣言》，显示了中国在推动中东和平进程中发挥的积极建设性作用。

中国坚持以对话协商、共建共享、合作共赢为途径，通过坚持和平发展、加强国际合作、共同应对全球性挑战等路径，为和平贡献力量，实现世界的持久和平与普遍安全。

二、开放合作谋发展

"发展"意味着让各国人民都能享受到经济增长、社会进步带来的成果。这包括消除贫困、促进就业、提高教育和医疗水平、推动科技创新等多个方面，以实现人的全面发展和社会的全面进步。中国是世界上最大的发展中国家，走的是和平发展、开放发展、合作发展、共同发展的道路。

中国共产党始终把发展作为执政兴国的第一要务，致力于推动经济持续健康发展，不断提高人民生活水平。中国大力实施脱贫攻坚战略，使数以亿计的人口脱贫，为全球减贫事业作出巨大贡献；积极推动科技创新，在5G、人工智能、高铁等领域取得显著成就，提升了国家的综合实力和竞争力；加强教育和医疗领域的投入，努力保障人民受教育和获得医疗服务的权利。

在国际社会中，中国也是如此。中国维护以世界贸易组织为基石的多边贸易体制，旗帜鲜明反对单边主义、保护主义，维护全球产业链供应链稳定畅通。倡议设立亚洲基础设施投资银行、丝路基金等，"一带一路"推动经济全球化朝着更加开放、包容、普惠、平衡、共赢的方向发展。

2016年1月16日，习近平主席在亚洲基础设施投资银行开业仪式上致辞，指出：中国开放的大门永远不会关上，欢迎各国搭乘中国发展的"顺风车"。中国愿意同各方一道，推动亚投行早日投入运营、发挥作用，为发展中国家经济增长和民生改善贡献力量。

习近平主席宣布，为支持联合国在国际事务中发挥核心作用，中国将向联合国新冠疫情全球人道主义应对计划再提供5000万美元支持；中国将设立规模5000万美元的第三期中国—联合国粮农组织南南合作信托基金；中国—联合国和平与发展基金将在2025年到期后延期5年；中国将设立联合国全球地理信息知识与创新中心和可持续发展大数据国际研究中心，为落实《联合国2030年可持续发展议程》提供新助力。

发展是全人类共同的追求，旨在实现各国经济的增长、社会的进步和人民生活水平的提高。中国的上述举措，就是为了促进各国共同发展，实现互利共赢，让发展成果惠及更多国家和人民，为全球发展事业作出贡献。

三、平等互敬享公平

公平是社会稳定和进步的基石。中国主张的公平，包括国际规则制定的公平性、国际资源分配的公平与国际发展机会的公平。中国始终坚持国家不分大小、强弱、贫富一律平等，反对弱肉强食的丛林法则，反对唯我独尊的霸权主义和强权政治，推动提升发展中国家在国际事务中的代表性和发言权。中国尊重各国人民自主选择的发展道路和社会制度，尊重各国主权和领土完整，反对外部势力干涉他国内政。中国绝不把自己的意志强加于人，也绝不允许任何人把他们的意志强加于中国人民。中国不会干涉任何国家内政，也绝不允许任何国家、任何势力干涉和插手中国内部事务。

中国倡导国际规则制定的公平性。反对霸权主义和强权政治，主张各国在平等的基础上共同参与国际规则的制定，推动建立更加公正合理的国际政治经济新秩序，保障各国在国际事务中的平等地位和话语权。

中国推动国际资源分配的公平。强调在全球资源的开发、利用和分配中，应充分考虑各国的发展需求和实际情况，促进包容性发展，确保全球资源和机遇的分配公正，避免少数国家垄断资源和利益。

中国促进国际发展机会的公平。主张各国不论大小、强弱、贫富，都能平等参与国际事务，平等享受发展权利和机会。尤其是为发展中国家创造更加公平的发展环境和条件，缩小发达国家与发展中国家之间的发展差距。

四、以义为先伸正义

正义要求维护国际法和国际准则的权威性和严肃性，反对以强凌弱、以大欺小。中国始终坚守正义，主张按照事情本身的是非曲直决定自己的立场和政策，支持多边主义，维护国际公平正义，推动国际关系民主化，为弱小国家发声，为维护世界和平稳定发挥建设性作用。

习近平主席表示，中国将承担更多国际责任，与各国共同维护人类良知和国际公理，在国际和地区事务中主持公道、伸张正义。

在国际和地区热点问题上，中国继续倡导并践行"坚持不干涉别国内政，反对强加于人；坚持客观公道，反对谋取私利；坚持政治解决，反对使用武力"的原则，根据事情本身的是非曲直作出公正判断，劝和促谈，维稳防乱，不拉偏架，不谋私利，为维护国际和地区和平安宁发挥建设性作用。

中国作为联合国安理会轮值主席，主持召开巴以问题高级别会议，敦促停火止战，推动巴勒斯坦问题重回"两国方案"轨道，体现了中国在国际事务中主持公道正义的担当作为。

五、各美其美商民主

"民主"的核心是多元共存,相互尊重。中国倡导尊重世界文明多样性,以文明交流超越文明隔阂、文明互鉴超越文明冲突、文明共存超越文明优越。"各美其美,美人之美,美美与共,天下大同"。

什么样的国际秩序和全球治理体系对世界好、对世界各国人民好,要由各国人民商量,不能由一家说了算,不能由少数人说了算。要弘扬共商共建共享的全球治理理念,推进国际关系民主化,坚持多边主义,维护国际公平正义。

作为联合国创始会员国、安理会常任理事国和最大发展中国家,中国将一如既往地坚定维护以联合国为核心的国际体系,坚定维护以《联合国宪章》宗旨和原则为核心的国际秩序,同各国一道,坚守多边主义,反对单边主义。对国家间的矛盾和分歧,中国始终倡导有事好商量,依托多边框架和平台,加强沟通协调,求同存异,聚同化异,扩大共识。

中国摒弃意识形态争论,跨越文明冲突陷阱,相互尊重各国自主选择的发展道路和模式,让世界多样性成为人类社会进步的不竭动力、人类文明多姿多彩的天然形态。

中国认为,民主不是少数国家的专利,而是各国人民的权利。民主的形式多种多样,各国应根据自身国情和历史文化传统选择适合自己的民主道路。中国式民主是全过程人民民主,实现了过程民主和成果民主、程序民主和实质民主、直接民主和间接民主、人民民主和国家意志相统一,是全链条、全方位、全覆盖的民主,是最广泛、最真实、最管用的社会主义民主。同时,中国尊重各国人民自主选择的民主道路,反对将自己的民主模式强加于人。

六、推己及人开自由

自由是人类社会进步的产物,它强调实现人的全面发展,包括言论自由、思想自由、信仰自由等。自由应建立在尊重他人自由和社会公共利益的基础上，是在法律和道德规范内的自由。每个国家都拥有自主选择和决定自己行为、生活方式及发展道路的权利。这意味着一个国家的人民能够根据自身的历史、文化、社会现实和人民的意愿，自主地探索、决定适合本国的发展模式和路径。这种自由给予了国家充分的自主性和灵活性，能够避免生搬硬套其他国家的模式而导致水土不服。各国应共同营造自由开放的国际环境，保障各国人民在经济、政治、文化等各领域的自由权利，促进人员、资金、技术等要素自由流动，推动世界经济繁荣发展和人类文明进步。

中国根据自己的国情，选择了中国特色社会主义道路。在这条道路上，中国坚持以人民为中心，推动经济持续快速发展，实现了从贫困到总体小康、奔向全面小康的历史性跨越。同时，不断推进民主政治建设，让人民广泛参与国家治理和社会事务。

这种选择自己国家发展道路的自由，使得各个国家能够展现出独特的魅力和活力，为人类社会的多元发展作出贡献。它尊重了不同国家和人民的差异，也为世界的和平与发展提供了坚实的基础。每个国家都在自己选择的道路上努力前行，共同书写着人类文明进步的壮丽篇章。

第三节　用好本钱：弘扬全人类共同价值促进文明对话

在全球化日益加深的今天，不同文明之间的交流互鉴已成为推动人类社会进步的重要力量。中国，作为拥有悠久历史和灿烂文化的文明古国，正以其独特的智慧和力量，通过弘扬全人类共同价值，促进文明对话，为世界文明的发展贡献中国方案和中国智慧。

一、以中国理论为指导增进国际社会理解和认同

中国理论，特别是习近平新时代中国特色社会主义思想，为国际社会

提供了认识中国、理解中国的重要窗口。这一理论体系不仅深刻回答了"中国之问""时代之问""人民之问""世界之问",还以其深邃的思想内涵和鲜明的时代特色,为国际社会提供了可资借鉴的发展模式和治理经验。推动构建人类命运共同体,创造人类文明新形态是中国式现代化本质要求的重要组成部分。

构建人类命运共同体是中国在国际传播中最为核心的理念,从党的十八大报告首次提出"要倡导人类命运共同体意识",到党的十九大和二十大报告进一步提出"推动构建人类命运共同体",再到呼吁"世界各国弘扬和平、发展、公平、正义、民主、自由的全人类共同价值,促进各国人民相知相亲,共同应对各种全球性挑战",体现了中国国际传播思想的日臻成熟。这一理念超越民族国家与意识形态差异,强调各国应相互依存、休戚与共,共同应对全球性挑战,旨在建设持久和平、普遍安全、共同繁荣、开放包容、清洁美丽的世界。这一理念在多个国际场合得到阐述,并成为中国参与全球治理的重要指导思想。

2015年9月,习近平主席在联合国成立70周年系列峰会上,全面阐述人类命运共同体的内涵,强调要建立平等相待、互商互谅的伙伴关系,营造公道正义、共建共享的安全格局,谋求开放创新、包容互惠的发展前景,促进和而不同、兼收并蓄的文明交流,构筑尊崇自然、绿色发展的生态体系。全人类共同价值是对人类命运共同体在思想理念层面的深度挖掘,是对世界各国自觉奉行的价值准则的高度概括。

中国积极参与全球治理体系改革和建设,通过提出中国方案、贡献中国智慧,为国际社会提供更多解决全球性问题的思路和方案。中国在全球治理中的积极作为和显著贡献,让国际社会更加深刻地认识到中国在构建人类命运共同体中的重要作用。

通过加强中国理论的国际传播,增进国际社会对中国特色社会主义道路、理论、制度、文化的理解和认同,有助于构建更加公正合理的国际秩序,推动构建人类命运共同体。

二、以中国故事为载体展现真实立体全面的中国

中国故事,是展现中国形象、传播中国声音的重要载体。从古老的丝绸之路到现代的"一带一路"倡议,从脱贫攻坚的伟大成就到抗击新冠疫情的国际合作,每一个中国故事都蕴含着中国人民的智慧和力量,展现了中国的发展成就和开放姿态。通过讲述这些真实、立体、全面的中国故事,可以让国际社会更加深入地了解中国,理解中国的发展道路和价值追求,从而增进相互理解和信任,推动文明对话和交流互鉴。

2015年10月21日,习近平主席在英国议会发表讲话时,提到1937年底,28岁的英国青年学者林迈可由加拿大乘船前往中国任教。中国抗战期间,林迈可利用自己作为外籍人士的特殊身份,为根据地购买和运送了大量药品及无线电通信器材。

2023年11月15日晚,国家主席习近平在美国旧金山出席美国友好团体联合举行的欢迎宴会并发表演讲。在演讲中,习近平从"我"说起,频频以自身经历、感受、思考切入,叙友情、话友好。他分享自己与旧金山的故事:1985年,时任河北正定县委书记的习近平第一次访问美国,就是从旧金山入境,他对美国的第一印象就来自旧金山,至今还保存着一张在金门大桥的留影。他讲述旧金山与中国的深厚渊源:158年前,大批中国工人来到美国,修建连接东西海岸的太平洋铁路,在旧金山建起了西半球历史最悠久的唐人街;78年前,中美共同参与发起旧金山制宪会议,推动建立了联合国。

从古老的丝绸之路,到如今的"一带一路"倡议,见证着中国与世界的交流与合作。驼铃声声穿越千年,商船往来连接东西,这是中国开放与包容的写照。长征的故事是坚韧不拔的象征。红军战士们翻雪山、过草地,以顽强的意志和坚定的信念,为了理想和人民奋勇前行,展示了中国人民不屈的精神力量。袁隆平的故事是关于温饱与奉献。他致力于杂交水稻研究,让无数人免受饥饿之苦,展现了中国科学家的伟大情怀。乡村振兴的故事里,有农民们辛勤的汗水和对美好生活的憧憬。一个个美丽乡村

的建设,是中国走向共同富裕的坚实步伐。

这些中国故事或宏大,或细微,但都有着深刻的意义。它们让我们更加了解自己的国家,也让世界看到中国的真实模样。透过这些故事,我们可以触摸到中国的灵魂,感受到它的温度和力量。中国,不仅仅是一个地理概念,更是由无数故事编织而成的伟大国度。

三、以中华文化为源泉共同丰富世界文明百花园

在当今全球化的时代背景下,文化的交流与互鉴已成为推动人类社会进步不可或缺的力量。中国作为拥有五千年悠久历史与灿烂文明的古国,其独特的文化魅力不仅是中国人民的精神财富,更是世界文明百花园中一朵璀璨夺目的花朵。因此,中国国际传播应以中华文化为源泉,充分挖掘和展现中华优秀传统文化、革命文化和社会主义先进文化,积极搭建跨文化交流的桥梁,以文化的力量增进国际社会对中国的理解和认同,共同丰富世界文明的多样性。

中华文化内涵极其丰富,儒家、道家、法家、墨家等诸子百家的思想,以及后来的宋明理学等,铸就尊老爱幼、诚信友善的传统道德观念;诗词、散文、小说、戏曲等文学形式,以及书法、绘画、雕塑、音乐、舞蹈等艺术类别,百花齐放;陶瓷制作、丝绸纺织、木工技艺、冶金工艺、中医药等传统技艺,匠心独具;春节、元宵节、端午节、中秋节等节日庆典、婚礼、葬礼等民间习俗、剪纸、皮影戏、杂技等民间艺术,传承积淀;故宫、苏州园林等具有独特风格的建筑和园林艺术,巧夺天工;八大菜系及各种特色小吃、美食文化,味蕾盛宴。这些宝贵的文化遗产,不仅是中华民族的精神标识,也是全人类共同的智慧结晶。

同时,中华文化中的和谐、包容等理念,为解决当今世界面临的诸多问题提供了新的思路和方法。"和为贵"的思想,倡导人们在相互尊重、平等相待的基础上,构建和平、友好的国际关系;"天人合一"的观念,强调人与自然的和谐共生,为全球生态环境保护提供了有益的借鉴。

中国的文化"走出去"战略就是国家传播的成功案例之一。通过这一

战略，中国积极将其传统文化、语言、艺术以及现代发展理念等以多样化的形式介绍给世界。中国的春节、传统中医药知识、中国武术等文化元素通过不同的国际文化节、展览和交流项目被广泛传播至世界各地。这些文化的传播不仅增强了中国文化的国际影响力，也促进了中国与世界其他国家文化的交流与融合，加深了各国人民对中国及其文明的认识和理解。

一系列中华文化国际传播案例如"云·游中国"系列项目、"阿木爷爷"海外走红、中国网络文学海外走红等，展示了中华文化在国际舞台上的广泛传播和深远影响。在文明对话的过程中，中国还注重与各国开展文化交流与合作项目，如互办文化年、艺术节、电影节等活动，增进各国人民之间的了解和友谊。

在全球化加速的今天，国际传播成为连接不同国家和民族的重要纽带。通过电影、电视剧、音乐、书籍、网络等多种渠道，中华文化得以跨越国界，走向世界舞台，让更多人了解和感受其独特的韵味和魅力。同时，这种传播也是双向的，中国也在积极吸收和借鉴世界各国的优秀文化成果，不断丰富和发展自己的文化体系。

面对世界文明的多样性，中国国际传播应秉持开放包容、互学互鉴的原则，以中华文化为源泉，积极促进不同文化之间的交流与融合。这要求我们不仅要讲好中国故事，展现中华文化的独特魅力，更要倾听世界的声音，了解不同文化的需求和期待。通过加强文化交流合作，共同举办文化节、艺术展览、学术论坛等活动，推动文化创新，激发文化活力，让不同文化在相互尊重、平等对话中共同进步，共同丰富世界文明的百花园。

四、以国家成就为主轴打开国际舆论引导新局面

国家成就，是中国发展的生动写照，是中国力量的集中体现。从经济的高速增长到科技创新的突破，从脱贫攻坚的伟大胜利到生态文明建设的显著成效，从"一带一路"倡议推动全球互联互通到全球抗疫合作中的中国贡献，每一个成就都是中国智慧、中国方案、中国力量的集中展现。这些成就不仅增强了中国人民的自信心和自豪感，也为国际社会提供了

宝贵的合作机遇和发展经验,为国际传播提供了丰富而有力的内容支撑。

以国家成就为主轴的国际传播,能够向世界展示一个真实、立体、全面的中国。长期以来,国际舆论中存在着对中国的误解和偏见。通过聚焦国家成就,我们可以用事实说话,打破谣言和抹黑,让国际社会看到中国的发展是和平的、共赢的。同时,国家成就的传播能够增强国民的自豪感和凝聚力。当国人看到自己的国家在国际舞台上取得的辉煌成果,会更加坚定对国家发展道路的自信,激发为国家繁荣富强贡献力量的热情。这种内部的凝聚力将进一步推动国家的发展,形成良性循环。

2020年1月11日,500米口径球面射电望远镜(FAST)通过国家验收,投入正式运行。它是世界上最大的单口径射电望远镜,能够接收来自宇宙深处的微弱信号,帮助人类探索宇宙的奥秘。同年,北斗三号全球卫星导航系统正式开通。这是中国自主研发的卫星导航系统,能够为全球用户提供高精度、高可靠的定位、导航和授时服务。2020年11月24日,嫦娥五号探测器发射成功,并于12月17日成功返回地球。这是中国首次实现地外天体采样返回,为未来的月球探测和科学研究奠定了基础。中国在量子通信领域取得了重要突破,实现了千公里级的量子密钥分发和量子隐形传态。量子通信具有高度的安全性和保密性,有望在未来的通信和信息安全领域发挥重要作用。此外中国的超级计算机技术发展迅速,多次在全球超级计算机排名中名列前茅。超级计算机在天气预报、科学研究、国防安全等领域发挥着重要作用。

中国在高速铁路、5G通信、电子商务等领域取得了重大突破,一些技术达到世界领先水平。例如,中国的高速铁路技术处于世界领先地位,拥有世界上最大的高速铁路网络。中国的高铁速度快、安全性高、舒适度好,为人们的出行带来了极大的便利。5G技术的应用也在全球范围内处于领先地位,5G技术的高速率、低延迟和大连接特性将为智能交通、工业互联网、物联网等领域带来革命性的变化。中国的电子商务市场规模庞大,发展迅速。中国的电子商务企业在技术创新、商业模式创新和用户体验方面不断取得突破,推动了全球电子商务的发展。

中国国际传播以国家成就为主轴，不仅是对自身发展的自信展示，更是对全球发展的积极贡献。通过积极主动的传播，我们能够打开国际舆论引导的新局面，让世界更好地理解中国，为中国的发展营造更加有利的国际环境，共同构建人类命运共同体的美好未来。

五、以中国特色战略传播体系为依托构建国际传播事业发展新格局

中国特色战略传播体系是习近平总书记站在统筹中华民族伟大复兴的战略全局和世界百年未有之大变局的高度，对国际传播能力建设作出的重要部署。这一体系从总体国家安全观出发，旨在立足中国国情和发展需求，结合中国的政治、经济、文化等特点，通过整合各种战略性传播资源，运用多种传播手段和渠道，整合各方传播资源，以实现特定传播目标的系统架构，具有宏观性、系统性和目标性。

2021年5月31日习近平总书记在中央政治局第三十次集体学习时强调，必须加强顶层设计和研究布局，构建具有鲜明中国特色的战略传播体系，着力提高国际传播影响力、中华文化感召力、中国形象亲和力、中国话语说服力、国际舆论引导力。

具体而言，首先，要加强顶层设计和研究布局，从国家层面出发，加强战略传播的顶层设计和研究布局，明确战略传播的目标、任务和路径；其次，构建多元国际传播主体格局，努力构建战略传播的"统一战线"，形成政府、媒体、社会（公众）三位一体的多元国际传播主体格局；再次，建设内外联动的全媒体传播矩阵，优化战略传播的渠道平台，构建网上网下一体、内宣外宣联动的主流舆论格局；此外，推进媒体深度融合发展，加快推进媒体深度融合发展，打造国际传播中的"媒体旗舰"，提升媒体自身的传播力和影响力；最后，要加强国际交流与合作，加强同海外媒体协调合作，积极开发和利用海外社交媒体平台，在推特、脸书等平台开设账号，发布中国的新闻、文化等内容，与国际网友进行互动，形成"旗舰领航、多舰协同"的渠道集群，同时，举办各类国际媒体合作论坛，加强与国际媒体的交

流与合作。

中国特色战略传播体系的构建是一个长期而复杂的过程,需要政府、媒体、社会等各方面的共同努力。一方面,通过构建具有鲜明中国特色的战略传播体系,中国将能够更好地向世界讲述中国故事、传播中国声音、展示中国形象,为中华民族伟大复兴和世界和平与发展作出更大的贡献。

另一方面,维护意识形态安全是战略传播的基本目标,关乎政治、经济稳定发展,我国的战略传播应维护本国的发展安全和亚太地区乃至世界的和平稳定,通过强化战略传播提升我国在国际新闻舆论场上的话语权,打破西方霸权,建立新的全球信息传播秩序。[①]

第四节　掌握本领:弘扬全人类共同价值促进包容交流

在当今全球化日益加深的时代,弘扬全人类共同价值,促进包容交流显得尤为重要。全人类共同价值,如和平、发展、公平、正义、民主、自由等,是跨越国界、种族、文化的普遍追求,它们构成了人类社会的精神纽带,引领着我们向着更加美好的未来迈进。而要实现这一目标,就需要我们不断掌握新的本领,以更加开放的心态和更加有力的行动,去推动不同文明之间的对话与理解,促进全球范围内的包容与合作。

一、"开放包容"整合多元主体

开放包容不仅是一种思想态度,更是推动社会进步和国际合作的重要动力。它倡导尊重差异、理解多样、包容不同,鼓励各国在平等的基础上开展对话与合作,共同应对全球性挑战。在全球化的浪潮中,没有哪个

---

① 史安斌、童桐:《全球安全治理视域下的战略传播:历史、理论与实践》,《上海交通大学学报》(哲学社会科学版),2023年第6期。

国家能够独善其身，唯有通过开放合作，才能实现互利共赢，推动构建人类命运共同体。

在弘扬全人类共同价值的征程中，政府、国际组织、非政府组织、企业、媒体、学术界、公众等多元主体发挥着不可替代的作用。政府作为主导力量，在提升中国国际传播影响力中发挥着引领作用。首先，政府应制定清晰的国际传播战略，明确传播目标、内容、渠道和方式，确保传播活动有的放矢、精准高效。其次，加强与国际组织、媒体机构的合作，构建多层次、宽领域的国际传播网络，提升中国声音在全球范围内的传播力和影响力。同时，政府还应注重政策引导和支持，为各类传播主体提供必要的政策保障和资金支持，激发其积极性和创造性。

国际组织凭借其独特的地位、广泛的联系和专业的平台，在加强中国国际传播工作中发挥着不可替代的作用。这些组织涵盖了政治、经济、文化、科技等多个领域，拥有全球性或区域性的影响力。例如，联合国及其下属机构、世界贸易组织、国际货币基金组织等，它们举办的各类会议、论坛和活动吸引了世界各国的关注。中国通过积极参与这些平台，能够向国际社会展示自身的发展成就、政策主张和价值理念，增加在全球议题中的话语权。通过与国际组织的合作项目，中国可以分享自身在减贫、环保、科技发展等方面的成功经验，同时也能学习借鉴其他国家的优秀做法。这种交流与合作的成果能够成为中国国际传播的生动素材，展现中国开放包容、互利共赢的形象，吸引更多国家与中国携手共进。国际组织发布的报告、数据和研究成果往往具有较高的可信度和影响力。中国可以借助国际组织的专业渠道和资源，发布有关自身的准确信息，纠正外界的误解和偏见，增强国际传播的公信力。此外，在文化、教育等领域的国际组织活动中，中国的传统文化、艺术、科技等能够得到更广泛的展示和传播，增进世界对中国文化的了解和欣赏。同时，也促进了不同文化之间的相互理解和尊重，为中国国际传播创造了更有利的文化氛围。再者，国际组织在应对全球性挑战时，为中国提供了展示责任担当的机会。无论是在应对气候变化、公共卫生危机还是推动可持续发展等方面，中国通过与国际组织合作,积极采取行动并提出建设性的解决方案,向世界传递出一个负责任大国的形象,提升国际传播的正面效果。

非政府组织则可以发挥其灵活性和专业性,通过具体项目和实践,将全人类共同价值的理念转化为实际行动。如针对特定群体或问题,提供更加深入、细致和贴近民生的信息传播,增进不同群体之间的理解与信任,从而丰富中国国际传播的层次和内涵;在教育、医疗、环保、文化等特定领域发挥专业优势,开展合作项目和交流活动,展示中国在这些领域的成就和贡献。非政府组织还可以为中国与其他国家的非政府组织搭建合作桥梁,促进双方在相关领域的经验分享和合作,从而间接提升中国的国际影响力。

企业在经济全球化的进程中,不仅是利润的创造者,也应当成为全人类共同价值的践行者。企业作为国际市场的主体,在提升中国国际传播影响力方面具有独特优势。一方面,企业应积极"走出去",通过跨国经营、品牌建设等方式,展示中国企业的实力和形象,传递中国文化和价值观。另一方面,企业应加强与国内外媒体的合作,利用媒体平台传播企业故事和品牌形象,提升品牌知名度和美誉度。此外,企业还应注重社会责任和可持续发展,通过参与公益项目、推动绿色生产等方式,展现中国企业的社会担当和良好形象。

媒体是国际传播的重要载体。在数字化转型的背景下,传统媒体与新兴媒体的融合发展成为大势所趋。中国媒体应抓住这一机遇,推动内容生产、传播渠道、接收终端等方面的深度融合,打造具有国际竞争力的新型主流媒体。通过运用大数据、云计算、人工智能等先进技术,实现精准传播和个性化推送,提高国际传播的针对性和有效性。同时,加强海外媒体布局,建立海外传播矩阵,提升中国媒体在全球舆论场中的话语权和影响力。

在塑造国家形象、增进国际理解与合作、推动全球治理体系变革这一进程中,学术界以其深厚的学术底蕴、前瞻性的研究视野和跨文化的交流能力,正逐步成为中国国际传播领域的重要力量,并展现出巨大的潜力与作为。学术界在国际传播领域的首要贡献在于提供坚实的理论基础。通过对国际传播的历史脉络、发展趋势、传播效果等方面的深入研究，学术界能够揭示国际传播的内在规律和特点，为实践提供科学的指导和支持。同时，学术界还能针对国际传播中的新问题、新挑战，提出具有创新性的理论观点和解决方案，为国际传播实践提供新的思路和方向。此外，学术界以其独特的跨文化视角和丰富的国际交流经验，成为促进国际理解与合作的重要桥梁。通过组织国际学术会议、研讨会等活动，学术界能够搭建起中外学者交流的平台，促进不同文化背景下的学术对话和思想碰撞。同时，学术界还能积极参与国际组织的合作项目，为全球治理体系的完善和人类命运共同体的构建贡献智慧和力量。人才是国际传播事业发展的关键。学术界在培养具有国际视野和跨文化交流能力的专业人才方面发挥着重要作用。通过设立相关专业、开设国际课程、组织海外交流等方式，学术界能够为学生提供丰富的国际教育资源和实践机会，帮助他们掌握国际传播的理论知识和实践技能。同时，学术界还能与业界紧密合作，共同打造具有国际竞争力的国际传播专业队伍，为中国国际传播事业的发展提供有力的人才保障。

民间交流是增进国际理解和友谊的重要途径，普通民众是这些理念和行动的最终受益者和传播者。中国应充分发挥民间外交的优势，推动各领域、各层次的民间交流活动。通过举办文化节、艺术展览、体育赛事等活动，展示中国文化的魅力和多样性，增进外国民众对中国文化的了解和认同。同时，鼓励和支持中国公民出境旅游、留学、工作等，促进中外人员往来和交流互鉴。通过民间交流，搭建起中外人民之间的友谊桥梁，为中国国际传播影响力的提升奠定坚实的民意基础。

弘扬全人类共同价值，提升中国国际传播影响力是一项长期而艰巨的任务，需要政府、媒体、企业和民间等多元主体的共同努力和协作。只有充分发挥各自的优势和作用，形成合力，才能在全球化的浪潮中，让中国声音更加响亮、中国故事更加精彩、中国形象更加鲜明。让我们携手并进，共同推动中国国际传播事业的发展，为构建人类命运共同体贡献中国智慧和力量。

二、"以情动人"强化故事表达

面对多元的文化背景和复杂的国际舆论环境,如何使传播内容跨越国界,触动人心,成为亟待解决的重要课题。在此背景下,"以情动人"的策略显得尤为关键,在国际传播中,情感化的内容往往比冷冰冰的事实和数据更能引起受众的共鸣,提高传播效果,将抽象的理念、复杂的议题融入生动具体的故事之中,通过强化故事表达,构建情感桥梁,促进不同文化间的理解与认同。

积极的情感可以帮助塑造一个国家友善、温暖和负责任的形象,通过展示国家的发展和成就,以及人民的幸福生活,可以塑造积极向上的国家形象,增强国际社会对中国的认同和好感。比如中国在全球抗击新冠疫情期间,向许多国家提供医疗物资援助和抗疫经验分享,传递出团结互助的情感,提升了中国在国际上的良好形象。情感丰富的内容更容易吸引受众的注意力,使传播信息更具影响力。在全球化背景下,共同的情感体验可以构建跨国界的情感共同体。这种共同体有助于增强国际团结合作,能够在一定程度上化解国际间的冲突和误解,共同应对全球性挑战。更重要的是,强烈的情感能够激发人们在国际事务中的行动和参与。

首先是要挖掘共鸣点,应深入挖掘那些能够跨越国界、触动人心的人性光辉点,如爱、勇气、希望、坚韧等,让不同文化背景的人们都能从中找到共鸣;其次是注重细节描写,让故事中的人物、场景、情感更加鲜活,使受众仿佛置身其中,增强代入感和真实感;再次,应避免单一视角的局限性,尝试从多个角度、多个层面去讲述同一个故事,让不同文化背景的受众在故事中看到自己的影子,感受到被尊重和理解;最后,应强化故事表达,将复杂的信息和情感以简单易懂的方式呈现出来,有助于跨越语言、文化和地域的障碍,建立起人与人之间深层次的情感联系。这种联系不仅有助于增进相互理解和尊重,还能为构建人类命运共同体提供坚实的情感基础。

三、"以美感人"丰富传播形式

中国作为一个拥有悠久历史和丰富文化的大国，在国际传播中应当注重"以美感人"，通过丰富多样的传播形式，向世界展现中国的魅力与风采。

传统的文字报道在国际传播中仍然发挥着重要作用，但仅仅依靠文字是远远不够的。视觉传播在当下具有更直接、更强烈的影响力。我们应当充分利用摄影、视频、电影等形式，以精美的画面、生动的影像展示中国的大好河山、丰富多彩的民俗文化，以及充满活力的现代都市。

此外，随着科技的进步，现代传媒技术为国际传播提供了更加丰富的表现手段。要充分利用新媒体技术的优势，通过视频、音频、虚拟现实（VR）、增强现实（AR）等多媒体形式，打造多元化、立体化的传播矩阵，更加直观、生动地展现故事，增强受众的参与感和体验感，以更加贴近人心、富有感染力的方式展现中国魅力。

艺术是跨越语言和文化障碍的通用语言。中国的音乐、舞蹈、戏剧、绘画等艺术形式独具特色，蕴含着深厚的文化内涵。我们可以组织国际艺术交流活动，将中国的优秀艺术作品推向世界舞台，让各国观众在欣赏艺术的过程中领略中国文化之美。同时，与国外的艺术家合作，共同创作融合多元文化元素的作品，促进文化的交流与融合。

在丰富传播形式的同时，还需要注重内容的质量和深度。要避免简单的表面展示，深入挖掘美的内涵和背后的故事，让传播更具思想性和感染力。同时，要根据不同的受众群体和传播平台，定制个性化的传播内容和形式，提高传播的针对性和效果。

四、"联通世界"拓展交流渠道

"联通世界"意味着打破地域、语言和文化的界限，与全球建立广泛而深入的联系。过去，信息传播的渠道相对有限，国际交流存在诸多障碍。科技的飞速发展，特别是互联网的普及，为我们提供了前所未有的机遇。

拓展交流渠道，首先要加强传统媒体的国际影响力。中国的主流媒体应积极在海外设立分支机构,与国际知名媒体开展合作,通过新闻报道、专题节目等形式,将中国的政治、经济、文化等方面的最新动态传递给世界。同时,提升媒体的内容质量和专业水平,以客观、准确、深入的报道吸引国际受众的关注。

社交媒体平台是当下联通世界的重要渠道。我们要充分利用这些平台的传播优势,打造具有影响力的中国官方账号和自媒体矩阵。通过生动有趣、形式多样的内容,如短视频、图文并茂的推文等,吸引全球用户的目光。积极与用户互动,倾听他们的声音,回应他们的关切,增强中国故事在社交媒体上的传播力和感染力。同时,注重传统媒体与新媒体的融合发展,形成优势互补的传播格局。

文化交流活动是增进相互理解和信任的有效途径。举办各类国际文化节、艺术展览、体育赛事等,邀请世界各国的参与者共同体验中国文化的魅力。同时,鼓励中国的文化艺术团体走出国门,在世界各地进行演出和展览,让世界近距离感受中国的艺术之美和人文精神。

学术交流也是拓展交流渠道的重要一环。支持中国学者参与国际学术会议和合作研究项目,发表具有国际影响力的学术成果。举办国际性的学术论坛,邀请国内外专家共同探讨全球性问题,展示中国学术界的观点和智慧。

此外,加强与国际组织的合作至关重要。积极参与国际组织的活动,在国际规则制定和全球事务中发挥更大的作用,提升中国的话语权和影响力。

在拓展交流渠道的过程中,要注重跨文化传播的技巧。了解不同国家和地区的文化背景、价值观和接受习惯,采用本土化的传播策略,使中国的信息能够更好地被当地受众理解和接受。

第七章

效果提升：

优化内容表达观点传递传播策略设计,增强说服力

在全球化背景下,内容需紧跟时代潮流,融入文明互鉴的新元素,以增强其吸引力和共鸣度。同时,通过多样化、多渠道的传播手段,拓宽国际传播的边界,提高信息的覆盖率和接受度。

在当今全球化的时代背景下，中国正以前所未有的姿态积极参与国际事务，向世界展示着自己的形象与理念。然而，要在国际舞台上产生深远且持久的影响，中国国际传播的效果提升至关重要。在全球化背景下，内容需紧跟时代潮流，融入文明互鉴的新元素，以增强其吸引力和共鸣度。同时，通过多样化、多渠道的传播手段，拓宽国际传播的边界，提高信息的覆盖率和接受度。这些策略的实施，旨在使中国战略传播更具说服力，更好地传递中国声音，展示中国形象，促进国家间的相互理解和尊重。其中，优化内容表达观点、增强说服力成为关键所在。有效的传播不仅是信息的传递，更是思想的交流、价值的共鸣。当我们审视中国国际传播的现状时，不难发现，尽管已经取得了显著的成就，但在内容表达的精准性、观点的鲜明性及说服力的强度上，仍有巨大的提升空间。

第一节　增强时代性：顺应文明互鉴之新篇章

本节阐述了数字化时代下文明交流的变革，揭示了"数字文明"作为新兴领域的无限潜力，剖析了数字空间如何重塑文化交流模式，同时聚焦"Z世代"在推动文明互鉴中的关键作用，并综合评估了技术带来的双重影响，为中国战略传播策略的制定提供了前瞻性指导。

一、开启"数字文明"时代：人类文明交往互鉴的新领域探究

回顾人类文明的发展历程，每一次新的技术变革都深刻地推动了人类文明形态的进步和跃升，将其推向更高级的发展阶段。现在，我们正处在从信息文明到数字文明的转折点上，数字化的普及和应用将持续深刻地影响着人类社会的各个方面。

伴随着数字化时代的到来，现今的世界正在经历一个前所未见的百年巨变。以信息技术革命和产业结构调整为主要标志的第三次工业革命加速发展并向纵深推进，人类社会已全面迈入数字化转型阶段。随着全

球化的深入推进,世界经济的秩序、全球的治理结构及国际的格局都经历了深刻的转变。中国作为一个拥有五千多年文明史的文明古国,在新时代的大背景下,迎来了中华民族伟大复兴的新机遇和新起点。这种转变对人类的文明产生了前所未见的影响,并为文明的形态带来了深远的历史变革。从"西学"到"中流"再到"海派",不同文明之间交流与碰撞日益频繁,彼此融合并呈现出一种全新的文化态势。在这种多样化和开放的文化背景下,中华文明凭借其五千年的连续历史,对全人类的文明进程产生了深刻且持久的影响。面对这一新的历史起点,习近平总书记提出了增强中华文明传播力和影响力的重要性,强调了讲好中国故事、传播好中国声音的必要性,以此推动中华文化更好地走向世界。这不只是为了实现中华民族伟大复兴和打造社会主义现代化大国的实际需要,同时也是在人类命运共同体的理念引导下,打造具有中国特色的现代化所必需的。①

数字时代的到来标志着人类文明形态的新变革。在21世纪以来的时代变局中,数字化、网络化和智能化等新技术的兴起正以前所未有的方式塑造着人类社会。由数字化技术激发的社会创新正在深入地影响和整合各种社会领域,逐渐成为推动全球变革的关键力量。数字时代的到来不仅仅意味着一种技术革命,更意味着人类社会的根本性变革。数字已经成为全球性的价值范式,成为构成人类文明的一部分。随着数字时代的不断进步,人们对数字社会和数字文明产生了更高的期望和向往。②数字时代的到来给人类带来巨大机遇的同时,也使我们面临着严峻挑战。从一方面看,人们期望数字时代能催生新的全球文明和社交网络,进一步促进全球价值观、知识和信息的开放与自由传播,形成新的社会模式和业态。另一方面,国际传播研究的发展同时受到国际局势和技术变革的影响,当前的国际形势严峻,国家间关系紧张,同时技术变革也在加速,智能

---

① 段鹏:《加强全球文明交流互鉴对我国国际传播能力建设的重要意义》,《现代出版》,2024年第2期。

② 邵培仁、陈江柳:《丰富"中华"想象:数字时代如何增强中华文明传播力影响力》,《编辑之友》,2023年第9期。

分发技术等新技术对国际传播产生了新的影响,因此,人们对数字时代可能导致的人与人之间的疏远、数字鸿沟的进一步扩大,以及隐私权受到侵犯等问题表示担忧。提升我国国际传播人才能力,加强人才队伍建设,以及调整高校人才培养的体制机制成为当务之急,也是新时代国际传播研究面临的新挑战。

总的来说,数字,作为历史的一股强大动力,正在以空前的宽度、深度和速率渗透到人类文明的每一个方面和整个进程中,推动着人类文明走向数字文明的新阶段。

人类文明在数字时代中,人的存在始终是不可或缺的核心议题。马克思从哲学的视角深入研究了人类的特质,并强调了人与自然、人与他人及人与整个世界之间的紧密联系。人类社会发展到今天已经进入数字化阶段。在数字化的时代背景下,人的共在状态获得了全新的解释和内涵。科技与文化的深度结合促进了信息、影像及移动网络和流动在全球的广泛传播。数字传播技术为人们提供了更为丰富而便捷的交往方式,使不同地域间的联系更加紧密。人类、信息、技术、媒体及社会正在经历一个无边界的整合过程,全球化和一体化的趋势越来越明显,这也导致了各种不同的人类实体之间的交融和融合。因此,在这个数字化的时代,全球在人类文明中的共同存在已经变成了一种现实的可能性和社会的事实。文明之间的互动超越了各种边界,实现了物质与精神、现实与虚拟世界的融合,从而催生了人类命运共同体新的文明形态。

人类在共同的环境中自然地展现出空间特性,这构成了人类生存和社交互动的核心背景。在数字化的时代背景下,人的身体被更快地转化为媒介,这赋予了人们与全球各种碎片化环境建立联系的能力。在数字化的时代背景下,人类已经变成了一个"流动的环境",人们之间的互动和交流可以通过数字技术来复制、分享和重塑,并在此基础上不断发展,创造出新的交流场景。

从场景的角度看,数字时代下的文明交流展现出强烈的流动性,而文明的传递方式常常体现为全球范围内的交往场景流动。因此,为了提升中华文明在全球范围内的传播能力和影响力,有必要构建一种全球性的空间构想和传播理念,从简单的信息传播和仪式设计转变为更广泛的场景传播。数字时代所带来的历史性进展,为那些身体无法共同存在的人类创造了一种全球化的场景感,使他们团结成为命运相连的"我们",并为提高中华文明在全球的传播能力开辟了新的途径和方向。

为满足新时代国际传播的需求,研究国际传播的学者们需要从文明的交流和互鉴,以及构建人类命运共同体的视角出发,对国际传播的本体论、价值论和认识论进行重新的思考;需要规范研究方法,并基于坚实的定量或定性数据来构建我国独立的国际传播理论和知识体系。从本体论和价值论的角度来看,国际传播的定义应该不仅仅局限于跨国和跨境的信息传播,而应被视为一种仪式,通过这种传播,人们可以共享身份和信仰,建立联系,并达成共识。①从认识论的角度来看,我们应该明确国际传播的跨学科特性,并吸纳哲学、宗教、文学、社会学、国际关系学等多个学科的知识和理论,以加强跨学科的交流和合作,从而构建一个跨学科的国际传播理论体系。

二、数字空间中的文化交流与国际互动:文明交流互鉴的新模式

在国际传播中,区域间的传播策略强调对话、交往和伙伴关系的重要性,这一策略不仅重塑了传统传播观念和交往准则,而且在议程设置和相互倾听等方面发挥了作用。这意味着倾听是有力量的,并且寻找真实的"他者"是必要的,因为他们是可以感知、可以互动的"听众"。此外,对话所追求的核心是平等、开放和潜在的协商价值的"讨论力量",并坚信通过协商和合作是更为理想的选择。如果我们把"传播"的核心重新定义为交往,并把交往看作是影响人类日常生活和公共秩序的根本问题,那么传播

---

① 张迪:《文明交流互鉴下的中国国际传播研究:范式创新与路径重构》,《新闻与写作》,2022年第12期。

学就应该更加重视"现代人"的未来命运。在进行国际传播时,我们应当重视在对话和交流中促进各国形成"共鸣、共情、共识"的合作伙伴关系。①由于存在的局限性和地缘政治的不同,国际传播在选择策略时必须考虑到特定的区域和国家,通过话语体系的再语境化来寻找"全球本土化"与"在地全球化"之间的均衡点,从而提高传播的效果。

公共传播策略的关键是国际行为主体与国际公众之间的互动交流。全球化、数字化和社交化为国际公众提供了作为信息传播者的机会,从而构建了一个以大众参与为核心特点的多元国际行为主体的双向、多向互动的新公共外交时代。新公共外交的核心目标是推动国际参与者之间的积极互动,以保障国家和全人类的共同利益。多元的行为主体应当在共面、共事、共境、共通和共意的视角下共同进行共情实践,目的是在健康的交往互动中形成共识。在数字化空间中,个体间的点对点的互动构成了网络互动的核心,而大量的国际公众的参与和产生的情感共振则是网络影响力的具体表现。②

文化传播的策略也着重于在人类文明的成果体验和认知过程中"塑造认同感"。为了实现这个目标,加深文明之间的交流和互相学习是至关重要的。一方面,我们需要向全球展现中华文明所具有的独特意义;从另一个角度来看,我们需要积极实施全球文明倡议,尊崇世界文明的多样性,并从其他文明中吸取经验和教训,以促进文明之间的对话、传承和创新。交流和互鉴的核心目标在于通过全球多元文明的对话来实现跨文化的共识,同时尊重人类的整体性、文明的多元性、发展中的人民性及交往中的和平性。传统和新兴的文化传播手段为全球公众在体验和理解人类文明成就方面提供了一种"共情的机会"。③

---

① 钟新、郑晨:《全球治理视域下的2024年中国国际传播关键议题》,《对外传播》,2024年第1期。

② 同上。

③ 田浩:《以交流互鉴回应现代化之问:全球文明倡议中的国际传播实践指向》,《对外传播》,2023年第8期。

　　智能传播策略引入了"数字共通"的思想，并突出了数字文明的核心地位。它涵盖了在数字基础设施方面的互联互通、在文化符号意义上的翻译和理解、在情感层面上的共鸣和共情，以及在意识形态和价值观方面的对话。[①]这一战略不仅凸显了数字文明在中国的独特性，还强调了人本主义、智能化向善、发展优先及伦理优先等多个核心理念。我国应当努力构建一个得到广大共识的治理结构和标准，以增强在中国现代化进程中的国际话语权。面对全球治理面临的新挑战，我国将坚持和平、发展、普惠、共治的原则，积极推动治理规则与时俱进。与此同时，我国计划采用更加开放的思维模式和行动方案，以促进在数字领域内的各种交流和合作，并与全球各国共同构建一个开放、公平、公正和无歧视的数字交流平台。

　　在人类文明的漫长历程中，文明治理的主体与社会成员间的相互关系主要呈现为三种不同的模式：君权至上、个人至上和人民至上。但是，历史经验告诉我们，始终坚守人民至上的原则是实现人类文明新面貌的基础，这也反映了中华文明在现代的重要价值。这不只是对传统文明中的君权至上观念的一种超越，同时也是对西方文明中个人至上观念的一种修正。随着数字化的兴起，人们作为信息传播的核心价值得到了充分的体现和实践。移动互联网和社交媒体等先进的信息技术催生了全新的信息生成模式，这些新技术、媒介和观念也在全球范围内得到了普及。信息传播的权利已经普及，这标志着"社会资源被重新分配给普通民众的历史"的开始。因此，在数字技术和传播媒介的普及和普及方面，人民已经成为信息生成和传播的核心力量，这一时代比过去任何一个历史阶段都更加广泛和深入地被人们共享和使用，标志着一个"每个人都是信息的传递者"的全民传播时代的到来。

　　得益于社交媒体和数字传播平台的全球化特性，不论用户来自哪个

---

　　① 吴飞、傅正科：《"数字共通"：理解数字时代社会交往的新假设》，《新闻与传播研究》，2023年第30卷第6期。

国家或民族,他们都有机会参与全球传播活动,这使得全球传播的参与者变得更加多样化。例如,李子柒,通过制作短视频来展现中国乡村的田园生活、传统的中华美食和服饰,因此在全球范围内受到了广泛的关注和喜爱。

但是,在数字化时代,流动性的结构导致了全球社会面临的不稳定风险,各个民族国家间的冲突和矛盾不断升级,全球不同文明间的信任缺口也在逐渐扩大。随着我国的持续发展,像"中国威胁论"和"文明冲突论"这样的对立观念仍然普遍存在,但以国家为核心的国际传播效果却相当有限。因此,为了使中华文明更广泛地传播到全球,我们不仅需要重视不同民族国家间的交流和对话,还需要充分利用人民作为信息传播的主体,以促进不同文明形态之间的民众心灵相通。每一位普通民众都有潜力成为中华文明的传递者,并成为与全球对话的推动者。因此,我们需要最大限度地利用多样化的传播主体,积极研究从人民的视角和立场出发的传播内容,以构建一个多维度、深度渗透的全球传播网络。在数字媒体平台已经成为全球信息交流的基础设施的背景下,为了使中国的故事能够成为全球受欢迎的故事形式,我们必须创新国际传播的多种方式和形态,构建一个基于全媒体平台的国际传播故事体系。首要任务是利用多种感觉和丰富的叙述来吸引尽可能多的观众。全球文明倡议着重指出,多样化的交流内容和广泛的合作途径有助于各国民众之间的相互了解和亲近。在这个社交媒体盛行的时代,利用多种叙述手法来拓展沟通路径,正是实现中国式现代国际传播的关键策略。通过运用视觉、听觉和触觉等多样化的传播手段,以精确和生动的手法来传达中国的逻辑和叙事,从而提高信息传播的有效性。接下来,我们需要采用差异化和矩阵化的传播策略来构建一个全媒体的国际传播故事框架。为了更好地在国际传播中传达中国的故事,我们需要创新多种话语结构,并通过线上线下的合作,以及大屏幕和小屏幕的交互来向全球展示一个可信、可爱、可敬的中国形象。全球文明倡议不仅展示了我国的远大志向和包容全球的精神,还突出了我们面对全人类共同的挑战和对未来进行探索的勇气和责任感。为了将全球文明倡议中描述的文明交流和互鉴的新视角实现,我们需要更加主动地利用促进文明交流和互鉴的机会,真正增强国际传播的能力,并为建立一个公平和公正的全球信息传播体系积累力量。这也体现了围绕全球文明倡议进行国际传播能力建设的重大意义。[①]

三、"Z世代":引领人类文明交流互鉴的新生力量剖析

在习近平首次提出的全球文明倡议中明确指出了四点:尊重世界文明多样性、弘扬全人类共同价值、重视文明传承和创新、加强国际人文交流合作。这一提议标志着新时代我国向全球社群提出的第三项全球倡议,其核心目标是推动人类文明的相互交流和学习。在推进全球文明倡议的实施过程中,我们可以从"Z世代"这一代开始,因为他们是当前全球最受关注的群体,他们的独特性有助于缩小不同国家受众之间的文化差异,从而实现多元文明的交流和互鉴。[②]

"Z世代"指的是出生于1995年至2009年的人群,他们被称为"数字原住民"。到了2019年,这一代的人口数量已经攀升至24.7亿,占据了全球总人口的32%。这一代人展现了社交媒体达人的特质,他们擅长操作多个屏幕和处理多种任务。然而,他们也有一些特点,如注意力短暂、偏爱视觉内容、思维开放包容、关注全球议题,以及更容易受到心理问题的困扰。"Z世代"为全球传播带来了新的时代印记,他们非常了解社交媒体的传播准则,并通过视觉、符号和情感的方式来创造和拓展各种议题。党的十九届五中全会提出了2035年建成文化强国的远景目标,并对坚持中国特色社会主义文化发展道路、建设社会主义文化强国作出了战略部署。这个战略目标不仅旨在加强国内的文化自信,同时也致力于推动中华文化在国际舞台上的传播。为了达成这一愿景,我们可以考虑将"Z世代"

---

① 田浩:《以交流互鉴回应现代化之问:全球文明倡议中的国际传播实践指向》,《对外传播》,2023年第8期。
② 姬德强、张毓强:《中国国际传播研究的边界拓展与自主性创新》,《对外传播》,2023年第6期。

所孕育的新型文化整合到文化大国的建设策略中。①在观念和思维方式上,我们应当融合治理与指导,利用全球的"Z世代"集体来增强中华文明的传播能力和影响范围。在组织结构和运作机制方面,有必要建立一个横跨多个地区和部门的协调和联动机制,以促进政府、媒体和民间各界的共同参与,从而形成类似交响曲的多声部合奏。为了推动中华文明的"出圈"和"出海",我们需要在渠道和方式上采用多元主体和全媒体的方法,提取中华文明的精神标志和文化精华,构建一个丰富多彩的中华文明体验空间,并向全世界展示中国的魅力,传播中华文明。

尊崇全球文明的多样性构成了文明间交流和相互借鉴的基础,而推广全人类共有的价值观则是在不同文明间寻找共通点和交流点的核心途径。在全球传播的过程中,中华文明可能会受到"文化折扣"的影响,而新兴的文化则有助于加强不同文明间的交流。不同地区的文化形成了丰富多样的图景,这些文化可以通过全球信息流动而跨越文化边界,实现跨文化的交流与互鉴。为了将中华文化推向全球,我们可以基于"Z世代"的文化兴趣和形成的新型文化,将它们转化为具有实际意义和运营能力的文化产品,并在全球各个"Z世代"集结的地点有目的地传播它,从而提高它的魅力和影响力。②当前"Z世代"在国际舞台上的地位日益凸显,我国需着力提升对全球"Z世代"的传播能力,扩大国际影响。为了更有效地分享我国的道路、哲学、制度和文化,加强战略性传播的策划和布局,我们需要加强对全球"Z世代"传播观念的理解和推广。只有这样,我们才能提升中华文明的传播力和整体影响,确保其在全球的影响力。

要实施面向世界范围内的"Z世代"精确信息传递,我们需要确定适宜的传播路径。首先,应借助国际上"Z世代"的普遍平台,如推特、脸书和TikTok,与全球"Z世代"进行交互,确保每一方的信息传递。

---

① 殷乐、申哲:《融合与重塑:中华文化国际传播的智能技术应用及趋势》,《对外传播》,2023年第10期。

② 吴瑛、贾牧笛:《面向Z世代的国际传播:历史、理论与战略》,《社会科学战线》,2023年第12期。

接着，我们应通过各个国家地域的特色传播途径来实现信息传递。除了在全球广泛受欢迎的社交平台，各国的"Z世代"同样在本地社交网络中有着积极的身影。比如，在俄罗斯的"Z世代"社群中，超出一半都在使用VK软件，三分之一则在使用WhatsApp，并且也在积极地借助Instagram进行交流和使用。除此之外，包括Viber、YouTube、2Gis在内的各种应用也在使用中表现得非常活跃。因此，有必要根据国家和地域的"Z世代"特点来实现分群分享，利用不同的语言和内容在各国的本土平台上与他们互动交流。①

然后，需要促进各种参与者之间的有效合作和联动，这包括不同的代际社会、传媒组织及其他各种组织机构，共同参与到中国的国际传播过程中，这是一个关键的环节。此外，我们必须确保中国的国际传播被正确地翻译和转译。此项工作意味着要在满足各种行动者的需求的基础上，将我国在国际上的传播任务进行重新翻译，旨在激发多种行动者的积极参与，使中国的形象更加真实、立体和全面，以此来强化中华文明的影响力和传播力量。

最终，为了构建面向全球的"Z世代"的开放交流机制，我们需要借助中外融合的方式，活泼地描述中国的历程，并从中提炼和反映中国文明的关键精神和独特的文化属性。这种全球的传播语言架构应当融入中国的特色元素，具有多重层次、多重维度和多种形式，旨在进一步加强我国与国际上的"Z世代"间的沟通与互动。

推动官方话语呈现出"年轻的风貌"的说法是其中的核心要素。在现今时代，"Z世代"群体并没有深入参与到政治决策过程中。所以，深入了解"Z世代"对国内外事务的态度和观点，以及捕捉其年轻的表达方式，能进一步促进官方术语与"Z世代"术语之间的沟通与结合。密切观察全球"Z世代"所持的选择性关注态度同样具有至关重要的意义。"Z世代"代表

---

① 史安斌、杨晨晞：《面向Z世代开展国际传播的理念创新与实践路径》，《新闻战线》，2023年第15期。

了世界上不同的国家，他们具有各自独特的特质，这揭示了各国在政治、经济和文化方面的异同，这也是他们在推动各种文明相互交往和整合时的核心思想。因此，在制定国际传播策略时，应该充分重视全球"Z世代"群体的普遍特点，以便采用有针对性的传播手段。制定多元化的国际信息传播策略同样是至关重要的一步。"Z世代"更加偏好通过短视频和表情包等视觉传达手段进行国际推广，因此，在国际交流中，需要采用适应"Z世代"喜好的文字、图像、音乐、影视等多样化的语言表达。[1]

构建一个面向全球性"Z世代"战略传播的多元化参与者网络，可以从国际经验中寻求启示。众多国家的政府机构及国际传播组织已经在国家战略中纳入了面向"Z世代"群体的信息传播，并将其作为一项重要内容。例如英国的文化、媒体和体育部，德国的文化与媒体国务部，韩国的文化体育观光部，他们都在政府的高度重视下，密切观察本国青年的群体及文化事业在国际上的潜在影响。[2]在大型社交媒体平台，比如脸书，它在平台设计中将吸引并保留"Z世代"年轻一代视为公司成长的策略职责。

而在媒体机构层面，诸如英国广播公司（BBC）、美国有线电视新闻网（CNN）、美国全国广播公司（NBC）、《华尔街日报》等主流媒体都将"拥抱互联网，吸引年轻人"视为数字时代媒体生存的必要前提。[3]

文明的相互沟通与互鉴构成了推进人类文明发展及全球和平进程的关键驱动力。党的二十大报告强调，增强中华文明的传播力和影响力，深化文明交流互鉴，推动中华文化更好地走向世界。在描述中国国际传播的叙事机制时，应当紧紧围绕中华文明所体现的连续性、一体性、宽容性、

① 史安斌、杨晨晞：《面向Z世代开展国际传播的理念创新与实践路径》，《新闻战线》，2023年第15期。

② 王润珏、张若溪：《"Z世代"与国际传播格局的新动向》，《对外传播》，2022年第11期。

③ 吴瑛、贾牧笛：《面向Z世代的国际传播：历史、理论与战略》，《社会科学战线》，2023年第12期。

和谐性及创新性发展。①在全球化和数字化的大环境中,"Z世代"这一新生群体已经崭露头角,成为对国际传播模式产生深远影响的关键力量。因此,在进行中国的国际传媒活动时,深度掌握"Z世代"的跨代哲学和数字生存逻辑成为关键。我们需要不断地创新国际信息传播的方式,增进不同国家青年之间的合作和互动,从而加强青年对文明多元性和人类文明互相交流的意识。

四、技术的机遇与挑战:从国际媒体传播的双重角度来进行探讨

当前,人工智能等新技术的迅速发展和广泛应用正在深刻地改变着产业和人们的生活方式。习近平主席在致2023中国国际智能产业博览会的贺信中指出,互联网、大数据、云计算、人工智能、区块链等新技术的发展正在加速产业的数字化、智能化和绿色化转型,极大地改变了全球的资源配置方式、产业发展模式和人民的生活方式。元宇宙、大模型技术和人工智能这些现代智能技术正逐渐融入、合并、重新整合或甚至重新定义着人们的传播方式。在智能技术盛行的时代背景之下,中华文明的全球传播也面临前所未有的技术契机。

现阶段技术展现的新活力主要得益于它出色的融合和再塑造能力。随着元宇宙技术的进步,技术逐渐超过了传统的2D触摸屏,消除了现实和虚拟空间之间的界线,为人类的传播行为带来了全面的融入和融合,实现了连接与整合,让人们更加深陷在虚拟和增强现实之间的数字化连接体验里。与此同时,人工智能的技术手段,包括数字人、数字记者、ChatGPT和大规模模型,都能够与人类一样,对信息的传播模式进行重新思考和定义,甚至能够取代人类。在智能技术重新定义和融合的背景下,中华文化在全球传播中也即将步入全新的智能传播阶段。党的二十大报

---

① 殷乐、申哲:《融合与重塑:中华文化国际传播的智能技术应用及趋势》,《对外传播》,2023年第10期。

告中关于中华文化国际传播的核心要求，也就是"提升中华文明的传播力和影响力，坚决维护中华文化的观点和立场"，被深入探讨。对于智能技术在中华文化国际传播中的使用和发展方向，这对实现"优质讲述中国的故事、广泛传播中国的声音，并展示出可信、可爱、可敬的中国形象，从而使中华文化更好地融入全球舞台"的目标，具有不可估量的意义。

举例来说，生成式人工智能（Artificial Intelligence Generated Content AIGC）已经启动了一个新时代，这一时代基于"大数据、算法和算力"的集成，为智能国际传播提供了全新的可能性。[①]福布斯公开表示，AIGC为我们展现了一个新的、更美丽的世界。其四大核心技术涵盖了基于神经网络语言模型的聊天机器人、自然语音合成技术、图片的创作和编辑及数字化陪伴技术。AIGC彻底地改革了传播方式和管理生态。尤其是ChatGPT这样的AIGC产品在实际应用过程中，必须注重内容的正确性、优化用户的使用体验并确保数据和信息的绝对安全性。AIGC并不仅仅是简单地介入到全球传播之中，它还重塑甚至彻底推翻了国际传播的基本构成元素、传播机制和逻辑结构。智能国际传播之所以有此机会，是因为它具有对目标受众的精确识别、与用户的协作生产、精确的议题推送、高效的计算宣传和传播，以及综合性和多维度的效能评估机制。在新时代，"目的论"的国际传播理念从单纯注重效果转向了追求效益，而AIGC能够协助对智能国际传播技术里的算法设计及流程进行优化，从而在系统维度上增强国际传播的实力，实现高效运作。简单地说，AIGC已逐渐变成了实际提高国际传播效果的核心因子。

随着技术不断进步，不同的领域都受到了影响：例如5G技术的兴起使得信息的传输速度更为迅猛；人工智能数字人类能够持续不断地传播消息，从而释放出巨大的人工；如DALL·E2这些人工智能技术能够借助简洁的文字描述，产生真实而且视觉上极佳的图像效果。从专业的生产

---

① 殷乐、申哲：《融合与重塑：中华文化国际传播的智能技术应用及趋势》，《对外传播》，2023年第10期。

内容(PGC)进化到由用户生成内容(UGC),进一步演化到人工智能生成内容(AIGC),技术进步被视为推动智能提升的核心手段。①

智能化的国际传播扩大了国际传播的自主性、创新性、准确性和渗透性,但同时也存在着一定的效益风险和伦理问题。在后霸权时代,媒介和代码几乎渗透在每一个角落,而在这一时代中,权力开始逐渐渗透到算法的实施和使用之中。在智能国际传播领域,存在诸多隐性问题,包括算法的偏见、平台政治结构、算法的"主动参与"、数字差距、隐私被泄露、数据保护问题、信息的筛选及舆论的博弈等,这些都是国际传播者需要密切关注的核心议题。

首先,它可能产生信息超载和谣言传播的消极影响。数字国际传播的实时性放大了公共外交信息超载和谣言传播的不利影响,先进的数字技术使得信息传播不再受时间和空间限制,带来了大量的外部信息涌入,公众接触到来自世界各地的观点和有争议的知识,包括大量的谣言。公众无法避免接收到过载的信息,可能导致交流混乱。与此同时,信息超载和外交主体多元化结合也带来了管理机构的挑战,使得政府部门难以跟上信息的流动速度和规模,问责机制不畅可能导致负面信息和谣言无法及时遏制,进而影响公共外交的效果和国家的稳定。

其次,它将消解公共外交负面行为的缓冲阀门。数字国际传播的实时互动特性削弱了负面外交行为的缓冲效应,公共外交主体的多元化使得许多非政府行为体参与到外交舞台,但这些非政府行为体往往缺乏外交经验和专业训练,可能会产生负面外交行为。在过去,信息传播的时空限制起到了缓冲作用,政府可以利用这段时间对负面行为进行管理和纠正,但随着数字技术的发展,这种缓冲作用已经消失,负面外交行为可能在短时间内产生恶劣影响。

最后,它一定程度上增加外交管理难度和国家安全风险。数字国际

---

① 殷乐、申哲:《融合与重塑:中华文化国际传播的智能技术应用及趋势》,《对外传播》,2023年第10期。

传播的去中心化特性增加了外交管理的复杂度和国家安全的风险。尽管国际政治形势发生了变化,但主权国家仍然是国际关系的核心,公共外交主体应该受到政府领导。数字技术的发展使得公共外交去中心化,民间力量参与外交活动,增加了国家管理的难度,导致国家安全风险上升。综上所述,数字技术的发展既带来了机遇,也带来了挑战。凯文·凯利指出,互动的影响可能与人工智能一样深远。

综观全局,智能化技术在增强中华文化国际传播效果方面扮演了一个不可或缺的角色。生成型 AI、大规模模型及可能的未来高度自动化智能都为中华文化在国际上的传播打开了一个窗口。他们期望通过多种模式和时间维度进行深度整合和创新,从而打造出一个智慧、国际化、互动深度丰富的新中华文化传播模型,以加强海外观众对中华文化的情感共振和深入理解。在当前技术不断进步的背景下,元宇宙现已构建了一套实现虚拟与现实交互的技术全景,使时空的维度与场景达到了和谐共存。从技术的全貌看,很多组成部分相互交错、共同存在、彼此交织,而它的影响可能超过了人工智能的智慧和替补性。为了在当前的环境中更有效地讲述和传达中国的历史和声音,我们应该充分利用技术的全面互动和深层次的情境,从而为中华文化在国际范围内的传播构建一个创新的框架。[①]

此外,当我们考虑未来中华文化的全球传播时,我们必须高度警觉,以避免人工智能和大规模模型技术可能对中华民族文化产生的篡改或误解,以及预防对中华文化实施负面标签或负面宣传。在这个时期,我国应当积极抓住数字技术所带来的种种机遇与挑战,努力形成一个整合和协同的决策、管理和领导策略。同时,我国的人工智能、大规模模型技术及虚拟空间创造技术亟需研发、升级与创新。这样,在智能发展的大背景下,我们能够通过高度精准的公共外交手段,塑造一个更为积极的国际舆

---

① 殷乐、申哲:《融合与重塑:中华文化国际传播的智能技术应用及趋势》,《对外传播》,2023年第10期。

论环境,并以中国的话语来勾画中国的形象,深入讲述中国的故事。

第二节　增强表达力:实施好更具有针对性的传播叙事方略

在国际传播中,叙事方法能够影响全球受众对一个国家、民族和人民的认知和态度,因此叙事策略尤为重要。有效的叙事策略能够传达清晰准确的信息,塑造良好的国家形象,提升软实力。同时,它还能应对国际舆论的挑战,赢得国际社会的理解和支持。通过巧妙的叙事,国家可以更好地传播其价值观和政策,推动国际合作,改善外交关系,并在全球事务中占据有利地位。本节将从叙事立场、叙事手段、叙事内容和叙事策略四个方面阐述如何在国际传播中增强表达力,实施更有针对性的传播叙事方略。

一、叙事立场:平等对话、互鉴包容

平等对话、互鉴包容是我国国际传播的叙事立场,是中国国家形象叙事体系构建的核心重点之一。在传播过程中,应积极传达中国的和平发展理念,"展现中国作为一个负责任大国的形象,同时要有效应对和反驳不实言论。当前,美国新一轮'中国威胁论'是在国际政治格局整体变迁、美国对与中国交往互动的认知发生变化的背景下生发出来的"①。在西方"二元论"及单边主义论调盛行的背景下,更要坚定地走出具有中国特色的和平发展之路,向世界发出合作共赢的强音。

(一)强调和平发展,驳斥"中国威胁论"的抹黑

在国际传播中,应整合多渠道和平台,以多元化的方式向世界展示中

---

① 张永红:《美国新一轮所谓"中国威胁论":特点、根源与应对》,《人民论坛·学术前沿》,2022年第3期。

国坚持走和平发展道路的决心和实际行动。以强调中国致力于与各国建立和谐友好的外交关系，推动构建人类命运共同体，以及积极参与全球治理和国际合作等方面的努力和成果为主体进行国际传播。例如，中国提出的"一带一路"倡议，旨在促进沿线国家的经济合作与发展，实现共同繁荣，正是中国和平发展理念的生动体现。再如，中国积极参与全球气候治理，提出碳达峰、碳中和目标，展现了中国在应对全球性挑战中的积极态度和责任担当。通过这些具体案例的传播让国际社会更加深入地了解中国的和平发展理念及其在全球事务中的积极作用。

在国际舆论场上，务必积极驳斥"中国威胁论"的抹黑。"中国威胁论"之所以能够在国际社会屡掀波澜，重要原因之一就是"作为议题制造者的西方国家掌握国际话语权，而与之相较我国仍处于话语弱势地位"[1]。针对一些西方媒体和政客对中国的不实言论和攻击，不仅要传达中国的正面信息，展示中国在各领域的成就和贡献，还要针对不实言论进行有力的反驳和澄清。例如，针对所谓"中国窃取他国技术"的指责，以发布权威数据、展示中国科技创新的自主研发成果、邀请国际媒体和专家进行实地探访等方式进行反驳。再如，针对"中国扩张军事威胁他国"的论调，以展示中国军队参与国际维和、人道救援等行动的案例，以及阐述中国防御性国防政策和积极履行国际责任的事实为依据进行澄清。这些具体案例和事实的回击有效地消解"中国威胁论"的抹黑，让世界看到真实、立体、全面的中国。

（二）强调交流互鉴，打造开放包容中国形象

在国际传播与叙事中，强调交流互鉴是构建开放包容中国形象的关键路径。"中华文明是在中国大地上产生的文明，也是同其他文明不断交流互鉴而形成的文明。"[2]通过展现中国文化的深厚底蕴与独特魅力，以及

---

① 王新影、宗思言：《新一轮"中国威胁论"议题设置的表征动因及中国应对》，《教学与研究》，2024年第4期。

② 习近平：《文明交流互鉴是推动人类文明进步和世界和平发展的重要动力》，《求是》，2019年第9期。

其与不同文明间的相互理解和尊重,能够使得中国在国际话语场域中获得更多发声权,来自中国的信息能够有更高的触达率。

具体而言,首先应在国际传播中积极倡导文明交流互鉴的理念,强调文化的多样性和互补性。通过讲述中国与其他国家文化交流的生动故事,展现中国在推动文化交流互鉴方面的积极态度和实践成果。例如,近年来中国举办的一系列国际性文化节庆活动,不仅展示了中华文化的独特魅力,也促进了中外文化的深度交流与融合。这些活动成为国际传播中强调交流互鉴、打造开放包容中国形象的生动案例。其次,应充分利用各种国际平台,推动中华文化的国际传播与交流。通过参与国际文化展览、艺术节、电影节等活动,将中华文化的精髓呈现给世界观众。同时,鼓励和支持中国艺术家、学者参与国际交流与合作,通过他们的作品和研究成果,向世界展示中华文化的深厚底蕴和独特价值。例如,中国电影在国际上的影响力日益增强。《流浪地球》等影片不仅在票房上取得佳绩,更通过其独特的叙事方式和文化内涵,向世界传递了中国声音和中国故事,成为中华文化国际传播的成功案例。此外,还应注重利用新媒体和数字技术,创新国际传播的方式和手段。通过社交媒体、在线平台等渠道,以更加生动、直观的方式展现中国文化,吸引更多国际受众的关注和参与。同时加强与国际知名媒体和机构的合作,共同策划和推广具有国际影响力的文化项目,提升中华文化在国际舞台上的影响力和话语权。

强调交流互鉴、打造开放包容的中国形象是国际传播叙事中的重要任务,以创新观念与方式有效地展现中国文化的独特魅力和开放包容的态度,促进不同文明间的相互理解和尊重,不断打造文艺传播、文明交流、文化融合的中国叙事格局,是提高国际传播效能,树立中国形象的重要举措。

(三)强调对话平等,打破国强必霸论论调

强调对话平等是打破"国强必霸"论的重要途径,通过叙事塑造开放、包容、尊重,积极参与国际交流,追求平等的对话与合作的负责任大国

的中国形象,对于提升中国在国际社会话语权有重要作用。

首先,国际传播中应展现中国坚持对话平等的原则,尊重各国文化和制度差异,反对任何形式的霸权主义和强权政治的形象。"要倡导各国走对话不对抗、结伴不结盟的国与国交往新路,以对话弥合分歧、以合作化解争端,反对一切霸权霸道霸凌行径,反对冷战思维和挑动分裂对抗。"[①]中国作为世界上最大的发展中国家,始终秉持和平、发展、合作、共赢的外交政策,致力于与各国建立基于相互尊重、公平正义、合作共赢的新型国际关系。在国际舞台上,中国积极参与全球治理体系改革和建设,推动国际秩序朝着更加公正合理的方向发展。塑造这样的中国形象,通过叙事向国际社会传递中国平等的对话与合作态度,不仅有助于打破"国强必霸"的陈旧观念,也为国际社会树立了正面榜样。

其次,应当着重宣传中国在国际事务中的建设性角色,强调中国作为多边主义的倡导者、全球治理体系改革的推动者及国际合作的积极参与者的正面形象,通过翔实的案例和数据,展示中国如何在国际舞台上秉持开放、合作、共赢的原则,致力于构建更加公正合理的国际秩序。

最后,基于具体案例宣传中国在国际合作中的平等对话与共赢实践,增强国际社会对中国和平发展道路认同,构建中国形象叙事体系。例如,中国提出的"一带一路"倡议,通过政策沟通、设施联通、贸易畅通、资金融通、民心相通,促进沿线国家的经济合作与发展,坚持共商共建共享原则,充分尊重各国主权和发展道路选择,赢得了沿线国家的广泛支持和参与。"共建'一带一路'坚持共商共建共享,跨越不同文明、文化、社会制度、发展阶段差异,开辟了各国交往的新路径,搭建起国际合作的新框架,汇集着人类共同发展的最大公约数。"[②]再如,中国通过多边外交平台如联合国、二十国集团等,积极参与全球治理对话与合作。在这些平台上,中国

① 王毅:《深入贯彻中央外事工作会议精神 不断开创中国特色大国外交新局面》,《求是》,2024年第2期。

② 习近平:《建设开放包容、互联互通、共同发展的世界——在第三届"一带一路"国际合作高峰论坛开幕式上的主旨演讲》,《人民日报》,2023年10月19日。

坚持平等协商、求同存异的原则,与各国共同探讨解决全球性问题的方案。中国提出的许多倡议和主张,如构建人类命运共同体、推动全球治理体系变革等,都得到了国际社会的广泛响应和支持。围绕以上案例进行国际传播以及叙事体系构建,是强调对话平等的重点之一。

二、叙事手段:尊重差异、寻求共同

展现多元文化的共通性,强调人类命运共同体的理念,同时避免民族主义倾向和文化偏见,在国际传播与叙事中强调融通共识,构建民族与世界同构的叙事体系,是提升国际传播效力、促进文明交流互鉴的重要方法之一。

(一)强调融通共识,民族与世界同构叙事

在国际传播叙事建构中,应当着重宣传体现全人类共同价值与追求的内容,比如和平、发展、合作、共赢的理念。全人类共同价值是中国为"人类社会应该向何处去? 我们应该为子孙后代创造一个什么样的未来?"这一重大命题,从全人类福祉出发,在价值观层面提出的解决方案。[①]通过讲述不同国家人民共同追求美好生活的故事,展现不同文化背景下人性的光辉与温暖,可以跨越文化和地域的界限,引发广泛的情感共鸣。

我们应注重传播能够促进文化多样性和包容性的叙事,避免单一文化的霸权叙述。通过讲述多元文化的独特魅力及其对全球文明的贡献,而非仅仅强调某一文化的优越性,在讲述文化多样性与包容性故事的时候,应从微观入手,着重讲述个人的精彩故事,生动活泼地展现出中国形象,向全世界传递中国传统文化的当代价值,促进中外文化的交流与互鉴。

[①] 陈顺伟、王妍:《论全人类共同价值国际传播的重大意义、现实困境及实现策略》,《思想教育研究》,2023年第11期。

应避免宣传带有偏见和歧视的言论,尤其是潜在的,有可能激化民族矛盾、种族冲突或宗教对立的叙事,应围绕中国包容、求同存异等关键词部署国际传播活动。特别是在国际冲突期间,不应过分强调或夸大某些民族的历史伤痛,以免激起不必要的仇恨情绪。例如,在涉及"巴以冲突"话题时,应坚持"推动加沙立即实现全面、可持续停火,支持巴勒斯坦成为联合国正式会员国,支持恢复巴勒斯坦民族合法权利,重启两国方案,实现中东地区持久和平的"立场;在涉及"俄乌冲突"话题时,应围绕"呼吁各方重启接触对话,逐步积累互信;支持适时召开俄乌双方认可、各方平等参与、公平讨论所有和平方案的国际和会;支持构建均衡、有效、可持续的欧洲安全框架"来展开。[①]在传播、发声及叙事中鼓励讲述和平共处、相互谅解的故事,坚持中国立场、中国方案,为世界和平发出中国声音。

(二)强调共同价值,围绕"人类命运共同体"着重叙事

强调人类共同价值,关键在于在国际传播与叙事中全面展现出"人类命运共同体"的理念,并深入阐释这一理念的内涵与意义,通过多种渠道和方式向世界传递中国声音。首先,要在宣传和叙事中不断阐明"人类命运共同体"理念的核心价值,即强调各国间的相互依存和共同利益,倡导平等、开放、包容、共赢的国际关系。在对外传播中,要突出这一理念的普遍价值和现实意义,让国际社会认识到构建人类命运共同体的必要性和紧迫性,"既需要从话语传播的顶层设计上阐明人类命运共同体蕴含的科学内涵和世界意义,坚持话语自主,在慎思明辨的基础上作出必要的澄清和辩护,也需要正视、解构污名化的'话语陷阱',揭示恶意解读和抹黑的本质用意"[②]。例如,在应对全球公共卫生事件时,中国积极与国际社会开展合作,共同研发疫苗,援助医疗物资,体现人类命运共同体的精神。

---

① 中央广播电视总台央视新闻:《习近平谈巴以冲突和乌克兰危机》,2024年5月7日,见 https://news.cnr.cn/native/gd/sz/20240507/t20240507_526695747.shtml

② 赵静波、王博:《西方对外舆论新动向与人类命运共同体构建路径新选择》,《理论探索》,2023年第6期。

其次,要通过生动的叙事展现"人类命运共同体"的实践成果。通过讲述中国在减贫、环保、抗疫等方面的成功案例,展示中国在全球性问题上的贡献和担当,在讲述过程中,要善用"他者"视角,他者的叙述有利于降低跨文化传播中的解码难度,让附着在物质语境或内化在个人身上的文化信息经由故事自然流淌出来。同时,也要关注其他国家的优秀实践,进行分享和交流,促进相互理解和合作。此外,还要利用多元化的传播渠道和方式,扩大"人类命运共同体"理念的影响力。通过媒体、文化交流等多种途径,将中国的声音和传播的内容传递给更广泛的受众。

(三)强调求同存异,以弱化对抗寻求合作为叙事导向

在国际传播与叙事中贯彻求同存异理念,以弱化对抗寻求合作为叙事导向,是应对"两个大变局"的传播策略之一,其不仅有助于促进不同国家和地区之间的理解和信任,还能为共同应对全球性挑战奠定坚实的基础。求同存异,顾名思义,就是在寻求共同点的同时,尊重和包容彼此之间的差异。在国际传播中,要以更加开放和包容的心态去理解和接纳不同文化、不同社会制度及不同发展道路之间的差异,这并不意味着忽视或掩盖这些差异,而是要在承认和尊重的基础上,积极寻找能够促进各方共同发展的契合点。

首先,需要转变传统的传播方式。过去,国际传播往往侧重于强调国家之间的竞争和对抗,而这种叙事方式加剧了国际关系的紧张态势。通过构建一种新的叙事框架,即强调合作与共赢,将国际社会的注意力引导到共同面临的挑战和机遇上来。例如,在气候变化、公共卫生、经济发展等全球性议题上,各国都面临着相似的困境和挑战,也有着共同的利益和追求。通过突出这些共同点,从而在激发国际社会的合作意愿,共同寻求解决方案的同时,巩固中国在国际舞台上的发声权和话语权。

其次,还需要在国际传播中注重情感共鸣和人文交流,情感共鸣不仅有助于弱化对抗情绪,还能为国际合作提供更加坚实的民意基础,人文交流则是增进不同国家和地区人民之间了解和友谊的重要途径。通过文化

交流、教育合作、旅游互动等方式,我们可以让更多的人亲身体验到不同文化的魅力,从而打破偏见和误解,建立起更加深厚的情感联系。

最后,在国际叙事中,还应该具有全球思维、集体思维,注重讲述"我们"的故事,而不是仅仅强调"我"的利益。在宣传与叙事话语的建立中要将自身的发展融入全球发展的大局中去,积极分享中国的经验和智慧,同时也虚心学习他国的优点和长处。通过这种相互学习和借鉴的过程,不断拓宽自身的视野和思路,为国际合作开辟更加广阔的空间。通过讲述"我们"的故事可以更好地展现中国与世界的紧密联系和共同利益。

三、叙事内容:多维立体、分众精准

长期以来,中国的国际叙事多采用宏观的视角,侧重于国家的经济发展、科技进步、历史文化等宏大主题。这种叙事方式虽然能够展现中国的雄厚实力和文化底蕴,但同时也可能因为缺乏微观层面的细腻描绘而让海外受众感到遥远和抽象。此外,严肃的说教式叙事风格,虽然在一定程度上传递了中国价值观和思想,但在某种程度上忽视了受众的接受习惯和心理需求,容易造成信息传播的隔阂。

(一)强调多元综合,构建立体中国形象

媒体在构建叙事及传播的过程中,要注意内容的平衡选择,"既要展示中国现代化的过程、成就、经验,也要自信地探讨中国在现代化进程中出现的问题,给世界展现一个真实、立体、全面的中国"[①]。在这样的背景下,有一部分外籍网红、草根自媒体等通过民间叙事的方式,为中国形象的国际传播提供了新的视角和思路。他们深入日常生活,关注普通人的生活和故事,运用访谈对话、实拍记录和剧情演绎等多样化的叙事手法,使得传播内容更加生动、真实,更能引起受众的共鸣。他们通过个性化的

---

① 韩韶君:《技术、话语与叙事:数智化背景下主流媒体国际传播策略》,《中国出版》,2024年第6期。

叙述和情感表达,打破了传统的单向传播模式,使得国际传播更加人性化、多元化。这种叙事方式的转变,不仅为中国形象的国际传播提供了新的动力,也为理解中国文化打开了一扇新的窗口。通过这些普通个体、大发展背景下的个人百姓的视角,海外受众可以更加直观地感受到中国人的生活方式、价值观念和社会变迁,从而拉近了与中国文化的心理距离。

鉴于此,中国的国际叙事策略亟须进行多维度的革新。首先,应积极吸纳多元传播主体,尤其是国内外民间叙事资源,以期构建对中国文化的多角度解读框架。这包括鼓励更多的中国人和在华外籍人士参与到国际传播中来,通过他们的故事和经验,展现一个立体而真实的中国形象。其次,叙事焦点需从宏观转向微观,关注普通民众的生活轨迹,以此拉近与海外受众的情感距离。这种微观的叙事方式,能够让海外受众更加深入地了解中国人的日常生活和社会现实,从而增强传播的吸引力和感染力。

此外,还需要在叙事手法上进行创新。除了传统的文字和图片传播外,应更多地采用视频、音频、动画等多媒体形式,以满足受众群体多样化的信息接收习惯。同时,注重修辞策略的运用,通过故事化、情感化的叙述方式,增强信息的传递效果。

(二)强调真实与多维,构建可信、可爱、可敬中国形象

中国形象不是单一的、扁平的、固化的,而是多维的、立体的、真实的。中国的形象充满了丰富的文化内涵和历史积淀,涵盖了多样化的地域风貌和民族特色。从繁华的都市到静谧的乡村,从现代科技的前沿到传统手工艺的精髓,中国展示出多层次、多角度的真实面貌。这种多元的形象不仅体现了中国在经济、科技、文化等方面的多重发展,也展现了中国人民在不同领域的活力与创新。因此,中国形象是一个不断演变、不断丰富的整体,充满了生机和活力。

构建可信的中国形象对于提升国家软实力和国际影响力至关重要。第一,应加强国际传播能力,提升国家形象的可信传播效果。中国应加大

对外宣传的投入，培养和引进具有国际视野和传播能力的专业人才，通过多种渠道传播中国的故事和声音。利用主流媒体和新兴社交媒体平台，以多语言、多形式的内容向世界展示中国的真实面貌。通过纪录片、影视作品、新闻报道等形式，讲述中国的历史、文化、科技成就及人民的日常生活，打破西方媒体的刻板印象和偏见。同时，要积极参与国际重要事件和议题的讨论，发出中国声音，展示中国在全球治理中的积极角色和负责任的大国形象。

第二，推动文化交流与合作，增进国际理解与信任。文化是构建国家形象的重要组成部分。通过推动文化交流与合作，可以增进国际社会对中国的理解和认同。中国应积极开展与世界各国的文化交流活动，包括文艺演出、展览、学术交流等，展示中华文化的丰富多样和深厚底蕴。支持和鼓励各类文化机构、艺术团体、学术机构"走出去"，与国际同行建立合作关系，开展联合研究、创作和交流活动。通过举办和参与国际文化节、艺术节等活动，增强中国文化的国际影响力。此外，还应注重通过教育合作，推动孔子学院等平台的发展，让更多外国学生了解和学习汉语及中华文化，从而促进文化理解和民心相通。

第三，坚持开放包容的发展理念，树立负责任的可信大国形象。开放包容是构建可信中国形象的重要原则。中国应继续坚持改革开放政策，积极参与全球化进程，推动世界经济的开放、包容、普惠、平衡和共赢发展。通过"一带一路"倡议等国际合作平台，推动基础设施建设、贸易投资、科技创新等领域的合作，促进各国共同发展。同时，注重国际社会的反馈和需求，在合作过程中尊重不同国家的文化和发展模式，体现中国的开放和包容。此外，中国应积极参与应对全球性挑战，如气候变化、公共卫生、安全问题等，展现出负责任的大国担当，通过实际行动赢得国际社会的信任和尊重。

在构建"可爱"中国形象的国际传播战略架构中，共情传播机制、文化IP的塑造与传统文化的深度挖掘三者构成了相互支撑、协同作用的有机整体，共同推动了中国故事的全球传播进程。第一，共情传播作为一种有效的跨文化传播策略,对于消弭文化差异、促进国家间的相互理解具有不可替代的作用。"习近平总书记提出的'可信、可爱、可敬的中国形象',体现出国家形象自我建构与他者感知的内外融通。"①这要求传播者深入剖析不同文化背景下的情感体验,基于此定制内容,以满足海外受众的个性化需求,从而构建一个建立在相互尊重和理解之上的跨文化交流桥梁。通过实施在地化传播策略,确保信息能够精准地触达目标受众,减少信息传递过程中的误解与偏差。同时,搭建开放包容的媒介平台,为不同文化间的对话与融合提供了空间,进而增强了传播效果的广度和深度。在共情传播的实践过程中,注重细节的捕捉与情感的传递,讲述具有深刻内涵且能引发国际共鸣的中国故事,是实现国际认同的关键路径。

第二,打造中国特色文化IP是提升中国故事国际影响力的有效手段。在信息爆炸的时代背景下,一个成功的文化IP能够迅速集聚全球目光,为中国在全球文化交流中赢得更多的话语权。为此,需要通过深入分析目标受众的需求偏好,并结合中国文化的独特元素,创新性地塑造文化产品的国际化表达形式,打造具有差异化竞争力的文化IP。差异性IP应具备独特的创意和引人入胜的故事内核,还要注重与目标受众的互动与反馈机制的建立,以确保传播策略的有效性和针对性。

第三,深入挖掘和利用传统文化资源是构建"可爱"中国形象的深厚基石。传统文化蕴含着丰富的思想内涵和时代价值,是传播中国故事的重要资源和精神支撑。全面深入地了解传统文化的历史脉络与精神实质,构建基于传统文化的符号体系,有助于生动展现中华文明的独特魅力。在推广过程中,既要深入挖掘传统文化的深层价值,也要结合现代社会的审美趋势和需求进行适度的改编与创新,降低受众的接受门槛,激发他们对中华文化的兴趣与向往。

塑造可敬中国形象,第一要凸显中国在国际事务中的责任感与担当。

---

① 赵新利:《"可信、可爱、可敬的中国形象"的历史溯源、理论逻辑与实现路径》,《山西大学学报》(哲学社会科学版),2023年第6期。

作为世界第二大经济体及联合国安全理事会常任理事国，中国在全球治理、经济发展及人道援助等领域作出了显著贡献。传播策略应重点展示中国在应对气候变化、疫情防控及贫困减缓等全球性挑战中的积极作为与成果。通过定量数据与实证案例，彰显中国不仅致力于自身发展，更积极助力全球共同繁荣。同时，强化与国际组织和多边机制的协作，展现中国在全球治理体系中的建设性作用，提升国际社会对中国的敬重与信赖。

第二，深化和平发展理念的传播与实践。和平发展作为中国外交政策的基石，应在传播中得到充分体现。通过讲述中国参与国际维和行动、推动地区热点问题解决及促进全球经济复苏的故事，展现中国作为和平力量的积极影响。此外，利用传统文化中的和平思想，如"和为贵""化干戈为玉帛"，作为文化交流的桥梁，增进不同文明间的理解与尊重，塑造中国友善、和平的国际形象。

第三，突出生态文明建设的重要性。习近平总书记指出："把建设美丽中国摆在强国建设、民族复兴的突出位置。"[①]生态文明建设是中国现代化发展的重要组成部分，也是展现中国负责任大国形象的关键窗口。传播策略应聚焦中国在生态文明建设领域的创新举措与显著成效，如生态文明建设目标评价考核体系、河长制湖长制及生态补偿机制等。通过展示中国绿水青山就是金山银山的发展理念，以及推动绿色低碳发展、促进人与自然和谐共生的实践成果，让世界见证中国在保护地球家园方面的决心与行动。同时，加强与国际社会在生态环保领域的合作与交流，分享中国经验与技术成果，共同应对全球性环境挑战，提升中国在全球环境治理中的影响力和领导力，传播"可敬可爱"中国形象。

（三）精准施策分众传播，以传播策略细化推动传播效果提升

在当前全球政治经济格局不断变化的背景下，应针对不同国家和地区采取精准且富有国际传播策略，从而增强国家形象的国际认知度，促进

---

① 习近平：《以美丽中国建设全面推进人与自然和谐共生的现代化》，《求是》，2024年第1期。

各国间的相互理解和信任。面对美国主导的西方世界,应积极构建利中叙事体系,以应对美国的舆论攻击。通过加强话语研究,打造话语共同体,深化对"一带一路"等重大项目叙事内涵的理解,强调其共商共建共享的原则和人类命运共同体的理念,从而有效对抗美国所推广的负面标签和"威权威胁"叙事。

针对战略合作国家,双方应致力于共同推动建立公正合理的国际传播新秩序,通过深化媒体合作,构建共同话语空间。双方媒体在保持各自文化特性的同时,要寻找共通的交流基础和价值观念,利用社交媒体等现代传播手段,开展灵活多样的交流与合作,提高媒体合作的可见度和影响力。同时,在对于友好国家的叙事话语塑造中,需强调友好合作和共同发展的成果,以应对负面报道,及时澄清不实言论,从而提高国际话语地位。还要利用新技术手段拓宽传播渠道,通过社交媒体等平台发布相关内容的短视频从而增进与友好国家,以及友好国家人民之间的友谊。

面对日韩等具有相似文化背景的国家,在叙事中要强调文化共性以重塑舆论生态。通过公共外交手段,利用中日韩三国间的文化共性,通过教育、学术交流和文化节庆活动,增进相互了解和信任。在传播过程中,中国媒体应避免对抗性语言,通过平等、理性、建设性的对话,增进相互理解和信任,共同应对地区安全挑战。

在精准化、分众化的传播中,要注重本土化,通过深入了解不同国家和地区的文化独特性,提升传播内容的本土化水平,制作和推广高质量的文化产品。同时,中国媒体要着力提升内容的专业品质,打造具有国际竞争力的媒体品牌,促进媒体经营理念与国际传播理念的有机融合。

四、叙事策略:共情共鸣、规范负责

在全球化的传播环境中,共情叙事策略已被证实对传播效果具有显著的影响。共情叙事不仅能够提升信息的传播效率,还能超越文化差异,促进不同文化背景的人们在价值观上达成共识。这种策略的精髓在于情感化叙事。在国际传播的背景下,共情叙事能够作为连接不同文化背景受众的纽带，帮助传播者与受传者发现共鸣点，从而提高信息的传播效果。

（一）强调共情叙事，追求多元主体互动交流

国际传播中，我们应充分利用共情的完整过程，即从认知到情感再到行动的连续心理活动。通过叙事内容，建立共同的认知和情感基础，进而激发受众的情感反应和传播行为，比如评论和分享。在情感的驱动下，受众更可能接受并认同所传达的价值观念，实现从情感共鸣到价值认同的转变。这一过程不仅显著提高了信息的吸引力和传播力，还有效地推动了跨文化的价值认同。引入共情传播以消除文化隔阂也是国际传播中不可或缺的一环。共情传播揭示了在信息传递过程中产生的普遍或相似情感及其传播过程。在国际传播中，共情传播的关键在于通过故事感染观众，消除文化差异所带来的障碍。

主流视听媒体应积极整合丰富的视听语言，以共情传播实践构建全球社会广泛接受的共识性话语。一方面，重视艺术化的共情叙事，因为美学化的综合视听内容表达有助于缓解政治、经济等现实因素带来的障碍，创造基于艺术的美学体验，激发国际公众的共情认知和表达。另一方面，视听媒体还可以利用数字技术，通过数字化叙事扩展国际传播中共情体验的空间和时间维度，使共情传播更加广泛和深入。

（二）强调国家责任，书写"大国格局"的"大国故事"

讲好"大国格局"的"大国故事"，需要在国际传播与叙事中突出中国在全球格局中的大国角色与大国责任。我们应聚焦于展现中国作为一个负责任大国的形象，例如强调中国在维护世界和平与稳定、推动全球经济发展、应对全球性挑战及促进人文交流等方面所作出的积极贡献。通过讲述这些"大国故事"，向世界展示中国的国家责任和担当。在内容选择上，可以围绕中国积极参与国际维和行动，为维护世界和平贡献力量。从非洲的维和任务到中东的和平倡议，中国军队的身影在国际舞台上愈发

活跃,中国军人参与的各项国际行动展示了中国在维护世界和平方面的努力,也体现了中国军队的国际形象和责任担当。中国在世界百年未有之大变局中,不断为世界和平发展作出的努力都是鲜活的传播案例。同时,也要宣传中国在推动全球经济发展方面的贡献。此外,需强调中国在应对全球性挑战方面的积极作用。无论是气候变化、公共卫生还是网络安全等议题,中国都积极参与国际合作,共同寻求解决方案。中国在推动绿色低碳发展、提供国际援助、参与全球治理等方面的努力,都体现了中国在应对全球性挑战方面的责任感和使命感。

在宣传过程中,需要通过多种渠道和方式传播这些信息,确保信息的广泛覆盖和有效传达。通过多元化的传播手段,让更多的人了解中国的"大国故事",感受中国的国家责任。此外,在叙事过程中要注重创意和设计,以生动、有趣的方式呈现这些"大国故事"。通过讲述具体的人物故事,让国际受众更加直观地了解中国的历史、文化和现实成就,从而增强对中国的认知和认同。

(三)强调对话互动,从"宣传"到"传播"

在国际传播叙事中应展现出作为大国的包容性和开放性,平衡好"宣传"与"传播"之间的关系,既重视自我讲述,也积极倾听他人声音,在双向互动中不断优化话语构建与传播。

首先,自我讲述作为对外叙事的核心,不仅是衡量国家话语权的尺度,更是展示国家文化自信和叙事能力的窗口。中国需自主定义、解读、评判并掌握自身现代化的叙事框架与要素,实现独立且主动的阐释,确保内容的真实性和深度。为了在全球舞台上展现独特性,中国必须掌握叙事的主导权,避免陷入西式话语陷阱和偏见。在此过程中,应充分发挥大国的话语引领力和战略指导作用,同时激发人民群众的话语说服力和情感共鸣,共同消除对中国式现代化的误解,展现其真实、立体、全面的形象。

其次,自我讲述虽重要,但他人讲述同样关键。真正的对话不应该是居高临下的独白式对话,而应该是互动生成性对话,是观点碰撞与心灵交流,而非单向输出或强迫性说教。对外叙事旨在获得国际社会的广泛认同与深刻理解,因此,在对外叙事中应避免自我封闭,对他人塑造中的偏差及时纠正,对合理评价给予积极回应。在自我塑造与他人塑造的互动中,增进国际社会对中国的了解,凝聚共识,为构建人类命运共同体奠定叙事基础。

在实际传播过程中,可以使用采访对话的"软传播"来进行叙事话语构建。采访对话作为汇集多元声音、相对客观的叙事方式,能够使传播更加具有贴近性与亲和力,提升传播的可接受度。目前在社交媒体平台上,多位外籍网红通过深入采访不同背景的外国人士,围绕中国及中国人的话题展开广泛讨论,轻松自然地了解外国人的多元评价与真实感受。相较于传统单向宣传模式,这种采访对话为在华外国人提供了发声与交流的平台,使他们能自由表达对中国人的刻板印象与真实看法。这种方式有助于真实、客观地聆听世界对中国的多元评价,展现中国、中国文化及中国人民的复杂性与多样性,同时审视和完善自身形象,反思和改进传播策略,为构建和谐、包容的国际传播环境贡献中国智慧与力量。

第三节　增强多样性:以多种手段提升国际传播效能

本节概述了通过地域与国际对话、公共外交的情感共鸣、文化共享的共识塑造来拓宽国际视野,还特别强调了智能传播的"数字共通"新策略,它利用先进的数字技术,打破传统界限,为国际交流开辟前所未有的新天地。这些多样化的手段相互融合,共同构建了一个全方位、多层次的国际传播体系,显著提升了中国在国际舞台上的声音与影响力。

一、地域及国际传播之策：借由对话与互动构筑桥梁

对话与互动在国际传播中扮演着至关重要的角色，它要求我们在交流中不仅要表达自己的观点，还要倾听他人的声音。通过对话互动，我们能够更好地理解不同文化背景下的受众，从而建立更为真实、有效的沟通。在对话互动中，我们追求的是平等、开放和协商的氛围。虽然不同国家、文化之间存在差异和对抗，但通过对话和协商，我们能够找到共同点和解决问题的方式，推动国际合作与发展。传播不仅仅是信息的传递，更是人与人之间交往的一种方式。在现代社会，传播与交往紧密相连，共同影响着人类的生活和命运。因此，国际传播应更加关注人的需求和发展，推动传播向更加人性化、关注个体需求的方向发展。

（一）积极建构对话议题激发用户互动兴趣

与公众建立稳固的双向沟通关系在传播中显得尤为重要。这一关系的核心在于构建一个对话循环——对话回路，它包含了"对话引发"与"对话回应"两大策略。这个循环能够流畅进行，主要取决于一个坚实的对话环境作为其核心支持。在数字化的时代背景下，更加接近用户与其媒体的交往和使用习惯的文本处理策略变得至关重要，它有助于缩小与受众之间的交流距离，并增强对话的可能性。具体到中国对外传播实践，这是一项典型的跨文化传播议题。面对与国外民众之间存在的"交际语境、文化语境与语言语境"差异，我国的对外传播必须精心策划每一个对话议题。为了更为贴近海外观众的认知体系和阅读偏好，我们在坚定国家政策的基础上，应当灵活地借鉴西方国家的各种叙事手法，以更符合中国故事的叙述方式。①"对话引发"与"对话回应"两大策略的核心在于"语境关系顺应"。对外传播不仅要在媒介平台上做好宣传，更要通过巧妙的议题

---

① 段鹏：《加强全球文明交流互鉴对我国国际传播能力建设的重要意义》，《现代出版》，2024年第2期。

设置,激发用户的互动兴趣。通过提出引人入胜的话题、分享与海外民众息息相关的故事,或是引导讨论热门话题等方式,吸引用户参与对话。当用户深感自己的观点受到尊重和声音得到重视,他们往往会更为主动地与对话中的人互动。通过这样的传播策略,中国的外交策略能够逐渐改变外国人对中国的传统看法。他们不仅传递了中国的声音,也促进了中外文化的交流与理解。这种积极建构对话议题、激发用户互动兴趣的传播策略,对于提升中国在国际舞台上的形象和影响力具有重要意义。

(二)巧妙运用对话介入策略扩缩互动空间

在国际传播的广阔背景下,对话介入展现出了其复杂而微妙的魅力。对话介入不仅涵盖了对话收缩与对话扩展这两个看似对立实则相辅相成的维度,更在实际传播过程中扮演了至关重要的角色。通过文本的"双声性"特性,实现对话空间的灵活调整。这种"双声性"不仅体现了文本中不同声音、观点的共存与交融,也展现了创作者对于传播目标受众的深刻理解和精准把握。

在国际传播中,对话介入的策略性运用具有极为重要的意义。一方面,对话收缩可以帮助传播者在复杂的国际舆论环境中,迅速聚焦核心议题,排除干扰,使受众能够更加清晰地接收到关键信息。这对于塑造国家形象、推广文化价值观等传播目标具有重要的推动作用。

另一方面,对话扩展则能够激发更多元的声音和观点参与到国际传播中来,促进不同文化、不同国家之间的交流与理解。通过引入更多元的视角和声音,国际传播能够呈现出更为丰富多彩的图景,为受众提供更为全面、深入的信息。

此外,对话介入的巧妙运用还能够悄无声息地完成舆论方向的引导。在国际传播中,舆论引导是一项至关重要的任务。通过精心策划的推文内容和策略性的对话介入,传播者可以在不引起受众反感的前提下,潜移默化地影响他们的观点和态度,从而实现对舆论的有效引导。

（三）增强文化互动接近性畅通对话回路

在国际传播中，建立伙伴关系是至关重要的。通过对话和互动，各国能够增进相互了解、建立信任、达成共识，从而实现共同发展。这种伙伴关系不仅要求各国在利益上相互支持，更需要在文化、价值观等方面相互理解和尊重。由于各种因素的影响，我们需要采取区域国别策略来确保传播的有效性和针对性。这要求我们在制定传播策略时充分考虑不同区域、国家的具体情况和需求，通过再语境化的话语体系来平衡全球化和本土化的需求，实现精准传播的目标。同时，这也需要我们在实践中不断探索和创新，以适应不断变化的国际环境和受众需求。

当涉及政治背景强烈、文化异同明显或容易引发矛盾和纠纷的议题时，我国在国际传播方面展现出的主导输出态度往往更为明显。由于没有依据实际状况从国外受众的立场站在更高角度思考问题，同时也没有提前针对可能出现的大规模负面舆论制订全面的应对计划，使得此种议题在宣传上的成效往往与我们原先的预测相去甚远。在增强文化接近性、畅通对话回路方面，我国在对外传播手段上一方面可以变换语言，拉近对话距离；另一方面可以丰富视听资源，提升推文浏览体验。通过增强文化互动接近性和亲和力畅通对话回路。

二、公共外交之道：跨越多元国际主体的互动与情感共鸣

国际传播与公共外交在国家的对外战略中，扮演着相辅相成的重要角色。国际传播如同无形的桥梁，不断提升着国家公共外交的广度与深度；而公共外交则以其直接、亲民的方式，为国际传播提供了丰富的实践经验和多元的传播渠道。特别值得注意的是，公共外交所强调的与他国民众的直接互动，为国际传播注入了宝贵的"在地化"元素，使得信息传播更加贴近目标受众的文化与心理。

公共外交的核心在于信息的有效传递与国家形象的精心塑造。它运用现代传播技术，向全球展现其国家的具体情况、制定的政策和丰富的文

化传统,以消除其他国家人民的误区和不公正的看法。经过精心设计的文化对话和价值观呈现,公共外交有能力正面地塑造外国公民的看法,这样也可以增强国家在国际上的声誉,保障国家核心利益的实现。公共外交的核心是促进与国际行动参与者和国际大众之间的深入交往和相互影响。伴随全球化、数字化、社交化的发展趋势而来,全球社会获得了空前的机遇,以信息传播者的角色积极地参与到国际社会的行为中,共同塑造了一个以公众广泛参与为显著特点的新公共外交时代。①

在面对国外舆论的各种挑战时,国际信息的传递显得越来越关键。一个精准且及时的国际信息传递策略,不仅能针对国际社会的担忧作出有效响应,消除潜在的误解和偏见,还能在国际领域中为国家塑造一个积极正面的形象。因此,国际传播不仅是公共外交的重要支撑,更是应对国际舆情挑战的关键工具。

(一)加强国际传播实体与公共外交活动者之间的协作和融合

强调参与多元化的国际传播活动,实施真正的"全民公共外交"。随着全球化的深入,公共外交现在不仅仅是官方级别的事务,它更需要多种行动者的共同参与。这些行动者不仅来自传统的官方机构,还包括了中国企业、华文学校、华人商业社团等各种民间组织和社团,还有那些对他国文化有热情并熟悉的华侨华人、留学生,包括大众偶像和自主媒体制作人等个人。他们的参与极大地丰富了国际传播的主体,使公共外交更具活力和影响力。

媒介理论家麦克卢汉曾提出"媒介即信息"的观点,强调了媒介对社会生活形态的塑造作用。在数字公共外交时代,这一观点得到了更加充分地体现。互联网用户作为数字公共外交的主要受众,通过生成内容、发表评论、点赞、转发等方式,积极参与公共外交活动。在线社交媒体平台

---

① 钟新、郑晨:《全球治理视域下的2024年中国国际传播关键议题》,《对外传播》,2024年第1期。

为每个人提供了自由发表意见、发起公共外交倡议的机会，进一步增强了国际传播的共情效果。

由于通信技术的不断进步和全球网络化的广泛传播，公共外交领域已经获得了全新的展示模式和实施空间。这些先进技术不只是增强了人们之间的互动，同时也创建了实时的国际伙伴关系。在群体和全球范围内，这些实体激励了公民进行国际公共外交行动，推进了对国际情感传播效果的追求。这种跨界参与和共情效果的提升，进一步增强了公共外交在国际社会中的影响力和效果。

（二）强化国际传播"本地化"受众的精准定位，构建多样化传播路径

在全球化背景下，国际传播成为国家间交流、文化互动和形象塑造的重要桥梁。2021年5月31日习近平总书记在中央政治局第三十次集体学习时深刻指出，要全面提升我国国际传播效能，构建适应新时代的国际传播人才队伍。这要求我们不仅要注重传播的广度和深度，更要关注"本地化"受众的精准定位，构建多样化传播路径，以增强国际传播的亲和力和实效性。

在制定传播策略时，我们应充分预见传播的潜在风险，结合全球传播战略及各国的外交政策，进一步了解各国在政治、安全、经济及社群和部族间的关系状况。我们尤为需要注重各个地方的传统习俗和民族信仰，目的是减少在国家间的传播风险，并与当地民众建立更强的共鸣。

公共外交的战略沟通是否能够成功，很大部分都取决于是否能够在相关各方和大众之间形成互信关系。为了确保受众得到真实的尊重和理解，我们在传递信息时应深入了解参与者的实际目的，尽量避免使用可能导致误判或敏感的表述。与此同时，其他国家成功进行公共外交的做法对于我国在国际传播中实现"本地化"的方法提供了有价值的参考，从而使得传播的信息更加畅通。深度探究能够使我们深入理解中国的历史和故事，更好地讲述这些故事，并提升中国在软实力方面的地位。在此期

间，也需要吸取过去的教训，发展符合中国特色的国际传播学，更加有效地应对全球化所带来的各种挑战和机会。

（三）构建以"文化圈"为核心引领的周边传播方案

在"一带一路"倡议的宏伟蓝图中，周边国家无疑是其建设的重中之重。这些国家与我们共享着深厚的历史文化渊源和紧密的经济联系，彼此间的交往频繁而深入。在这样的背景下，如何有效地与周边国家进行传播与交流，便显得尤为重要。

传播学者陆地将"周边传播"视为一种位于国内与国际传播交汇处的综合性信息传播活动。这种传播主要在有效的行政区边界两侧进行。这个传播模式不仅仅是在官方级别上的人际交流，还包含了在广大民众之间的交往方式。从普通的大众传媒到各级国家、军队、地方政府，直至企业、商贾、游人和广大市民，他们都成了周边信息传播的中心，他们都在各自的维度上展开了具有独特传播性质和特征的活动。

为了实现更好的周边传播效果，我们需要构建以"文化圈"为核心引领的周边传播方案。这意味着我们需要深入了解每个周边国家的文化、历史和社会背景，制定更加贴近其实际情况的传播方案。这不只是加强我国与邻国外交的"安、诚、惠、容"四大原则，同时也是更好地执行"邻里友好、邻里共生"的外交方针，为与邻近国家的友好关系带来了更多的活力。

陆路口岸城市作为我们直接面对他国的窗口，其形象塑造显得尤为重要。我们应该充分挖掘这些地区的独特优势，构建陆地边疆叙事，使其成为我国周边传播的重要传播主体。通过讲好这些地区的故事，我们可以更好地展示我国的形象，增强与周边国家的相互理解与信任。

三、文化传递之艺：在共享人类文明之精华中塑造共识

为提升国际传播效能，需要增强多样性，运用多种手段，善用文化，在共享人类文明的精华中形成共识。习近平总书记在党的二十大报告中强

调,要坚守中华文化的立场,提炼并展示中华文明的精神标识和文化精髓,加快构建中国话语和中国叙事体系,讲好中国故事,传播好中国声音,展现可信、可爱、可敬的中国形象。要加强对国际传播理论的研究,掌握国际传播的规律,构建对外话语体系,提高传播水平。这一重要论述以"文化"和"文明"为关键词,为构建国际传播的中国叙事体系指明了方向。

(一)深化文化共性理解:追求卓越

在跨文化传播中,媒介表达往往涉及"自我"与"他者"的问题。为提高叙事的有效性,关键在于淡化传播过程中"他者"的身份,而是通过突出双方文化之间的共性来促进相互理解,从而提高传播效果。因此,关注"自我"与"他者"之间的"和"与"同",能够唤起受众的同理心和理解力,为构建国际传播的中国叙事提供有力支撑。

首先,要做到"精巧"。故事性话语文本相比于解说性话语文本更具有开放性、多向度性和多义性,其叙事方式也更为灵活和包容。传统的时政报道倾向于使用宏大的叙事模式,从微观现象上升到宏观理论的阐释,侧重宣传宏观抽象理念。因此,选择合适的故事性话语文本需要结合报道内容找到精巧的切入点。在寻找精巧的切入点时,特别的意象通常是展现不同文化共性的关键。举例来说,《近观中国》栏目的报道《在西安,习近平与中亚五国元首共同种下石榴树》就选取了六国元首共同种下象征友谊的石榴树这一具体行为作为故事的核心,通过这一微观事件展示了中国倡导的周边外交理念、中国中亚交往历史和中亚国家人文风俗等宏观内容。由此可见,精巧的小切入点能够帮助发现双方的共同点,在跨文化语境中得到广泛认同,减少"排他现象"和"文化折扣"。

其次,要做到"精确"。根据不同受众的具体需求,传媒应当为特定的听众或目标群体提供与众不同的信息和服务。面对来自不同文化的群体,要讲好"自我"与"他者"在文化层面的共性,必然要求传播者对受众进行精准画像,避免"千篇一律"的报道。举例来说,《近观中国》栏目在日常策划中关注习近平如何巧妙表达中国并非文化中的"他者",尤其在出访他国之时,对于所在国家谚语的巧妙引用,通常是拉近不同文化主体间距离的关键之举。因此,文化语境中的"他者"对于当地谚语的引用往往能达到"一语胜千言"的传播效果。

(二)发挥文化特性优势:巧妙借力

文化是一个国家立身之本,也是一个民族持续发展的精神支柱。在构建国际传播的中国叙事中,以文化为桥,关键在于对本民族文化的认同与自信。2013年8月,习近平总书记在全国宣传思想工作会议上提出"四个讲清楚",其中之一是"讲清楚中华优秀传统文化是中华民族的突出优势",凸显了中华文化在阐释"中国特色"中的支撑作用。中华文明五千多年的历史为讲好文化特性提供了丰富素材,但在国际传播实践中,常见"就概念讲概念"的困境。

在对外讲好中华文化特性的重要任务中,一些报道过于强调概念探讨,导致"讲故事"变为"讲理论",失去了可读性与传播力。为应对这一问题,做好国际传播应注重巧妙借力,将文化概念转化为通俗语言,努力构建易于传播的文化叙事。具体做法包括借"外嘴搭桥",通过译者转述中华文化特性,以外部视角展示文化内涵;以及借"符号叙事",聚焦重要文化符号,创新表达方式展现中华文化独特性。

中华文化符号承载着丰富内涵和历史价值,也具有新时代意义。在国际传播实践中,将文化理念融入特定文化符号中有助于直观对外表达抽象理念。通过这些方法,中国可以更好向世界展示中华文化的独特魅力,实现文化交流的深入与互动。

(三)拥抱文化多样性:从"不同"到"不要"

文明因交流而多彩,文明因互鉴而丰富。中国在国际传播中需要从不同文明的交流互鉴中寻找答案。习近平主席在致2023北京文化论坛的贺信中强调了中华民族具有悠久的优秀传统文化,以及中华文明历来赞赏不同文明间的相互理解和尊重。在国际传播实践中,如何对待不同文明之间的相互作用、相互影响、相互交融,是传播者面临的重要课题。国际传播需要以宽广的国际视野聚焦文化多样性,致力于讲述多元文化之间相处的故事,在建构叙事中着眼不同文化间的交流碰撞、取长补短、共同繁荣。

"不同"指报道中不避讳不同文化和文明之间存在的客观差异,强调"和而不同"的相处之道。不同的文明间的主要共通之处体现在多样化的差异、多种形态和它们之间的碰撞与融合,因此,我们应该以一个开放的视角取代简单地对事物进行非黑或白的划分。"不要"指在报道中面对"文明冲突论"和狭隘民族主义情绪鼓噪的"文明优越论",坚决亮明态度、敢于对外说"不"。尊重世界文明多样性是中方对外交往的基本原则,但狭隘的文明观始终在国际舞台搅事,对外报道需要明确表达出自身原则与态度。

让外界认识真实、立体、全面的中国,是对外报道中一项长期且复杂的任务。在习近平文化思想引领下,在国际传播领域构建中国叙事得到更加明确的方向指引。在"以文化为桥"的报道实践中,减少国际传播中的"排异现象"和"文化折扣",探索讲好文化共性、特性、多样性,让世界能够读懂中国,也有望在未来凝聚起更多合力。

四、智能传播新策:以"数字共通"开辟国际交流新天地

人工智能这一创新不仅推动了国际传播生产要素的优化组合,更为国际传播事业开辟了广阔的发展空间,为其高质量发展注入了新动能、新优势与新业态。

在当前中国国际传播实践中,传播者应具备全球化视野,运用具有共通意义的符号,搭建一个平等、包容、相互尊重的文化交流平台。在2022年9月7日举办的"人工智能与国际传播高峰论坛"上,中国外文局局长杜占元称之为"共通意义空间",旨在实现"看不见的说服",即在不显山不露水的方式下,有效地传播信息,促进国家间的理解与合作。

如何借助日新月异的传播技术,构建这一国际传播共通的意义空间,

进而提升国际传播能力，实现理想的传播效果呢？"数字共通"概念为我们指明了方向。这一概念不仅为我们提供了新的可能，更预示着国际交流将迈入一个全新的时代。通过智能技术的运用，我们可以更精准地把握国际受众的需求，更有效地传播中国文化，更广泛地拓展国际传播的影响力。

（一）数字共通：智能传播时代国际交往的新路径

在数字时代的大潮中，"数字共通"概念应运而生，它涵盖了多维度的互联互通。具体而言，这包括了数字基础设施的无缝对接，确保信息流通的畅通无阻；文化符号意义的准确转译与深入理解，促进不同文化间的交流与融合；情感层面的共鸣，构建跨文化的情感纽带；以及意识形态和价值观层面的对话，为不同社会体系间的和谐共处奠定基础。[①]

"数字共通"的提出，不仅为我们指明了通往数字文明的道路，更是为国家间、文化间的交流搭建了新的平台。在这个平台上，各国可以共同探索数字文明的发展方向，分享数字技术的成果，共同应对数字时代带来的挑战。身为数字文明的关键驱动者，中国应当持续遵循人本主义和智能向善的核心思想，同时强调发展和伦理的双重重要性。在努力构建一个得到广泛共识的治理结构和标准时，中国应当发挥其领导角色，为全球数字治理贡献其独特的智慧和策略。[②]

考虑到人类数字交流的持久性、流动性和不确定性，中国还需要在重塑数字行动者的交往规范、培养和优化行动者网络的交往理性等方面持续努力。这不只是为了增强中国式现代化在国际舞台上的话语权，同时也是为了促进全球数字文明向健康方向发展的关键策略。

在人工智能等新的全球治理领域中，中国决心坚守和平、发展、普惠和共治的核心理念，努力使新的治理规则与时代同步发展。与此同时，中

[①] 钟新、郑晨：《全球治理视域下的2024年中国国际传播关键议题》，《对外传播》，2024年第1期。

[②] 同上。

国决定采取更为开放的策略和行动,加强在数字领域的互动和合作,与全球各国共同努力,创建一个开放、公正、公平且无歧视的数字交流平台,以共同塑造人类数字文明的光明前景。

(二)智能技术对国际传播主体具身化实践的影响

智能技术通过具身认知对国际传播主体产生影响,具身认知认为人与世界是互动的,现实依赖于认知主体的意识。认知主体需要适应协调环境与文化、历史情境,身体在认知活动中起着重要作用,身体、认知与环境是统一的。人们开始重新注意到身体经验对认知的重要作用,为未来理论应用与演进提供了方向。

在具身认知视角下,认知过程中身体与环境不断交互,这是一种涉身性,主体通过自身身体的感官来认识世界,并即时反馈对于环境的感受,以此来与世界互动。具身认知利用技术建构起新的"认知系统",受众可凭借具身认知提高对国际传播的感知能力。

在国际传播过程中,为了产生或增强"沉浸式"体验,传播者需要提供多维度、多层次的综合性感官冲击,预先建立起多种形态的事物形象,并支持传播主体与环境的交互。提升传播效果可以从三个方面入手:首先,建构高度具身的传播环境;其次,建立深层次的思考空间;最后,提供受众的物理身体进一步参与传播的机会。

总的来说,智能技术、具身认知和国际传播三者相互影响,传播者需要从这三个方面提升传播效果,以实现精确国际传播。

(三)智能技术助力构建国际传播共通意义空间

随着全球化的深入,国际传播已成为不同行为主体间跨文化信息交流与传播的重要活动。然而,这一过程中不可避免地会遇到传播的隔阂和障碍,特别是在不同文化背景下的受众,他们往往会基于自身的思维方式、价值观念、情感维度等因素,对传播信息进行选择性接收,形成所谓的"认知论障碍"。这种障碍本质上源于文化差异导致的认知惯性,使得受众对新信息产生抵触。为了克服这一难题,确保国际传播达到理想效果,关键在于构建共通的意义空间,使传播双方能够拥有共同的理解和认知。

共通的意义空间包含了对传播符号的共同认识和理解,以及较为接近的生活经验和文化背景。智能技术的出现和广泛应用,为国际传播构建这样的空间提供了新的契机。它重塑了人与媒介的关系,融合了真实与虚拟世界,创造了一个意义共通的表征空间。在这个空间中,不同个体可以进行跨时空、跨地区、跨文化的广泛连接和实时互动。

首先,智能技术通过提供数字化符号,在情感共鸣的基础上促进意义的共通。符号作为人类交流的工具,在国际传播中承载着国家形象和文化内涵。多感官结合的可视化、可感化的数字符号,更容易激发不同文化背景下受众的情感共鸣,进而促进文化间的深入交流和理解。智能技术如 AR、VR、MR 等,为文化传播提供了全新的载体,使中华文化以数字化的形象符号融入虚拟环境,让受众在具身体验中感受文化的多元和立体。

其次,智能技术还通过脱域性交往,使过去各自分离的生活经验和文化背景得以共享。电子媒介打破了物质场所的界限,实现了场景的分离与融合,从而影响了人们的思维和社会行为方式。在智能技术的支持下,传播主体可以创造出虚拟沉浸式场景,将现实物质世界与中华文化相结合,形成可随时触碰的国家虚拟场景。这种全新的交往形态让人们能够暂时脱离现实中的血缘、地缘关系,亲身体验他国的文化和氛围,实现意义的共通。

最后,智能技术推动了国际传播情景的融合和裂变,形成了梅罗维茨所主张的"中区"。"中区"是指在现代社会中,由于电子传播媒介的普及和发展,原本界限分明的"前台"和"后台"场景开始模糊,形成了一个介于两者之间的模糊区域。在这个"中区"中,国际传播主体以物质身体与文化身体交织的"技术身体"为代表,展现出对以往不同情景的融合与适应。随着社交媒体、元宇宙等新媒介的发展,国际传播中的信息日益碎片化、个性化和扩展化,情景的复杂性和相关性不断增加。因此,构建与之适应的共通意义空间和中区显得尤为重要。在智能技术的支持下,通过对国际传播数据的挖掘和分析,可以形成适应受众个性化需求的"一对一"国际传播服务,从而实现更精准、更有效的国际传播。

第四节　提升阐释力:以弘扬全人类共同价值促进读懂中国

由于文化背景、价值观念及信息传播的差异,国际社会在解读中国时往往存在诸多误解与偏见。为了打破这一困境,提升阐释性,以弘扬全人类共同价值为桥梁,促进国际社会真正"读懂中国",显得尤为重要。全人类共同价值超越了地域、文化和制度的差异,反映了人类对美好世界的共同向往。这不仅关乎中国形象的准确塑造,更是促进全球文明交流互鉴、构建人类命运共同体的关键所在。

一、"以我为主"深化解读阐释修炼内力

在当今全球化的时代浪潮中,"读懂中国"已成为世界各国的共同需求。而"以我为主"深化解读阐释全人类共同价值,构建具有鲜明中国特色的国际话语体系,彰显中国在道路、理论、制度、文化上的坚定自信,是促进世界读懂中国的关键钥匙。

以我为主,意味着立足中国的历史文化传统、社会制度和发展道路,来解读全人类共同价值。全人类共同价值,蕴含着和平、发展、公平、正义、民主、自由等核心要素,这些价值超越了国界、种族和文化,是人类社会共同追求的目标。中国作为一个拥有悠久历史和独特文化的大国,在践行和传播全人类共同价值方面有着自己深刻的理解和独特的贡献。

中国五千多年的文明史孕育了深厚的和平基因,中华民族自古就崇尚"和为贵",倡导"天下大同"。这种对和平的追求,贯穿于中国的发展历程中,无论是在国内建设还是国际交往中,中国始终是和平的维护者和建设者。

发展,是中国解决一切问题的基础和关键。中国通过自身的不懈努力,实现了从贫困到温饱再到总体小康的历史性跨越,为全球减贫事业作出了巨大贡献。中国的发展不是孤立的、排他的,而是开放的、包容的,旨在与世界各国共享发展机遇,实现共同发展。

公平正义,是中国社会制度的核心价值追求。中国致力于构建公平公正的社会环境,不断完善法治建设,保障公民的权利和机会平等。在国际舞台上,中国主张建立更加公正合理的国际秩序,反对霸权主义和强权政治,为发展中国家争取更多的话语权和发展空间。

民主和自由,在中国有着独特的实现形式和内涵。中国的民主是全过程人民民主,强调人民的广泛参与和真实意愿的表达。人民在国家治理的各个环节都能发挥主体作用,享有广泛的自由权利。

具体而言,首先,我们要从历史与现实的结合中深化理解全人类共同价值。回顾中国特色社会主义的发展历程,从改革开放到新时代中国特色社会主义,中国始终坚持走自己的路,形成了独特的发展模式和治理体系。这一过程中积累的经验和智慧,构成了全人类共同价值的重要基础。其次,要从理论与实践的结合中深化认识。中国特色社会主义理论体系是马克思主义中国化的最新理论成果,中国在经济社会发展、科技创新、生态文明建设等方面取得了显著成就,通过总结和分析这些实践经验,可以更加直观地感受到全人类共同价值的魅力和巨大潜力。最后,应从国际视野中深化拓展。中国积极参与全球治理体系改革和建设,提出并推动构建人类命运共同体等理念,通过关注国际形势变化、参与国际事务合作,可以更加全面地理解中国在全球治理中的角色和贡献,我们要以生动的事例、真实的数据和感人的故事,向世界展示中国的实践和成就。同时,也要积极与世界各国进行对话交流,倾听不同的声音,增进相互理解和认同。

通过以我为主地解读全人类共同价值,世界能够更加深入地了解中国的发展理念、价值取向和行动举措,从而更好地读懂中国这个古老而又现代的国家。这不仅有助于消除误解和偏见,还能为构建人类命运共同体凝聚更多的共识和力量。

二、"先声夺人"引导议题方向彰显魄力

在当今错综复杂且日新月异的全球格局中,"先声夺人"地引领国内外重大议题走向,已成为衡量一国魄力与国际影响力的重要标尺。

在国际社会中,面对国际挑战与危机,先声夺人不仅能够迅速表明国家立场和态度,有效维护国家核心利益和重大关切,而且能够迅速提升国家形象,展现其作为负责任大国的担当与智慧。

在信息爆炸的时代,谁能够率先提出议题并有效传播,谁就能在一定程度上影响甚至决定国际议程的走向。通过主动发声,在议题形成初期便占据舆论制高点,国家可以引导国际舆论,争取更多理解和支持,为自身行动创造有利条件。通过主动设置议题,国家可以向世界展示其政策理念、价值观念和发展成就,增强国际社会对其的认知与认同。针对全球性挑战和问题,"先声夺人"的国家能够率先提出解决方案或倡议,为国际社会提供参考和借鉴,展现其领导力和担当精神。

要达到"先声夺人"效果并有效引导议题走向,要求具备敏锐的洞察力、精准的判断力及高效的执行力。首先,要加强信息监测与预判,建立高效的信息监测体系,及时捕捉国内外重大议题的苗头性、倾向性信息,为"先声夺人"提供决策依据;其次,要提升议题设置能力,深入研究国际形势和舆论走向,精准把握国际社会的关注点和痛点,主动设置符合国家利益和国际期待的议题;再次,要强化国际传播能力,加强国际传播渠道和平台建设,提升传播内容的创新性和吸引力,确保国家声音能够广泛、准确、有效地传达到国际社会;最后,要推动国际合作与交流,积极参与国际组织和多边机制的活动,加强与各国的沟通与合作,共同应对全球性挑战和问题。

"先声夺人"的背后,是中国综合国力显著提升与坚定国家意志的强力支撑。科技、教育、文化等领域的长足进步,为中国在国际舞台上的发声奠定了坚实基础。中国要在更多国内外重大议题中发挥引领作用,包

括并不限于深度参与全球治理,积极贡献中国智慧与中国方案,推动构建人类命运共同体,共同应对人类面临的全球性挑战,为全球发展注入新的活力与希望。

三、"以人为本"重构话语逻辑注入活力

"以人为本"的核心在于将人的需求、情感、价值观置于传播活动的中心,强调在信息传播过程中尊重人的主体性、关注人的体验与感受。在国际传播领域,这意味着要超越简单的信息传递,深入到人的内心世界,理解不同文化背景下人们的思维方式、价值观念和生活方式,以此为基础构建更加贴近人心、富有感染力的话语体系。

传统国际传播往往采用单向灌输的方式,即信息从一国向另一国单向流动,忽视了受众的反馈与参与。这种话语逻辑不仅难以引起受众的共鸣,还可能导致误解和隔阂。因此,国际传播需要重构话语逻辑,实现从单向灌输到双向互动的转变。

具体而言,在国际传播中,首先,要倾听不同国家和地区的声音,理解他们的文化、历史和社会背景,以及他们对国际事务的看法和态度,针对不同国家和地区、不同受众群体的特点和需求,定制化传播内容。通过精准定位、精准推送等方式,提高传播的针对性和有效性。其次,应积极关注全球性的议题,如环境保护、公共卫生、教育公平等,展现中国在解决这些问题上的努力和贡献。同时,积极倾听国际社会的声音,回应他们的关切和需求,展现出中国的开放和包容。再次,社交媒体平台为个体发声提供了广阔的空间,我们可以鼓励更多的普通人参与到国际传播中来,分享他们的所见所闻和所思所感,一个生动的人物故事往往比干巴巴的数据和宏大的叙述更具感染力。最后,运用情感共鸣和故事讲述等手法,将复杂的国际议题转化为生动、具体、贴近人心的故事。通过讲述普通人的故事,展现人性的光辉与力量,激发受众的共鸣与感动,增强传播效果。同时坚持平等和尊重的原则,避免使用带有偏见或歧视的语言和图像。

其中典型的案例,如系列纪录片《柴米油盐之上》,以中国共产党成立

100周年为时间节点,以普通人的名字作为每集主题,讲述了中国大地上真实的故事,包括村支书、农民、杂技演员、卡车司机、民营企业家等。这些看似"柴米油盐"的普通事,却呈现出平凡人、平凡家庭发生的时代巨变,讲述了一系列鲜活的中国基层人物逐梦小康的故事。又如江西广播电视台的专题片《三宝村的"农民艺术家"》,讲述了农民齐冬根在40岁时成为瓷板画家,并带领三宝村一起"走向世界"的传奇经历。该作品通过融合矩阵式传播,实现了全球传播,触达用户1.4亿。这部专题片以普通人的故事为切入点,展现了中国人民的创造力和奋斗精神,激发了全球观众对中国文化的兴趣和认同。

"以人为本"重构话语逻辑是国际传播领域的一场深刻变革。它要求我们将关注点从抽象的国家层面转向具体的人,用更加生动、真实和多元的方式讲述中国故事。通过这样的变革,我们可以为国际传播注入新的活力,增强其在全球范围内的影响力和吸引力。

四、"以文化人"发掘文化资源提升引力

文化是一个国家的灵魂和精神标识,蕴含着丰富的内涵和独特的魅力。中国作为一个拥有五千年文明史的古老国度,拥有着海量且多样的文化资源,如诗词歌赋、传统艺术、哲学思想、民俗风情等。这些文化瑰宝是我们进行国际传播的宝贵财富。

在国际传播过程中,中国应始终坚守中华文化立场,展现中国特色和魅力。这并不意味着排斥其他文化或进行文化霸权主义,而是在尊重文化多样性的基础上,积极传播中华优秀传统文化和当代中国价值观念。积极寻找文化共通点,以更加贴近受众的方式讲述中国故事、传播中国声音,让世界看到一个既古老又现代、既传统又开放的中国形象。

深入挖掘和精心挑选具有代表性和吸引力的文化元素,打造文化精品,为国际传播提供丰富的内容素材。例如,中国的传统节日春节,其背后蕴含着团圆、和谐、迎新等美好寓意,以及丰富多彩的庆祝活动,如贴春联、放鞭炮、吃年夜饭等。将这些元素进行生动展示,可以让世界各国人

民更好地了解中国文化中对家庭、亲情的重视,以及对美好生活的向往。

更深入挖掘并传播中国深厚的人文底蕴、价值理念及对全球治理的积极贡献。通过举办丰富多彩的国际活动、深化文化交流与合作,促进不同文明间的相互理解和尊重,进一步提升了中国在国际舞台上的感召力与影响力。比如与国外的知名博物馆合作举办中国文化展览,与国际媒体联合制作文化专题节目,能够借助其广泛的影响力和传播渠道,将中国文化传播到更广阔的世界。也可以开展文化交流活动,邀请外国友人学习中国传统技艺,如书法、剪纸、武术等,让他们在亲身实践中感受中国文化的魅力,进而产生对中国文化的兴趣和喜爱。

通过深入发掘和利用中国丰富的文化资源,我们可以提升中国国际传播的引力,让中华文化在国际舞台上绽放更加璀璨的光芒。

五、"兼信达雅"重视翻译文风增强效力

在全球化日益加深的今天,国际传播的重要性愈发凸显。翻译,作为跨越语言与文化鸿沟的桥梁,起着至关重要的作用。要实现有效的国际传播,就必须在翻译中兼顾"信、达、雅",重视翻译文风,从而增强传播的效力。

"信"是翻译的根本,要求准确无误地传达原文的内容。在国际传播中,信息的准确性不仅是建立信任和理解的基础,更是避免误解、防范潜在危机的防线。因此,翻译者必须对原文的词汇、语法和语义有精准把握,确保所传递的信息忠实于源语。

"达"则强调译文的通顺流畅,旨在让目标读者能够轻松自然地理解内容。面对全球多元的文化背景和语言习惯,翻译需采用简洁明了的文风,符合目标语言的表达逻辑与习惯,消除语言障碍,让信息能够顺畅地传达给受众。

"雅"并非追求华丽的辞藻,而是要使译文具有一定的文采和感染力。优秀的国际传播翻译作品不仅能够传递信息,还能够引发情感共鸣,吸引受众的关注。通过恰当的修辞和富有魅力的语言,能够提升传播内容的

吸引力和影响力。

重视翻译文风在国际传播中具有多重意义。合适的文风能够更好地适应不同的传播渠道和媒体形式。无论是新闻报道、学术研究还是文化交流，都需要根据具体的情境和受众特点选择恰当的翻译文风，以达到最佳的传播效果。同时，良好的翻译文风有助于塑造国家和组织的形象。精准、优雅的翻译能够展现出专业和严谨的态度，提升在国际舞台上的声誉和地位。

为了在国际传播中实现"信、达、雅"的目标并重视翻译文风，翻译工作者需要不断提升自身的语言能力和文化素养。深入了解源语和目标语的语言特点和文化内涵，积累丰富的翻译经验。此外，相关机构也应当加强对翻译质量的把控和评估，建立科学的翻译规范和标准。

总之，在国际传播中，兼"信、达、雅"，重视翻译文风是增强传播效力的关键。只有通过高质量的翻译，才能让我们的声音在国际舞台上得到更广泛、更准确、更有力的传播。

第八章

能力提升：

有效运用智能传播，推动中华文化更好走向世界

在智能传播时代，国际传播的格局正在经历深刻的变革。这些技术不仅提高了信息的传播效率，也极大地拓展了信息的传播边界，从而重塑了国际传播的动态和影响力。

第一节　数智融合:运用人工智能技术 增强国际传播能力

在智能传播时代,国际传播的格局正在经历深刻的变革。随着人工智能、大数据、云计算等技术的发展,信息传播的速度、方式和范围都发生了翻天覆地的变化。这些技术不仅提高了信息的传播效率,也极大地拓展了信息的传播边界,从而重塑了国际传播的动态和影响力。

一、智能传播时代的国际传播变革

智能技术改变了信息生产的方式。传统上,信息内容的生产主要依赖人工编辑和策划。然而,在智能传播时代,人工智能可以自动生成新闻报道、社交媒体内容甚至是复杂的数据分析报告。例如,新闻机器人已能够在几秒钟内根据最新数据撰写和发布新闻稿,这大大提高了新闻的时效性和生产效率。

智能传播技术使得信息传播的效率大大增加。比如,智能传播技术使得定制化内容成为可能。通过分析用户的浏览历史、兴趣爱好和社交网络行为,智能算法能够推荐个性化的内容,满足不同用户的需求。这种定制化的信息服务不仅增强了用户体验,也让国际媒体能够更精准地触达目标受众,增强其在全球范围内的吸引力和影响力。又如,智能传播技术促进了信息的跨文化传播。翻译和内容适配技术的进步,使得跨语言的信息传播变得更加高效和精确。通过 AI 技术,可以快速将一种语言的内容转换为另一种语言,并考虑到不同文化背景下的适宜性,从而有效地促进了全球信息的流通和文化的交流。

(一)互联网成为国际传播主阵地

在当今全球化和信息化时代,互联网已成为国际传播中最重要的场域之一。作为连接全球各地人群的桥梁,互联网极大地改变了信息的流动方式、速度和范围,使得国际交流前所未有地便捷和高效。

作为虚拟平台,互联网提供了一个实时的信息传播平台。与传统媒体如报纸、电视等相比,互联网能够实现信息的即时更新和传播。这种速度的优势使得在发生重大国际事件时,全球受众几乎可以同步获得消息和反馈,从而使国际社会能够更快地响应和交流。例如,国际危机或重大政治事件的发展往往通过社交媒体和在线新闻网站在全球范围内迅速传播。

相比于传统的媒体形态,互联网促进了信息的多样化和个性化。网络平台如社交媒体和博客允许来自世界各地的人们表达自己的观点和分享信息,这不仅丰富了信息的来源,也增加了观点的多元性。个人和小型媒体借助互联网平台的低门槛成本,能够参与到国际传播中,这些多声部的信息交流形成了一种更加开放和包容的国际舆论环境。

互联网强化了跨文化交流的速度与效率。通过互联网,不同文化背景的人们可以轻松交流和分享各自的文化特征,如通过视频、音乐、艺术作品等形式。这种跨文化的直接交流有助于增进不同国家和地区之间的相互理解和尊重,促进全球文化的融合与创新。

但是,在互联网带来巨大便利的同时,也存在一些挑战,如信息的真实性和网络安全问题。虚假信息和网络攻击可能在国际传播中造成误导和混乱。因此,确保网络环境的安全和信息的可靠性是当前国际传播领域中亟须解决的问题。

互联网作为国际传播的主要场域,其影响力日益增强。在享受其带来的便利与效率的同时,我们也应当关注其潜在的风险,采取有效措施来维护一个健康、安全的网络传播环境

(二)大数据分析成为了解不同文化用户新方法

在数字化时代,大数据分析已成为了解用户行为和偏好的新方法。通过分析大量的用户数据,企业和组织可以获得前所未有的洞察,从而更

好地满足用户需求、优化产品和服务，以及制定更有效的市场策略。

在这个过程中，大数据分析使得企业能够实现精准的用户画像。通过收集和分析用户的在线行为、购买历史、社交媒体互动等信息，企业可以构建详尽的用户画像，理解用户的具体需求和兴趣。例如，电商平台通过分析用户的浏览和购买数据，可以推测出用户的消费习惯和偏好，从而推送更为精准的商品推荐，提高转化率。这些有助于预测市场趋势和用户行为。通过分析历史数据和实时数据，企业可以识别消费趋势的变化，预测未来的市场动向。这种预测能力不仅可以帮助企业在竞争中抢占先机，还能够减少库存积压和优化资源配置，从而提高运营效率。大数据分析还促进了产品和服务的创新。通过深入了解用户的需求和未满足的市场空间，企业可以开发新的产品或服务，或对现有产品进行改进。这种基于数据的创新方式，可以增强企业的市场竞争力，更好地满足用户的多样化需求。大数据分析作为了解用户的新方法，已经在各行各业显示出巨大的潜力和价值。它不仅可以帮助企业更精准地识别和满足用户需求，还能推动企业的创新和发展。

目前，大数据分析已成为推动产品和服务创新的关键动力，尤其在服务跨文化用户方面发挥着重要作用。企业通过深入了解不同文化背景下的用户需求和市场空间，能够识别并利用未满足的市场需求，从而开发新的产品或服务，或对现有产品进行改进。这种基于数据的创新方式不仅增强了企业的市场竞争力，而且通过细致地洞察不同文化的用户行为和价值观念，企业能够提供定制化的服务和产品，满足特定文化群体的需求。

比如，大数据分析使平台企业能够进行更细致的市场细分，实现产品和服务的本地化，调整语言、设计、功能等方面，以适应不同文化环境的要求。同时，它还帮助企业在设计产品和服务时考虑到用户体验的多样性，创造出更加直观、易用和吸引人的产品。此外，大数据分析揭示了不同文化之间的相似之处和差异，有助于企业在产品和服务中融入多元文化元素，促进不同文化背景用户之间的交流和理解。

通过实时分析用户反馈和行为数据,平台企业能够快速响应跨文化用户的需求变化,持续改进产品和服务。这不仅有助于风险管理和确保合规性,避免与特定文化相关的商业风险,还为企业提供创新和差异化的机会,通过开发独特的产品,实现市场差异化。最终,大数据分析帮助企业在全球市场中建立和维护品牌形象,加强全球品牌的认知度,同时为用户提供更加个性化和满意的体验。这种深度的数据分析和文化适应性,使企业能够在全球化的舞台上更好地服务跨文化用户,实现全球市场的深入渗透和成功拓展。

(三)人工智能技术催生全球范围内多重震荡效应

人工智能(AI)技术的发展和应用正在全球范围内催生多重震荡效应,这些影响渗透到了经济、社会、文化等多个层面,引发了广泛的讨论和关注。

人工智能技术在全球的经济领域引发了显著的变革。AI技术通过优化生产流程、提升工作效率和降低运营成本,为企业带来了巨大的经济效益。例如,智能制造利用AI算法实现自动化生产,不仅提高了生产效率,还改进了产品质量。此外,AI在金融服务中的应用,如智能投资顾问和风险管理系统,也极大地改变了传统的服务模式,提升了决策的准确性和效率。

社会层面上,人工智能的应用对全球的就业市场产生了深刻影响。一方面,AI技术的运用创造了新的就业机会,如机器学习工程师、数据分析师等新兴职业。另一方面,自动化和智能化的提升也导致了某些低技能工作的减少,这要求劳动力市场进行调整,增加对技术技能的培训和教育,以适应新的就业需求。

在文化层面,人工智能推动了不同国家媒体、艺术和娱乐行业的革新。AI在内容创作中的应用,如自动生成音乐、文本和图像,不仅拓宽了创意的边界,也让更多人能够参与到创作过程中。同时,AI技术使得个性化推荐在文化消费中变得普遍,从而改变了人们的消费习惯和文化体验。

智能传播时代的国际传播变革不仅体现在技术层面的进步，更涉及信息生态和国际交流方式的重构。这一时代要求国际传播的从业者不断适应新技术，同时也要批判性地审视技术的使用，确保信息传播的质量和多样性得以保持。

AI技术的快速发展也带来了伦理和法律上的挑战。隐私保护、数据安全、算法偏见和责任归属等问题逐渐凸显，这需要政策制定者、行业参与者和社会公众共同努力，制定相应的法律法规和道德标准，以确保AI技术的健康发展。而信息的自动化生产可能导致内容的同质化，缺乏深度和多样性。此外，算法驱动的内容推荐可能形成信息茧房，加剧社会分化。国际传播的参与者需要在利用智能传播技术的便利性和高效性的同时，警惕这些技术可能带来的负面影响。

人工智能技术所催生的多重震荡效应是深远和复杂的。这些技术不仅在重塑传统行业和生活方式，也在不断挑战现有的社会规范和价值观。面对这样的变革，社会各界需要积极应对，不断调整和更新，以利用AI技术带来的机遇，同时妥善解决由此引发的问题和挑战。

二、全球文明互鉴的时代技术机遇

（一）永葆价值底色，达成文明互鉴基本共识

在全球化时代，不同文明之间的交流与互动日益频繁，如何在保持各自文化特色的同时，达成文明互鉴的基本共识，成了一个重要议题。永葆价值底色，指在全球多元文化交流中，各国各民族需要坚持自身文化的核心价值和独特性，作为交流互鉴的基础。

达成文明互鉴的基本共识需要我们认识到，尽管世界各地的文化背景、历史传统和价值观存在差异，但人类社会共同面临的挑战与追求的目标却有很多相似之处。例如，对于和平、发展、公正、平等、自由等基本价值的追求，是几乎所有文明共有的。在这些共通价值的基础上，各个文明

可以展开对话和合作,促进相互理解和尊重。

文明互鉴不仅仅是学习和借鉴外来文化的优秀成果,更是在交流中反思和丰富自身文化的过程。通过与其他文明的互动,可以更深层次地挖掘和弘扬本民族文化中的普遍价值,同时也为全球文化的多样性和丰富性作出贡献。

永葆价值底色的同时达成文明互鉴的基本共识,是构建人类命运共同体的重要一环。在尊重差异的基础上寻找共识,通过开放包容促进不同文化的交流与融合,是推动全球和谐发展的关键路径。

(二)创新传播手段,降低不同文化交流壁垒

在全球化快速发展的当今世界,不同文化之间的交流已成为日常现象。然而,文化差异和语言障碍往往成为交流的壁垒,影响各文明之间的理解和合作。为了有效地降低这些壁垒,创新传播手段显得尤为重要。

技术的进步为跨文化交流提供了新的可能性。例如,实时翻译技术的应用,可以即时转换不同语言,使得不同语言背景的人们能够无障碍交流。这不仅提升了交流的效率,也增强了交流的准确性,有助于消除由语言差异带来的误解。此外,虚拟现实(VR)和增强现实(AR)技术的运用,使人们能够沉浸式地体验其他文化,如通过虚拟旅游访问世界各地的文化遗产,这种直观的体验有助于增进对不同文化的理解和尊重。

社交媒体平台也是降低文化交流壁垒的重要工具。通过平台,用户可以分享自己的文化习俗和日常生活,同时了解其他文化的相似之处和差异。这种低成本、高效率的交流方式,使得全球用户都能参与到跨文化对话中,促进了文化的相互学习和借鉴。

创新教育方法也是促进文化交流的关键。通过在线课程和交互式学习工具,教育者可以设计包含多元文化内容的教学项目,鼓励学生从多角度了解世界,培养其全球视野和跨文化交流能力。例如,多媒体和游戏化学习可以使学习过程更加生动有趣,增强学生对外部世界的兴趣和好奇心。

然而，虽然技术和创新手段在降低文化交流壁垒中起到了积极作用，我们也应当意识到，技术本身并不能解决所有问题。真正的文化交流需要建立在相互尊重和理解的基础上。因此，除了依赖技术手段外，还需要通过教育、政策制定和公共外交等方式，促进不同文化之间的深入交流和合作。

总之，通过创新传播手段降低不同文化之间的交流壁垒，不仅可以促进全球文化的融合与和谐，还能够推动国际合作与世界和平的实现。这需要全球共同努力，不断探索和实践更多有效的交流方式。

（三）创造共同空间，搭建国际传播多元渠道

在全球化日益加深的今天，搭建有效的国际传播渠道，创造文化交流的共同空间，对于增强国际理解与合作具有重要意义。多元化的传播渠道可以帮助不同国家和地区的人们跨越地理和文化的界限，共享信息，增进相互理解。

传统的国际传播渠道如广播、电视和报纸虽然依然发挥着重要作用，但新兴的数字平台，如社交媒体、短视频平台和在线新闻平台，已经成为推动国际传播的强大工具。这些平台的实时性和互动性极大地促进了信息的迅速流通和多向交流，使得传播更加立体和全面。通过这些平台，用户不仅可以消费信息，还可以创造内容，参与到国际话题的讨论中，形成一种全球对话的空间。

为了进一步搭建多元的国际传播渠道，可以通过国际合作项目和跨国界的文化活动来创造共同的交流空间。例如，国际电影节、艺术展览和学术会议等活动，不仅提供了展示各国文化的平台，也使得来自不同背景的人们有机会直接交流和分享经验。此外，国际合作项目如学术交流和研究合作，也促进了知识的共享和文化视角的多元化。技术可以为这些传统的国际传播渠道赋能——比如，虚拟现实（VR）和增强现实（AR）技术可以创造沉浸式的交流体验，如虚拟旅游和在线实景教学，这些技术不仅为用户提供了新的信息体验方式，也为跨文化理解打开了新的视角。

又如,通过在线会议和网络研讨会工具,学术交流和研究合作变得更加便捷。这些工具支持视频会议、实时演示和文档共享,使得不同国家的参与者能够无缝协作。利用数字平台和社交媒体的广泛覆盖,可以扩大国际合作项目和文化活动的参与度和影响力。这些平台支持实时分享、讨论和反馈,让全球观众能够即时参与到国际电影节、艺术展览和学术会议中。

为了确保这些传播渠道的有效性和持久性,需要国家政策的支持和国际法律的协调。政府可以通过制定有利于信息自由流通的政策、提供资金支持和技术援助来促进这些渠道的发展。同时,国际社会应共同努力,通过法律和规章来保护信息传播的安全性和公正性,确保这些渠道不被滥用,避免信息的误用和滥用。

通过创造共同空间和搭建多元化的国际传播渠道,我们不仅能够增强不同文化之间的交流和理解,还能共同应对全球性挑战,推动构建人类命运共同体。

第二节　把握机遇:顺应智能传播时代的国际传播格局变革趋势

一、广泛连接的交互网络

(一)跨文化互联:多元文化的共同呈现

在国际传播中,多元文化的共同呈现具有至关重要的意义,它不仅丰富了全球文化景观,还促进了不同文化之间的相互理解和尊重。

文化多样性的展示是国际传播中最宝贵的资源之一。通过共同呈现多元文化,可以展现世界不同地区的传统、习俗、艺术和思想,为全球受众提供学习和欣赏不同文化的机会。这种多样性的展示有助于打破文化隔阔，增进跨文化的认知和敏感性。在全球化的今天，不同文化间的互动日益频繁，多元文化的共同呈现为人们提供了交流的平台和机会，使得不同背景的人们能够相互学习和成长。通过了解其他文化，可以减少误解和偏见，促进全球和谐与合作。

多元文化的共同呈现也有助于增强文化自觉与自信。国际传播中多元文化的呈现有助于各个文化群体认识到自身文化的价值和独特性，增强文化自觉和自信。这种自信是文化传承和发展的基础，也是文化在全球化浪潮中保持活力的关键。

（二）跨地域互联：同一个世界，同一个热点

在当今全球化时代，在网络技术的普及之下，国际传播格局向跨地域互联发展：同一个世界，同一个热点。互联网和社交媒体平台的普及，为全球各地的人们提供了即时获取和分享信息的手段，使得国际事件能够迅速跨越地域界限，成为全球共同关注的热点。而国际媒体的集中报道和文化产品的全球流通也在一定程度上推动了这一现象的形成，强化了全球受众对某些重大事件的普遍关注。

随着全球化和数字化的不断深入，跨地域互联的现象在国际传播中展现出新的发展态势。技术的不断进步，特别是社交媒体的互动性，让全球受众不仅是信息的接收者，也成了信息的传播者和评论者。这种即时性和互动性的提升，不仅加速了信息的传播速度，也加强了全球受众之间的交流与互动。此外，多样性的融合和影响力的扩散，促进了不同文化背景下的人们在讨论同一热点时观点的交流，有助于形成全球共同体意识，共同应对全球性问题和挑战。

未来，跨地域互联将继续发展，影响国际传播格局。技术的持续创新，如人工智能和虚拟现实等，将进一步丰富国际传播的手段和形式，提供更加多元和深入的交流平台。这不仅将使全球受众能够更直观地体验不同文化，增进对全球热点的理解和参与，也将促进不同文化之间的相互尊重和和谐共处，让不同地域的人们能够共同探讨和解决全球性问题，实

现共赢发展。

(三)跨语言互联：智能翻译下的无障碍交流

跨语言互联在全球化的今天显得尤为重要，它不仅消除了语言障碍，还促进了不同文化和国家间的深入交流与理解。跨语言互联的重要性在于它为国际合作提供了坚实的沟通基础，加强了全球信息共享，推动了教育普及，并为企业拓展国际市场创造了条件。它让文化交流变得更加生动，使人们能够轻松获取和理解不同语言的丰富信息资源，从而拓宽了视野并增进了相互认知。

技术的进步，尤其是人工智能在自然语言处理领域的突破，为跨语言互联带来了前所未有的可能性。智能翻译技术的发展极大地提高了翻译的准确性和效率，使得实时多语言交流成为可能。语音识别和合成技术的进步让语音交流跨越了语言的限制，而个性化的自动语言学习工具则让语言学习变得更加高效和便捷。此外，社交媒体平台的智能翻译功能和虚拟现实技术结合智能翻译，为用户提供了沉浸式的跨文化交流体验。这些技术的融合与创新预示着一个更加智能和无障碍的跨语言交流时代的到来，为构建紧密相连的全球互联奠定了基础。

二、多渠道、多模态、多主体

(一)渠道平台多元化，增加连接渠道

传统的国际传播渠道构成了全球信息交流的基础框架，它们包括电视、广播、报纸、有线电视和卫星通信等。这些渠道长期以来在全球范围内发挥着传递新闻、文化和教育内容的作用。特别是电视和广播，由于其覆盖面广和易于接收的特点，成为信息传播的重要媒介。报纸和杂志则以其深度报道和分析评论，为公众提供了详尽的信息和观点。同时，国际新闻机构如路透社、法新社和美联社等，通过其全球网络，提供迅速、权威的新闻报道，对国际传播产生了深远的影响。

随着科技的发展，新技术渠道在国际传播中扮演着越来越重要的角色。互联网的普及和移动通信技术的进步，使得社交媒体平台、移动应用、即时通信软件和多语种内容平台成为连接全球受众的新桥梁。这些渠道以其快速、互动和个性化的特点，极大地丰富了信息传播的形式和内容。用户现在可以通过 Facebook、Twitter、Instagram 等社交媒体平台实时获取和分享信息，而移动应用和即时通信软件则让信息传播更加便捷和即时。

（二）内容表达多模态，提高交流效率

在国际传播过程中，结合使用文本、图像、声音、视频等多种媒介形式，能够实现更丰富、更有效的国际交流。它通过视觉、听觉等多种感官刺激，帮助受众更全面地理解信息，特别是在跨文化交流中，图像和声音可以跨越语言障碍，传达复杂的概念和情感。多模态内容不仅生动和吸引人，还能激发受众的情感反应，建立情感联系，使信息传递更有说服力。同时，不同的模态表达丰富了信息的内涵，如文字提供事实信息，图像和视频展示情境和背景，丰富了信息的表达层次。

在社交媒体上，多模态传播通过结合图文、视频等多种媒介形式，有效地讲述和传播中国故事。具体来说，许多社交媒体账号发布包含精美图片和简短文字描述的内容，展示中国的自然风光、传统文化和现代化进程；短视频平台如抖音和快手则通过生动的短视频，展示中国的历史遗址、传统节庆和现代生活方式。此外，直播活动让观众实时参与，深入了解中国的真实生活和文化；互动功能如问答、投票和评论也增加了用户的参与感；多语言内容的支持更是让国际观众能够轻松了解中国。这些多模态传播方式，不仅丰富了中国故事的表达，也提高了其在国际上的影响力。

多模态传播在国际传播中发挥着至关重要的作用，不仅提高了信息的交流效率，还为全球受众提供了更加丰富和深入的交流体验。随着技术的不断进步，多模态传播将继续发展和创新，为国际传播带来更多可能性和机遇。

（三）人人都是发声者，发出中国最强音

随着技术的发展，讲述中国故事的，可以是每个普通人——无论是社交媒体上的普通用户，还是学术论坛上的专家学者，抑或是文化艺术展览中的艺术家，每个人都在用自己的方式讲述着中国的故事。

新闻媒体、教育和学术交流、旅游和文化交流、企业社会责任项目以及国际组织和多边论坛等渠道，都是人们讲述中国故事的重要途径。新华社作为中国的国家通讯社，通过其报道向世界传递中国的声音。经济学家林毅夫则在多个国际论坛上讨论中国的经济发展模式，向世界传递中国的声音。又如，孔子学院在全球范围内推广汉语教学和中国文化，促进了文化交流。旅游从业者和导游通过向游客介绍中国的名胜古迹和文化习俗，增进了人们对中国的了解。这些渠道和行动者共同构建了中国的国际形象，让世界更好地了解和认识中国。

此外，社交媒体作为一个强大的传播平台，为每个人提供了讲述中国故事的机会。通过增强内容的创意性，利用多样化的格式如短视频、图文故事和直播，可以吸引更广泛的观众。事实上，社交媒体平台能够将高质量的内容推送给更广泛的海外受众，促进跨文化交流，促进不同文化背景的人相互理解和尊重。

三、人机共生新生态

（一）协同：算力、算法、数据共同赋能国际传播

人类优化运用人工智能系统赋能国际传播是一种必然的趋势。在人机共生的这种生态中，人工智能不再是单一的工具，而是与人类共同解决问题、创造价值的代理人。算力、算法和数据是支撑这一新生态的三大支柱，它们共同为国际传播提供动力和方向。

算力作为人工智能运行的基础，提供了必要的计算能力，使得复杂的算法能够快速运行并处理大规模的数据集。这种强大的计算能力是人机

共生新生态的技术保障，为人工智能的学习和推理提供了可能性。算法，作为人工智能的核心，通过不断优化和学习，能够更好地模拟人类的决策过程，提供更精准的预测和建议。算法的智能化使得人工智能能够更好地理解复杂问题，为人类提供更有价值的解决方案。数据在新生态中扮演着驱动作用，它是人工智能学习的基础。大量的高质量数据能够训练出更智能的模型，直接影响人工智能的性能。算力、算法和数据的协同作用，为国际传播提供了新的动力，使得人工智能能够快速识别和响应传播中的热点和趋势，及时调整传播策略，提高传播的针对性和有效性。

人机共生的新生态通过算力、算法和数据的协同，不仅提高了国际传播的效率和质量，也为人类和人工智能的共同发展提供了新的可能性。这种新生态强调了创新、效率、个性化及伦理责任的重要性，为未来的国际传播开辟了广阔的前景。

（二）共生：人机共为传播内容的生产者

在国际传播领域，人机共生的新生态为内容生产和传播带来了革命性的变化。人类创作者和人工智能的协同工作，使得传播内容更加多元化、精准化和个性化。人类在创意构思、情感表达和文化理解方面的优势，与人工智能在数据分析、模式识别和快速生成内容的能力相结合，共同创造出能够跨越文化和语言障碍、引起全球共鸣的传播内容。

人工智能在国际传播中的应用，通过深入分析不同国家和地区受众的行为和偏好，为人类创作者提供了精准的目标受众洞察。这使得内容生产者能够定制更具吸引力和针对性的传播策略，提高内容的国际影响力。同时，人工智能的实时互动能力，允许内容生产成为一个动态的、双向的过程，增强了全球用户的参与度和满意度。

此外，人工智能的持续学习和自我进化能力，使其能够不断吸收新的国际传播趋势和创意，使内容生产更加丰富和精准。在这一过程中，人类创作者的角色转变为引导者和监督者，确保人工智能遵循国际传播的道德和伦理标准，保障内容的质量和社会责任的落实。通过这种人机共生的方式,国际传播内容的生产变得更加高效、个性化和创新,为全球受众提供了更加丰富和多元的视角。

第三节　创新探索:有效运用智能技术提升国际传播效能

智能技术的有效运用正在革新国际传播的方式和效能。通过人工智能、机器学习以及自动化工具,国际传播能够突破传统限制,实现内容的高效制作和定制化分发。例如,AI可以分析大量数据,精确地识别不同国家和文化的受众偏好,进而自动调整传播内容以适应各种需求。此外,自动翻译技术的应用使得跨语言的信息传递变得无缝,极大地增强了消息的可及性和互动性。

智能技术还能监测和评估传播效果,通过实时反馈调整策略,提高信息传递的精准度和影响力。在这一进程中,智能技术不仅优化了资源配置,还提升了国际传播的整体效率和效果,帮助构建更加开放和互联的全球信息环境。

一、全面的国际传播效能评估体系

在全球化加速的今天,建立一个全面的国际传播效能评估体系显得尤为重要。这样的体系不仅可以帮助各国及其媒体机构量化传播效果,还能促进更高效、更精准的信息交流和文化互鉴。

(一)完善顶层价值观设计

在全球化背景下,搭建一个国际传播效能评估体系成为确保信息有效传播与文化多样性尊重的关键。在这一体系的构建中,顶层价值观的设计尤为重要,它不仅影响评估的标准和方法,更是确保评估体系公正性和普遍接受性的基石。

首先，顶层设计的价值观需要强调尊重文化多样性。在国际传播中，不同文化背景的受众有着不同的价值观和接受方式。评估体系应充分考虑这种多样性，避免文化偏见，确保传播活动能够跨文化有效沟通，促进不同文化的平等对话和互相学习。

公正性和透明性是评估体系的核心价值观。国际传播的评估应该建立在公开透明的基础上，评估过程和结果需要对所有利益相关者开放，确保没有隐秘的偏见或不公行为。这不仅增加了评估体系的可信度，也有助于各方对评估结果的广泛认同和接受。

顶层设计还应该强调创新与包容性。随着通信技术的迅速发展和媒体形态的多样化，国际传播方式和受众的互动模式不断变化。评估体系应该具有前瞻性和适应性，能够包容新兴的传播渠道和技术，同时也需要不断创新评估工具和方法，以适应这些变化。

效率也是顶层设计中不可忽视的价值观。在评估国际传播效果时，需要考虑到资源的合理利用和活动的成本效益。一个高效的评估体系不仅可以有效地提供反馈，还能确保在资源有限的情况下最大化传播效果。

顶层价值观设计还需包括可持续发展的视角。国际传播应促进全球长远利益，如支持可持续发展目标等。评估体系应考虑传播活动对环境、社会和经济的长期影响，鼓励采取责任感强和具有前瞻性的传播策略。

总而言之，顶层价值观的完善设计是搭建国际传播效能评估体系的核心。通过确保文化多样性的尊重、公正透明、创新包容、高效率及可持续发展，可以构建一个全面有效的国际传播评估体系，促进全球信息的公平交流与文化的深入互鉴。这不仅有助于优化国际传播策略，还能加强不同国家和地区间的理解与合作，共同推动构建人类命运共同体。

（二）加强基层智能技术创新

在技术快速发展的今天，加强基层智能技术创新成为推动各行各业进步的关键驱动力。基层智能技术，包括机器学习算法、数据处理架构、神经网络设计等，是构建高效、智能系统的基础。通过深入研究和改进这些技术，我们能够实现更广泛的应用场景，提高系统的性能和可靠性，同时也为未来的技术革命奠定基础。

创新机器学习算法是基层智能技术创新的核心。当前，通过改进算法的学习效率和准确性，可以大幅提升 AI 系统处理复杂任务的能力。例如，深度学习技术已在图像识别、自然语言处理等领域取得显著成就。未来，算法的创新还需解决如何减少数据依赖、提升模型泛化能力等问题，这将使 AI 技术更加普适和强大。

数据处理架构的优化也是基层技术创新的重要方向。随着数据量的爆炸性增长，如何高效存储、处理和分析大规模数据成为挑战。新型数据库技术、实时数据处理框架及云计算和边缘计算的结合，都是应对这一挑战的有效途径。优化数据架构不仅可以加速数据处理，还能降低能耗，提高系统的整体性能和可持续性。

神经网络设计的创新同样至关重要。现有的神经网络模型虽然在多个领域表现出色，但仍面临计算资源消耗大、难以适应新任务等问题。研发新型网络结构，如轻量化模型、可适应多任务的网络等，将使得 AI 技术更加高效和灵活，更好地适应不同的应用需求。

人工智能的可解释性和安全性问题也是基层技术创新需要重点关注的领域。提高 AI 的可解释性，能够使用户更好地理解 AI 决策过程，增强系统的透明度和信任度。同时，加强 AI 系统的安全性研究，如防御对抗性攻击等，是确保 AI 应用安全可靠的必要条件。

加强基层智能技术创新不仅能够推动 AI 技术的发展，还将极大促进社会各界的技术进步和产业升级。在全球竞争日益激烈的今天，致力于基层技术的创新是提升国家科技实力、推动经济发展的关键策略。

（三）观照宏观圈层与微观个体

在构建一个全面的国际传播效能评估体系时，采用"观照宏观圈层与微观个体"的原则至关重要。这种双向视角不仅能够提供对传播影响的全局认识，也能深入理解传播如何影响每一个个体，从而确保评估结果的全面性和准确性。

在宏观层面，评估需要考虑国际传播如何影响整体社会结构、文化趋势和国家之间的关系。例如，宏观评估可以分析一项国际新闻报道在不同国家的接受度，或者一个国际文化交流项目如何改变了国际文化理解和合作。这种宏观分析有助于揭示传播活动对国际关系、全球政治经济格局的影响，以及文化软实力的扩展。

与此同时，微观评估关注的是传播活动对个别受众的具体影响，包括信息如何被不同个体接收、理解和利用。在微观层面，评估可以采用调查问卷、深度访谈等方法，收集个体受众的反馈，分析他们的行为和心理反应。这可以帮助评估者理解特定传播策略的有效性，比如某个国际宣传活动是否真正改变了目标受众的观念或行为模式。

有效的国际传播效能评估体系需要在这两个层面上运作，通过宏观与微观的数据和见解相结合，形成一个多维度的评估模型。例如，评估团队可以通过宏观的数据分析来识别传播活动的广泛趋势和模式，同时通过微观的个案研究深入探讨特定策略的实际效果和潜在问题。

此外，观照宏观与微观层面的评估体系还需关注两者之间的动态关系。理解宏观趋势如何从微观行为中产生，以及个体反应如何累积影响宏观结构，是深入分析国际传播效果的关键。这种互动视角有助于揭示更复杂的社会影响机制和传播效果的长期趋势。

总之，一个全面的国际传播效能评估体系应同时观照宏观圈层与微观个体，通过综合这两个层面的分析来提供更为全面和深入的评估结果。这样的体系不仅能够提供宏观的政策指导，还能够为微观的策略调整提供依据，从而更有效地促进国际传播的目标实现。

二、精准的传播规律预测

（一）前瞻性的传播规律预判

在全球化和信息化迅速发展的今天，精准预测国际传播的规律成为提升传播效果和影响力的关键。实现这一目标,需要依托"前瞻性的传播规律预判"原则,这不仅涉及对现有传播现象的深入分析,还包括对未来传播趋势的科学预测。

前瞻性预判要求我们对国际传播的环境进行全面审视。这包括政治、经济、文化、技术等多方面因素的综合考量。例如,技术进步如5G、人工智能的普及将如何影响信息的传播速度和方式;全球政治经济变动如何影响新闻议题的选择和处理;不同文化间的交流互动如何塑造传播内容的接受度等。通过深入分析这些宏观环境因素,可以预见到新的传播规律可能的变化方向。

前瞻性的传播规律预判还需依赖于数据驱动的洞察。利用大数据分析、机器学习等技术手段,可以从海量的传播数据中提取出潜在的趋势和规律。这不仅包括对传统媒体的分析,也涉及社交媒体、即时通信平台等新媒体的数据挖掘。通过这些数据分析,预测国际传播的未来走向,如受众偏好的变化、信息消费习惯的演进等,从而为制定传播策略提供科学依据。

同时,前瞻性的预判也需要关注传播效果的反馈机制。通过持续监测和评估国际传播活动的实际效果,能够及时了解各种传播策略的功效和局限。这种实时的反馈有助于快速调整传播方法和内容,确保传播活动能够适应不断变化的国际环境和受众需求。

当然,前瞻性的传播规律预判还应包括对潜在风险的评估。在国际传播中,信息的安全性、真实性常受到挑战,因此在预测传播规律时,也需要考虑如何有效管理和规避这些风险。

精准的国际传播规律预测需要依托于前瞻性的传播规律预判原则,通过综合分析全球环境变化、利用数据洞察传播趋势、及时反馈调整传播策略,并考虑风险管理,从而更科学地预测和引导国际传播的未来发展。这种预测不仅可以增强传播的针对性和有效性,还可以为全球信息交流添砖加瓦,促进国际理解与合作。

(二)运用算法实现受众内容精准匹配

在实现精准的国际传播规律预测的过程中,运用算法实现受众内容的精准匹配成为一个关键技术应用。这一策略利用先进的数据分析和机器学习技术,分析受众的行为模式和偏好,从而推送更加个性化的内容,提高信息的相关性和受众的参与度。

通过对大数据的分析,算法可以识别出不同受众群体的特定兴趣和消费习惯。例如,利用用户在社交媒体上的互动(点赞、评论、分享等行为)来分析其对不同话题的兴趣程度。接着,基于这些数据,算法模型能够预测哪些内容最可能吸引特定用户的注意,并相应地调整内容推送的策略。

另外,算法还可以通过实时反馈来不断优化匹配效果。通过监测用户对推送内容的反应,算法可以学习和调整,不断提高预测的准确性。这种动态调整机制确保了内容分发的高度个性化和时效性,从而大幅提升国际传播的效果和效率。

(三)谣言的监测与反制

在全球信息快速流通的环境中,谣言的传播速度和影响力也随之加剧,这对国际传播的准确性和效果构成了严重挑战。因此,实现谣言的有效监测与反制是确保信息传播真实性和提高国际传播规律预测精准度的关键环节。

首先,谣言监测需要依赖先进的技术手段,如自然语言处理(NLP)和机器学习。这些技术可以自动识别和跟踪潜在的虚假信息和谣言。通过分析文本的语义模式、来源可靠性及其在网络上的传播路径,算法可以及时标识出高风险内容,为进一步的审查和处理提供依据。

一旦检测到谣言,反制措施必须迅速而有效地进行。这包括但不限于发布官方澄清信息、与可信媒体合作推广事实内容,以及在社交平台限制或删除虚假信息。此外,公众教育也是反制谣言的重要环节,提升公众的媒介素养和批判性思维能力,可以降低谣言的接受度和传播概率。

综上所述,通过结合技术手段的谣言监测和多方位的反制策略,可以有效地减少虚假信息的负面影响,保障国际传播的准确性和公信力,从而提高整体的传播效果。这对于构建健康、理性的国际信息环境至关重要。

三、国际传播效能的提升策略

(一)全人类价值锚定下的文化共鸣

在国际传播的领域内,文化共鸣是提升传播效能的核心策略之一。实现文化共鸣的关键在于锚定全人类共享的价值观,这有助于跨越国界和文化差异,促进深层次的信息交流和理解。

全人类共享的价值观包括但不限于对和平、尊重、平等和自由的追求。这些在不同文化中可能有不同的表达方式和实践形式,但其核心精神是相通的。在国际传播中,通过强调这些共通价值,可以有效促进不同文化之间的对话和理解,减少由价值观差异引起的摩擦和误解。

实现全人类价值锚定的策略,首先需要对不同文化的价值表达进行深入研究和理解。通过学术研究、文化交流和国际合作等方式,搜集和分析各文化对和平、自由等价值的诠释和实践。其次,国际传播内容应当设计得能够触及这些共通点,用全球公众都能共鸣的方式来包装和传递信息。

例如,国际新闻报道在涉及冲突和和平议题时,可以突出展示不同国家和地区人民对和平的渴望和努力,而非仅仅聚焦于冲突本身。在文化节目和广告中,可以强调尊重和包容的重要性,通过具有普遍吸引力的故事和象征来传递信息。

无论技术如何发展,人类对于真善美的渴望、对于生存发展的需求都是不变的。因此,被技术赋能的国际传播,依然要围绕着普适的价值观展开。通过全人类价值的锚定,国际传播可以更有效地建立文化共鸣,这不仅能够提升信息的吸引力和接受度,还能够在全球范围内促进更广泛和深人的文化交流和理解。这种策略有助于构建一个更加和谐的国际社会,实现文化的真正互鉴和共赢。

(二)运用智能算法寻找交流最大公约数

在全球化和信息化日益深入的今天,国际交流面临着文化多样性带来的挑战。为了提升国际传播的效能,运用智能算法寻找不同文化间交流的最大公约数变得尤为重要。这种方法不仅可以促进信息的有效传递,还能加深不同文化之间的理解和尊重。智能算法(在这里主要指机器学习和数据挖掘技术),能够通过分析大量的文化数据和用户行为,识别出跨文化交流中的共同点和差异。这种技术的应用可以在多个层面上促进国际传播的优化。

首先,智能算法可以分析全球用户的互动数据,如社交媒体平台上的点赞、评论和分享行为,来确定哪些话题或内容具有普遍的吸引力。这些数据不仅反映了不同文化背景下人们的兴趣点,也揭示了全球范围内可能存在的共同关注问题,如环境保护、科技创新、健康生活等。

其次,智能算法能够帮助识别和优化传播内容的表达方式。通过语言处理技术,算法能够分析不同文化中表达方式的效果,自动调整信息的呈现方式,使其更加符合目标受众的文化习惯和接受方式。例如,对于某些文化,直接和简洁的信息表达更为有效,而对于其他文化,则需要更多的情境和细节描述。

此外,智能算法还能在预防和管理潜在的文化冲突中发挥作用。通过预测不同文化反应的算法模型,可以在信息发布前预测可能引起争议或误解的内容,及时调整或提供更多的解释,减少因文化差异引发的负面影响。

运用智能算法还能在国际传播的反馈机制中起到关键作用。算法可以实时分析传播效果,根据受众的反馈快速调整传播策略,这种迭代过程能够显著提高传播的精确度和效果。

运用智能算法寻找国际交流的最大公约数是一种前瞻性的策略,它不仅优化了信息的传递和接收过程,还增强了不同文化间的互相理解和尊重,为构建一个和谐的全球化世界提供了技术支持和新视角。

第四节 人机协同:运用智能科技增强国际传播能力、全面提升国际传播效能

一、以人机共生为圆心,打造网上文化交流内容平台

(一)优化战略布局,构建全媒体传播格局

在当前数字化快速发展的背景下,以人机共生为核心的全媒体传播格局成为推动文化交流的重要战略。这种格局不仅提高了传播效率和覆盖面,还增强了互动性和用户体验,是构建现代网上文化交流平台的关键。

优化战略布局需要明确全媒体传播的目标和方向。这包括整合传统媒体与新兴数字媒体的资源,利用人工智能、大数据等技术,实现内容的多平台、多格式分发。例如,可以将文化内容通过视频、图文、音频等多种形式,在电视、报纸、网站、社交媒体及移动应用等多个渠道同步推广。这样的全媒体策略能够最大限度地触达不同偏好和习惯的受众,提升内容的可及性和吸引力。

构建全媒体传播格局也需依托先进的技术平台,以人机共生的模式优化内容生产和分发流程。通过自动化工具和智能算法支持,可以实现内容的快速生成和定制化推送。例如,AI可以根据用户的历史行为和偏好分析,自动生成个性化的内容推荐列表,提升用户的浏览体验和内容的互动性。

全媒体传播格局的构建还需要注重内容的质量和多样性。这意味着要在保证内容深度和准确性的同时,创造多样化的表达形式和创新的互

动方式。例如,可以开发多语言版本的内容,满足不同文化背景用户的需求;或者创建互动式的虚拟展览,让用户不仅能观看内容,还能参与到内容的创造和讨论中。

加强跨界合作也是优化战略布局的一个重要方面。通过与科技公司、教育机构、文化组织等不同领域的合作,可以引入更多的资源和创新思路,共同开发新的内容形式和传播策略,增强全媒体平台的综合竞争力。

总之,以人机共生为圆心,打造网上文化交流内容平台的关键在于优化战略布局和构建全媒体传播格局。通过技术的融合与创新、内容的多样化及高质量保障及跨界合作的深化,可以有效提升文化内容的国际传播力,促进全球文化的深度交流与共鸣。这不仅为用户提供丰富多彩的文化体验,也为文化的全球传播开辟了新的路径。

(二)集中优势云计算资源,助力文化融合

云计算平台在促进跨文化交流方面的重要性不言而喻。它不仅提供了一个技术基础,更是文化交流的保障。随着数据不断爆炸增长,不同文化间的交流日益频繁,云计算平台以其高度的可访问性和灵活性,使得文化资料的存储、共享和协作变得更加容易。这不仅有助于保护和传承各民族文化,也为全球用户提供了一个了解和学习不同文化的新途径。

然而,云计算平台的发展也面临着一些挑战。首先,数据安全和隐私保护是云计算平台必须面对的问题。在处理和存储大量文化数据时,如何确保数据的安全性和用户的隐私权利,是一个亟待解决的问题。此外,不同国家和地区对数据管理的法律法规存在差异,这也给云计算平台的跨地域运营带来了一定的困难。云计算平台的未来发展方向应该是提供更加安全、高效和个性化的服务。随着技术的进步,云计算平台可以通过采用更先进的加密技术来提高数据的安全性。

集中优势技术资源,助力文化融合的战略不仅加强了文化内容的全球传播和接受度,还为不同文化的理解和尊重提供了强大的技术支持。

云计算平台在促进跨文化交流方面具有巨大的潜力和价值。通过不断优化和创新，云计算平台有望成为连接不同文化、促进文化融合的重要工具。同时，我们也需要关注和解决云计算平台在发展过程中遇到的挑战，以确保其可持续和健康发展。通过这些科技手段，我们可以构建一个更加开放、互动和融合的全球文化环境，促进世界的和谐与进步。

（三）优化算法分发模式，打造多元文化内容平台

在全球文化交流的大潮中，优化算法分发模式，打造一个多元文化内容平台，是提升文化传播效率和覆盖广度的关键策略。通过优化算法，可以确保文化内容的多样性和个性化，提升用户体验，从而促进全球文化的理解与融合。

持续优化算法分发模式，需要定期对算法的有效性和偏见进行评估。通过收集反馈、监测分发结果并调整算法，可以不断改进推荐系统，使其更好地服务于全球多元文化的展示和交流。比如，利用上下文感知算法，可以优化内容推荐。一个国际新闻平台，该平台的算法不仅考虑用户的历史浏览行为，还考虑当前的地理位置、时间及可能的文化事件。例如，当用户在访问一个特定国家时，算法可以推荐与当地文化节日或事件相关的新闻报道和专题，提供更加贴近用户当前情境的个性化内容。这种方法不仅提升了用户体验，也促进了跨文化理解和尊重。

一言以蔽之，优化算法分发模式，打造多元文化内容平台，不仅需要技术上的创新和优化，还需要对文化多样性的深刻理解和尊重。通过这种方式，可以更有效地推动全球文化的交流与融合，建设一个开放、包容且互动性强的国际文化交流平台。

二、共建普惠繁荣、和平安全、平等包容的网络空间

（一）通过共享共治，构建和平安全的网络空间

共建一个普惠繁荣、和平安全、平等包容的网络空间是全球社会的共

同愿景。为了实现这一目标，共享共治的理念至关重要。共享意味着开放网络资源和知识，让全球各地的人们都能够享受到数字化带来的便利和机遇。这包括通过开放的教育资源、文化内容和创新技术，促进教育普及和文化交流，使网络空间成为促进知识传播和经济增长的平台。共治则强调政府主导下的多方利益相关者的参与，包括政府、企业、民间组织和个人，共同参与网络空间的治理，确保网络环境的健康、安全和可持续发展。

维护网络空间的和平与安全是实现这一愿景的关键。这需要国际社会的共同努力，通过加强合作打击网络犯罪和网络恐怖主义，保护网络空间不受恶意行为的侵害。同时，各国需要尊重彼此在网络空间的主权，通过国际对话和合作，共同维护网络空间的稳定。此外，保护网络隐私和打击网络歧视也是确保网络空间安全的重要方面，这要求制定严格的隐私保护政策和反对任何形式的网络不平等。

（二）加强包容合作，共建分享共赢的网络空间

加强包容合作，共建分享共赢的网络空间是推动全球数字化进程的重要途径。在数字化时代，网络空间已成为连接全球的重要纽带。加强包容合作意味着鼓励不同国家、文化、语言和社会群体之间的交流与协作，打破地理和意识形态的界限。这种合作不仅有助于促进技术创新和知识共享，还能增进相互理解和尊重，为解决全球性问题提供多元视角和解决方案。

共建分享共赢的网络空间强调的是公平性和可持续性。这要求我们确保所有人都能平等地访问网络资源，无论是发达国家还是发展中国家，无论是城市还是偏远地区。通过提供平等的网络接入机会，可以促进教育、健康、经济和社会服务的普及，从而减少不平等，提高全球人民的生活质量。此外，共赢的理念还体现在通过合作创造新的价值和机会，使所有参与者都能从中受益。

为了实现这一目标，需要国际社会共同努力，制定和实施包容性政

策,鼓励公私部门合作,以及加强国际法律和规范的建设。这包括投资于基础设施建设,提高网络连接的普及率;推动数字素养教育,使更多人能够利用网络资源;以及建立公平的数据治理机制,保护用户隐私和网络安全。同时,通过国际合作项目和多边机构,可以促进技术和经验的交流,帮助各国提升网络空间的建设和管理能力,共同构建一个更加开放、合作、共享的网络环境。

(三)实践美美与共,实现平等包容的网络空间

"美美与共"在国际传播中体现了对全球文化多样性的尊重和展示,这一理念强调了在全球化背景下,不同文化之间的相互理解、交流与融合的重要性。在这一过程中,每种文化的独特性和价值都得到了认可和尊重,同时也促进了跨文化的对话和合作。尊重全球文化多样性意味着认识到每种文化都有其独特的历史、传统和价值观。在国际传播中,这要求媒体和传播者不仅要传递信息,还要传递文化的深层含义和精神。通过展示不同文化的艺术、音乐、节日和习俗,可以增进人们对不同生活方式的理解和欣赏。

展示全球文化的多样性还涉及对不同文化表达方式的包容。在国际传播中,应鼓励使用多种语言和传播形式,以适应不同受众的需求。这不仅包括文字和图像,还包括音频、视频和互动媒体,以确保信息能够跨越语言和文化的障碍,触达更广泛的受众。

此外,"美美与共"还强调了在国际传播中促进文化交流和互鉴的重要性。通过国际节日、文化节和展览等活动,不同文化可以相互展示和学习,从而增进相互之间的理解和尊重。这种交流不仅限于表层,更深入到文化的核心价值和思想体系,有助于构建一个更加和谐和包容的国际社会。"美美与共"在国际传播中还意味着要警惕和抵制文化霸权和单一文化模式的推广。传播者应努力避免文化同质化,而是要积极寻求和展示文化多样性,鼓励不同文化之间的平等对话和相互启发。

后　记

　　客观而言,在新的历史条件下,面对时代要求,全球文明倡议提出之后的中国国际传播如何进一步提质增效,是一个亟待答好的重大课题。

　　这是因为,全球文明倡议的提出,必然要求中国国际传播更鲜明、有力、有效地践行全球文明倡议,这就要求中国国际传播在更加主动地宣介中国主张、传播中华文化、展示中国形象,不断提升国家文化软实力和中华文化影响力的同时,要更善于讲好其他国家、其他文明的故事,促进文明交流互鉴。在中国特色大国外交可以更有作为的新阶段,中国国际传播理应适应"可以更有作为"的要求并从多个维度有效助力,这不仅需要讲好中国故事、传播好中国声音,还需要更善于从文明交流、交往、交融层面发力,化解疑惑、增进了解、扩大认同。这也正是落实党的二十届三中全会构建更有效力的国际传播体系、推进国际传播格局重构、全面提升国际传播效能、建设全球文明倡议践行机制等要求的题中必有之义。之所以称之为亟待答好的重大课题,还因为中国已经确定2035年建成文化强国、教育强国等战略目标,因此,我们就要思考并努力回答,正在建设文化强国、教育强国等的中国如何更好地与世界对话。

　　本书是天津市2023年度哲学社会科学规划委托重大项目(项目编号TJWHSX2302)研究成果。初稿完成于2024年7月底。在共同研究的基础上,本课题组首席专家陆小华确定了五个子课题、总报告框架结构和本书提纲,课题组成员分工合作,完成各章节起草。其中,陆小华撰写了绪论与第一章,并完成全书统稿;丁丽琼撰写了第二章、第六章;庞华撰写了第三章;杨伊璐撰写了第四章;耿晓梦撰写了第五章;庞华、杨伊璐、丁丽琼合作撰写了第七章;张洋撰写了第八章。

本课题研究,实际上是课题组各成员正在进行的研究工作的一部分。可以期待,还会有更多研究成果面世。

新年将至,又是新的开始。

陆小华

2024 年 12 月 28 日

于武汉天河机场冬日斜阳中